ちくま学芸文庫

近代とホロコースト〔完全版〕

ジグムント・バウマン
森田典正 訳

JN089576

筑摩書房

MODERNITY AND THE HOLOCAUST (1st Edition)
by Zygmunt Bauman
Copyright © 1989 by Zygmunt Bauman
This edition is published by arrangement with Polity Press Ltd., Cambridge
through The English Agency (Japan) Ltd.

ヤニーナと、真実を語るために生き延びたすべての人々に捧げる

これを書いているあいだも、高度な文明をもった人間が頭上を飛びかい、私を殺そうとしている。彼らは個人としての私にいかなる恨みももたなかろうし、私も彼らにはなんの恨みもない。彼らは文字どおり「自らの義務を果たしている」だけなのだ。彼らのほとんどは私的生活において殺人など夢にも考えたことのない、法を犯したことさえない、善良な人間である。一方、そうした人間が爆弾をうまく私に命中させて粉々に吹き飛ばすのに成功したとすれば、そのために彼は眠れぬ夜を過ごすことになるだろう。彼は自らの国に仕え、その国には悪を赦す力がある。

ジョージ・オーウェル『イングランド、君のイングランド』（一九四一年）

沈黙ほど悲しいものはない。

レオ・ベック、ドイツユダヤ人全国協会会長

なぜこうしたことが起こったのか？……という歴史的・社会的大問題が重みを、衝撃を、恐ろしさをまったく失わないことがわれわれにとっては有益なのだ。

ゲルショム・ショーレム、アイヒマンの処刑に反対して

凡例

一、（　）および［　］はすべて原文のとおりである。
一、原文のイタリックは傍点にあらためた。
一、原文中で英語以外の言語が使用されているものは〈　〉で示し、初出のさいにのみ、その原語を〔　〕で補った。

目次

近代とホロコースト〔完全版〕

緒言

ヤニーナはユダヤ人ゲットーでの生活、そして、隠れ家生活の手記を書き終えたとき、夫である私に「完全な別世界」によくぞ二年間も長逗留させてくれた、という趣旨の謝辞を書き添えてくれた。恐怖と非人間性からなる世界がヨーロッパの隅々にまで広がってきたときでも、私は、たしかに、それとは無縁であった。そうした世界が地上から消滅した後も、それによって愛する人を失った人々や傷ついた人々の呪われた記憶、けっして癒えることのない傷とともに生きながらえながら、多くの私の同時代人同様、私は恐怖と非人間性の世界について探求しようとはしなかった。

もちろん、私もホロコーストについて知らなかったわけではない。無実の人間に邪悪な人間が加えたおぞましき犯罪というホロコーストのイメージを、私も同世代の、そして、若い世代の多くの人々と共有していた。世界は凶悪な殺人者と無力な犠牲者に分かれ、その他の人々は犠牲者を助けることができたときには助けられたが、たいがいは助けることができなかった。そうした世界において、殺人者は凶人にして邪悪であり、また、正気を失い、邪悪な考えにとりつかれているからこそ人を殺害する。重武装した強力な敵にはおよそ敗北するほかないから被害者たちは虐殺される。残された世界は当惑し、苦悶しながら、反ナチス連合軍の最終的な勝利以外に、人々のこの苦しみに終焉をもたらすものはないと考え、ただ見守ることしかできない。こうした常識にもとづいた私のホロコースト観は、壁に掛けられた絵のようなものだった。壁紙と区別され、他の家具との相違をあえて強調するために、きちんと額縁がはめられた絵。

ヤニーナの本を読んで、私は自分がいかに無知であったか、また、むしろ、なにも考えていなかったかを考えはじめた。そして、「完全な別世界」で起こった出来事を私はなにも理解していなかったのではないかと思いはじめた。起こったことはあまりにも複雑で、私が愚かにも十分だと感じていた、単純化され、知的に受け入れやすくされた形では、とうてい説明しつくせない。ホロコーストは残忍で衝撃的だっただけでなく、慣習的なやり方、「並大抵」のやり方ではとうてい理解しえない出来事ではないかと私は思い至った。この出来事は独特の暗号で書かれており、それが理解可能になるには、まず、暗号が解読されねばならない。

歴史家や社会科学者や心理学者たちが暗号を解読し、説明してくれるだろうと私は期待していた。図書館のそれまで行ったことのない書架を探し回ると、そこは非常に綿密な歴史研究、深遠な神学書でぎっしり一寸の隙もなく詰められていた。精巧な調査に裏打ちされた、心うつ社会学的研究もあった。歴史家が積み上げてきた証拠は、量と内容においてまさに圧巻であった。分析には説得力があり、また、深遠でもあった。ホロコーストは壁の上の絵などではなく、一つの窓であることにほぼ間違いないと、それらは示している。この窓からはよそではめったにみられない多くの光景がみえる。この窓からみえる光景は犯罪者、犠牲者、犯罪の目撃者だけでなく、今生きている人々、そして、明日も生きることを望む人々にとってもたいへん重要な意味をもつ。この窓から私がみたものはけっして快いものではなかった。しかし、その眺めが陰鬱であればあるほど、目をそむけてはいけないのだと私は確信した。

しかし、かつての私はその窓からの眺めに目を閉ざしていた。そして、目を閉ざしていたということにおいては、他の社会学者仲間と同じであった。私もホロコーストのことをわれわれ社会科学者によって解明されるべき事柄であるとは思っていたが、現代的関心の対象に解明の光をあててくれるようなものとはまったく考えていなかった。ホロコーストは通常の歴史の流れの中断、文明社会の身体にとりついた腫瘍、精神的健常性のなかに現われた一時的狂気であった、と私は（よく考えもせず、ずぼらから）信じて疑わなかった。ゆえに、私は社会学者として学生たちの前で、社会を正常で、健康で、狂っていないかのように描いてみせる一方で、ホロコーストの物語はプロの精神病理学者に任せきりにしていたのだった。

われわれ社会学者の傲慢さはホロコーストの記憶の共有のされ方、使用のされ方によっても、(言い訳にはならないが) 大いに助長されたといえなくもない。ホロコーストはユダヤ人、また、ユダヤ人のみに起こった悲劇として一般人の心のなかに沈澱することがあまりにも多いがゆえに、ユダヤ人以外にとって、それは遺憾の念と同情と、おそらく、謝罪の対象以上のものではありえない。ホロコーストはユダヤ人の (そして、ユダヤ人だけの) 共通の所有物として、また、銃殺やガス室を逃れた人々と、銃殺されたりガス室で処刑されたりした人々の末裔だけが引き継ぎ、厳格に守ることができるものとして幾度となく物語られてきた。しかも、ユダヤ人、非ユダヤ人が双方とも同じように物語ってきた。「外から」の見方も「内から」の見方も、結局は相互補完しあう。死者の代弁者をもって任ずる者たちのなかには、ホロコーストをユダヤ人の手から奪い、「キリスト教化」し、ユニークなユダヤ的性質を「人類の」悲惨という茫漠とした概念とすりかえようと画策する輩がいるなどと警告を発する人物までいる。ユダヤ人国家は悲劇的記憶を政治的正当性の証明、過去から未来にいたる政策へのお墨付き、そして、なかんずく、自らが犯すやもしれぬ不当行為にたいする事前の賠償金として使用する。こうした見方からすれば、ホロコーストは純粋にユダヤ人だけの問題として、現代に生きる、現代社会の構成員たるユダヤ人以外の人類 (人類としてのユダヤ人自身も含む) にはほとんど意味をもたないものとして囲い込まれることになる。ホロコーストの意義が個人的トラウマ、一民族の悲哀へと還元される危険はなぜ起こったのか、その理由を学識があり思慮深い私の友人のおかげで、最近、私はたちどころに悟ることができた。社会学がホロコーストの経験から普遍的に有意義な結論を導きだした形跡はどこにもないという私のぐちを聞いた友人は、「社会学者にユダヤ人がどれほど多いかを考えたら、それもあたりまえさ」と教えてくれたのだった。

さまざまな記念日がくるたびにホロコーストについての事柄が読まれ、大部分がユダヤ人である公衆を前に追悼式が行われ、それらはユダヤ人共同体内の出来事として報告される。大学もホロコーストの歴史にかんする特別科目を導入してきたが、それらは一般の歴史の講座とは別枠で設置された。ホロコーストはユダヤ史のなかでも特殊な専門領域だと多くの人がみているからだ。ホロコーストには専門の研究者がおり、彼らは専門家の会議やシンポジウムに参加し、講演を行う。しかしながら、いかに多くの、いかに有意義な研究がなされたとしても、それが学問や一般の文化生活の主流になることはない。専門化と専門家からなる特殊領域の研究はみなそうである。

かりに主流になることがあったとしても、そのためには除菌され、トゲが取り除かれ、無害とされた形でそれは公的な場に出されねばならないだろう。それは人類的悲劇にたいする無関心からの覚醒をもたらすだろうが、一般人の信じる神話とのあいだに矛盾をひきおこすようなものでも、彼らの思い込みと自己満足を揺るがすようなものでもない。『ホロコースト』と題されたアメリカのテレビ・ドラマが、育ちのよい、人品卑しからざる医者とその家族（ブルックリンあたりに住んでいる人たちに似た）と、野卑で血に飢えたスラヴ人農夫に手助けされた残忍で冷血なナチスを描き、医師家族の連行の様子と、彼らが堂々と、威厳や矜持を保ちながらガス室に向かう光景を描写したとしても、人々の思い込みと自己満足を変えることがないのと同じように。『黙示録』とユダヤ人の関係を専門とし、深い洞察力と問題への共感をもった研究者、デイヴィッド・G・ロスキーズは、自己検閲という無言だが執拗な作用に着目した。「地面にむけて頭《こうべ》を垂れた」というゲットーの詩の一節は、のちの版では「信仰に頭《かしら》を上げた」と書き直されている。ロスキーズは言う。「灰色の部分がなくなるたびに、原型としてのホロコーストはますます特別な輪郭を得る。死んだユダヤ人は絶対的善人に、ナチスとその協力者は絶対的悪人となる」[1]。非人間的体制の犠牲者は死へ赴く途中、人間性の一部を失ったとハンナ・アーレントは示唆したが、そのとき彼女は怒りの叫びに沈黙させられることになった。

　ホロコーストはまさにユダヤ人の悲劇であった。ナチス体制によって「特別待遇」を受けたのはユダヤ人だけではなかったが（ヒトラーの命令により抹殺された二〇〇〇万人以上の人間のうち六〇〇万人がユダヤ人であった）、完全殲滅の対象とされ、ヒトラーが想定していた「新秩序」において居場所を与えられていなかったのはユダヤ人だけであった。とはいっても、ホロコーストは単純にユダヤ人だけの問題でも、ユダヤ人の歴史だけの出来事でもない。ホロコーストは近代合理社会のなかで、文明が高い段階に達し、人類の文化的達成が頂点にいたったときに起こったのであるから、それは社会、文明、文化の問題である。歴史的記憶が近代社会の意識において自然に癒されてしまったなら、それは大量殺戮の犠牲者にたいする侮蔑的無視以外のなにものでもあるまい。それは危険な、場合によっては自己破滅的な盲目でしかない。

だが、自然治癒といってもホロコーストが記憶からすべて削除されるわけではない。これとは正反対の兆候も少なくない。出来事の事実を否定しようとするいくつかの修正主義的な声は別として（しかし、修正主義は世間を騒がすことによって、むしろ無意識のうちにホロコーストにたいする世論の関心を高めるのではないか）、ホロコーストの残虐性と犠牲者（とりわけ、生存者）の受けた衝撃は、多くの一般的関心をひきはじめている。この種の話題は映画、テレビ、小説に不可欠なわき筋（だいたい、補助的なものだとしても）として使われている。しかしながら、自然治癒が生じたことに間違いはなく、そして、それは次のような二つの互いに絡みあったプロセスをとおして起こった。

ホロコーストの歴史が独自の研究機関、財団、そして、学会をもつ特殊な産業となったことが第一のプロセス。学術的専門分野の細分化がもたらす、よくありがちな、そして、周知の影響は、新専門分野と主要専門領域のつながりの希薄化である。主要専門分野は新専門領域の関心や成果によってもほとんどなんの影響もこうむらず、それが発展させた特殊な言語やイメージからも影響を受けない。細分化が起こると専門化された組織に付託された学問的問題は、学問分野の根本原理から切り離されてしまう。それらは、いわば、個別化され周辺化されるのであり、理論上はかならずしもそうではなくとも、実際上は一般的意義を切り離されてしまうのである。主要学問は新専門領域とそれ以上かかわらなくなる。であるから、ホロコーストの歴史にかかわる専門的研究の量と、深さと、学術的な質が飛躍的に増大したとしても、一般的近代史研究がそれに割く時間と関心は増大しない。ともかく、ある程度の長さの学術的参考文献リストを添付して、ホロコーストの徹底的分析の代替とするのもいまや難しくないのだ。

すでに述べた大衆の意識に沈澱したホロコーストのイメージをあらためて正当化するのが第二のプロセスである。ホロコーストについての一般人の知識は記念式や、そうした式典が発信し、正当化する教訓からくることが多い。こうした機会は無意味でないとしても、ホロコースト体験の、とりわけ、その目をそむけたくなる驚愕的な部分の深い分析の一部とはなりえない。すでに限界が明らかな、分析にもならない分析が非専門家や誰もが接触する情報メディアによって、一般の意識のなかに注ぎ込まれているのだ。

「いかにすればこれほどの恐怖が起こりうるか」「もっとも文明化された世界の中心で、いかにしてそれは起こりえたか」と深刻に問いつめられたとて、一般人はあわてても驚きもしないだろう。原因の究明が罪の分析とすりかえられているからだ。恐怖の根源はヒトラーの妄想、部下の追従、信奉者の残虐性、そして、彼の思想が育てた道徳的退廃にこそ求められるべきであり、求められるだろうとわれわれは教えられた。おそらく、もう一歩つきつめれば、根源はドイツ史の特殊なねじれ、あるいは、一般ドイツ人の特殊な（彼らの公然たる、そして、潜在的反ユダヤ主義という観点からすれば当然予想されうる）道徳的無関心にまでさかのぼれるだろう。「こうしたことがいかにして可能であったか理解する努力をせねばならない」という呼びかけからは、第三帝国と呼ばれた忌むべき国家、ナチスの残虐性、あるいは、「世界的気質に反する」なにものかを目指そうとした（そうわれわれが信じるか、あるいは、信じるように仕向けられた）「ドイツ的病」といった理解しか出てこない[2]。また、ナチズムの残虐性とその原因さえ完全に意識すれば、「ナチズムが西洋文明のなかに残した傷は、癒せないまでも、治療がほどこせるだろう」ともいわれる[3]。こうした見方、あるいは、これに似た見方の背景には（見方の持ち主の意図ではないかもしれないが）、ドイツとドイツ人とナチスの道徳的・物質的責任さえ明らかにされれば、原因の究明は終了するという前提がある。ホロコースト同様、原因もまた閉じられた空間、限られた時代（幸いにも、いまや、過ぎた時代）に幽閉されてしまうのだ。

しかし、犯罪究明の要素として犯罪のドイツ性だけに焦点を当てようとするならば、ドイツ人以外の人間だけでなく、ドイツ的でないもののすべてを許すことになる。また、ホロコーストを遂行した犯罪者たちは文明の傷、あるいは、病の産物であって、恐ろしいが合理的な結果ではないと主張しようとするならば、罪悪感からの自己解放、道徳的慰藉《いしゃ》だけでなく、道徳的・政治的融解の危機をもたらしかねない。それはすべて「あのとき、あそこで」、つまり、別の時代、別の国で起こったことにすぎない。責められるべきが「彼ら」であればあるほど、彼らではない「われわれ」はますます安全であり、安全を守るためになさねばならぬこともますます少なくなる。罪の原因が罪の外にはないのであれば、われわれが誇りとする生活様式の無辜と正常さには疑念の余地がない。

その結果、逆説的だが、ホロコーストの記憶は毒を失うことになる。われわれの今日的生き方——安全のためにわれわれが頼りにする組織の質、われわれの行動、われわれに受け入れられた通常の交流のパターンの成否——にとって有益であるはずのホロコーストの教訓は、結局、隠蔽され、無視され、消滅させられてしまう。ホロコーストが専門家たちだけの研究対象、学会のなかだけの議論対象であるならば、別の場で話題になることは減るだろうし、門外漢にとっては神秘でありつづけるだろう。現代の意識はこれに気づいていない（それの重大な関心事となっていない）。さらに悪いことに、現代の営みはその影響をいまだ受けていない。

本研究は文化的・政治的にこの上なく重要でありながら、これまで先延ばしにされてきた課題の解決に、わずかでも貢献できればとの考えから着手された。その課題とはホロコーストの社会学的・心理学的・政治学的教訓を、現代社会の諸組織と構成員の自己認識に重ねあわせることである。本研究はホロコースト史を新たに語り直すものではない。この点にかんするかぎり、近年の専門的研究の成果には目をみはるものがあり、私もそれらをできるだけ広範に渉猟し、それらから計りしれない恩恵を受けた。その代わり、本研究が焦点を当てたのはホロコーストのなかで明らかとなったプロセスや潮流や潜在力に照らして、諸社会科学の（可能性としては、社会行動の）中心領域付近で不可避的に起こったさまざまな見直しについてである。本研究の種々の検証の目的は専門的知識の追加でも、社会科学における周辺的関心の発掘でもなく、専門研究者による発見を社会科学全般に提供し、社会学的考察の主要テーマと関連させる形で解釈し、社会学の主流に合流させ、現在の周辺的位置から社会理論と社会学的実践の中心的位置に移すことである。

　第一章ではホロコースト研究が提起した理論的・実践的重要課題にたいする社会学の側からの反応（あるいは、むしろその露骨な反応不足）を概観した。こうした課題のいくつかは続く章でさらに詳しく、個別に論じたつもりである。第二、第三章では、近代化の新たな条件下における領域の線引き、伝統的秩序の崩壊、近代国民国家の礎の定着、近代文明の一部属性間の関係（社会管理の野心を正当化するための科学的レトリックの役割はもっとも顕著なものであろう）、人種差別という形をとる共同体的対立の出現、人種差別と大量殺戮計画の連動、といったものによってもたらされた緊張関係を論じた。ホロコーストは近代の文化的傾向や、技術的進歩という文脈から切り離して考えることのできない近代特有の現象であると主張したあと、第四章においては、ホロコーストと他の近代的現象に通底する異常と正常の弁証法的結合について述べた。結論ではさらに次のようなことを示唆したつもりである。単独では正常で平凡でしかない要素同士の異常な邂逅の結果がホロコーストであった。さらに、非政治的権力のもつ資源と独立的社会組織がすべて段階的に解体されたあと、あらゆる社会的制約から逃れ、暴力的手段を独占し、大胆な管理工学的野心をもつようになった政治的国家の登場がそうした邂逅の主たる原因であった。

第五章では誰も「触れたがらない[4]」事柄を分析したが、それはやりがいのない、つらい作業であった。そうした事柄とは犠牲者が出るのが明らかなのにもかかわらず、犠牲者の協力を予定してはばからない近代的仕掛けのことであり、文明化というプロセスのもつ道徳的感化力や威厳に反して、抑圧的権威の非人間的影響を急激に増大させた近代化のことである。ホロコーストと「近代の関係」、ホロコーストと近代官僚制が完成させた権威との密接な関係が第六章のテーマであって、この章はミルグラムとズィンバーロが行った社会心理学的実験にたいする詳しい論考という形をとった。理論的統合、結論である第七章では、支配的社会理論における道徳の地位を概観し、社会的（物理的、精神的双方の）距離は社会的に操作可能であるということに焦点を当てながら、その社会理論の抜本的修正を柱に論じた。

さまざまな論題を扱っていてもすべての章は同一方向を目指し、単一の中心的主張を支えていると望みたい。本書はすべてがホロコーストの教訓を近代論、文明論、文明化の影響論の主流に吸収させることを目的として論じられている。ホロコーストの経験には私も構成員の一人である社会にかんする非常に重要な情報が含まれているという確信から、すべては出発しているのだ。

ホロコーストは近代が無視し、矮小化し、解決を怠ってきた古い緊張関係と、近代的進歩が生んだ合理的・効率的行動という強力な道具の異常な邂逅によって起こった。状況と状況の邂逅はまれであるというより一回かぎりであったとしても、状況を形成する要因自体は遍在するごく「ふつう」のものである。こうした要因の恐るべき可能性の計測はホロコースト後も十分なされなかったし、それが潜在的にもたらしうる否定的な影響を回避する努力は、さらになされてこなかった。どちらにおいても、もう少し多くのことができるであろうし、また、なされるべきだと信じている。

本書の執筆にあたって、ブライアン・チェイエット、シュムエル・アイゼンシュタット、フェレンツ・フェイヘール、アグネス・ヘラー、ルカシュ・ヒルショーヴィッ、ヴィクトル・ザスワフスキの批判や助言から大いなる参考を得た。これらの方々には本書に彼らの意見や着想が少なからず反映されていることに気づいていただけるだろう。この本をいくつかの段階で読み、適切な批判や非常に貴重な助言を投げかけてくれたアンソニー・ギデンズには特別感謝したい。出版にかかっては忍耐強い編集者のデイヴィッド・ロバーツにたいへんな苦労をおかけしたと思っている。

1　序章　ホロコースト以降の社会学

文明の物質的・精神的生産物のなかには死の収容所と〈生きる屍〉〔Muselmänner〕*も含まれる。
リチャード・ルーベンシュタイン、ジョン・K・ロス『アウシュヴィッツへのアプローチ』

文明論、近代論、近代文明論としての社会学におけるホロコーストの矮小化、誤解、無視には二つの形がある。

一つ目はホロコーストをユダヤ人の事件、ユダヤ史の出来事として提示すること。これによりホロコーストはユニークで、非典型的な、したがって、社会学にとっては些末な問題とされた。ヨーロッパ・キリスト教による反ユダヤ主義が沸点に達したときホロコース

＊〔訳注〕Muselmänner の直訳は「イスラム教徒」だが、強制収容所の隠語として飢餓や労苦から死者同然となった者のことを指す。意味の由来は定かではないが、アウシュヴィッツなどすべての強制収容所で使用されていた。

トは起こったとする解釈などが、そのもっとも典型的な例である。そもそも反ユダヤ主義自体、人種的・宗教的偏見や暴力の長大なリストのなかでも比類のない、ユニークな現象だった。他のあらゆる集団的敵愾心のなかでも反ユダヤ主義は、その前例なき完全性、思想的激烈性、超国家的・超領域的拡散、地域性と普遍性の独特の混在において突出している。ホロコーストが独特の手段を用いた反ユダヤ主義の延長だと定義されるならば、それは「唯一無二」の、一回きりの出来事であることになり、それを起こした社会の異常さの解明には貢献するかもしれないが、同じ社会の通常の状況の理解にはなんら寄与しない。それは近代の歴史的傾向、文明化プロセス、社会学的研究などの本質にかかわる問題の正統的な理解に実質的修正をもたらすものではない。

もう一つの形（先の形とは方向性が反対にみえながら、じつは、同一な）とはホロコーストを社会現象の一般的で、身近なカテゴリー群のなかの特異なカテゴリーとみなすことである。それは不快で、忌まわしいカテゴリーであるのは確かだが、共生可能な（そして、しなければならない）カテゴリーでもある。共生せねばならぬのはその復活力と遍在性のためでもあるが、同時に、近代社会がその撃退や撲滅のための組織だからだ。したがって、ホロコーストはそれに類似した紛争、偏見、暴力の実例を数多く包括する広い範疇における一種目として分類される。最悪の場合、ホロコーストはローレンツがいう本能的攻撃性、あるいは、アーサー・ケスラーがいうところの新皮質が脳の感情を司る原子的な部位を統御できない状態といった、原生的で文化では消すことのできない人類の「自然」な性癖と関連づけられる。(1) ホロコーストの原因とされる要素は文化的操作のおよばない前社会的なものとされ、社会学の関心領域から効率的に除外されるのだ。あとはせいぜい、ホロコーストは非常に恐ろしく不気味な、しかし、理論上は社会的に吸収可能な大量殺戮のカテゴリーに組み込まれるしかない。あるいは、たんに民族的・文化的・人種的抑圧と迫害の広いカテゴリーのなかに収納されるしかない。(2)

いずれの形をとろうが、結果はきわめて似たものである。ホロコーストは歴史のよく知られた流れのなかに押しのけられるのだ。

こういう形でみたとき、そして、他の歴史的惨事（宗教戦争、アルビ派異端者の虐殺、トルコ軍によるアルメニア人大虐殺、ボーア戦争時のイギリス人による強制収容所の発明）と並べてみたとき、ホロコーストは「ユニーク」だが、結局、ふつうのことにすぎないとみる方が便利となる。(3)

ホロコーストの起源はキリスト教改宗後のヨーロッパにおける、何百年にもわたるユダヤ人の隔離、法的差別、大虐殺、迫害のよく知られた記録にまでさかのぼる。とするならば、それは異常に恐ろしいものであるが、民族的・宗教的憎悪の完全な論理的帰結ともみえる。いずれにせよ、爆弾の信管は外されている。われわれの社会理論の大幅な修正はこれにより、まったく不要となった。社会学が蓄積してきた方法や概念でもこうした修正要求への対応、すなわち、ホロコーストの「説明」、「意味づけ」、「理解」は十分可能であるから、近代とその明らかにされていないが確実に存在する潜在力にたいするわれわれの見方も、再検討の必要がない。これは結果的に理論的自己満足を生む。社会学の理論的枠組みや実践を正当化するものとして、これまで便利に使用されてきた近代社会のモデルに、批判を加えなければならないような事態には至らないのだ。

こうした自己満足的でひとりよがりの態度にたいする批判は、これまで主として、歴史家や神学者によってなされてきた。こうした声に社会学者はほとんど耳をかたむけることがなかった。歴史家が達成したすさまじい量におよぶ成果や、キリスト教、ユダヤ教神学者の残した膨大な分量の内省に比べれば、職業的社会学者のホロコースト研究への貢献は些細にして、些末なものばかりである。社会学者によるこれまでのホロコースト研究が出した結論は、明らかに次のような程度のものにすぎない。これまで社会学がホロコースト理解に付け加えた知識量は、社会学の現状についてホロコーストがさずけてくれた知識量より圧倒的に少ない。社会学者はこの驚くべき事実を直視しようとしない。

「ホロコースト」と呼ばれる出来事にたいする社会学の任務について、社会学者の考え方はこの学問の代表的研究者であるエヴェレット・C・ヒューズの意見にもっとも集約的に表われている。

ドイツの国民社会主義政権はユダヤ人の歴史のなかでも桁はずれに「汚い仕事」を遂行した。こうした事件にかんして決定的に重大なのは、(一)そうした仕事を実行したのは誰だったのか、(二)いかなる状況において他の「良き」人々は彼らの蛮行を許したのかということである。われわれに必要なのはナチスが権力の座につく兆候のより正確な知識であり、ナチスを権力の座から排除するためのよりよき方法である。(4)

社会学研究の基本原理に忠実なヒューズにとっては、「汚い仕事」の遂行者の特異な行動傾向を(決定因子として)合理的に説明できるような、心理・社会的要因の特異な組み合わせの発見こそ重要であった。また、遂行者以外の個人からそうした行動傾向にたいする(予測されても、現われることのなかった)抵抗感を除去した要因の列挙が重要だった。結局、ヒューズにとって重要なのは、因果律と統計的確率が支配する合理世界にあって説明-予測の知識を獲得し、その知識の保持者に「汚い」傾向の成立を阻止させ、自ら「汚い」行動に走ったり、「有害な」結果をもたらすことを止めることであった。世界を合理的に操作可能な、また、「統御可能な」ものとして組織した行動と同一モデルの行動を応用すれば、後者の目的は達成されるだろう。われわれに必要なのは社会管理工学という古い（が、けっして、意義を失ったわけではない）行動に取って代わる、新しい技術なのだという。

ホロコースト研究へのもっとも社会学的な貢献の一つには、ヘレン・ファインによるものがあげられるが、[5]これもヒューズの助言に忠実である。ナチ党が支配したヨーロッパにおけるユダヤ人犠牲者と生存者の数を国ごとに計算し、その割合の差を公式化するための心理学的・思想的・構造的変数を提示することが、自分の使命だと彼女は定義した。すべての一般的基準に照して、ファインの研究は秀逸である。民族的共同体の特質、地域ごとの反ユダヤ主義の強さ、ユダヤ人の文化的非ユダヤ化、地域融合や超共同体的連帯の度合いはすべて注意深く正確に整理され、変数は適正にはじきだされているから、その妥当性に疑いはない。仮定にすぎない因果論は排除され、少なくとも、統計が否定する。その他の規則性（連帯の欠如と「人々が道徳的規則を破る」確率の高さとの相関関係のような）は統計が証明する。ファインの社会学的知識とそれを駆使する技術は非のうちどころがないからこそ、逆に、彼女の著作は一般的社会学の弱点を露呈することになった。社会学的言説がホロコーストにかんする暗黙の基本前提を変えないかぎり、ファイン的な考察方法以外、社会学には考えつかないだろう。つまり、行動を操る文明の手綱を、一時的とはいえ人間に手離させた社会的・心理的要因の特殊な連鎖の産物がホロコーストであるという前提を変えないかぎり。こうした前提どおりだとするならば、前社会的・反社会的段階の人間を衝き動かす非人間的な欲動を、人間化、そして（あるいは）理性化（両者は同義語として使われる）するとされる社会組織は、ホロコースト経験後もそのまま変わらず残存しているはずだ。人間的行動に見出しうる道徳的衝動はすべて社会的に生産されたものだ。社会が機能不全に陥れば、道徳的本能は消滅する。「社会規制とは無縁のアノミーな条件のもとでは、他者を傷つける可能性に気づくことなく人々は行動するかもしれない[6]」。この意味するところは、効果的な社会規制の存在によって自己中心主義は予防されうるということである。社会規制の（すなわち、極限の束縛をかつてないほど望む近代文明の）圧力とは、人間内に宿る、凶暴な手に負えない自己中心性や野獣的本能にたいして、道徳的束縛をかけるということでもある。それ特有の学問的方法に則ってホロコーストの事実を処理してきたがゆえに、正統派社会学は「実例から得られた事実」でなく、仮定に縛られたメッセージを発信せざるをえなくなった。ホロコーストは近代の機能不全の結果であって、近代の産物ではないというメッセージを。

ネハマ・テクもまた優れたホロコースト研究を残しているが、彼が探究したテーマは社会的スペクトラムの一極、すなわち、救済者――利己主義が蔓延する世界にあって、苦しむ他者のために自らの命さえ捧げ、「汚い仕事」の実行を許さなかった人々、つまり、非道徳的社会にあって道徳的たりえた人々についてであった。社会学的方法論に忠実に従いながら、テクは時代のいかなる標準に照らしても異常としか言いようのない行動の社会的決定因子を必死に探しだそうとした。見識ある、優れた社会学者なら誰でも研究プロジェクトとしたことのあるだろう社会学的テーマを、彼女はホロコーストとの関係において検証していった。他者を援助する傾向と、階級、教育、宗派、政治信念とのあいだに相関関係があるかどうか調べあげ、そして、それがないことを発見した。自らと社会学を修めた読者の予測に反したとしても、テクの導きうる結論は次のもの以外にありえなかった。「ユダヤ人救済者たちは当り前に思えたことを行い、自発的に時代の恐怖に立ち向かったにすぎない[7]」。換言すれば、救済者がすすんで救済者になれたのは、そうすることが彼らの性癖にかなっていたからだった。救済者はあらゆる社会構造のあらゆる一画から、そして、あらゆる片隅から現われたから、道徳的行動が「社会的要因」によって決定されるという前提は崩れた。こうした決定要因では苦難に遭遇した人々をなんとか救おうとする救済者の衝動をうち消せないことを明らかにしたことが、そのせめてもの貢献であった。テクは問題の本質が「ホロコーストについてわれわれ社会学者はなにを語れるか」でなく、「ホロコーストがわれわれやわれわれの行動や社会学者についてなにを語りかけてくるか」にあると、ほとんどの社会学者の誰よりもはっきりと認識していた。

これはホロコーストが残した課題のなかでも、可及的速やかに答えが探しだされねばならぬものであったが、それは遺憾ながら無視されつづけてきた。既存の社会学的ヴィジョンの明らかな破綻に過剰反応するのはあまりに易しい。ホロコーストの経験を（元来、無縁であったはずの不条理の要素を排除できなかった近代、感情的・暴力的衝動を抑えるのに失敗した文明化の力、軌道から外れ、道徳的動機を十分に生産できなかった社会化の〕機能不全という理論的枠組みのなかに囲い込む望みが一度絶たれると、人は理論的袋小路から「安易な」脱出路を求めようとする。脱出路とはホロコーストを近代文明の「パラダイム」や、「自然」にして「当然」（共通でないと誰が言えるだろうか）の帰結や、「歴史的傾向」に還元することである。とするならば、ホロコーストは（近代が抑えこんだ可能性として認識されるのではなく）近代の実像、つまり、「大きな嘘」から恩恵をこうむる者たちが押しつけるイデオロギーによって表面上は隠されている近代の実像だということになる。この見方（第四章において詳細に論じるつもりだが）は、ホロコーストの歴史的・理論的意義を拡大しているように一見みえなくもない。しかし、近代社会が毎日、大量に生産している大小の苦難と、ジェノサイドの恐怖がほとんど区別できないものだとされるのであれば、その歴史的・理論的意義は矮小化されたといわざるをえない。

近代の試練としてのホロコースト

数年前『ル・モンド』の記者がハイジャックの元犠牲者たちに聞き取り調査を行った。このとき、記者の関心をもっとも強くひいたことの一つは、ともに人質を経験した夫婦の離婚率が異常に高かったことであった。好奇心をかきたてられたこの記者は離婚した人たちに離婚の理由をたずねあるいた。インタヴューを受けた人たちのほとんどは、ハイジャック以前、離婚など毛頭考えていなかったという。しかし、恐怖を経験する過程で、彼らは「開眼」したり、「配偶者を別の目でみるようになった」という。ふだん、よき夫であった人たちが身勝手な、自分の利益しか考えない生き物だと「判明」し、勇敢なビジネスマンがむかつくような臆病者だと分かり、才覚があり「世故にたけた人物」が腑抜けで、最悪の事態の前で震えてなにもできない人物だと知れるようになった。記者はここで自問する。これらのヤヌスがもつ二つの顔のうち、はたしてどちらが本当の顔で、どちらが仮面なのだろうかと。記者の結論によれば、設問の立て方自体が間違っていたという。どちらの顔がより「本当」だと聞くことはできない。どちらも犠牲者の性格に可能性として宿されていた顔で、それぞれは異なる場合、異なる状況に応じて現われてくるにすぎない。「良い」顔がふだんのものであるのは、ふだんの状況が悪い顔より良い顔を要求するからである。しかし、ふだん、隠れてはいても、別の顔もまたつねに存在しつづけている。この発見のもっとも興味深い点は、ハイジャック事件に遭遇していなければ、「別の顔」はけっして表面に出てくることはなかったということである。ふつう配偶者同士は夫婦であることに満足し、尋常でない不測の状況によって暴かれる相手の負の性格に気づくこともなく、相手について知っていることだけを好みつづける。

先に引用したネハマ・テクの研究は、次のような観察で締めくくられている。「ホロコーストがなかったら、人助けした人たちのほとんどは慈善活動で活躍したり、また、目立たない素朴な人生を歩んだり、それぞれ独自の道を歩んでいたであろう。彼らはまわりの人々とどこも変わらない眠れる英雄であった」。この研究のもっとも強力な（そして、もっとも説得力のある）結論は、自ら犠牲になろうとするそれぞれの積極性、また、逆境に直面して現われる怯懦の兆候はけっして「予見」できないということであった。ある状況がそれらを生み、「それらを目覚めさせる」までそれは見定められない。

ジョン・K・ロスはこの潜在対実在の問題（前者は後者の実現前の形式であるのにたいし、後者は前者の実現後の形式、経験的に獲得されたあとの形式であるという問題）をホロコーストの問題と直接結びつけて議論している。

ナチス権力が生き延びていたとすれば、権力者はホロコーストにおいて、自然権の侵害、神と人類にたいする犯罪はいっさいなかったと主張したであろう。しかし、奴隷労働の継続、拡大、停止は、ナチス権力が生き延びていたとしても問題となったであろう。こうした事柄にかんする判断は合理的証拠にもとづいてなされるからである。[8]

ホロコーストの集団的記憶の奥深くまで浸透した暗黙の恐怖（その記憶から目をそらそ

うとする強い願望ともかかわる恐怖）の正体とは、ホロコーストがたんなる逸脱、直線的軌道からの脱線、健康なはずの文明社会にできた腫瘍以上のものではないかという痛切な疑念である。すなわち、ホロコーストは文明の対立概念でなく、文明が代表する（あるいはすると思いたい）すべてのものの集大成なのではないかという疑念である。愛されるべき近代社会の別の顔がホロコーストによって暴きだされたのではないかという疑念は、（否定しようにも）否定できない。二つの顔は完璧に違和感なく同一の胴体の上にのっている。双方の顔はそれぞれ硬貨の両面以上に、相手の顔なくしては存在することができないが、この事実を、おそらく、われわれは非常に恐れている。

われわれは時として恐るべき真実の入り口で立ちすくむことがある。しかるに、ヘンリー・ファインゴールドもまた、ホロコーストは近代社会の長い、全体として罪のない歴史における新展開、しかも、制圧されたウィルスの悪性新種の出現のような、予期も想定もまったくされていなかった展開だと主張した。

> 最終的解決《ファイナル・ソリューション》はヨーロッパの産業システムが脱線した地点で起こった。啓蒙主義の元来の希望は生活を豊かにすることであったが、それどころか、産業システムは自らを無駄にしはじめた。ヨーロッパが世界を支配することができたのは、その産業システムとそれに付随するエトスのおかげであったのに。

これでは世界支配に必要とされ、使用された技術と、最終的解決の効率性を支えた技術はまるで異質のものであるかのように聞こえるではないか。しかし、ファインゴールドは真実を見事に言い当ててもいる。

［アウシュヴィッツは］近代工場システムの平凡な応用の結果にすぎなかった。製品は生産されなくとも、そこでは人間が原材料に、死が最終の成果となり、日々の数値は工場長の生産表の上に丁寧に書き込まれた。近代工場システムの象徴である煙突からは人間焼却にともなう刺激臭のある煙が吐き出される。近代ヨーロッパの見事に整備された鉄道網は新種の原料を工場に運び込む。運搬方法は他の物資の場合と同じであった。ガス室で犠牲者たちが吸った有毒ガスは、ドイツの先進化学産業が生産した青酸から作られたものであった。技術者は火葬場を設計した。管理者たちは後進国がうらやむような効率性と力をもった支配体制を立案した。計画全体が歪んだ近代科学精神の反映であった。われわれが目撃したのは、まさに、社会工学の壮大な実践であった……(9)

ホロコーストのあらゆる「構成要素」とそれを可能にしたすべては、まさに、ごくふつうのものばかりであった。「ふつう」とは身近なという意味でも、昔から詳述され、説明され、受容されてきた現象の大カテゴリー内の一例という意味でもなく（ホロコーストの経験は、それどころか、新しく、未知なるものであった）、文明とその主導的精神、そこで優先されるもの、そして、その内在的世界観が連想させるすべてのものと矛盾しないという意味である。また、完璧な社会とともに人間の幸福を追求するまっとうな方法という意味である。スティルマンとファフの言葉によると、

物質的豊かさの世界的実現というヴィジョンをもとに大量生産ラインに投下された技術と、大量の死者のヴィジョンの下に強制収容所に応用された技術のあいだには、偶然とはけっしていいがたい関連がある。この関連は否定したいだろう。しかし、デトロイトのリヴァー・ルージュがわれわれ西洋の産物であるように、ブッヘンヴァルトもまたわれわれ西洋の産物なのだ。ブッヘンヴァルトだけを本質的には正常な西洋世界から生まれた奇形とすることはできない。(10)

ラウル・ヒルバーグがその比類のない、偉大なホロコースト研究の最後でたどりついた結論をふりかえってみよう。「破壊のための機構は、組織化されたドイツ社会全体と構造的に同じであった。破壊のための機構はその特殊な役割の一つにおいて、組織化された共同体そのものであった」(11)。

リチャード・L・ルーベンシュタインの「文明進歩の証拠がホロコーストである」という発言こそ、ホロコーストから得られる究極の教訓だと私には思えてならない。それは二重の意味での進歩だった。近代文明が誇りにする産業の潜在能力、技術的ノウハウが最終的解決において前例なき成果をあげたことからみても、文明はここにおいて新たな高みに到達したといえるだろう。技術的効率性と優れた計画性を尊重し、賞賛するよう教えられる一方で、われわれ近代人は物質的進歩をもたらす文明の本来的能力を過小評価しすぎてきた。

死の収容所の世界とその世界が生みだす社会は、ユダヤ・キリスト教文明の漆黒化しつづける闇の部分の象徴である。文明とは奴隷制、戦争、搾取、そして、死の収容所のことである。一方、文明とは衛生医学、高度な宗教概念、美しい芸術、感動的音楽のことでもある。文明と野蛮は対極をなすと想像するのは誤りである……現代において、残虐行為は世界の他のほとんどのものと同様、以前に比べ、はるかに巧妙に遂行されている。残虐性は消滅していないし、消滅することもありえない。創造と破壊は文明と称するものの分離できない両輪なのだ[12]。

ヒルバーグは歴史家、ルーベンシュタインは神学者である。ホロコーストが喚起する責務の重大さに対する同じような意識を、私は社会学者の研究にも探そうとした。また、ホロコーストを、職業としての、また、学問的知識の集積体としての社会学にたいする挑戦であると、社会学者が認識している証拠を探し求めた。歴史学者や神学者が行った研究と比較するならば、理論的社会学の研究はホロコーストを忘却し、それに目をつむるという集団的行動にしかみえない。理性による感情の支配こそ有益であり、合理性は不合理な行動より当然優れ、効率性の追求は「個人的しがらみ」にどうしようもなく染みこんだ道徳的好き嫌いと独特の衝突をおこすとする、社会学者の常識的信念に、ホロコーストの教訓はほとんどの場合、ほぼ何の影響もおよぼさなかった。こうした信念にあらがう声は、それがいかに大きく切実であっても、社会学の支配的体制の壁の内まで届かない。

私は社会学者が社会学者としてホロコーストの残した証拠に正式に取り組んだ例をあまり知らない。例外の一つは（スケールは小さいが）、一九七八年に現代社会問題研究所が開いた、「ホロコースト以後の西洋社会」と題されたシンポジウムであった[13]。このシンポジウムで、リチャード・L・ルーベンシュタインはヴェーバーによるあのもっとも有名な近代社会の傾向分析を、ホロコースト体験という見地から読み直そうと試みたが、それは創造的だったとはいえ、やや、感情的すぎるものでもあった。ルーベンシュタインはヴェーバーが当然知らず、われわれが知るに至った事柄が、ヴェーバーの知識、認識、理論に照らして、少なくとも可能性として予測されることは可能であったかどうか探ろうとした。

彼は予測できたと考えた。あるいは少なくとも、そう示唆している。官僚制度、合理的精神、効率の論理、科学信仰、価値の個人的領域への格下げなどといったヴェーバーが説明した近代的傾向のなかに、ナチスの暴走を制止できるようなメカニズムは含まれていない。さらに、ヴェーバーの理想型にはナチス国家が行った行為を暴挙となすものはなにも含まれていない。たとえば、「ドイツ人医療専門家やドイツ人技術者によって行われた蛮行と、価値の本質的個人性、科学の本来的道具性と中立性などの見方のあいだに矛盾は存在しない」。著名なヴェーバー学者であり、社会学の第一人者であるギュンター・ロスはこの意見にたいして不快感を隠さなかった。「ルーベンシュタイン教授の意見に私はまったく反対です。彼の発表は私にとっていっさい受け入れがたいものです」。ヴェーバーの名声に傷がつく（その可能性は、いわゆる、「予測」という考えのなかに潜んでいる）のを恐れたためか、ギュンター・ロスはシンポ参加者にたいしヴェーバーは自由主義者で、憲法を愛し、労働者階級への選挙権拡大を支持していたと強調した（ゆえに、ホロコーストなどというおぞましいものと関連づけられることはありえないと考えている）。しかし、ロスはルーベンシュタインの示唆する中身の本質には触れようとしない。同じように、ヴェーバーが近代の中心的属性として同定し、彼の分析の端緒となった強力な理性支配や、これがもたらす「意図せざる結果」について、真摯に検討する機会を自ら放棄している。社会学的伝統の古典が残した鋭敏なヴィジョンの「裏側」に、至近距離から照準をあわせて対峙する機会は失われてしまった。また、古典の時代には存在せず、われわれにのみ与えられた悲劇的知識を使い、古典的叡智のなかに古典が気づきえなかった、あるいは、おぼろげにしか気づきえなかった事柄があったのか、なかったのかを検討する機会も失われたのである。

社会学の伝統が残した神聖な真実を、不都合な証拠を排除してまでも守りぬこうとした社会学者はギュンター・ロスだけではない。他のほとんどの社会学者は、これほど率直な形で発言せざるをえないような状況にたまたまおかれなかっただけなのだ。われわれ社会学者は日々の研究活動において、ホロコーストから渡される挑戦状にかかずらう必要性など感じていない。われわれは社会学者として、それを忘れるか、社会学という学問の中心から遠く離れた「特殊な関心」領域へ棚ざらしにするだけである。社会学の文献で議論されるようなことがあっても、ホロコーストはせいぜい抑圧を逃れた人間の本質的攻撃性が犯した悲劇的実例程度にしか扱われず、また、そうした攻撃性の制御のために文明化圧力の強化と、一時的問題解決の手段を適用する口実程度にしか使われない。最悪の場合、それはユダヤ人の個人的経験、あるいは、ユダヤ人と彼らを憎む人間のあいだの問題として記憶にとどめられるにすぎない（イスラエル人国家の提唱者たちは、この「個人化」に少なからず貢献してきた[14]）。

この状況がゆゆしいのは、社会学の認識力や社会的妥当性にとって有害であるという学問的理由からだけではない。じつは学問的理由は主要な理由ですらない。ホロコーストという状況をさらに恐ろしく感じさせるのは、「ある箇所でこれほど大規模に起こったことは、別の箇所でも起こりうる」、また、「それは人間の能力の範囲内で起こった」ということへの気づきである。好むと好まざるとにかかわらず、人間の意識世界の拡大に貢献したのは、人類の月への到達という事件にもましてアウシュヴィッツであった[15]。アウシュヴィッツを可能にした社会的条件はどれも消滅しておらず、そうした条件下において、アウシュヴィッツ型悲劇の再来は十分ありうるが、にもかかわらず、それを阻止するいかなる手段も講じられていないという現状をみるかぎり、上のような不安が解消されることはほとんどありえない。レオ・クーパーは最近次のように指摘した。「その主権国家は領土内の人民にたいし大量殺戮、集団殺戮を仕掛ける権利は主権の一部だと主張し……国連は現実論からこの権利を支持する[16]」。

ホロコーストの残した遺産とは、近代史によって神格化された社会原理の知られざる「裏面」の洞察であった。歴史家によって徹底的に検証されたホロコースト体験を、社会学的「実験室」で再検討しようと私は提案したい。「非実験室的」条件のもとでは明らかでない、したがって、経験的に接近しえない社会の属性を、ホロコーストは暴きだし、検証の対象にした。違う言い方におきかえよう。私は近代社会の隠された可能性を明示する、特殊ではあるが、重要にして、信頼できる手段としてホロコーストを扱うように提案したいのだ。

文明化プロセスの意味

人間性は人間が社会誕生以前の野獣性から抜けだす過程で生まれたという、道徳的向上の筋書きは、西洋社会の自意識に深く根づいた病因論的神話にすぎない。この神話はいくつかの影響力のある社会学理論や歴史的記述を刺激したのと同時に、逆にそれらから学問にうらうちされた、洗練された援護を獲得することになった。神話と学問の結びつきは「文明化のプロセス」というエリアスの主張が、突然、脚光を浴び、一夜にして多大な成功を遂げたという現象からも納得されるだろう。偉大な文明の誕生と定着の決定的な条件として、軍事的暴力の拡大と強制権力の無制限の使用を強調する社会理論（たとえば、マイケル・マンの歴史論的・比較論的分析、アンソニー・ギデンズの総括的・理論的分析など、多種多様な文明化プロセスの徹底的な分析）が、エリアスの主張するような病因論的神話を一般人の意識、あるいは、社会学者のあいだに広がる先入観から払拭するまで、まだ、だいぶ長い時間がかかるだろう。概して、非専門家はこの神話へのいかなる批判も好まない。さらに、批判への抵抗はさまざまな優れた学問的見解によって支えられている。歴史を理性と迷信との闘争とみなす「ホイッグ史観」、合理化をより少ない労力でより多くの成果を得るための手段とみるヴェーバーのヴィジョン、人間の動物性を暴き、取り除き、飼い慣らすことを約束する精神分析、能力の発揚を拒む狭隘さから解放された時点で、人間は生活と歴史をその完全な支配下におさめるだろうと断言したマルクスの壮大な予言、日々の生活から暴力を一掃したのが近代の歴史だとみたエリアスの歴史像、そして、なかんずく、人間の問題は誤った政策から生まれ、正しい政策は問題を解消すると主張する専門家たちの合唱などがそれである。これら類似した思想の裏には近代の「造園」国家、すなわち、社会を設計、栽培、除草の対象としてみる国家が居座るのだ。

現代になって常識となったこの神話に鑑みれば、ホロコーストは人間に残る病的性癖の抑制に、文明（すなわち、人間の合目的的・理性的行動）が失敗した特殊例としかうつらない。ホッブズ的世界が完全に鎖につながれていたわけでないのは明らかであり、また、ホッブズ的問題は完全には解決されてはいない。換言すれば、われわれは完璧な文明をもつに至っていないのだ。文明化プロセスの完成はこれからなのだ。大量殺人から教訓が得られるとすれば、それは同種の過ちを防ぐにはさらなる文明化の努力が必要であるということになるだろう。この教訓はこうした努力やその結果の将来的有効性を疑わせるものを微塵も含んでいない。われわれは正しい方向に進んではいるが、おそらく、ただ進みが遅いだけのことだということになる。

歴史研究によりホロコーストの全貌が明らかになるにともない、従来とは違う、そして、より信じるに足るホロコースト解釈も生まれてきた。それは人間的特性（殺人への憎悪、暴力の回避、罪悪感や非道徳的行動にたいする責任の恐怖）が、文明の産物のなかでももっとも尊重されるべき冷たい効率性に衝突したさい、人間性の弱さと脆さを露呈させたのがホロコーストであったとする解釈である。もっとも尊重されるべきものとは、技術や選択の合理的基準や、思想と行動を経済性と効率性に従属させる傾向のことである。ホロコーストのホッブズ的世界は不合理な感情のうねりにのって、浅い墓穴から蘇ったのではなかった。それは工場で製作された車両に乗って到着し（ホッブズであればきっと無関係を主張するであろう恐るべき形で）、もっとも進んだ科学だけが調達できる武器を誇示し、科学的に管理された組織が設定した旅程表に従ったのだ。近代文明はホロコーストの十分条件ではない。それは確実に必要条件であった。近代文明なくしてホロコーストは考えられえない。ホロコーストを想像可能にしたのは近代文明の理性的世界であった。「ナチスによるヨーロッパ系ユダヤ人の虐殺は産業社会の技術的成果というだけでなく、官僚的社会の組織的成果なのだ[17]」。人類の歴史的進歩に付随した多くの大量虐殺のうちでも、ホロコーストをユニークなものとするのに必要だった条件はこうである。

　公的業務は他のヒエラルキーに着実な計画性と官僚的完全性を吹きこむ。軍隊から破壊装置・仕組みにいたるまで、すべては軍事的精密さ、規律、冷徹さを獲得する。産業化の影響は殺人施設における工場的効率性追求、会計、節約、回収再利用の重視にも感じられる。最後に政党は装置全体に「理想主義」、「使命」感、歴史形成への参画の実感を提供する……。

それは特殊な役割をになう組織化された社会である。まれにみる規模の大量殺戮に与する一方、この巨大装置は正当な官僚的手続き、正確な定義、細かな官僚的規制、法の遵守にも配慮するのである。[18]

〈親衛隊〉〔SS〕本部のなかでヨーロッパ系ユダヤ人の破壊を担ったのは、総務・経理部と呼ばれる部署だった。そう呼ばれていたとしても、それが虚称だったとばかりとはいえまい。偶然の傍観者や半信半疑の加害者を欺くための、あの悪名高き「スピーチ・ルール」という言い方でも説明しきれない。不吉なことに、この呼び名は組織が行った活動の意味をむしろ的確に反映している。目的の啞然とするような非道徳性（正確には、道徳的非難に値する度合いの巨大さ）をのぞき、その活動はあらゆる形式的意味（官僚主義が表わす唯一の意味）において、「通常」の総務・経理部が計画、監督、管理する組織的行動となんら変わるところがない。官僚的合理主義にのっとったあらゆる活動同様、それはマックス・ヴェーバーの近代的組織運営論の冷徹な描写にぴったり当てはまるのだ。

正確さ、スピード、非曖昧性、ファイリングの知識、継続性、裁量能力、連帯、厳格な上下関係、円滑さ、物質的・私的犠牲の縮少――これらは厳格な意味で官僚的組織運営においてその最高点に達した……官僚化はなかんずく、純粋なる客観的思考に従いながら組織運営機能を専門化するという原理を貫徹するにあたり、最高の可能性を示した……仕事の「客観的」遂行とは、主として、「人間的配慮なしに」、信頼しうるルールだけに従うことを意味する[19]。

官僚制度の視点からホロコーストを定義することが、真実の歪曲でも、いきすぎた異様な皮肉でもないことは、この記述をみても明らかだろう。

しかし、合理性の近代官僚制度的様式の理解にホロコーストが決定的に重要なのは、効率の官僚制度的追求がいかに厳格であり、倫理的に盲目であったかをわれわれに再認識させて（そうした再認識が必要であるかのように思わせて）くれるからだけではない。未曾有のスケールの大量虐殺が高度に発達し、確実に定着した技術に、綿密で正確な分業に、命令と情報のよどみのない流れに、自発的ではあるが相互補完的な行為の有機的連鎖に、つまり、オフィス的雰囲気のなかでもっともよく成長し、発達する技術や習慣に、どれほど依存していたかをわれわれが理解しても、ホロコーストの重要性のすべてが説明されるわけではない。官僚的理性にホロコーストが投射した光は、〈最終的解決〉〔Endlösung〕

という概念が官僚的文化の落とし子であったと理解されたとき、もっともまぶしく輝くことになる。

　ヨーロッパ系ユダヤ人の物理的抹殺にいたる紆余曲折は、カール・シュロイネスが詳しく語っている[20]。その道は狂った化物の単独のヴィジョンのなかで想起されたのでも、イデオロギー的に動機づけられた指導者が「問題解決過程」の最初に選択したのでもなかった。それはわずかずつ現われ、それぞれの段階で異なる方向に進み、新しい危機に対応しながら動き、「いきあたりばったり」の哲学で進行していった。シュロイネスの概念は「機能主義《ファンクショナリズム》」的ホロコースト観を代表する（これは近年「意図主義《インテンショナリズム》」に代わって台頭した見方で、単独の原因によってホロコーストを説明するかつて支配的だった立場、すなわち、ジェノサイドに誘因的論理や、ありえもしない一貫性を認めるヴィジョンに対抗して生まれた）。

　機能主義者たちの事実認定によれば、「ヒトラーは「ユダヤ人排除、とりわけ、帝国領土からのユダヤ人の〈除去〉〔judenfrei〕」や、一掃といった目標を設定はしたが、達成の方法については指示しなかった」という[21]。一度、目標が設定されると、すべてはヴェーバーがいみじくも指摘したように進みはじめた。「「政治的達人」は「専門家」、すなわち、行政側の老練な官僚の前に立たされた「ディレッタント」の立場におかれる[22]」。目標は実行に移されねばならない。実行のされ方は状況により、「専門家」たちが実現可能性と行動の対価をはかって決定する。まず、ドイツ系ユダヤ人の国外強制移送という方策がヒトラーの目標にたいする最初の実践的手段として採用された。他の諸国がユダヤ人難民の受け入れにより寛大であったならば、ドイツは〈ユダヤ人なき〉〔judenfrei〕国家になっていたであろう。オーストリアが併合されたとき、アイヒマンはオーストリア系ユダヤ人の大量移民を効率的に実行し、はじめて大きな賞賛を受けた。しかし、その後、ナチス支配の領土は大きく膨れあがった。最初、ナチスの官僚機構は征服と植民地的領土の保有を、〈総統〉〔Führer〕の命令を完全に実行する絶好の機会ととらえた。ポーランド〈総督府〉〔Generalgouvernment〕*は、ドイツの人種的純化の犠牲になる運命にありながらも、旧ドイツ領に居住しつづけるユダヤ人の引き受け場所を提供した。将来、「ユダヤ公国」が建てられる特別区域は旧ポーランド中部、ニスコ周辺と決められた。しかし、旧ポーランドの管理を担っていたドイツ官僚機構は、これに強く反対したのである。ドイツ国内のユダヤ人監視で手一杯だったのだ。そこでアイヒマンはマダガスカル・プロジェクトを丸一年かけて計画する。フランスの敗北にともない、その遠い旧フランス領をヨーロッパ域内では実現しなかったユダヤ公国にしようと考えたのだ。しかし、ドイツからの距離、輸送にかかる船舶の確保に加え、公海のイギリス海軍の存在も考慮せねばならなかったから、マダガスカル・プロジェクトもまた実現することはなかった。その間も占領地は増えつづけ、ドイツの司法権のもとにあるユダヤ人の数も増加しつづけた。（たんなる「再統一された

〈帝国〉〔Reich〕」どころか〉ヨーロッパのナチス支配が、ますます、現実味を帯びるようになる。千年〈帝国〉は次第に、しかし、確実にドイツの支配するヨーロッパという形態をとりはじめた。こうした状況において、〈ユダヤ人なき〉ドイツという目標もまた、同じプロセスに従わざるをえなかった。ほとんど気づかれることもなく、一歩一歩、〈ユダヤ人なき〉ドイツは〈ユダヤ人なき〉ヨーロッパへと変貌してゆく。これほどの規模をもった野心的目標は、マダガスカル島がもっと近かったとしても、一つの島くらいでは達成されるはずもない（しかし、エバーハルト・イェッケルによれば、ヒトラーがソ連は数週間のうちに敗北すると予測した一九四一年七月には、すでにアルハンゲリスクからアストラハンにかけての広大な地域が、ドイツの支配する統一ヨーロッパのユダヤ人投下地となることが予定されていたという）。ロシア陥落がいっこうに実現せず、急激に膨らむユダヤ人問題に解決策が追いつかないまま、ヒムラーは一九四一年一〇月一日、すべてのユダヤ人移民の停止を命令する。「ユダヤ人排斥」という目的には新たな、さらに効果的な方法が発見される。拡大された目的にたいするもっとも実現可能な、もっとも効率的な方途として、物理的殲滅が選択されたのだ。あとは国家官僚機構の部署間の協調の問題であっ

＊〔訳注〕〈総督府〉は一九三九年九月から一〇月にかけてのドイツ軍のポーランド侵攻と占領のあと、ポーランドの統治当局にドイツが与えた名称。

た。また、細心の計画、設計、適切な技術と装置の開発、予算、必要物資の計算と調達の問題であった。まさしく、平凡な官僚的ルーチンの問題であった。

「アウシュヴィッツへの紆余曲折」の分析のなかから現われた教訓でもっとも衝撃的なのは、〈排除〉〔Entfernung〕という目標のための最終手段、すなわち、物理的殲滅の選択が、目的と方法の考察、予算のバランス化、普遍的規則の適用といった平凡な官僚的手続きの産物であったという事実であろう。この点をさらにはっきりと言うなら、物理的殲滅の選択は状況の変化とともに起こる「問題」を合理的に解決していった結果であった。それはまた、目標変更という官僚制度の傾向、すなわち、ルーチン同様、官僚制度にごくふつうにみられるものにも影響を受けている。特定の任務を任された役人が主導権を握り、本来の目的をさらに拡大する。専門的な知識と経験は自己推進的能力を発揮し、それぞれの役人に存在意義を提供していた目標をさらに拡張してゆくのだ。

ユダヤ人問題専門家の存在自体がすでに、ナチスのユダヤ人政策の背景におけるある種の官僚的推進力となっている。強制移送と大量殺人が開始されたあとも、一九四二年にはドイツ系ユダヤ人のペット飼育、アーリア人理髪師によるユダヤ人の散髪、帝国スポーツ・バッジのユダヤ人への授与禁止命令が出されている。ユダヤ人問題専門家による差別政策推進が継続されたのは、上からの指令でなく、たんに差別推進という仕事が存在したからなのである。[23]

長い迫害期間のどの期間をとっても、ホロコーストが合理性の原理と摩擦を起こしたことはなかった。「最終的解決」はいかなる段階においても、効率的・効果的目的遂行という合理主義的行動とは衝突しなかった。逆に、「最終的解決」は本当の合理主義精神から生じ、その精神と目的に忠実な官僚制度によって完成されたのだ。近代官僚制とその技能と技術、そして、その内的管理における科学的精神によることなく起きた殺人、大虐殺、大量殺人、大量殺戮の例は多い。しかし、ホロコーストは官僚制度なくしては明らかに考ええない。ホロコーストにかんしていえば、それは前近代的残虐性の残滓の不条理な流出として起こったのではない。ホロコーストは近代という家屋の正当な住人に間違いなかった。さらに、近代という家屋以外に住み心地のよい場所をみつけることのできない住人でもあった。

しかし、私はホロコーストという出来事が近代的官僚制度や、その道具的理性の文化によって決定されたと言うつもりはないし、また、近代的官僚制度がかならずホロコースト型の現象を生むと言うつもりもない。しかし、道具的理性のルールにはそうした現象を防ぐ力が完全に欠落していることは指摘したい。こうしたルールにはホロコースト型の「社会工学」的方法の不適切性や、その方法に従った行動の不条理性を判断する基準がまったく備わっていない。さらに社会を運営・管理の対象、解決されるべき幾多の「問題」の集合体、「統制され」「征服され」「改良され」「作り変えられ」るべき「性質」、「社会工学」の正当な標的、設計され、計画された形のまま維持（造園的態度は植物を育成すべき「草花」と、根絶すべき雑草に分ける）されるべき庭園としてみるよう促す官僚的文化の雰囲気は、まさに、ホロコーストを着想し、ゆっくりと、しかし、着実に発展させ、決着に導いた文化のそれと同じものであったことは指摘しておきたい。また、ホロコースト型の解決を可能にしただけでなく、明らかに「合理的な」ものとしたのは、すなわち、選択を必然的なものとしたのは、道具的理性の精神であり、それの近代的・官僚的形式の制度化であったことも指摘しておきたい。ホロコースト型解決策という選択肢が増えたのは、非道徳的なものをも含むあらゆる目的の追求において、多数の道徳的な個人の行動をまとめあげることのできる近代官僚制度の能力と無縁ではなかった。

道徳的無関心の社会的生産

アイヒマンのイェルサレムにおける弁護士であったセルヴァティウス博士は、彼の弁護方針を次のようにまとめている。アイヒマンの行為は戦争に勝っていたら勲章ものだった。戦争に負けたから死罪の判決を受けたのだ。この発言（衝撃的内容を含んでいないわけではない二〇世紀の最大の哀訴）に含まれた「力は正義なり」というメッセージは、しかし、とるにたらないものでしかない。さらにこの発言からは、明瞭でないとしても、ことさら冷笑的で容易ならないメッセージを読みとることもできる。基本的にアイヒマンは勝利者側の人間が行ったのと同じことを行ったにすぎない。行動には固有の道徳的価値は内在しない。また、本来的に非道徳的なる行動も存在しない。道徳的評価は行動の外側に存在し、行動を形成し、導いた基準以外の基準によって決定される。

セルヴァティウス博士のメッセージが容易ならぬのは、発言が行われた文脈から切り離され、非個人的・普遍的な形で再考されると、社会学がこれまで語りつづけてきたものと、根本的なところで異なるところがないからである。あるいは、近代合理社会において疑問視も、批判もされることのなかった常識と、基本的には異なるところがないからである。セルヴァティウス博士の発言が衝撃的なのはまさにこのためだ。それは誰もが口にしたくない真実を、われわれにもう一度、思い起こさせた。すなわち、そうした常識的真実がはっきり否定されないかぎり、アイヒマン的行為を排除する正当な社会学的根拠は発見されないということである。

生来の犯罪者、サディスト、狂人、社会的異端、道徳破綻者による個人的暴力としてホロコーストを解釈することが、事実に鑑みていかにむずかしいかは、すでに、共通理解となっている。こうした解釈の歴史研究による否定に疑問の余地はない。歴史的思考の昨今の推移はクレンとラポポートが要領よくまとめあげている。

通常の医学的基準に従って、「異常」と診断される〈親衛隊員〉の割合は一〇パーセントにも満たなかったであろう。収容所においてサディスト的残酷性をみせた〈親衛隊員〉の数は、それぞれ一名ないし、多くても数名にすぎなかったとする生存者の証言とこの推定は合致する。その他の〈親衛隊員〉は人間としてかならずしも立派ではなかったかもしれないが、その態度は囚人にとって、少なくとも、理解しうるものであった……

司令官だけでなく、全〈親衛隊員〉の圧倒的多数は、たとえば、アメリカ陸軍の志願兵、あるいは、カンザス・シティーの警察官が受けるような適正心理テストならば、簡単に合格できていただろうというのがわれわれの推測である。[24]

ジェノサイドの加害者のほとんどはふつうの人間であり、どんなに詳細な適性心理テストの網の目も容易に通過するだろうという事実は、道徳的にみて衝撃的である。とりわけ、普通人の行動を結集し、大量殺戮の計画に組み込んでゆく構造と一緒にみてみると、これは理論的にいかにも奇妙な現象だと感じられよう。ホロコーストの責任を負わねばならない組織は、真の社会学的見地からすれば有罪であるが、かといって、病的でも、異常でもないのも周知の事実である。こうした組織によって制度化された行動の主体たる人間も、確立された正常性の基準から逸脱していたわけではない。完全に理解ずみとされる合理的行動の近代的構造を、新たな知識で磨いた眼力でもう一度、見直す以外に選択肢はないのではあるまいか。ホロコースト時代にあれほどはっきりと暴露された可能性にかぶせられた覆いをとりはずせる場所は、この構造以外になさそうである。

ハンナ・アーレントの有名な一節によれば、〈最終的解決〉の発案者たちが遭遇した最大の難問は（そして、これは見事に解決された）、「肉体にたいする拷問を目撃したとき、通常の人間すべてに現われる生物的同情……をいかに克服するか[25]」であった。大量殺人と直接かかわる組織に組み込まれた人間は、サディスト的でも狂信的でもなかった。彼らも人間として肉体的拷問にたいしては生理的嫌悪感を、さらに、普遍的な殺人へは感情的抵抗感をもっていたはずである。また、〈特別任務部隊〉〔Einsatzgruppen〕*や、同じく殺戮現場近くに位置する部隊の兵士選抜にあたり、狂信的で、感情の起伏が激しく、激烈な思想の持ち主は注意深く排除され、遠ざけられ、退役させられていたことも知られている。

＊〔訳注〕〈特別任務部隊〉はゲシュタポ、刑事警察（クリポ）、国家保安本部（SD）所属の警官からなる准軍事組織。ポーランドからソ連にかけて治安維持と、ユダヤ人、ジプシー、政治犯などの追跡にあたった。

個人の自発性は認められず、すべての任務は事務的で、ことさら非個人的な枠組みでなされるよう努力が払われていた。個人的利益、私的動機は全般に否定され、また、罰を科せられた。欲情的に、あるいは快楽からなされた殺戮は、命令により組織化された形で行われた殺戮と異なり、(少なくとも、原則的には)通常の殺人や過失致死罪同様、裁判に付され、判決を受けることになっていた。日頃非人間的行為に従事している多くの部下たちの精神衛生と士気の維持について、ヒムラーは一度ならず懸念を表明している。彼はまた、健常性も道徳性も、ともに傷つくことなくこの試練を乗り越える自信を堂々と述べている。ふたたびアーレントの言を借りるなら、〈親衛隊〉は「〈客観中立〉〔Sachlichkeit〕であるがゆえに、シュトライヒャーのような「感情的」なタイプとも、「非現実的な愚か者」とも、そして、「角のついたヘルメットをかぶり、皮ズボンをはくようなチュートン-ゲルマンの伝統主義的大物政治家」とも峻別されるのだ[26]」。血なまぐさい任務にたいする忠誠心は、じっさい、組織にたいする忠誠心から発生する。

「動物的同情」は他の下等な動物的本能を解放しても克服されない。後者は行動における組織能力にかんして機能をはたせないことが確実だからであろう。復讐心に燃え、殺意に満ちた多数の個人も、効率性では、小さくとも団結した官僚制には及ばない。そして、計画のスケールの大きさゆえに、さまざまな段階でホロコーストにかかわらざるをえなくなった何千もの一般事務職員や専門職員に、殺人本能が現われることはあてにできなかった。

ここではヒルバーグの言葉を借りよう。

> ドイツ人犯罪者は特別な種類のドイツ人であるわけではなかった……執行計画や法的構造や予算編成の性質からして、特別な人的選抜や訓練が行われる余裕はなかった。秩序警察の警官は誰でも、ゲットー、あるいは、囚人列車の守衛になりえた。国家公安本部のどんな法律家でも、移動殺人部隊のリーダーとしての適性を有していた。そして、総務・経理部の財政専門家は誰でも、死の収容所に勤務できる先天的能力があった。換言すれば、あらゆる必要事項は、いかなる人材を用いようが、執行しえたのであった。(27)

とするならば、これら普通のドイツ人はいかにして犯罪集団の一員に変えられていったのだろうか。ハーバート・C・ケルマンの意見によれば、すさまじい残虐行為にたいする道徳的抵抗感は、ある三つの条件が同時に、あるいは別々に満たされたとき、いちじるしく減少する傾向があるという。(28)その三条件とは暴力が（法的権限をもつ部署からの公式な命令により）認められること、行為が（規則的実行と正確な役割分担を通じて）日常化されること、そして暴力の被害者が（思想的定義と洗脳によって）非人間化されることであった。三番目の条件にかんしては個別に扱いたい。前二者はきわめて聞き慣れた条件である。それらは近代社会のもっとも代表的な組織によって、普遍的に応用される合理的行動の原理が考察されるさい、繰り返し指摘されてきたことでもある。

われわれが行っている検証と明らかに関係の深い第一の条件は、組織の規律の問題でもある。さらに正確に言えば、他の行動動機を押しのけて上司の指令に従い、他に貢献できることがあっても、上司が定めた組織的利益への貢献を優先するという問題である。献身的な精神に反するがゆえに抑圧と排除の対象となる「外的」影響のうち、もっとも目立つのは個人的見解と嗜好である。規律が理想とするのは組織との完全なる一体化であり、自らのアイデンティティを放棄し、自らの利益（定義としては、組織の利益と重なっていない利益）をすすんで犠牲にすることである。組織のイデオロギーにおいては、こうした極端な形の自己犠牲も、道徳的美徳とみなされる。すなわち、他のあらゆる道徳的欲求を不要にするような道徳的美徳とみなされる。自分を捨ててまでも道徳的美徳を堅持することは、ヴェーバーの有名な言葉を借りれば、公務員の誇りだという。「公務員の誇りは権威の命令を、自らの信念であるかのように誠実に遂行する能力である。命令が誤りに思えても、また、命令への異議申し立てが権威に聞き入れられなくとも、命令を粛々と実行するのが彼らの誇りなのである」。公務員たちにとって、この種の態度は「道徳的規律にもとづく最高の滅私奉公であった(29)」。誇りであるからこそ、規律の遵守は道徳的美徳となる。組織の規則だけを行為の正当性の淵源、かつ、証明としながら、私的良心の権威を拒絶することが最高の道徳的美徳である。そうした最高の美徳の実践が時としてひきおこす不愉快さは、部下の行動の責任は自分がとると（当然のことながら、部下が命令に服従したという前提の上での話だが）、上司が力説すれば解消される。ヴェーバーは公務員の誇りにかんする論考を、「指導者だけに限定された責任」「拒絶も、転嫁もできない、また、してもいけない指導者の責任」を強調して締めくくっている。ニュルンベルク裁判のさい、〈特別任務部隊〉の行為に人間として抵抗したというのであれば、なぜ、司令官の座を降りなかったのかと問いつめられたオーレンドルフが引き合いに出したのも、この指導者の責任だった。嫌でたまらなかったと彼が主張する任務から逃れるために、司令官の地位を投げだしたとするならば、彼の部下は「いわれなき罪を負う」ことになっただろう。オーレンドルフが「自分の部下」にたいして守り通した家父長的責任感と同じものを、彼は自分の上司にも期待していたはずだった。こうして、彼は自分の行為に道徳的評価が下される不安から解放されていた。不安は行動の指示者に自然に託される。「私は彼のとった方策が……道徳的だったか、不道徳であったか……判断できる立場にはないと思っている……私の道徳的良心は兵士としてのそれであったのであり、であるからして、私は偉大な機械の大したことのない歯車の一つにすぎなかった[30]」。

ミダス王が触れたものをすべて金に変えたとすれば、〈親衛隊〉統治は犠牲者を含む軌道内すべての存在を命令系統の不可欠な一部に、また、厳格な懲戒規則に縛られていながら道徳的判断からは解放された存在に変えたのだった。ジェノサイドは構成要素が複雑に絡みあうプロセスである。ヒルバーグが認めたように、構成要素にはドイツ人によってなされたこと、また、ドイツ人の指令により、ほぼ諦めに近い形で、ユダヤ人自らによって献身的になされたことが含まれる。目的どおりに計画され、合理的に組織された大量殺人の方が、熱狂による無秩序な殺人より技術的に優れているという証拠はここにもみられる。大虐殺の実行者と犠牲者の協力は、およそ、想像不能だが、〈親衛隊〉の役人と犠牲者の協力は計画に織り込みずみだったのである。事実、それは計画貫徹のための重要な要件でもあった。「全プロセスの成否の大半が、組織的行動から単純な個人的行動に至るユダヤ人の協力にかかっていた。ドイツ人管理者は情報、資金、労働力、警察組織の供給をユダヤ人組織に求め、それらは連日休みなく提供された」。標的とされた犠牲者の技術と労働力を彼らの破壊に利用するために、ナチス・ドイツ以外への忠誠心や道徳的動機はすべて非合法化されたが、拡大する官僚的行動規範の驚くべき効果は二つの形で示された（善し悪しにかかわらず、官僚制度の日々の業務において）。まず、ゲットーの指導者や住民の行動がドイツ側の目的にとって例外なく「有益」となるよう、生活環境が設計された。「［ゲットーの］存在維持のために構想されたすべてのものは、同時に、ドイツが目指す目標を実現するためのものであった……空間の配分と配給物資の分配におけるユダヤ人の能率性は、ドイツ的効率性の延長であった。徴税、労働力の有効利用におけるユダヤ人の厳格さは、ドイツ的厳密さよりさらに上をゆくもので、ユダヤ人の廉直さでさえドイツ的統治の道具でありえた」。第二に、どの段階においても犠牲者に選択の余地が残るような環境が慎重に用意された。しかも、合理的基準を応用し、合理的行動としてなされた選択が「管理計画」と矛盾することはけっしてなかった。「ドイツ人によるユダヤ人の段階的強制移送は大成功だった。なぜならば、連行されずに残されたユダヤ人は多数のユダヤ人の救済に少数の犠牲は不可欠だと判断したのだから」[31]。事実、強制連行された人たちにも、最後の最後まで自らの理性を活用する機会が残されていた。ガス室でさえ「浴場」と名づけられれば、混みあった不潔な家畜車で数日を過ごした人間には歓迎すべきものだった。真実をすでに知り、幻想を捨てた人間にさえ、「苦痛のない、即刻の」死と、屈服を拒み、さらなる拷問を加えられたあとにくる死のいずれかを選択する余地はあった。ゆえに、犠牲者の力のおよばないゲットー環境の外的整備は、ゲットー全体を殺人マシーンの一部とするような形で行われただけではなかった。その一部を担った「役人」たちの合理性は、官僚制度的目標への忠誠心と協力によって動機づけられた態度を誘発するために使われることにもなったのだ。

道徳不可視性の社会的生産

「動物的同情」がどう克服されるか、これまでわれわれはその社会的メカニズムの再現を試みてきた。すなわち、「通常の」意味で「道徳的退廃者」ではないはずの個人を、殺人者、あるいは、殺人の意識的協力者に仕立てあげた、道徳の内発的な自己抑制を超越する意識の、社会的生産形態を再構築しようとしてきたわけだ。しかし、ホロコーストの経験からはさらに別の社会システムも産み落とされた。それは大虐殺実行にかんし、むずかしい道徳的選択とも、良心の内的葛藤とも無縁であった広い範囲の人々までをも巻き込む、暗い可能性を秘めた社会システムだった。行動のどこが道徳的に問題なのかはすぐには明らかでなく、その議論も検討も許されていないなかで、道徳的葛藤が起こることはけっしてなかった。換言すれば、行動の道徳的性質は不可視であったか、または、意図的に隠蔽されていたのだ。

ふたたび、ヒルバーグを引用してみよう。「[大虐殺の]実行犯のほとんどはユダヤ人の子どもたちに向かいライフルの引き金を引くことはなかったし、また、有毒ガスをガス室に送りこむこともしなかった……役人のほとんどはメモを作成し、青写真を描き、電話で相談し、会議に出席するだけだった。彼らは机に座ったまま、あれだけ多くの人々を抹殺したのだ(32)」。表面的には無害にみえる態度が最後になにを生みだすか気づいていたとしても、そうした知識は、せいぜい、彼らの心の奥底の片隅にとどまり、外に出ることはなかった。彼らの行動と大量殺人のあいだに因果関係をみつけるのは至難の業だ。悩みを必要以上に排除しようとする人間的傾向はけっして道徳的不名誉ではなく、したがって、因果関係の長い鎖をとことんたどろうとしなくとも、道徳的に恥ずべきことではない。こうした驚くべき道徳的盲目を理解するには、つぎのような事柄を思いおこしたらよかろう。新しい大量注文のおかげで工場閉鎖までの「猶予期間」ができたと喜んだ兵器産業の労働者が、エチオピアとエリトリアの衝突で起こった殺戮を心の底から嘆いたり、「物価の下落」をよいニュースとしてすべての人が歓迎する一方、「アフリカの子どもたちを襲った飢餓」をすべての人が嘆くといったことが起こることを。

数年前、ジョン・ラークスは近代社会を代表するもっとも顕著な特質として、代理行動（ある人の行動が本人でなく、その人と行動のあいだに立つ第三者によって行われ、その人は行動を直接経験しなくてもすむという現象）を挙げた。意図と実際行動のあいだには大きな隔たりがあり、その二者のあいだの空間には、多数の小行動や小行為者がぎっしり詰まっている。「仲介者」は行動の結果を行為者の視界から隠蔽する。

結果としては誰の行為であるかはっきり認識できない行為が数多く出現する。行為を肩代わりしてもらった当人にとって、行為は言葉のなかに、あるいは、想像力のなかに存在するにすぎない。当人は行為を経験していないのだから、それを自らの行為とは言わないだろう。一方、その行為を行った者もそれは他人の行為だと考え、自らは他人の意志の罪のない道具だったとしか思わないだろう……

行為と直接交わることがなければ、どんなに優れた人物でも道徳的真空地帯を歩むことになる。悪の抽象理解は信頼しうる指針にも、適切な動機の基礎にもなりえない……善意の人が巨大な、概して、無意識的な残虐性をもったとしても誰も驚かない……

驚くべきは誤った行動、あからさまな不正義をみてそう気づかないということではない。われわれを驚かせるのは各人の行動が無害なのにもかかわらず、それらが誤った行動、あからさまな不正義となるその仕組みなのだ。行動を計画し実行した個人やグループが見当たらないという事実は、そもそも、容易に受け入れられるものではない。われわれの行動が、行動から遠くかけ離れたところで、苦難を生んでいることを知ることはことさら難しいのである(33)。

行動とその結果の物理的・心理的距離の拡大は道徳的抑止力の停止以上のものを生じさせる。それは行為の道徳的意味を押しつぶすがゆえに、道徳的善悪の個人的尺度と、社会的結果における行為の非道徳性のあいだには葛藤が起こらなくなる。社会的に重要なほとんどの行動が、複雑な因果関係と機能上の連鎖的依存関係によって媒介されると、道徳的ジレンマは視野から離れ、意識的な道徳的選択や熟慮の機会は減少する。

同じような効果は（さらに大きな規模で）犠牲者が心理的に不可視にされたときにも生起する。これは近代戦争において人的犠牲を格段に増大させた最大の要因の一つである。

フィリップ・カプートの見方によると、戦争の基本的特質は「距離と技術の問題である」という。「高性能の武器で遠距離から人を殺すことほど容易なことはない[34]」。「遠くから」でも人は殺せるがゆえに、引き金を引く、電流のスイッチを入れる、コンピュータ・キーボードを押すといった完全に罪のない行為と、大虐殺のつながりは、純粋な理論概念でしかなくなった（この傾向は結果と直接原因のあいだの落差、すなわち、常識的経験知を簡単に凌駕するようなスケールの差によってことさらに増幅される）。広島やドレスデンに爆弾を投下する爆撃機の操縦士になり、誘導ミサイル発射基地における任務を適切に遂行し、さらに威力のある核弾頭を設計しながら、道徳的逸脱も道徳的退廃も意識しないでいることも可能なのだ（被害者の不可視性はミルグラムの悪名高き実験の重要な一部であった）。犠牲者の不可視性の効果を考えあわせれば、ホロコーストの段階的技術改良も理解しやすくなる。〈特別任務部隊〉が使われていた段階では、逮捕された犠牲者たちは機関銃の前に連れ出され、至近距離から銃殺された。武器と死者が倒れこむ溝の距離を最大限にとる配慮はなされていたものの、射殺者にとって、銃の発射と殺害の関係はあまりにも明白だった。ゆえに、大虐殺の責任者たちはこの方法を原始的、非効率的と考え、また、実行者たちの士気に危険な影響がおよぶだろうと推測した。犠牲者を殺人者から視覚的に遮断する殺害方法が検討され、やがて検討は実をむすび、まず、移動式の、のちに固定式のガス室が考案されたのだった。ナチスが時間をかけて開発したもののなかでも完成度がもっとも高い後者において、殺害者の役割は「消毒剤」を建物の屋根に開けられた、覗いたこともない穴に注入する「衛生担当官」のそれへと縮小された。

ホロコーストの技術的・実践的成功は、近代的官僚制度や近代技術により入手可能となった「道徳睡眠剤」の効果的利用によるところが大きい。相互関係の複雑なシステムにおいて因果関係を見極めがたくすること、行為の見苦しい、道徳的に不快な結果がみえなくなるまで行為者を「遠去け」ることは、道徳睡眠剤のもっとも顕著な効果である。しかし、ナチスがとりわけ卓越していたのは、独自に開発したというより、たいへんな精度で完成させた第三の方法であった。それは犠牲者の人間性を不可視にする方法であった。ヘレン・ファインの「義務の宇宙」(神格、あるいは、神聖な権威をとおして結びついた人間同士が、お互いをかばいあう双方向的義務を共有する世界)という概念[35]は、この道徳的睡眠剤の恐るべき効果の背後にある社会・心理的特質の見事な説明になっている。「義務の宇宙」は道徳的問題が提起されうる社会的領域の外縁をなす。そして、領域外にでれば道徳的規律は拘束力を、道徳的評価は意味を失う。犠牲者の人間性を不可視にするには、彼らを義務の宇宙の外側に放り出しさえすればよい。

ドイツの権利という唯一絶対の価値から構築されたナチスの世界観において、ユダヤ人を義務の宇宙の外に放逐するには、ドイツ国の構成員としての資格を彼らから剥奪しさえすればよかった。ヒルバーグの書いた一節によれば、「一九三三年の初頭、ある役人が省令に「非アーリア人」の定義を最初に書き込んだ瞬間、ユダヤ人の運命は決まった[36]」のである。しかし、ドイツ人以外のヨーロッパ人の協力（たんなる無為、無関心であってもよかった）を引きだすにはさらなる条件が必要だった。ユダヤ人からドイツ性を剝奪することだけで〈親衛隊〉には十分であったが、ヨーロッパの新支配者が抱く思想には共鳴はしても、人間的美徳を独占しているかのようにふるまうドイツ人を恐れ、嫌悪するヨーロッパ諸国民には十分ではなかった。〈ユダヤ人なき〉ドイツという目標が、〈ユダヤ人なき〉ヨーロッパという目標に変わると、ドイツ国からのユダヤ人の追放だけではすまなくなり、ユダヤ人の人間性の全否定が必要となる。ゆえに、「ユダヤ人問題」という表現はいつしか消え、アンネ・フランクがしばしば用いた「シラミのようなユダヤ人」という形容詞、「自己清浄」「政治的衛生」といった用語、ゲットーの壁に貼られたポスターに書かれた「チフス警戒」の文字、殺害のための化学薬品を納入した会社の企業名〈ドイツ害虫駆除会社〉〔Deutsche Gesellschaft für Schädlingsbekämpfung〕にみられるようなレトリックが現われ、人種的自己防衛の文脈が完成したのである。

文明化プロセスの道徳的結末

社会学が想定する文明化のプロセスのイメージにはいくつかあるが、もっとも一般的なのは非理性的・反社会的な欲動の抑圧と、社会生活からの暴力の段階的、徹底的排除（もっと正確にいえば、暴力を国家の管理のもとに集中し、民族共同体の境界と社会秩序を防衛するために使用すること）を二軸としたイメージである。この二軸が両立したとき、道徳的権威をもつものとしての文明社会のイメージ、少なくとも、西洋的・近代的文明社会のイメージができあがる。そして、基準となる秩序と法による統治を定着させるべく連携し、相互補完しあうシステムをもち、社会平和と文明化以前の状態ではおろそかにされていた個人の安全を守る組織・制度をもつ文明社会のイメージができあがるのである。

こうしたイメージはかならずしも誤りではない。しかしながら、ホロコーストにあてはめてみると、たしかに、それは一面的なものでしかない。近代史の重要な流れの精査に道を開いたとしても、それはより重要な傾向の議論の道を閉ざしてしまう。歴史プロセスの一断面のみに焦点を当てたがため、それは正常と異常のあいだの境界線を恣意的なものに変えてしまった。文明のしぶとく残る側面を否定することにより、それらの側面の非本質的で一時的な性質を誤った形で強調することになり、同時に、その属性のもっとも顕著な部分と近代の標準的前提のあいだのはっきりした共鳴を聴きのがすことになった。言葉を換えれば、それは文明化プロセスの別の顔、すなわち、永遠なる破壊的潜在能力を関心の対象から外し、かつ、近代的社会配列の二面性を主張する批評家たちを沈黙させたうえで、周辺へと押しのけたのだ。

ホロコーストから得られる主な教訓は、文明化のプロセスへの批判を真摯に受けねばならぬことと、文明化のプロセスの理論的枠組みを拡大し、そのなかに社会的行動の倫理的な動機を否定し、排除するような文明の傾向を含めねばならぬことだと私は主張したい。文明化のプロセスは暴力の使用・展開から道徳的配慮を排除したプロセスであり、合理性を倫理基準、あるいは、道徳的抑制の干渉から解放するプロセスであったという証拠をわれわれは十分、吟味してみなければならない。合理性を行動の絶対基準とする傾向、とりわけ、暴力使用を合理的計算に従属させる傾向は近代文明の本質的構成要素として長く認識されてきたのだから、ホロコースト型の現象は文明化が有する傾向の当然の結末、文明化のもつ不変の潜在力の顕在化とされるべきであろう。

　過去をふりかえることができるという利点を使って、ヴェーバーによる合理性の条件とメカニズムの解明が、それまで過小評価されていた重要な関係を明らかにした様子をもう一度、読み返してみよう。家庭と企業、個人収入と公的歳入の分離など、ビジネスの合理的行動に必要な条件は、目標が明確な合理的行動を他の（つまり、非合理的な）基準によって支配されたプロセスから切り離し、非ビジネス部門の行動における相互扶助、連帯、双方向的尊敬などという原理の束縛的影響力から解放する根拠としても機能する。こうした合理化傾向の成果は、予想どおり、近代官僚制度により体系化、制度化されるに至った。同じく回顧的にヴェーバーを読み返してみると、道徳を沈黙させることが合理化の傾向の主要な関心であり、行動の能率的調整手段として成功させるための基本条件であることが分かる。また、合理化の傾向には日常的な問題解決行動を完璧な形で行うために使われる一方で、ホロコースト型の解決行動を生む能力があることも判明する。

　これまで示唆してきた線に沿って文明化のプロセスの理論を書き直そうとすれば、必然的に、社会学理論も書き換えざるをえなくなる。社会学はその特質と様式をそれが理論化し検証する近代社会にあわせて発展させてきた。社会学は誕生以来、対象と、あるいはむしろ、それが構築し、言説の枠組みとして受け入れてきた対象のイメージと模倣的な関係を維持してきた。社会学は合理的行動原理を対象の基本的構成要素と想定し、同じ原理を自らの基準とする。社会学は倫理的課題を共同体のイデオロギー問題として、したがって、社会学的（科学的・理性的）言説とは異質の問題として扱う以外、扱わないことを自らを拘束する規律としてきた。禁煙化された衛生的な官僚のオフィスでは、「人間の生命の尊厳」、あるいは、「道徳的義務」といった言葉は異様に響くが、同じように、社会学のゼミでも異様に響くのだ。

　専門研究に見出せるこうした原理を観察していくと、社会学がどれほど科学文化に根ざしているかが分かる。合理化プロセスの一翼を担うものとして、科学文化は再検討されねばならない。アウシュヴィッツにおける死体の生産と処理が「医学的問題」として語られたときに科学が自らに課した道徳的沈黙は、科学の知られざる側面を浮き彫りにした。近代の大学が信用失墜する危機に瀕しているというフランクリン・M・リテルの警告は無視しがたい。「メンゲレや彼の同僚を育てた医学部とはどんなところだったのか。どこの人類学部がストラスブルク大学「遺伝研究所」の教員、研究者を育成したのか[37]」。誰がためにこの鐘が鳴るのか、考えるまでもなかろう。問題をたんなる過去のものとして無視する誘惑に負けることを望まないのであれば、現代の核開発競争の背後にある力を分析したコリン・グレイの著述を読んだらよい。「必然的に、それぞれの側の科学者、技術者は自らの無知を小さくすることを「争う」ことになる（敵はソヴィエトの技術でなく、科学的関心をよびおこす物理の未知領域であった）……強い動機をもち、技術的に優れ、財政援助もたっぷり受けた科学研究者のチームは、真新しい武器のアイデアを無数に生産しつづけるだろう[38]」。

この章は一九八八年の一二月に『イギリス社会学報』に掲載されたものを書きかえたものである。

2　近代、人種主義、殲滅　I

反ユダヤ主義とホロコーストの関係以上に因果関係の明確な関係も少ない。ヨーロッパの多くのユダヤ人が殺されたのは、殺したドイツ人やその地区でそれを幇助した人間が、ユダヤ人を憎んでいたからである。ホロコーストは数百年に及ぶ宗教的・経済的・文化的・民族的憎悪の劇的クライマックスであった。ホロコーストの説明として、まず頭に浮かぶのはこうしたものである。ホロコーストは（逆説を許していただけるなら）「理の当然」であった。しかし、一見、明白にみえるこの因果関係も実は精査に耐えることができない。

最近数十年間の歴史研究のおかげで、ナチスが政権を取る前も、ナチスがドイツ支配を固めて大分経ったあとも、ドイツにおける大衆的反ユダヤ主義は、他の多くのヨーロッパ諸国のそれに比べればはるかに弱かったことが知られるようになった。ヴァイマール共和国がユダヤ人解放の仕上げを行うはるか以前から、世界のユダヤ人のあいだでドイツは宗教的・民族的平等と寛容からなる安息地だと認められていた。二〇世紀に入ったばかりのドイツには、現在のアメリカ、あるいは、イギリス以上に多数のユダヤ人学者や専門家が住んでいた。ユダヤ人への大衆憎悪は深くも、広くもなかった。ヨーロッパの他の地域と異なり、ユダヤ人憎悪が公の暴力となって爆発することも少なかった。ユダヤ人にたいする暴力を公の見せ物として演出することによって、大衆的反ユダヤ主義を顕在化させようとしたナチスの試みは逆効果と判明し、ただちに撤回されざるをえなくなった。「ヴァイマール時代」に反ユダヤ的態度の強弱をはかる世論調査があったならば、「ドイツ人のユダヤ人嫌いはフランス人のそれよりよほど低かったはずである」、とホロコーストを専門とする著名な歴史家、ヘンリー・L・ファインゴールドは結論づけている[1]。ユダヤ人絶滅の途上において、大衆的反ユダヤ主義が盛りあがることはなかった。ドイツの大衆的反ユダヤ主義はユダヤ人の陥った運命について、知っても知らぬふりをした際に誘発された無関心をつうじて、大虐殺遂行に間接的にかかわったにすぎない。ノーマン・コーンは次のように言う。「人々はあえてユダヤ人のためになにかしようなどとは思わない。広くはびこる無関心、自分自身をユダヤ人や彼らの運命から容易に切り離してしまうこと……こうした傾向はユダヤ人は薄気味悪く、危険だという漠とした感覚からくるのだろう[2]」。ファインゴールドはさらに一歩も二歩も先までつきつめ、ドイツ人の無関心、一般ドイツ人の代理を介した協力は、次のような疑問に答えることなくして理解不可能だと指摘する。「ドイツ人の大多数はユダヤ人除去をはたして利益と考えていただろうか[3]」。しかしながら、ユダヤ人の特質、本質についての考えとはかならずしも縁のない要因から、ドイツ人の「不干渉による協力」を説明しようとした歴史家もいないわけではない。ワルター・ラーカーはユダヤ人の運命に関心があったのは、ほんの一握りのドイツ人だけだったことを強調する。ほとんどの個人にはこれより数段重要な他の関心事があった。ユダヤ人のことはおもしろくもない話題であり、詮索は利益にもならず、ユダヤ人の運命をめぐる議論は止められはすれ勧められることはなかった。ユダヤ人問題は長いあいだ避けられ、隠されていたのである。(4)

反ユダヤ主義がホロコーストの説明にならない理由はもう一つある。それは宗教的にも、経済的にも、文化的にも、人種的にも、反ユダヤ主義は数百年にわたる普遍的現象であったということだ。一方、ホロコーストは前例なき出来事であった。多くの局面、ほとんどあらゆる側面において、ホロコーストはまったく独自のものであるから、他の異端的、敵対的、あるいは、脅威的集団にたいする残忍な虐殺と比較しても意味はない。しかるに、不変であり遍在的であることが明らかな反ユダヤ主義それ自体では、ホロコーストのユニークさは説明しえない。さらに、ユダヤ人にたいする暴力の必要条件であった反ユダヤ主義が、ホロコーストの十分条件たりえたかさえ明らかでないことも事態を複雑にしている。ノーマン・コーンの意見では、「ユダヤ人殺害のプロ」の組織的集団(それ自体、反ユダヤ主義と関係ないことはないが、けっして同一のものではない)こそが、暴力の物理的・

現実的淵源であったという。こうした集団が存在しなければ、ユダヤ人憎悪が隣人であるユダヤ人にたいする肉体的暴力に発展してゆくことはなかった。

大衆の怒りの自発的な爆発が大虐殺（ポグロム）を生むとするのは神話にすぎず、村や町の住民がただ単純に隣人たるユダヤ人を襲撃し、虐殺したという例は確認されていない。中世においてさえ、こうしたことは起こらなかった……近代においても大衆主導の例が見当たらないのは、政府の政策を実行しようとするとき、その庇護にあずからないかぎり、組織集団は効果的に機能しないからである。[5]

　換言すれば、反ユダヤ的暴力全般、とりわけ、ホロコーストという唯一無二の出来事を、「反ユダヤ的感情の高まりの頂点」、「もっとも強烈な形の反ユダヤ主義」、「ユダヤ人にたいする大衆的嫌悪の爆発」の一例とするのは、通時的・共時的証拠に照らしてもいささか無理であり、また、そうする根拠も薄弱であるということになる。反ユダヤ主義だけではホロコーストの説明にはなりえない（さらに、一般的には、嫌悪それ自体では、いかなる大虐殺の満足ゆく説明にはならないといえる）。ホロコーストの発想と実行にたいして反ユダヤ主義が実質的な機能を果たし、また、不可欠であったとしても、大量殺人の計画者と管理者の反ユダヤ主義はいくつか重大な点において、実行者、協力者、従順な目撃者の反ユダヤ的感情とはかなり異なるものだったはずである。さらに、ホロコーストの原因になるには、いかなる種類の反ユダヤ主義であっても、まったく性格を異にする要因と結合されねばならなかった。個人の心理に分け入るよりむしろ、われわれはそうした特別な要因を製造したメカニズムをひもとき、集団対集団の対立の伝統にともなった、そうした要因の爆発的反応について考察する必要がある。

ユダヤ人孤立化の特殊性

一九世紀の終わり、「反ユダヤ主義」(anti-Semitism)という用語が鋳造されて世に出回ったとき、この新たにつくりだされた用語の表わそうとしていた現象には、古代にまでさかのぼる長い過去があるとすでに認識されていた。歴史家のあいだでコンセンサスに近いものになっている見方によれば、反ユダヤ主義の始まりは第二神殿の破壊(紀元後七〇年)と大規模なディアスポラ開始とされ、さらに興味深い研究によると、いわば、原゠反ユダヤ主義とでも呼ばれるべきものは、バビロンからの追放以来存在しつづけていたとされてもいる(「異教徒」による反ユダヤ主義についての、挑発的研究はソヴィエトの歴史家、サロモ・ルーリヤによって一九二〇年代初めに出版され物議をよんだ)。

語源的にみても「反ユダヤ主義」が不適切な用語であるのは、その指示対象が(広すぎて）曖昧であり、その行為の本当の目的を捉えきれていないからである（反ユダヤ主義の歴史上もっとも熱心な実践者であったナチスでさえ、この用語がドイツの最友好同盟国の国民の一部を対象として含み、戦争が始まるとその意味は危険な政治問題へと発展したために、その使用にますます消極的になった）。しかし、用語の実際の運用では意味をめぐる争いは回避され、この概念は意図された対象にたいして正確に適用された。「反ユダヤ主義」はユダヤ人嫌悪を意味する。それは性質を異にし、敵対的で、望まれない集団としてのユダヤ人の概念と、そうした概念から派生し、また、それを支える行動を指す。

長年にわたる集団間の憎悪の例と反ユダヤ主義は、ある重要な点において異なっている。反ユダヤ主義という概念や行動が具現する社会関係とは、領土をはっきり保有し、同等の基盤にたった二つの集団の対立関係ではない。ユダヤ人を憎悪する集団とユダヤ人は、多数派と少数派である関係、「主人《ホスト》」である大集団と、同じ場所に住みながら異なるアイデンティティをもち、ゆえに、はっきりした敵意を有する小集団の関係、そして、生まれながらにそこに住む「私たち」と流入者たる「彼ら」の関係にある。反ユダヤ主義の対象は内なるよそ者という、意味論的にまぎらわしい、心理学的不安をひきおこす身分しか与えられず、ゆえに、本来は明確に決定されていて侵入不可能な、堅牢であるはずの境界を跨いでいることになる。反ユダヤ主義の大きさは境界線を設定し、境界を規定しようとする衝動の強さと切実さに比例する場合が多い(6)。反ユダヤ主義は境界遵守の欲求と、それに由来する感情的緊張や現実的関心の顕れであった。

反ユダヤ主義のこうしたユニークな特質がディアスポラという現象と、密接に結びついていることは疑いの余地がない。しかし、ユダヤ人のディアスポラは他の集団移住と集団定住のほとんどの例とは異なっている。ユダヤ人のディアスポラの非常に劇的で顕著な特質はその長さであった。そのあいだに「われわれのなかの外国人」は通時的歴史と、共時的自己アイデンティティと、その双方の意味での差異を獲得した。ゆえに、他の再定住の事例と違い、境界を築いてユダヤ人から一線を画そうとする対応は、自己再生装置を内蔵した記号化された儀式として集積、制度化され、また、分離の強さがさらに補強されるだけの十分な時間があった。ユダヤ的ディアスポラのもう一つの特質は故郷喪失状態の普遍性であり、この特徴を共有する集団はジプシー以外にないだろう。ユダヤ人とイスラエルの地の元来の結びつきは、数世紀の時を経て希薄になり、精神的なものだけになった。さらに、主人たる先住民が聖地だと主張する土地が精神的祖先の名のもとにイスラエルとなったとき、主人たちはそれに抵抗した。ユダヤ人が自らの国に存在することも憎かったが、主人たちは不当な占拠者にすぎない人間たちによる、聖地の占有にたいしてより激しく抵抗したのだった。

ユダヤ人の永遠・不変の故郷喪失状態は、事実上、そのディアスポラの歴史の初めから、アイデンティティの本質的一部であった。ナチスはこれを反ユダヤ主義の根拠とし、ヒトラーは国家間、民族間のふつうの敵対と、ユダヤ人への敵意が根本的に異なると考える論拠とした。

（エバーハルト・イェッケルが言うように、ヒトラーの目からみて、彼が憎み、奴隷化と破壊を望んだユダヤ人と他の民族が違うのは、なによりもまず、ユダヤ人が永遠に、そして、普遍的に故郷を喪失しているからだった。(7) 領土も国家ももたなかったがため、領土をめぐる戦争という形の権力闘争に参画できなかったユダヤ人は、詐欺的で、秘密主義的な恥ずべき策略を考案し、ことさら強力で陰湿な敵となったとヒトラーは信じていた。また、底なしで、無限の欲望をもった敵であるユダヤ人の害毒を消すには破壊以外にないと彼は信じていた。(8)）

しかし、古代・中世ヨーロッパでは、彼らの他者性がよほど奇妙なものであっても、ユダヤ人が既存の社会秩序から排斥されるようなことはなかった。境界の設定と保持がつくりだす緊張や葛藤はそれほど大きくはなかったから、ユダヤ人との共存も不可能ではなかった。さらに、前近代社会は区分社会であり、区分社会では分離も通常の状態であったから、共存も困難ではなかった。社会は身分、階級に分かれ、ユダヤ人であることも一つの身分、階級にすぎなかった。個人としてのユダヤ人は身分、階級が甘受する特権と、身分、階級に課せられた特有の責務によって定義された。しかし、社会の他の構成員とて同じであった。ユダヤ人は区別されていたが、区別は彼らを特殊な存在とはしなかった。身分分けによって生まれた他の地位と同様、ユダヤ人の地位も純粋性保存と汚染防止のための一般的な営みにより形成され、効率的に維持され、保護されていた。この営みがどれほど多様であっても、それらは一つの共通する機能に貫かれていた。その機能とは安全な距離を確保し、橋渡しをできるだけむずかしくするというものであった。集団の分離は集団の構成員に明らかによそ者と分かる印をつけて、物理的に引き離すか（厳格に監督され、儀式化された邂逅以外の邂逅を最小限にとどめる）、集団間の文化的浸透と、文化的平準化を防ぐために、集団同士の精神的相違を納得させるか、いずれかによって達成された。何世紀にもわたり、ユダヤ人とは町のある一区画に居住し、驚くほど特殊な衣服を着た人たちであった（しばしば、これは法により指定され、とくに、共同体の伝統が特質の均一性を保持しきれなくなったとき、そうなる傾向が強かった）。ゲットーと土地の主人のコミュニティの経済は互いに絡みあい、両者には定期的な物理的接触が必要であったから、居住地の分離だけでは十分とはいえなかった。両者を隔てる距離は、両者の関係を不可欠なものとして認めて機能させる、徹底的に制度化された儀式によって補完されなければならない。形式化と機能化を拒む関係は、ほとんどの場合、禁止されるか、阻止される。身分制維持と汚染防止の儀式の場合と同じように、〈婚姻〉〔connubium〕、および、会食の制限（完全に実用的なものを除いた〈商業上の食事〉〔commercium〕も含む）は厳格に適用され、遵守されたものの一つだった。

記憶として残すべき重要な点は、こうした敵対的にみえる方策もすべて、社会的融合を媒介するものであったことである。敵対的方策により、「内なるよそ者」が支配的主人集団の自己増殖や、彼らの自己アイデンティティにたいする脅威となる危険性は除去される。それらは摩擦なき共存の条件であった。また、こうした方策が厳格に守られれば、紛争が絶えず、一触即発の状況のなかでも、平和共存を保障する行動規範ともなりうる。ジンメルも言うように、儀式的に組織化することで、対立は連帯や社会的団結の道具となる。それが有効であるかぎり、分離行動は個人的敵愾心という補助を必要としない。商業が儀式化された交換行為に還元されるのならば、規則の遵守と、規則違反を嫌悪することの他に必要なものはなくなるだろう。たしかに、分離された集団は支配的主人集団の地位の優位性を認め、地位の決定、強要、変更にかんする権限が後者にあることを承諾しなければならない。ユダヤ人のディアスポラの歴史のほとんどの局面において、法は全般的に特権付与と剝奪のネットワークであったが、法的、とくに、社会的平等は皆無であったし、とにかく、現実的とはみなされていなかった。近代到来にいたるまで、ユダヤ人分離はあらかじめ決定された存在の鎖に組み込まれた普遍的分離の一例にすぎなかった。

キリスト教世界から近代までのユダヤ人の不調和

これは、もちろん、ユダヤ人分離が他の差別例と区別されていなかった、また、独自性をもつ特殊なケースとして理論化されてこなかったということを意味しない。あらゆる教養あるエリートたちがそうだったように、人生における偶然と必然の意味の発見に忙しかったキリスト教の僧侶、神学者、哲学者といった前近代のヨーロッパの教養あるエリートにとって、ユダヤ人とは変人であった。また、宇宙の認識論的明瞭性と道徳的調和を拒絶する存在であった。彼らはキリスト教世界のひたむきに守られた、また、守られるべき二つの境界に接して存在し、改宗を終えていない異教徒にも、堕落した異端者にも属していなかった。ユダヤ人は、いわば、境界の柵の両側に足を出してまたがる形で境界を侵犯していた。彼らはキリスト教社会の尊い祖先であると同時に、憎むべき、また、呪われるべき冒瀆者でもあった。彼らのキリスト教教義の拒絶はキリスト教の真実にとっては無害な、異教徒的無知として一蹴できる類いのものではなかった。また、迷える子羊の犯した悔い改めうる過ちとして無視しうるものでもなかった。ユダヤ人はたんなる改宗を終えていない、あるいは、改宗した不信心者ではなく、真実受諾の機会を与えられたにもかかわらず、それを意識的に拒否した人間であった。彼らの存在はキリスト教的真実の確実性にたいする永遠なる挑戦であった。この挑戦をはねつけるには、あるいは、少なくともその危険性の一部を排除するには、ユダヤ人の頑迷固陋を意図的な敵意、悪意、不道徳として理解する以外になかった。これに加えて、反ユダヤ主義のもっとも顕著で基本的な要素の一つとして、われわれの議論に再三登場する要因を挙げてみよう。すなわち、ユダヤ人はキリスト教と空間と境界を共有するという要因を。この意味で、ユダヤ人はキリスト教世界内のいかなる除去しえない不安要素とも異なっている。また、他のいかなる異端とも異なり、彼らの問題は局地的でも、明確な始まりと終わりのあるエピソードでもない。彼らはキリスト教にとっての遍在的・不変的付随物、キリスト教教会の実質的な分身なのだ。

しかるに、キリスト教とユダヤ人の共存は対立と敵対の事例ではありえなかった。あるいは、確かに事例であったが、それ以上のものでもあった。ユダヤ人を遠ざけるための根拠を守り、強化することなくして、キリスト教は自らを再生しえなかったし、当然のことながら、世界的支配を実現しえなかった。キリスト教は自らをイスラエルの後継者であると同時に、征服者とみなしていたのだ。キリスト教の自己アイデンティティは、実のところ、ユダヤ人分離に由来する。それはユダヤ人による拒絶によって生まれた。そして、ユダヤ人の拒絶から連続的に生命力を抽出してきた。キリスト教はユダヤ人との終わりなき敵対以外にその存在の理論化のすべを知らない。ユダヤ人の頑迷さが続いていることは、キリスト教の目標が達成されていない証拠でもある。ユダヤ人による懺悔、キリスト教的真実への服従、そして、未来の大量改宗なくしてキリスト教の最終的勝利はありえない。キリスト教はユダヤ人に、またもや分身的な形で、終末論的責務を担わせたのだった。それはユダヤ人の存在感と重要性を拡大させる。それはユダヤ人に、こうした事情がなければば彼らにはほとんどもちえないような強く、不気味な魅力を付与する。

したがって、キリスト教世界の空間と歴史におけるユダヤ人の存在感は些末でも偶然でもない。彼らの特殊性は他の少数派集団のいずれとも異なっている。それはキリスト教の自己アイデンティティの一部でもあるからだ。それゆえ、キリスト教のユダヤ人論は排除行為をめぐる一般論を超えたものである。それはカースト型分離行為が反映し、発生させた、特殊性の漠然とした経験の体系化の試み以上のものでもあった。キリスト教のユダヤ人論は隣人や市民同士の関係、あるいは、いさかいというよりも、それとは異なる論理、つまり、教会の自己増強と世界支配の論理に則ったものである。ゆえに、民衆の社会的・経済的・文化的経験に関連する「ユダヤ人問題」は相対的重要性しかもちえないということである。また、それは日常生活の文脈からかんたんに切り離され、日常的経験による検証からも比較的容易に免れられるということである。支配的主人集団であるキリスト教徒にとって、ユダヤ人は日常的接触の具体的対象であるのと同時に、そうした接触とは無関係に定義されるカテゴリーの典型でもある。具体的対象の観点からするならば、ユダヤ人のカテゴリー（後者）としての特徴は不可欠でも、不可避でもない。後者が比較的容易に前者から切り離され、日常の実践に少しでもかかわる行動のさい、あるいはまったくかかわらない場合でさえ、一手段として利用しうるのもまさにこうした理由からである。教会のユダヤ人論において、反ユダヤ主義は「社会におけるユダヤ人の真の状況とほぼ無関係に存在しうる……」形態を獲得した。「もっとも驚くべきは、反ユダヤ主義がユダヤ人をみたこともない人たちのあいだでも、また、何世紀にもわたり、ユダヤ人が存在しなかった国々でさえ起こりうるということである」[9]。こうした状態は教会の精神的支配が弱まり、民衆の世界観にたいする影響が後退したあとでも、長く存続してきた。そして、近代という時代は身近な町や村に住むユダヤ人の男女とは、まるで違った「ユダヤ人」を受け継いだ。教会の分身役を見事に演じ終えたあと、ユダヤ人は社会的融合の新しい世俗的担い手として、同じような役柄を割り振られたのである。

　キリスト教が構築した「ユダヤ人」概念のなかでもっとも目をひき、もっとも示唆にとんだ部分はユダヤ人の内在的不合理性であった。この概念は相互関係がなく、協調不能な要素からなる。寄せ集められた要素の相互矛盾は、ユダヤ人が悪魔的に強大な力の主であるかのような神話を生むこととなった。それは非常に魅惑的であると同時に、強烈に不快で恐ろしい力であった。概念化されたユダヤ人は教会の自己アイデンティティとならんで、時間的・空間的境界の明瞭さを追求する終わりなき葛藤が展開される戦場でもあった。過剰な意味が積み込まれ、元来、離されてしかるべき意味をも混在させる概念的ユダヤ人は、境界の設定とその厳格な護持に責任をもつ力にとっては天敵であった。概念化されたユダヤ人とはサルトルの用語を借りれば〈ねばつく〉〔visqueux〕ものであり、メアリー・ダグラスの用語でいえば「ぬるぬると摑みづらい」ものであるが、このイメージは秩序を受諾するのと同時に拒絶するもの、また、そうした拒絶の典型、具体化として解釈されている（境界設定という普遍的行為と、ぬるぬるした摑みづらさの生産という普遍的現象とのあいだの関係については、第三章の「プラクシスとしての文化」のなかで徹底的に論ずるつもりである）。このように解釈されたとき、概念化されたユダヤ人はもっとも重要な機能を果たすことになる。ユダヤ人は境界侵犯、枠からの逸脱、忠誠心の欠落、曖昧な選択の恐るべき結末を視覚的に体現することとなった。ユダヤ人はあらゆる異端、異常性、逸脱、反抗の原型であり原様式である。概念化されたユダヤ人は逸脱がもたらすとてつもない不合理性の権化として、教会が設定し、物語り、実践してきた物事の秩序に代わりうる秩序をも、あらかじめ骨抜きにしてしまっている。それゆえ、ユダヤ人はキリスト教秩序にとっては、もっとも頼もしい境界の番人でもあるのだ。概念化されたユダヤ人は、今、ここにある秩序に代わる秩序は新たな別の秩序ではなく、混沌であり廃墟であるというメッセージを伝える伝令なのである。

ノーマン・コーンはヨーロッパの魔女狩り研究で、ヨーロッパの内なる悪魔を鮮烈に描きだしたが、ユダヤ人がことさら突出した内なる悪魔とされたのは、私が思うに、キリスト教の自己構築、自己生産の副産物でもあった彼らの異質性のためであった。コーンの研究でひときわ目をひくのは（これは他の研究によって十分に証明された）、魔女にたいする不安や非合理的恐怖の強さと、科学知識や日常的レベルの理性の発展のあいだには明確な相関関係がないという発見であろう。事実、科学技術の躍進と日常生活の合理化の力強い進歩があった近代初期は、歴史上もっとも激しく獰猛な魔女狩りが行われた時代でもあった。魔女神話や魔女狩りと大文字の理性の遅れは関連が密接でないようにみえる。しかし、その反面、魔女狩りとアンシャン・レジームの崩壊や近代の到来が誘発した強い不安と緊張とのあいだには密接な関係がある。古い安全が消滅した後、新しい安全はなかなか現われず、現われたとしても古い安全のように堅固ではない。長きにわたる区別は無視され、安全な距離は消滅し、見知らぬ人間が特区を出て近隣に移り住み、アイデンティティは永続性と確実性を失った。古い境界内に残った者には必死の防衛が必要で、新たなアイデンティティの周りには新たな境界が、今度は普遍的な流動性と加速的変化の条件のもとで設定されねばならなかった。それには「ぬるぬるした摑みがたいもの」、すなわち、境界とアイデンティティの明確性や安定性にとっての原型的な敵との戦いが必要だった。この仕事の重要性は類いまれなものであったから、戦いは類いまれな激しさであった。

境界設定と保持にたいして近代は異常な関心を示した。これとの能動的・受動的、また、直接的・間接的なかかわりがユダヤ人概念の明白で決定的な特徴をつくりあげた、というのが本研究の主張の一つである。概念化されたユダヤ人とは歴史的に構築された、西洋世界の普遍的な「粘着性」であると私は解釈したい。西洋の歴史のさまざまな段階や節目で、対立があるたびに築かれた防塞をユダヤ人はつねにまたいでいる。概念化されたユダヤ人が明らかにつながりのない多くの前線に建てられた防塞の上にまたがっているという印象は、彼らの「摑みがたさ」をさらに強烈に、比類なきものにする。彼らの特徴は多面的不明確性であり、この多面性は境界をめぐる葛藤が生みだすもの（囲い込まれ、孤立し、機能が限定されているから単純な）の、どの「粘着質」にもみられない、特殊な認識論的不調和なのである。

防塞またぎ

これまで論じてきたような理由により反ユダヤ主義的現象を国民的・宗教的・文化的敵対といった、より広い範疇の事例として認識することはできない。また、反ユダヤ主義は経済利益の対立による問題でもなく（とはいうものの、利害を争う集団がゼロサム・ゲームから抜けだせない状態にあるとされる、近代という競争の時代には、反ユダヤ主義的主張のなかで両者が結びつけられることがある）、反ユダヤ主義者が自ら定義し、自ら主張する利害だけに基づいている。それはまた境界設定の問題であって、境界をめぐる争いの問題ではない。しかるに、反ユダヤ主義は局所的・偶発的要素の蓄積という形では説明しえない。それぞれ性質のまったく異なる多数の関心や行動にことごとく応用されうるという信じがたい特質は、そのユニークな普遍性、超時間性、超領域性に由来している。反ユダヤ主義がそれほど多くの局所的問題と結びつくのは、そのいずれとも因果関係がないからである。ユダヤ人論がまるで無関係な状況にまで適用されれば、それが元来もちあわせた矛盾はさらに拡大する。これは悪魔性とならんで、反ユダヤ主義のこれまでのどれより適切な、説得力のある根拠となる。レオ・ピンスカーが一八八二年に描いたユダヤ人は、西洋世界のいかなる社会的範疇にも当てはまらない。「生者にとりて猶太《ユダヤ》人は死者なり。国民にとりて異邦人、放浪者なり。貧者、被搾取者にとりて、富者なり。愛国者にとりて、国家を持たぬ者なり[10]」。あるいは、一九四六年の似た趣旨の記述においても同様である。「憎悪、恐怖、軽蔑すべてを体現する者としてユダヤ人は描かれうる。ユダヤ人はボルシェヴィズム支持者であると同時に、奇妙なことに、腐った西洋民主主義の自由主義精神の代表者でもある。経済学的にみれば、ユダヤ人は資本主義者にして社会主義者なのだ。ユダヤ人は弱々しい平和主義者と非難される一方、不思議なことに、戦争の永遠なる仕掛人ともみられる[11]」。また、W・D・ルービンステインが最近言及したユダヤ人の「ぬるぬるした摑まえがたさ」に備わる無数の側面もそうだ。ユダヤ人大衆への反ユダヤ主義と「ユダヤ人エリートへの反ユダヤ主義の結合によって、ヨーロッパの反ユダヤ主義は特異な毒性を帯びた。他の集団であれば、エリートとして、あるいは、大衆として憎悪されたところを、ユダヤ人だけはその両方で憎悪されたのである[12]」。

プリズム的集団

リュブリャーナ大学のアンナ・ジュークは、「ユダヤ人は上の階級が下の階級にたいして抱く感情の対象であるのと同時に、下の身分の者が上の身分の者にたいして抱く感情の対象でもある[13]」から、彼らは「流動階級」と考えられるべきだと述べている。ジュークはこの認識論的視野の衝突を、一八世紀ポーランドを例にとって詳細に検証し、反ユダヤ主義の説明にとって特別重要な意味をもつ社会学的現象として扱った。分割以前、一九世紀のポーランド系ユダヤ人は、主に、貴族、上流階級の使用人であった。彼らは大土地所有貴族の政治的・経済的支配から発生する人の嫌がる公的任務のほとんど、たとえば、地代・小作料の徴収から、小作人の生産物の処理・管理までを代行していた。彼らは「仲介者」であり、社会心理学的用語でいえば土地の領主の楯であった。ユダヤ人たちはこうした大切な役割を果たしても身分の向上を望んだりはしなかったから、どの社会的範疇の人間よりこの役柄に適していた。領主と社会的・政治的に競うことはせず、ユダヤ人たちは金銭的みかえりだけで満足していた。彼らの社会的・政治的地位は領主に劣り、この状況はけっして変わらぬ運命にあった。領主は下の階級の他の使用人と同様にユダヤ人を扱っていた。つまり、社会的軽蔑と文化的不快感をもって。貴族たちの抱くユダヤ人像は社会の下層の者たちに彼らが一般的に抱いていた固定観念とも違わなかった。小作人や都市の小市民同様、ユダヤ人は上流階級からは非文化的で、不潔で、無知で、強欲だとみられていた。また、他の一般人同様、ユダヤ人は遠ざけられていた。彼らが果たす経済的役割との関係で、ある程度の接触は避けられなかったからこそ、社会的分離の原則はことさら厳しく守られ、ことさら明確、正確に表現され、そして、関係性が明確で問題のない他の階級にたいしてよりも、一段と厳格にあてはめられた。

小作人や都市部の民衆のユダヤ人像は、しかし、これとは完全に異なるものであった。大土地所有者や一次産品の搾取者のためにユダヤ人の果たす役割は、結局、経済的なものにとどまらない。ユダヤ人は貴族・上流階級を大衆からの憎悪や怒りから守る絶縁体であった。不平・不満はその真の対象に迫ることもなく、仲介者の段階で停止し、解消される。下級階級にとって、敵はユダヤ人であった。じっさいに彼らが目にする搾取者はユダヤ人である。彼らが直接経験するのは、ユダヤ人の無慈悲のみである。彼らにとって、支配者はユダヤ人であった。したがって、「ユダヤ人は彼らを攻撃する人間と同じように、低く恵まれない身分なのにかかわらず、本来、上流階級に向かうべき怨嗟の対象とされた」としても驚くには値しない。ユダヤ人は上流階級と「明らかにつながった仲介者として、下層階級、被抑圧階級の攻撃を集中的に浴びる」立場となる。

ユダヤ人は両端において階級闘争に巻き込まれているようにみえるが、この現象はユダヤ人の真の特質とはまったく無関係であり、この現象のみではユダヤ人恐怖症の明らかな特徴は説明しつくせない。階級戦争におけるユダヤ人の立場が特別なのは、一度に正反対の、また、相互矛盾する二つの階級憎悪の対象になっているからである。階級闘争で身動きのとれなくなった敵対者双方は、双方の仲介者であるユダヤ人を相手方の陣営とつながる存在だと知覚する。こうした状況を言い表わすには、「流動階級」という比喩より、「プリズム」という比喩、あるいは、「プリズム的カテゴリー」という概念の方が適切だろう。プリズムのように、ユダヤ人はみる面によって、まったく異なる像を結ぶ。一面からみると、粗野で、無教養で、乱暴な下層階級であり、また、別の面からみると、無慈悲で高慢な社会的上層階級となる。

ジュークは論考をポーランド近代化の入り口の時期だけに限っている。ゆえに、彼女があれほど見事につかんだ二重像の完全な結末は不明のままだ。近代に至るまで、異なる階級のあいだにはほとんどなんの接触もなかった。したがって、二つの見方とそれが生みだす二つの固定観念が結合し、近代的反ユダヤ主義に典型的な不調和な混合物に収斂する機会もなかった。階級間の応酬はまれで、敵対者双方はユダヤ人にたいして、いわば、「独自の戦争」を挑んでいた。戦争はとくに下級階級の場合、教会によって争いの真の原因とは関連の薄いイデオロギー的仕上げがつけ加えられることになる。(地方の貴族、豪族、主教たちがユダヤ人が自らもたらし、自ら解決したとされる苦難とはまったく無縁の罪から「自分たちのユダヤ人」を守ろうとした例は、ラインラントの町で起こった、隠遁者ピエールにより扇動された虐殺のときだけではない)。

近代が到来するまで、(すでに組織的隔離行動によって分離されていた) ユダヤ人というはっきりと他者的な「カースト」にかんしては、論理的一貫性を欠く多様な見方が集められ、並べられ、混ぜ合わされることはなかった。近代性とはさまざまな概念に新たな役割を付与することを意味するが、その理由はその機能向上において国家はイデオロギーを動員するからであり、均一性を求める強い傾向をもち (文化改革運動において非常に顕著である)、「文明化」と啓蒙を使命とし、[14] 周辺的階級や地域を政治体制における概念創造の中心と連結するからであった。こうした新展開の全体的効果は、階級間接触の幅が格段に広がり、密度が濃くなったことに見出せるだろう。階級支配は伝統的側面に加え、文化的理想と政治的忠誠のモデルの供給と流布、そして、精神的指導を意味するようになった。これの一つの帰結が、かつては分離されていたユダヤ人像との邂逅と衝突であった。それまで誰も気づかなかった非両立性が新たな問題、挑戦として立ち現われた。急激に近代化する社会のすべてがそうであったように、この問題もまた「合理化」されねばならなかった。矛盾は解決されねばならない。絶望的に非両立的なものとして完全に拒絶するか、はたまた、合理的議論を重ね、その非両立性に新たな、そして受容可能な意義を付与するか、そのどちらかによって。

事実、二つの解決法がともに近代初期のヨーロッパにおいては試されている。一方で、ユダヤ人という地位の歴然とした不条理性は封建制の矛盾、また、理性の前進を阻んできた迷信の一例とされた。ユダヤ人の突出した性質や特異性にかんしては、アンシャン・レジームが許容してきたもののうち、新秩序が破壊しなくてはならない無数の特殊性の一つとしてみられた。他の多くの特殊性同様、これもまた主として文化的問題、つまり、丹念な教育努力によって撲滅しうる特性として理解された。新たに樹立された法的平等がいったんユダヤ人に適用されれば、その特性は雲散霧消し、その多くが自由な個人であり、市民権の所有者であるユダヤ人は、文化的・法的に均一となった社会に同化するだろうとする予言も少なくなかった。

しかしながら他方において、近代の成立はまさしく正反対の方向に向かうプロセスをともなっていた。すでに定着していた不調和は、その拡散者を本来、秩序があり透明であるべき現実において意味論的破壊と不安定化をもたらす「粘性の」要因として印をつけ、新しい状況に順応しつつ、新たな不調和を攻撃することによって自己拡大しているかのようであった。また、それは新たな近代的広がりを獲得し、広がり同士の関連の欠如から独立した不調和、すなわち、一種のメタ不調和へと発展したようであった。宗教的・階級的局面において、すでに「ぬるぬるしている」と解釈されていたユダヤ人は、どの集団的カテゴリーよりも、近代革命の社会的地殻変動がもたらした、新しい緊張と矛盾の影響を受けやすかった。社会の大部分の構成員にとって、近代の到来は秩序と安全の崩壊であった。ここでユダヤ人はふたたび、破壊プロセスの中心付近に位置する者として認識されるようになる。ユダヤ人の理解しがたい突然の社会的進出と変質こそ、近代化の進行による身近なもの、習慣的なもの、安定していたものの破壊を象徴しているかのように思われた。

数世紀にわたり、ユダヤ人はなかば強制的に、なかば自発的に囲い込まれ、安定的孤立状態にあった。いまや、彼らは隔離から抜けだし、かつてキリスト教徒だけの居住区であったところで不動産を借り、または取得し、日常的現実の一部、形式的なやりとりにとどまらない広範な対話のパートナーとなった。数世紀にわたり、ユダヤ人は一目でユダヤ人と認識することができた。彼らは比喩的に、また、文字どおり、隔離という衣を羽織っていたのである。いまや、彼らも他のあらゆる人たちと同じく、生まれながらの身分でなく、就いた社会的地位にふさわしい身なりをすることとなった。数世紀にわたり、ユダヤ人は最下級民《パーリア》であり、階級の下の下にいる下層キリスト教徒からも見下されていた。いまや、最下級民の一部は身分・出自には縛られない才能・財力によって、表面的には階級や血統に左右されずに社会的影響力と名声をともなう地位に昇りつめている。事実、ユダヤ人の台頭は社会的混乱の恐るべき縮図であり、古い確実性の侵食、かつて、堅牢で永続的だとされていたものすべての溶解と蒸発の鮮烈な証左でもあった。躓きそうになったり、脅威を感じたり、あるいは、排除されそうになったと感じたことのある者は誰でも、動揺の陰にユダヤ人の破壊的不調和があるのを察知し、みずからの不安を理解しようとするのである。

このようにして、ユダヤ人は前近代と進歩する近代とのあいだの歴史上もっとも激しい葛藤の渦に巻き込まれたのだ。最初の葛藤はアンシャン・レジームの階級と階層にとって混沌以外のなにものにも思えなかった新社会秩序が、彼らの権利を剥奪し、安定した社会的地位から放逐しようとしたことにたいして彼らが示した抵抗であった。反近代主義の第一波の反乱が失敗におわり、近代の勝利がもはや疑いえないものとなるに従い、葛藤は地下に潜り、隠れた状態から、空白にたいする強い恐怖、確実性への満たされない渇望、被害妄想的陰謀説、捉えがたいアイデンティティにたいする必死の探求意欲をとおして自らの存在感を示した。結局、近代は敵に洗練された武器を供与することになったが、それは敵を敗北させることによってしか手に入らないものであった。反近代主義者の恐怖症が近代の開発した経路と形式でしか治癒されえなかったことは歴史的皮肉であった。ヨーロッパの内なる悪魔はいずれも近代が到達した偉業である洗練された技術、科学的管理、国家の権力独占によって追い払うことができたのである。

ユダヤ人的不調和は絶妙な不調和のこうした歴史的経緯にぴったり符合する。ユダヤ人は悪霊祓いが公的に禁止され、地下潜伏を余儀なくされたあとも、内なる悪魔の目にみえる化身でありつづけた。近代史全般をとおして、ユダヤ人は近代が消滅を宣言した緊張と不安の運び手でありつづけただけでなく、それらに比類なき激しさをもたらし、それらの表出に強力な手段を提供していたのだ。

不調和の近代的側面

裕福でありながら蔑まれていたユダヤ人は、反近代主義のエネルギーを放電させる自然の避雷針役を演じていた。ユダヤ人は金銭の圧倒的な力が社会的に蔑まれ、道徳的に非難され、美学的に嫌悪される、ちょうど要の位置にいた。近代、とりわけ、資本主義近代にたいする敵意が頼みの綱としていたのもまさにこれであった。資本主義と結びついたユダヤ人は非内在的で、非自然的、また、有害なうえに、危険で、不快なものとして非難される。ユダヤ人と資本主義を結びつけるのは難しくない。ユダヤ人がゲットーに囲い込まれているかぎり、金銭力は周辺的なことがらにすぎず（高利貸しという軽蔑的な名のもと）権威による糾弾の下で、もだえているしかなかった。しかし、ユダヤ人が都市の中心に登場するや、金銭力は（資本という名誉ある名のもと）生活の中心に躍り出て、権威と社会的敬意を獲得した。

反近代主義の主要な標的となったことが、ヨーロッパ系ユダヤ人の状況にたいする近代化の最初の影響であった。フーリエ、プルードン、トゥスネルといった近代最初の反ユダヤ主義者は反近代主義者でもあり、金銭力、資本主義、技術、産業システムへの一貫した敵意という点で見事に団結していた。初期産業社会におけるもっとも激しい反ユダヤ主義は、前資本主義型反資本主義と呼応するものであった。こうした反資本主義とは躍進する資本主義的秩序に反旗を翻し、潮流に逆らい、資本主義の発展を阻止し、新しい富豪たちが解体した実際の、あるいは、「想像上」の自然秩序は回復しうると期待することである。上のような短い説明からも、金銭力とユダヤ人が融合していたことが分かっていただけるだろう。「精神的一体性」、あるいは、ヴェーバーが好んだ用語でいえば「親和力」といった、ユダヤ人と資本主義の関係を表わすのに使われる比喩は、両者の因果論的関連をよく示唆している。職人の労働倫理や大切な独立性に不吉な影を落とす資本主義に立ち向かうには、明らかに他者的で、明らかに嫌われた勢力と資本主義を同一化するのが近道である。フーリエやトゥスネルにとって、ユダヤ人は発展する資本主義、膨張する大都市空間のうちで彼らがもっとも嫌うもののすべてを体現していた。ユダヤ人に浴びせられた恨みのこもった批判は、新しく、恐ろしい、身の毛もよだつ社会秩序にたいするものでもあった。プルードンによれば、ユダヤ人とは「その気質において、農夫でも、商人でさえない、反生産者であった」[15]。

当然のことながら、新秩序の前進を止め、それを失われた楽園として装われた小市民的ユートピアと入れ替える希望に、現実性と実現可能性があるかぎり、反近代主義版の反ユダヤ主義は合理的に、また、説得力があるようにみえた。事実、この形の反ユダヤ主義は歴史の軌道修正の最後の試みが失敗し、新秩序の勝利が、望むと望まざるとにかかわらず、決定的・最終的となる一九世紀の中ごろまで存在しつづけた。反資本主義的抵抗の初期段階で、小市民が反近代主義的な抵抗をするなかで結びついた金銭力とユダヤ人気質の相関関係は、のちの反資本主義的抵抗に吸収され、不可避的に再形成されるよう運命づけられていた。ときとして隠蔽され、ときとしてとつぜん顕現するそれは、主流をなす反資本主義的抵抗ともかけ離れたものではなかった。ヨーロッパ社会主義の歴史においても、それは顕著な役割を果たしているからだ。

反資本主義的反ユダヤ主義を過去志向から未来志向へ変えたのは、誰あろう、科学的社会主義の父、カール・マルクスであった（この社会主義は資本主義の発展を阻止するというより、それを克服し、過去のものとしようとする試みのことである。それは資本主義的変貌を取り消しのきかないものと考え、資本主義の発展的性質を受け入れるものである。それはまた、それは資本主義的進歩が人間に普遍的進歩をもたらした時点で、新しい、さらに優れた社会の建設に着手することを約束するものである）。資本主義は治癒可能な一時的な病にすぎないという最後の幻想が打ち砕かれるか、拒絶されたとき、マルクスはそれを反資本主義的抵抗のために転用できると考えた。マルクスは「ユダヤ主義の精神」と資本主義の精神の親和力を受け入れていた。両者とも自己利益、値引き交渉、利潤の追求において優れていたからだ。人間の共存共栄を安定した健全な軌道にのせるには、両者はともに除去されねばならない。資本主義とユダヤ主義は運命共同体であった。両者はともに栄え、ともに死滅する。お互いはお互いなくして生き延びられない。一方の消滅には他方の消滅がともなう。資本主義からの解放はユダヤ主義からの解放であり、逆もまた真であった。

金や権力、すなわち、人に憎まれ批難される資本主義の悪弊と、ユダヤ精神を同一化する傾向は、しばしば水面下に潜りながらも、ヨーロッパ社会主義運動に特有のものであった。反ユダヤ主義的攻撃はたとえば、ドイツ、および、オーストリア－ハンガリーの大陸最大の社会民主主義のなかにおいても頻発した。一八七四年、ドイツ社会民主主義の指導者、アウグスト・ベーベルはカール・オイゲン・デューリングの激しい反ユダヤ主義思想に惜しみなき賛辞をおくっている。二年後、エンゲルスにドイツ社会主義の予言者を自認するベーベルについて、一冊の本に相当する長さの文章を書かせたのはこの行為であった。しかしながら、エンゲルスがそうしたのは、ユダヤ人弁護のためでなく、育ちつつある労働運動の思想的権威としてのマルクスの立場を守るためであった。反ユダヤ主義的感情をそもそもの役割、すなわち、反資本主義的立場の付随物としての役割にとどめておこうとする努力は機能せず、順序はしばしば逆転した。資本主義はユダヤ人の脅威の付随物となる。ゆえに、反資本主義戦争における不屈のフランス人殉教者、オーギュスト・ブランキの信奉者たちは、パリ・コミューンのバリケードから、芽生えたばかりの国民社会主義運動まで、彼の最大の親友であるエルネ・グランジェに従ったのだ。ナチス運動が台頭するまでは、資本主義にたいする民衆の反発は分裂や分極化を経験することがなく、ファシズムの波を食い止めようとするなかで、社会主義は反ユダヤ主義への妥協なき抵抗も開始したのである。

新産業秩序にたいしてもっとも執拗に抵抗したのが、西ヨーロッパでは都市や農村の小土地所有者、小自作農であったとすれば、東ヨーロッパでは広く、反資本主義的、反都会主義的、反自由主義的な人々であった。大土地所有貴族の社会的影響力と政治的支配力が、事実上、温存されていた東ヨーロッパでは、都市居住者は最低の身分に甘んじ、半ば侮蔑、半ば嫌悪の念で扱われていた。婚姻、あるいは、耕作以外の手段で富を拡大することは、貴族の真の精神にもとるとみられていた。耕作でさえ、他の経済活動ともども、伝統的には雇用された使用人に任されるか、あるいは、人間の質において明らかに劣るとされる人間への土地の貸与で行われていた。近代化の挑戦に無関心か敵対的であった生まれながらのエリート層にたいし、文化的異端として受け入れられていたユダヤ人は、上流社会の価値観に縛られないがゆえに、西ヨーロッパにおける産業・金融・技術革命が開いた新しい機会を摑むことができ、また、摑むのに積極的だった。しかし、彼らのこうしたイニシアティヴは貴族階級の意見が支配する世論では、例外なく嫌悪されたのである。一九世紀に起きたポーランド産業化の詳細な研究において、ジョーゼフ・マーカスは地元貴族が大多数をしめるエリート層は産業化の到来を民族的惨事と受けとっていたと述べている。

ユダヤ人起業家が鉄道建設を行っているあいだ、ポーランドを代表する経済学者J・スピンスキは、「鉄道は莫大な資財を飲み込む底なし沼であり、高い盛り土とその上の線路以外なにも残さない」と不満を申し立てていた。ユダヤ人が工場を建設しているあいだ、土地所有者たちはそれが人手不足の農業を破壊すると非難していた。工場が稼働しはじめたとき、工場主たちはポーランドの文学・社会エリート層から憎まれたうえ、田園の喜びとボヘミアン的自由と快楽を放棄するかわりに、人間を奴隷にして破壊するような工場のわびしい環境を選んだ者として不憫に思われた。

物質的豊かさを些末なこととし、金儲けを恥ずべきものとする態度を共有する社会は、資本主義的産業化の時代に不可欠な起業家気質を育成することができない。よって、ポーランドにおける産業発展の推進者がユダヤ人と外国からの移民であったとしても驚くには値しないのだ。

ブルジョア・ユダヤ人は自由主義という西欧的概念の推進者でもあった。ポーランド貴族とカトリック系保守主義者の意見は、自由主義概念と「西欧物質主義」全般を、ポーランドの伝統と「民族精神」にたいする脅威だとみなしていた。(16)

呆然とする貴族の目の前でみるみるブルジョア化していったユダヤ人たちは、既存のエリート層を複数の形で脅かした。土地所有と世襲的土地分配にもとづく伝統的権力にたいし、ユダヤ人は金融、産業をベースとする新しい社会的権力を代表した。彼らはまた身分の高さと影響力の大きさのあいだの緊密な連関を破壊した。彼らはもっとも低く評価されていながら、権力の座に触手をのばそうとし、価値のゴミ捨て場から探し出してきた梯子を昇ろうとする使用人集団なのだ。民族の指導的地位を確保しつづけたい貴族階級にとって、産業化は二重の脅威であった。産業化により起こったことと、誰がそれを行ったかという点において。ユダヤ人が経済的主導権を握った結果、既存の社会支配体制にたいする脅威は、支配者に支えられ、また、支配者を支えてきた社会秩序全体への打撃と合体されることになった。したがって、ユダヤ人自身を新たな混乱、不安定と融合するのも容易だったのだ。ユダヤ人は邪悪な破壊力として、また、混沌と無秩序の権化として知覚されるようになる。明確に分離されるべき境界線をぼかし、ヒエラルキーの階段を滑りやすくし、堅牢なるものをすべて溶解し、神聖なるものをすべて冒瀆する粘着物質として知覚されるようになるのだ。

ユダヤ人を受容した社会が彼らの同化願望を吸収できなくなると、ユダヤ人の知的エリートは社会批判に急傾斜し、その結果、彼らは社会の多くの保守主義者から本質的不安定化要因とみなされるようになる。デイヴィッド・バイアルの洞察に満ちた説によると、二〇世紀が近づくにつれ、「ユダヤ人リベラル、ナショナリスト、革命家たちはすべての点で意見が対立していても、同時代のヨーロッパ社会がユダヤ人に冷淡だという認識では一致するようになった。何らかの形で社会を変えるか、あるいは、ユダヤ人と社会の関係を変える以外に、ヨーロッパのユダヤ人問題を解決する手段はない……『正常性』は、いまや、社会的実験、それまでまったく存在しなかったユートピア的理想を意味するようになった[17]」。

啓蒙主義の遺した自由主義へのこだわりは、ユダヤ人の「粘着性」にさらに付加的な次元を提供することとなった。他のいかなる集団にもまして、ユダヤ人たちは自由主義が育んだ市民性に特別な関心を抱いていた。ハンナ・アーレントの忘れ難い一節によればこうである。「他のあらゆる集団とは対照的に、ユダヤ人は政治体によって定義され、彼らの地位は政治体によって決定される。しかし、政治体は政治体以外の社会的実体がないから、社会的にユダヤ人は空白なのである[18]」。前近代というヨーロッパの一時代をとおして、これは疑いえない事実であった。ユダヤ人たちは封建的体制のどの段階、あるいは、様態にあっても、〈王のユダヤ人〉〔Königjuden〕であり、王や皇子や地方軍閥の財産、または、被保護者であった。彼らの地位は政治的に生み出され、政治的に維持された。その証拠に、彼らは集団として社会的紛争からは自由であった。彼らは社会構造の枠外にあったがゆえ、彼らの存在の定義にとって、階級性や階級闘争は無意味か、または、ほぼ無意味であった。

社会の只中にありながら国家の延長物として、ユダヤ人は治外法権的存在であった。それゆえ、社会とその政治的支配者の緊張感のある、そして、葛藤の絶えない関係において、両者にとっての防波堤にならざるをえず、葛藤が沸点に達するやいなや、最初の厳しい一撃を被ることになった。彼らへの庇護はすべて国家に頼るほかなく、したがって、彼らは政治支配者の善意に完全に依存し、王室の悪意や強欲さにたいしてまったく無防備だった。国家と社会のあいだの真空地帯に存在するユダヤ人の立場のぎこちなさは、近代の到来とともにもたらされた社会的・政治的断絶にたいする彼らのぎこちない反応にも反映されることとなった。政治支配者への長きにわたる依存を断ち切るには、非政治的社会基盤と政治的自立が必要とされる。自由な個人の自己創出と自己主張からなる自由主義は、まさに、この自立の基礎である。しかし、自由の掟を実行にうつす権利もまた、ユダヤ人が過去においで享受してきたすべての特権同様、政治的判断に委ねられていたようにみえる。国家からの解放は国家によってのみもたらされる、とそのようにみえる。他のグループが自らの権利を国家による過剰な干渉から守るのにたいし、ユダヤ人は旧身分制度の支配と堅固な枠組みをあえて徹底的に解体しようとする干渉的国家なしに、自らの権利を獲得することはできなかった。伝統的エリートにユダヤ人が混乱の種とみえたのは、たんに、突然の成功のためばかりでなく、その成功に象徴される安定の崩壊のためであった。P・G・プルザーは典型的な警鐘をいくつも挙げている。「ユダヤ主義の最大の武器は非ユダヤ人の民主化である」「ユダヤ人がドイツ社会の構造を内側から揺るがすには、啓蒙主義者と自由主義者の政党をおさえれば十分だった。ユダヤ人が社会の頂点にのぼりつめるには媚びへつらう必要もなく、彼らを目もくらむ高みに立たせるような社会理論をドイツ人に押しつけさえすればよかった[19]」。他方で、新しい政治的保護を執拗に求めようとするユダヤ人の態度は、独立し、自立した各地のブルジョアをして、彼らを社会的自立と政治的自由の敵という範疇に投ぜしめた。かくして、「一種の自由主義的反ユダヤ主義」が誕生し、「ユダヤ人と貴族をひとからげにし、台頭するブルジョア階級に敵対する経済的同盟のごときものとみなしたのである[20]」。

非・国民的民族

ユダヤ人はハンナ・アーレントの言葉を借りるなら、「国民国家が育ちつつある、あるいは、すでに成熟している世界における、非・国民的要素[21]」であって、この事実以上に、近代反ユダヤ主義の形成に影響を与えたユダヤ的不調和は存在しない。各国に散らばり、遍在するがゆえに、ユダヤ人は国際的民族、または、非・国民的民族であるといえる。国家帰属という基準が絶対性と究極的権威をもって決定するはずの個人的アイデンティティと社会的利益が、じつは相対的・限定的であることを、彼らはあらゆる場所で思い起こさせる。あらゆる国民において、彼らは「内なる敵」なのだ。彼らを定義するには、国民という線引きでは不十分だ。国民的伝統という地平は彼らのアイデンティティをみぬくには短すぎる。ユダヤ人がいかなる国民とも違うというだけでは十分でない。ユダヤ人はいかなる外国人とも違うのである。簡単にいえば、ユダヤ人は主《あるじ》と客、邦人と外国人の相違を土台から揺さぶる。国家帰属が集団の自己形成のもっとも重要な基礎となる一方で、ユダヤ人は「われわれ」と「他人」という、もっとも基本的な相違を侵食してしまう。ユダヤ人は柔軟であり、また、適応性に富んでいる。「他人」が運搬を任された、いかに卑しむべき荷物でも、積んではばからない、いわば、空のトラックである。ゆえに、トゥスネルはユダヤ人を反フランス的プロテスタントの毒の運び屋とみなし、『若きドイツ』の毒舌家、リーシンクは彼らがドイツに有害なフランス精神を持ち込んだと非難した。

　国民形成期の初期において、ユダヤ人の超国民性はきれいに浮き彫りにされた。この時期、国民的統一のさまざまな名の下になされた前例のない要求がひきおこした、あるいは、少なくとも複雑化させた王朝間の領地紛争のおかげで、地域の排他主義へのユダヤ人の不干渉主義、紛争当事国のいずれの指導者もとび越えて、そして前線をまたいで交渉のできるユダヤ人的能力にはプレミアがついたのである。ろくに理解もしないまま、しばしば、意に反して紛争に荷担した権力者たちはたちまち紛争の早期決着を望みはじめ、妥協や、少なくとも、国民という概念に執着する被統治者とともに、敵にも受け入れ可能な共存形式を模索しはじめるが、そのさいユダヤ人の仲裁能力はそうした権力者たちから熱心に求められたのだ。より好ましい〈共存形式〉〔modus coexistendi〕のみを求めて、あるいは、主としてそれを求めて戦われる戦争において、いわば、生来の国際人であるユダヤ人は、平和のさきがけ、紛争の火消し役のひな形にされる。世襲制王朝が真に国民国家的、そして、国民主義的国家となり、敵の破壊が戦争目的となり、王にたいする忠誠が愛国主義に変容し、覇権の夢が平和への願いを沈黙させると、初めは賛されていたユダヤ人の才能には復讐の火の粉が降りかかる。世界が国家の領土として分割されると、国際主義は居場所を失い、残された中間地帯はかならず武力侵略の呼び水となる。国民と国民国家ですしづめになった世界は非・国民的空白をひたすら忌み嫌うこととなった。ユダヤ人はそうした空白のなかにあり、また、空白そのものなのである。ユダヤ人は交戦のみが交流の手段となったところに、交渉を持ち込もうとしているという嫌疑をかけられる（自国のユダヤ人には愛国心と、敵を抹殺する熱意が欠けているのではないかという疑念以外に、第一次大戦の交戦国が共有したものはほとんどなかった）。彼らには反逆罪のにおいがしなくもないが、これは先天的で治癒不能なユダヤ人の国際性に比べれば、取るに足らない欠陥にすぎなかった。

「人間的価値」、「人間そのもの」、普遍主義だけでなく、その他、反軍事的で、したがって、非愛国的なスローガンへのユダヤ人の腹立たしい偏りによって、彼らが領土を超越した存在ではないかという最悪の嫌疑はかんたんに証明されてしまう。ナショナリズムの時代の初めに、ハインリッヒ・レオは次のように警告した。

ユダヤ民族は物事を腐食・腐敗させる精神をもっているという点で、世界のどの民族とも顕著に異なっている。投げ入れられたものをすべて石に変えてしまう泉があるのとまったく同じように、ユダヤ人はその誕生から今日まで、彼らの精神的活動の軌道内に入り込むものすべてを、抽象的一般性へと変容させてきたのである。

ユダヤ人は内外において、馴染みのものをまるで異物であるかのように精査し、誰も尋ねないような疑問を投げかけ、解答不能なことに解答を求め、挑戦不可能なことに挑戦する、ゲオルク・ジンメルの言う「異邦人」の典型であった。ハインリッヒ・ハイネの友人のルートヴィッヒ・ベルネから、ハプスブルク家崩壊前夜のカール・クラウスを経て、ナチス台頭前夜のクルト・トゥホルスキーにいたるユダヤ人たちは、狭隘、卑劣、偏見と考えられるものを軽蔑し、後進性が自己満足や虚勢と結合する様子をあざ笑い、精神の地方的停滞と趣味の凡俗性に抵抗してきた。自らを疑問視せず、自らと平穏に共存することをもって自らの定義とする国民の内部に、こうした異端的見解の持ち主を一人たりとも招き入れることは許されない。あらゆる抽象的一般性は個別性を欠いてはならないという多数の苛立ちのなかでも最初に発せられたものの一つであるフリードリッヒ・リュースの意見は、したがって、驚くに値するほどのものではない。「ポーランドのユダヤ人はポーランド人でなく、イギリスのユダヤ人はイギリス人でなく、スウェーデンのユダヤ人はスウェーデン人でない。同じように、ドイツのユダヤ人はドイツ人でなく、プロイセンのユダヤ人はプロイセン人ではないのであるから、ユダヤ人は居住する国の国民ではない[22]」。

国民と調和しないというユダヤ人の宿命は、さまざまな国民国家的主張のあいだに矛盾や不一致があるという事実によっても改善されなかった。原則として、国民には国民が恐れる抑圧者と、国民が軽蔑する被抑圧者が存在した。知られているかぎり、平等に取り扱われる権利を他者にたいして熱心に保障した国民はほとんどいなかった。国民の自己生産が完了していなかった混乱の時期に、国民的に繰りひろげられたのはゼロサム・ゲームであった。すなわち、他者の権利は、自分自身への攻撃である。ある国の国民の権利は、他の国の国民にとっては侵略であり、敵対であり、傲慢であった。

ナショナリズム煮えたぎる一九世紀の中央・東ヨーロッパほど、上のような状況の影響が重くのしかかった地域はなかった。この地域の国家は古いにもかかわらず野望が満たされていないか、または、新しいために貪欲であるかのいずれかだった。他の古い国家、あるいは、新参の国家を敵にまわすことなく、一つの国の国家的主張に与することはほぼ不可能だった。これによりユダヤ人はむずかしい立場に立たされることになった。プルザーの意見によればこうだ。

その職業構成、一般的に高い教養、政治的安定の希求という点から考えるならば、ユダヤ人は主として農業に従事する、目立たない「非歴史的」国民（チェコ人、スロヴァキア人、ウクライナ人、リトアニア人など）より、支配者的で「歴史的」な国民（たとえば、ポーランド人、マジャール人、ロシア人）と連帯するほうが容易であった。したがって、ガリツィアやハンガリーではドイツ人としての汚名をのがれたユダヤ人にも、それはポーランド人やマジャール人が抑圧する人種にたいしては大した助けにはならなかった。[23]

国家変革と経済近代化の対象にされた大衆が歓迎するはずもない発展の促進に、伝統的国家、新興国家双方のエリートたちがユダヤ人の熱意と才能を利用した例は少なくない。ハプスブルク家支配下のハンガリーでは、大土地所有の貴族階級が、ハンガリー独立のあかつきにはスラヴ人が多数を占める周辺地域を自らの支配下におきたいと望んでいたが、彼らは嬉々として蓄財を続けるユダヤ人をこの地域のマジャール化促進のもっとも献身的・能率的代理人として迎え入れた。あるいは、停滞的・後進的な農業経済の容赦なき近代化の変革者として歓迎していた。リトアニアの弱体化したエリート層が復古を望む歴史的大リトアニアの領土には、さまざまな人種的・言語的・宗教的共同体が入り組んでいたが、それらにたいして支配権を主張するために彼らはユダヤ人の協力を切望した。政治エリートたちは全体的に、自ら手を下すことを望まない不愉快で危険な必要任務をユダヤ人に任せる傾向があった。これはさまざまな点で便利であった。ユダヤ人による協力の緊急性が去ると、彼らを簡単にお払い箱とすることができたからである。「ユダヤ人が身分相応な場所に戻」されても、エリートたちに代わって威張りちらしていたユダヤ人の失墜に大衆は喝采するだろうし、いまや、権力をほしいままにするエリートたちが大衆に飲ませようとする苦い薬の甘味料ともなった。

しかし、エリート層はユダヤ人の忠誠心を完全に信頼しようとしない。はじめから国民共同体の一員として「生まれた」構成員と違い、ユダヤ人にとって構成員になるかならぬかは選択の問題であり、ゆえに、「通告」による撤回も可能であったからだ。国民共同体の境界は（それが国境であればなおさら）いまだ不安定であり、したがって、緩みは許されず、警戒は日々の要請であった。バリケードが築かれ、そこを通行する人々にとってこれは面倒この上ないものであった。一つの国家の要塞から別の国家の要塞へと自由に渡り歩ける大勢の人間の存在は、不安感を強くあおったに違いない。古かろうが新しかろうが、あらゆる国家がよってたつべき国民の生得的特質、国民の本質の継承や自然性といった前提にたいして、そうした人間は平然と反抗する。同化という自由主義的なはかない夢は

（そして、より一般的には、「ユダヤ人問題」は、大体、文化の問題であるから、ユダヤ人の自発的・積極的文化適応によって解決されるという見方）、ナショナリズムと自由選択の本質的非両立性ゆえに、破綻するほかなかった。逆説的に聞こえるかもしれないが、ナショナリズムを一貫して信奉する者は、結局、自国の吸収力を嫌うはずである。国民的美徳に賞賛者が惜しみなく浴びせる賛辞を彼らは喜んで受け入れる。そうした賛辞は（賛辞の声は大きければ大きいほど、熱烈であれば熱烈であるほどよい）保護者が賞賛者に庇護を与える上での条件であった。しかし一方、ナショナリストたちは賞賛を（自己解体にも等しい模倣、使い古された賞賛でさえ）構成員になるための要件とはき違えることをほとんど許さない。あらゆる従属国にむけた簡潔だが含蓄ある助言のなかで、ジェフ・デンチはこのように言っている。「将来の正義と平等を信じる旨の宣言をかならず行いなさい。これは任務の一部です。しかし、それが実現すると期待してはいけません[24]」。

ユダヤ的不調和の長い一覧表をこれまで概観してきたわけだが、ここで言えることは、近代に通じるドアのほとんどすべてでは、ユダヤ人が手を触れるたびに閉じられてしまったことだ。ゲットーからの解放のプロセスでも、彼らは深く傷つくことになった。彼らは明瞭性獲得を目指して戦う世界の不明瞭さであり、確実性を渇望する世界の不確実性であった。彼らはあらゆるバリケードの上にまたがっているから、それをはさむ両陣営からの攻撃に晒される。概念化されたユダヤ人は近代が抱く秩序と明瞭性という夢における原型的

「粘着性」であり、新しい秩序、古い秩序、そして、とりわけ望むべき秩序の敵であると解釈されてきたのだった。

人種主義の近代性

近代への途上でユダヤ人には重要なことが起こった。彼らが近代化の道を歩みはじめたころ、彼らは〈ユダヤ人街〉〔Judengasse〕の石壁の、あるいは、想像上の壁のむこうにしっかり隔離され、囲われ、幽閉されていた。彼らの疎外は空気や生者必滅の理のような日常的現実であった。疎外には民意の動員も、洗練された理由づけも、自称自警団員の警戒も必要なかった。組織化されていない拡散的なものであっても、全体的にいくらかでも調整された習慣でさえあれば、ユダヤ人の疎外を永続させるための相互嫌悪を生みだすのに十分であった。しかし、すべての状況は近代の到来と、合法的差異化の廃止と、法的平等のスローガンと、珍しいもののなかでももっとも目新しいものである市民権の要求とともに一変した。ヤコブ・カッツは次のように言う。

ユダヤ人がゲットーに住んでいた時期、および、ゲットーを出たすぐあとの時期、彼らにたいする非難はユダヤ人には認められていない法的身分に守られていた市民から向けられたものだった。非難は現状維持を正当化、担保し、ユダヤ人を下位の法的・社会的地位にとどめおく根拠を示す目的で計画された。しかし、いまや、こうした非難は法の下で平等となった市民のなかで、ユダヤ人だけは新たに与えられた法的・社会的平等に値しないと証明することを目的に行われるようになった[25]。

すなわち、ここでかかわってくるのは道徳的・社会的価値だけではない。問題ははるかに複雑なのだ。かつて自然に存在していたものを人工的に生産せねばならぬがゆえ、それまで試されたことのないメカニズムを考案し、それまで考えられたこともない技術を獲得することまでが問題となる。前近代において、ユダヤ人はカーストのなかの一つのカースト、身分のなかの一つの身分、階級のなかの一つの階級でしかなかった。彼らの特異性は分離の実践が習慣的で、ほとんど、無意識的に行われていたため、争点にはなりえなかった。近代の成立とともにユダヤ人分離が争点となった。近代社会の他のすべてのものと同様、それは製造され、構築され、合理的に論議され、工学的に設計され、事務処理され、監視され、管理されねばならなくなった。前近代社会を管理していた者は狩場管理人のごとく悠々と自信ある態度を保っていればよかった。その資産・能力に干渉が入らなければ、社会は年ごとに、また、世代ごとに自己再生し、その変化は微々たるもので誰も気づかなかった。近代社会ではそうはゆかない。ここではなにごとも予測どおりにならない。計画なくしてはなにものも育たず、自然に育ったとすれば、それは誤ったもの、また同時に、全体の構想を危うくし、混乱させる危険なものに相違なかった。狩場管理人的な自信はもはや手に入れることのできない贅沢であった。代わりに必要となったのは、造園家の心構えと技術である。彼らは芝生と、芝生の縁取りと、芝生と縁取りを分ける細い溝の詳細な設計図をもっている。また、調和のとれた色彩、快適な調和と不快な不調和の相違について、正確な鑑識眼をもっている。造園家は計画と、秩序や調和のヴィジョンを乱す招かれざる植物はすべて、雑草として扱う意志をもつ。そして、雑草の根絶と全体的設計に必要不可欠な分離を担えるだけの機械と農薬をたずさえている。

ユダヤ人隔離の自明性は居住区分離や数かぎりない露骨な差別によって明確にされてきたが、その自明性はいまや過去のものとなった。逆に、隔離は絶望的なほど人工的で不安定なものにみえはじめた。かつて自明の理、暗黙の了解だったものは、実証と証明が必要な「真実」となった。また、それはそれをはっきり否定する現象の背後に隠れた「事の本質」となった。新たな自明性は感覚的実感の乏しい権威を土台として、苦労して構築されねばならない。パトリック・ジラールは次のように言う。

ユダヤ人が近隣社会に同化し、社会的・宗教的特性を喪失すると、ユダヤ人とキリスト教徒の差別化不能状態が生じてくる。ユダヤ人が他の者と同じように市民となり、婚姻によりユダヤ人とキリスト教徒との混血がすすむと、彼らはもはや見分けのつかない存在となった。これは反ユダヤ主義理論家にとってはきわめて重い意味をもつ。『ユダヤ人のフランス』という小冊子の著者であるエデュアール・デュルモンは書いている。「ユダヤ教会に通い、コッシャーの掟を守るコーエンさんは尊敬できる人物。私はこういったユダヤ人には何の反感もおぼえない。反感をおぼえるのは、ユダヤ人とははっきり分からないユダヤ人だ」。

同じような見方はユダヤ教的信条をもちながら、キリスト教徒を模倣するユダヤ人愛国主義者や、ユダヤ人キリスト教徒より……巻き毛を垂らし、カフタンを羽織るユダヤ人の方が軽蔑される可能性が低かったドイツにもみることができる。近代の反ユダヤ主義は集団同士の大きな相違からではなく、むしろ、相違の喪失、西洋社会の均一化、ユダヤ教徒とキリスト教徒のあいだの社会的・法的な壁の崩壊にたいする危機感から生まれたといえよう[26]。

近代は差異の平準化を、あるいは少なくとも、外見的差異と、分離された集団間に象徴的距離を作りだすものの差異の平準化をもたらした。差異がないとするならば、かつてキリスト教がユダヤ人の事実上の分離を理解しようとする際に行っていたような、現実にかんする常識の哲学的熟慮だけでは十分ではない。差異は創造されねばならず、社会的・法的平等と異文化交流の恐るべき侵食力に抗する形で保持されねばならない。

ユダヤ人によるキリストの拒絶。この長いあいだ受け継がれてきたユダヤ人を分離するための宗教的理由では、新しい線引きの根拠としてはまったく不十分である。こうした理由が隔離された場所からの逃げ道をユダヤ人に与えることは必至である。境界線がはっきりと描かれ、しっかりと示されていなければ、こうした理由はその役目を果たすことができない。それは救済を選ぶか、罪を犯すか、あるいは、神の恵を受け入るか、拒絶するか、自分の運命を決められる柔軟性を人にもたらしたのだ。しかも、それはこのことを境界の堅牢性をいささかも減じさせることなく実現したのである。しかし、隔離行動が境界の自然さを維持していくにはあまりにも中途半端で不熱心なものとなり、逆に、人間の自己決定の人質となるや、柔軟性の要素は非常に有害なものとなった。結局、近代的世界観は教育と自己完成の無限の可能性を賛美してやまない。十分な努力と健全な意思があれば不可能なものはない。人間は生まれたときには白紙状態か空の引き出しであるが、文明化の過程を通じて、そのなかには共有された文化の均一化の圧力が供給する事柄が後天的に書き込まれ、詰め込まれる。ユダヤ人と、彼らを受け入れたキリスト教徒のあいだの差異を、たんなる信条とそれにかかわる儀礼の相違によって位置づけることは、人間性についての近代的な見方と合致しているようにみえる。他の偏見をなくすとともに、ユダヤ教徒としての迷信を捨てて、より優れた信仰に帰依することは、自己向上の適切で十分な回路のように思われる。それは無知にたいする理性の最終的な勝利をめざすなかで、多く必要とされる欲動であるからだ。

旧境界の堅牢性を本当に脅かしたのは、もちろん、近代のイデオロギー的方式ではなく(それは境界線の強化をしているわけでもない)、世俗的近代国家が差別的社会実践の法制化を拒んだことにある。これはユダヤ人自身(デュルモンの言う「コーエンさん」たち)が均一化を求める国家に追従するのを拒み、自らの特殊な行動パターンに固執していれば問題にはならなかった。本当の混乱は均一化の要求を受け入れ、与えられた宗教形式を通じて、あるいは、文化的同化という近代的な形のなかで改宗を遂げたユダヤ人が無数にいたことから生じた。フランス、ドイツ、オーストリア－ハンガリーのドイツ人支配地域においては、遅かれ早かれ、すべてのユダヤ人が非ユダヤ人へと「社会化」、あるいは、「自己社会化」し、文化的に見分けがたくなり、差異が社会的に不可視となる可能性は現実のものであった。隔離というかつての慣習的で、法によっても支えられていた行動が消えるとするならば、それは目にみえる差異の喪失であり、境界自体の消滅といってもよかった。

近代という状況では隔離にも境界設定の独自の近代的方法が必要となる。それは無限とされる教育の力と、文明化の勢いがもたらす均一化の圧力に耐え、それを中和する方法のことである。あるいは、教養と修養の「進入禁止」区域を制定し、文化的適応に規制枠を設ける方法である(この方法は労働者階級、あるいは、女性といった永遠に従属的地位におかれるべきとされる集団にたいして、熱心に適用されたが成功と失敗は相半ばであった）。近代的平等観念の攻勢から免れるには、まずなによりも、ユダヤ人の特異性が、再度、明確化され、文化や自己決定といった人間的な力に屈しない、新たな土台にのせられねばならない。ハンナ・アーレントが簡潔に述べた一説に従えば、ユダヤ教はユダヤ性に取って代わられねばならなかった。「ユダヤ人はユダヤ教から逃れて改宗の道に走ることができた。しかし、ユダヤ性には脱出路はない[27]」。

ユダヤ教とは違って、ユダヤ性は人間の意志、創造能力よりはるかに強かったはずだ。それは自然法則（発見され、説明され、人間の利益のために活用されねばならないが、少なくとも、恐るべき結果を招くこともなく、消滅を願ったり、干渉したり、無視したりできない法則）のレベルに属すべきものである。ドリュルモンが語る次の逸話が読者たちに伝えようとしていたのも、おそらくこの法則のことだったに違いない。「血がいかに重要か知りたいかね」と、あるフランス人公爵があるとき友人たちにたずねた。彼は母の願いに逆らって、フランクフルトのロスチャイルド家の令嬢と結婚していたのだ。彼は小さな息子を呼び、ポケットから金貨を取りだすと、それを息子にみせた。すると息子の目はきらりと輝いた。「分かるかね」と公爵は続ける。「ユダヤ人の本能はすぐに出るのさ」。しばらくあとになって、シャルル・モーラは次のように述べた。「人間の行動を最初に決定するのは本能である。選択、理性などといった幻想は個人のデラシネ化、あるいは、政治問題をひきおこすだけである」。自然法則は危険を、しかも、共通の危険を覚悟した上でしか無視しえない。これについて、モーリス・バレは次のように述べる。「たんなる言葉にとらわれていると、子どもはあらゆる現実から引き離されてしまう。カント的原理は子どもを祖先の土地から追い出してしまう。学位の過剰な授与はビスマルクが言うところの「プロレタリア学士」をつくりあげてしまう。これがわれわれの大学にたいする告訴状である。大学の生産物、すなわち、知識人は社会の敵である」(28)。宗教にしろ、文化にしろ、改宗がもたらすものは変化でなく質の喪失である。改宗の向こう側に隠れているのは新たなアイデンティティではなく、空白なのだ。改宗者は別のアイデンティティを手にすることなく、自らのアイデンティティを喪失する。人間の人となりは行動に優先する。いかなる行動によっても、その人となりは変わらない。おおざっぱにいえば、これが人種主義の本質的哲学なのだ。

3　近代、人種主義、殲滅　II

人種主義、とりわけ、ナチスによる人種主義の歴史には明らかな逆説が含まれている。

歴史上もっとも激しい、もっともよく知られた人種主義の例でいえば、それは反近代主義的心情と不安を動員するのに有益であり、主としてこうした関連性ゆえに、それは効果的だった。アドルフ・シュテッカー、ディートリヒ・エッカート、アルフレート・ローゼンベルク、グレゴール・シュトラッサー、ヨーゼフ・ゲッベルス、その他ナチズムのほとんどの予言者、理論家、論客たちは近代のさらなる前進のために完成が提唱されている理想的〈民族〉〔volkisch〕社会と、彼らの言う過去、および、将来における近代化の犠牲者の恐怖とを結びつけるかすがいとしてユダヤ人種という亡霊を利用した。近代が予想させる社会的混乱の宿痾的不安に訴えつつ、彼らは近代を経済・金融価値の支配と定義し、ユダヤ人の人種特性を、〈民族的〉生活様式や人間的価値の標準にたいする徹底攻撃の仕掛け役として批判した。こうしてユダヤ人の除去と近代的秩序の拒絶は同義語となった。この事実からして、人種主義は本質的には前近代的特徴をもっていることが分かる。それは反近代の感情と、いわば、自然な関係にあり、また、そうした感情の媒介となる一応の適性をもっている。

しかしながら他方では、世界観としての、また、政治行動の効果的道具としての人種主義は、近代科学、近代技術、近代的国家権力なしには想像しえない。こうした人種主義は厳然たる近代の産物なのだ。近代が人種主義を可能にした。それはまた人種主義の需要を創出した。成果のみが人間の価値を測る尺度だと宣言した時代は、境界の往来が一段と簡単になった新たな状況の下、境界を引き、境界を守ることへの興味を取り戻させるような社会的帰属の理論を必要とした。簡単にいえば、人種主義は前近代的な、あるいは、少なくとも部分的に前近代的な闘争において使用される、完全に近代的な武器であった。

異物恐怖症から人種主義へ

人種主義は一般的に(誤解だとしても)集団間の憎悪や偏見の一種だと理解されている。時として人種主義はその情念的強さゆえに、他の感情、あるいは、広義の信仰と区別される。また時として、人種主義はそれ以外の集団間憎悪と異なり、遺伝的・生物学的・超文化的属性を含むがゆえに他とは区別されることもある。また場合によっては、人種主義にかんする書物の著者が、人種主義をのぞく外国人集団の否定的類型化にはみあたらない科学的主張を展開することもある。いかなる形をとろうとも、人種主義を偏見のより大きなカテゴリーの枠組みで分析し、解釈する習慣はよく守られている。

人種主義が同時代の集団間憎悪のなかで突出した存在になり、それだけが時代の科学精神と明確な連動を始めたとき、逆の解釈の傾向も顕著になった。逆の傾向とは人種主義の概念を拡大し、それにあらゆる種類の憎悪を包括させようとするものである。これにより、集団にたいするすべての偏見は内在的で自然な人種主義的性癖の表われとして解釈されるようになった。おそらく、こうした立場の入れ替わりを歓迎したり、それを選択も拒絶も自由な、たんなる定義上の問題だと哲学的にみなす余裕はないだろう。精査してゆけばそうした余裕は軽率だと分かるだろう。あらゆる集団同士の反感と敵愾心は人種主義の一形態であり、また、異分子を遠ざけ、近くにいることを嫌悪する傾向は、人間集団のほぼ普遍で不変の属性であると歴史学的・民俗学的研究の豊富な史料が証明しているとするなら、われらが時代において人種主義がこれほど突出したとしても実質的に驚くべきことではない。新しく書きかえられた台詞で舞台化されたとしても、近代の人種主義は古い舞台の再上演にすぎない。とりわけ、人種主義と近代的生活の他の側面の緊密な連動は、最初から否定されるか、焦点がぼかされていたのだ。

最近刊行された偏見にかんする博引旁証なる研究において、ピエール＝アンドレ・タギエフは人種主義と異物恐怖症（差異にたいする恐れ）を同義語として扱った。(1) タギエフは両者は「三段階」で現われ、段階は昇るにしたがって洗練されていくと確信した。「人種主義第一段階」は彼の見方によれば普遍的だという。それは見知らぬ人間、あるいは、異なる不可思議な人間的生命体すべてにたいする自然な反応である。不可思議への最初の反応はつねに嫌悪であり、時として攻撃性である。普遍性は自発性とも連動する。第一段階の人種主義は刺激も挑発も必要としない。時として、政治的動員の道具として意図的に強化、配備されたとしても、その原初的憎悪の正当化は必要とされない。[2] より複雑な「第二段階」の（合理化された）人種主義への変容は、嫌悪の論理的基礎となる理論が供給され（内在化され）たときに起こる。おぞましい他者は悪意を抱く者、「客観的にみて」有害な者として表象される。いずれの場合でも、他者は彼らを嫌う集団の安定・幸福にとって脅威であることに変わりはない。たとえば、嫌悪される集団は嫌悪する集団の宗教によって悪と密通する集団として描かれるかもしれないし、あるいは、非良心的な経済的競争相手として描写されるかもしれない。嫌悪される他者の「有害性」がどの意味論的な場で理論化されるかは、おそらく、社会的意味、葛藤、分離のときどきの状況に左右されるだろう。「外国人恐怖症」と、とりわけ、現在の自民族中心主義は「第二段階的人種主義」のもっとも一般的な事例である（両者はともに分離線を死守することが歴史であり、伝統であり、文化であったナショナリズム激しかりしころに誕生した）。最後に、「下位の」二段階を踏まえた神話化による「第三段階」の人種主義は、擬似生物学的理論として特徴づけられている。

タギエフが解釈し、構築した三層分類法には破綻がある。第二段階の人種主義が第一段階の嫌悪の理論化であるならば、「上のレベル」の人種主義の決定的特徴となりうる（あるいはなっている）数多くのイデオロギーのうち、一つしか抽出されていない合理的根拠はなんなのか。第三段階の人種主義は第二段階に含まれるべき一単位のようにもみえる。生物学的理論の「神話化」という特徴より、他者の有害な「他者性」の不可逆性、不治性を強調する傾向に言及していれば、分類の仕方にたいするこうした非難は避けられたであろう。われわれは次のように指摘することもできる。社会秩序が人工的であり、教育や社会工学が全能であると仮定されているわれわれの時代において、生物学一般、とりわけ遺伝学は人々の意識ではいまだ文化的操作のおよばない領域を意味している。すなわち、われわれが自分の意志どおりに手直しし、鋳型にはめ直し、作り直すことができないなにものかを意味している。しかし、近代型人種主義の生物学的・科学的形態は「性質、作用、機能において、悪質な排斥主義の伝統的言説と同じだ」とタギエフは主張し、その代わりに「第三段階の人種主義」の顕著な性質として、「幻覚的被害妄想」、あるいは、「観念性」の強さに焦点を当てている[3]。

逆に、私は次のように主張したい。よく理解できない、容易に意思疎通できない、いつもどおりふるまえない状況をもたらす「他者」に遭遇したときに平均的に経験される（現実的というより感傷的な）悩み、不快、不安を解消するという点が、異物恐怖症とはっきり違う人種主義のまさに性質であり、機能であり、作用の形である。異物恐怖症とは状況をコントロールできない、展開を変えられない、行動の結果が予測できないといった実感からくる不安が作りだす幅広い現象のことのように思われる。異物恐怖症はそうした不安の現実的な、あるいは仮想的な現れのようにもみえる。しかし、問題の不安はつねに取り付く対象を求めており、したがって、異物恐怖症はいつの時代でもかなり日常的な現象とみられてきたが、「コントロールのきかない」経験の回数が増えて、それを異邦人集団の干渉や存在のせいにする解釈がもっともらしくきこえるようになった近代においては、さらに日常的となった。

私はさらに次のように指摘したい。アイデンティティ追求と境界策定という人間的行為から生まれるより特殊な対立者である、競争者としての敵は異物恐怖症から分析上、区別されるべきだ。前者の敵意、悪意は分離行動に付随した感情のようにみえる。分離自体に、行動、努力、継続的行為が必要とされるからだ。後者の場合の異邦人はたんに近すぎて気味が悪いのではなく、簡単に識別でき、必要な距離がとれる人間の独自のカテゴリーをなしているにもかかわらず、「集団的特性」が明らかでない、あるいは、一般的に認めがたい人間集団でもある。集団性は疑われることもあり、しばしば、このカテゴリーの構成員たる異邦人によって隠蔽、否定されることもある。この場合の異邦人は土着の人間のあいだに侵入し、もし放置されればその人間との一体化を開始する恐れがある。異邦人が土着の人間の統一とアイデンティティの脅威となるのは、領土支配を混乱させるからでも、慣れ親しんだ形で行動する自由を乱すからでもなく、領土の境界自体をぼかして、伝統的(正しい)生活様式と非伝統的(誤った)生活様式の相違を消してしまうからである。これが「われわれの内なる敵」の実体である。内なる敵は境界設定行動の引き金となる一方、二重の忠誠を誓い、防塞にまたがる罪を犯した者、あるいは、その嫌疑のかかった者として嫌悪と憎悪が容赦なくあびせられる。

人種主義は異物恐怖症とも競争者としての敵とも異なる。その相違は感情の強弱にあるわけでも、また、それを合理化するために使われる論理にあるわけでもない。人種主義はそれが一部をなし、正当化するある実践において際立っている。視覚化された理想的現実に適合せず、適合するよう変えることもできない要素を、眼前から切除することによって人工的社会秩序を構築するために、建築と造園技術に医学技術を組み合わせたのがこの実践である。人間的事象を理性を基礎に再構成し、人間的状況を改善する前代未聞の能力を誇りとする世界のただなかに、理性的秩序にはどうしても組み込めない範疇の人間がいるという確信が人種主義である。科学的・技術的・文化的操作の限界を克服しつづけていることで知られる世界にも、除去、矯正できない汚点をもつ人間が存在し、彼らは感化の域を超えるだけでなく、永遠に感化できないと宣言するのが人種主義である。訓練と文化的改宗の驚異的な力が誇示される世界において、人種主義は議論やその他の訓練の手段では手が出せない範疇の人間、したがって、永遠に異邦人でありつづけねばならない人種を選別する。かいつまんで述べればこういうことだ。野心的自己統制と自己管理を特徴とする近代世界において、統制・管理を徹底的に嫌悪し、努力や向上心と無縁である人種がいると訴えるのが人種主義である。医学的比喩を用いてみよう。体の「健康な」部分は鍛錬できるが、悪性腫瘍は鍛錬できない。後者の改善には破壊、除去しかない。

したがって、人種主義は必然的に疎外の戦術と結びつく。人種主義は不快な集団をそう感じている集団の領域から除去することを要求する。それができなければ、人種主義は不快な集団の物理的抹殺を求める。追放と破壊は疎外のための相互交換可能な手段である。

ユダヤ人について、アルフレート・ローゼンベルクは次のように書いている。「ズンツはユダヤ教を「ユダヤ人の」精神の気まぐれだと言った。何十回洗礼を受けてもユダヤ人のこの「気まぐれ」は治らず、その必然的結果はけっして変わることがなく、つねに無気力、反キリスト教的態度、物質主義として現われる[4]」。宗教的影響についていえることは、他のあらゆる文化的介在についてもいえるだろう。ユダヤ人は治せない。物理的距離、交信の遮断、囲い込み以外に彼らを無害にする方法はない。

社会工学の一形態としての人種主義

人種主義は完璧な社会の青写真、またはその青写真を、一貫した意図的努力によって実現しようとする決意の文脈でしか成立しない。ホロコーストを例にとれば、その青写真は千年〈帝国〉、すなわち、解放されたドイツ精神の王国であった。それはドイツ精神以外、なにも入る余地のない王国であった。ユダヤ人には自らの魂をドイツ〈民族《フォルク》〉の〈精神《ガイスト》〉に変えることも、その精神を共有することもできないから、王国には彼らの入る余地はなかった。遺伝や血縁は、少なくとも当時としては、文化と対極をなすもの、文化が耕そうとは夢にも思わない領域、造園の対象とはけっしてなりえない野生性だと考えられていたが、ユダヤ人の精神的欠落はそれらに直接かかわる問題でもあった（遺伝工学の可能性はいまだ真剣には想定されていなかった）。

ナチス革命は社会工学の巨大な試みであり、「人種的家系」は一連の工学的施策の重要な一部分であった。ナチ党の政策の公的資料には海外向けプロパガンダ用に英語で書かれた、そのためにより慎重で冷静な書き方がされているリッベントロップによる解説書が含まれている。そのなかで、内務省国家衛生局局長、アルトゥール・ギュット博士はナチ党支配の主な課題として、「人種的健全性の維持を目的とする積極政策」の実現を掲げ、そうした政策に必然的に含まれる戦略について述べている。「体系的選別と不健全要素の除去により健全なる血統の増殖が促されれば、現世代とはいわずとも次世代において、肉体的標準の向上が期待できるだろう」[5]。こうした政策が思い描く選別と除去は「コッホ、リスター、パストゥール、そして、その他の有名な科学者による研究の延長線上にある」と、ギュットは信じて疑わなかった。

人口政策・人種福利啓蒙局の局長、ヴァルター・グロス博士は人種政策の実際について次のように解説している。「適者の出生率の低下と、精神疾患者、精神薄弱者、遺伝的犯罪者などの歯止めのきかない増殖」という今の流れを逆転させなければならない[6]。世論や政治的多元主義などといったばかばかしいものに邪魔されることなどなかったナチ党が、近代科学と技術の粋を自らの論理にあわせて応用したとしても、海外の読者がその決断力を賞賛するはずもないから、グロスは遺伝学的不適合者の断種については必要以上の言及を行わなかった。

しかし、人種政策の現実ははるかに恐ろしいものであった。ギュットの示唆とはうらはらに、ナチス指導者たちは関心を「次世代」だけにとどめてはいなかった。条件さえ整えば、彼らは現世代の改良にも手を出しかねなかった。目的に到達するための王道は〈価値なき生命〉〔unwertes Leben〕の強制除去であった。状況により、それは「抹消」「除外」「排斥」「縮小（抹殺と読みかえられるべき）」と言いかえられた。一九三九年九月一日のヒトラーの指令に従い、ブランデンブルク、ハーダマー、ゾンネンシュタイン、アイヒベルクにセンターが設立されたが、これらには二重の嘘が隠されていた。一部の秘密を知らされた人々のあいだでのひそひそ話では、それは「安楽死研究所」と呼ばれていたが、一般には「施設治療」のための慈善事業団、「患者移送機関」、あるいは、簡潔に、「T４」（殺害作業全体の調整部局のあったベルリン、ティアガルテンのTをとって）として知られていた。(7) 教会の大勢の有力者から非難をあびた結果、一九四一年八月二八日に指令は解除されたが、「人口推移の積極的管理」という基本方針が放棄されることはけっしてなかった。結局、この施設の作業の焦点が、また、安楽死作戦により開発が促進された殺人ガスの技術の向う先がユダヤ人へと移ったにすぎない。そして、施設が別の場所、すなわち、ソビボルやヘルムノに移ったにすぎない。

〈価値なき生命〉が標的でなくなることはなかった。ナチ党の完全なる社会の設計者によれば、彼らが達成しようとする、そして、社会工学を通じて実践しようとする計画では、人間は価値の有無により分別された。価値ある者は慈しむがごとく育成され、〈生存圏〉［Lebensraum］が与えられる一方、価値なき者は「疎外され」、また、疎外が不可能となると抹殺された。単なる異邦人は厳格な人種政策の対象ではなかった。彼らにも競争者としての敵にたいし何度も繰り返し使われてきた、伝統的な古い戦略が用いられた。彼らは厳しく守られた境界の彼岸に固定されねばならない。身体障害者、精神障害者は異邦人よりむずかしい事例であり、新たな、独自の政策が必要とされた。「人種が違う」わけではない彼らには、立ち退きも隔離も強制できなかったが、千年〈帝国〉に入る資格はなかった。ユダヤ人も基本的には同じ事例だった。彼らは他の人種と違い、ふつうの人種ではなかった。彼らは反人種、すなわち、他のあらゆる人種を侵食し、毒する人種、ある特別の人種のアイデンティティだけでなく、人種的秩序を吸いとる人種であった（「非・国民的民族」としてのユダヤ人の存在は、国民を基礎とした秩序の不変の敵であったことを思い出していただきたい）。ユダヤ人は「有史以前から存在し、地球全体に広がった目に見えない、ぬるぬるした粘着菌類の一種」だというヴァイニガーの判断に賛同しつつ、ローゼンベルクはこれを喜ばしげに引用する。[8] ゆえに、ユダヤ人分離は自己完結した施策ではなく、最終目標への一段階にすぎない。ドイツからユダヤ人を一掃しても問題は終息しない。ドイツの領土から遠く離れて居住していても、ユダヤ人は世界の自然の論理を侵食し溶かしつづける。ドイツ民族の絶対的優位性を示すために派兵を命じたヒトラーは、自ら開始した戦争が、全人種の名の下に闘われると、また、人種を基礎とした人間社会の実現に向けた貢献であると信じていた。

社会工学をよりよい新秩序建設をめざす科学的作業（混乱要因の抑圧と完全なる除去を必然的に付随させる作業）とみる考えにおいて、人種主義はまさに近代的世界観、近代的行動に呼応するものだった。それは少なくとも二つの決定的な形で呼応していたはずである。

まず、啓蒙主義とともに自然という新たな神格が誕生し、それとともに、科学はそれの唯一の正統的信仰宗派として認められ、科学者がその予言者、神官となった。原理的には、あらゆるものが客観的検証に向けて開かれるようになった。原理からすれば、あらゆるものが確実に、真に知られるようになったのだ。存在する、あるいは、存在すべきものは正確で体系的な観察の正式な対象となる。また反対に、それらはそうした観察に由来する客観的知識によってのみ自己正当化される。ジョージ・L・モッセによる人種主義の歴史の研究は非常に説得力のある資料から構成されているが、そのまとめのなかで、彼は次のように書いている。「啓蒙主義哲学者による自然の研究と、彼らの道徳や人間性についての考察を分けることはできない……当初から……自然科学と道徳と美学の古典的理想は結託していたのだ」。啓蒙主義によって形成された科学的行為の特徴は、「自然における人間の正確な位置を人間と動物集団の比較、観察、測量によって求めようとすること」、あるいは、「身体と精神が統一されているという信念」である。後者は「計測、観察可能な具体的・物理的な形で現われているはずだった」[9]。骨相学（頭蓋骨の計測から人格を解読する学問）と、人相学（顔つきから人格を読み解く学問）は、新しい科学時代の自信と戦略と野心をもっとも完璧に体現していた。人間の気質、性格、知性、美的才能、そして、政治的傾向でさえ「自然」により決定されるとみる。非常に捕らえがたい精神的属性の目にみえる物質的な「層」を丹念に観察、比較するといっても、正確にはなにをすればいいのだろう。肉体的印象の物質的源は「自然」の秘密を解き明かす有力な手がかりとなった。それらは読みとるべき記号、科学のみに解読できる暗号で書かれた記録であった。

人間の性格的・道徳的・美学的・政治的性質は上のような物質的素材の体系的・遺伝的並べ替えに由来すると主張することが人種主義であった。しかしながら、この作業はことさら人種主義者でもない、尊敬されるべき、あるいは、真に尊敬されるべき科学のパイオニアたちによってすでに成し遂げられていた。〈怒りも偏見もなく〉〔sine ira et studio〕現実をありのままに観察するなかで、彼らは西洋の具体的・物質的・「客観的」優越性をも見出していった。科学的分類学の父であるリンネは、甲殻類と魚類の相違を記述するのと同じ精密さで、ヨーロッパ人とアフリカ人の差異を記録した。彼は白人を次のようにしか表現しなかったし、表現できなかった。「創造的であり、才能にあふれ、秩序正しく、法を遵守する……対照的にニグロたちはあらゆる否定的性質をもって生まれ、優越人種にたいする引き立て役にしかならない[10]」。黒人は知的に劣っているが、異様に官能的で、ゆえに、野蛮で恐ろしい（暴徒のような）力をもち、一方、白人は自由、名誉、その他あらゆる精神的価値を愛する、と「科学的人種主義」の父であるゴビノーが描写したときも、彼はことさら想像力をたくましくしていたわけではなかった[11]。

一九三八年、ヴァルター・フランクはユダヤ人迫害を「国際ユダヤ社会にたいするドイツ学界の戦い」であると述べた。「先端科学の国際標準」に従って「ユダヤ人問題」を調査するための科学研究所は、ナチス支配の初日から次々設置され、生物学、歴史学、政治学の優れた大学教授たちがその運営を任された。〈新ドイツ史研究所〉〔Reichsinstitut für Geschichte des neuen Deutschlands〕、〈ユダヤ人問題研究所〉〔Institut zum Studium der Judenfrage〕、〈ユダヤ人のドイツ教会への影響を調査する研究所〉〔Institut zur Erforschung und Beseitigung des Jüdischen Einflusses auf das deutsche kirchliche Leben〕、そして、悪名高き、〈ローゼンベルク・ユダヤ人問題調査研究所〉〔Rosenberg's Institut zur Erforschung der Judenfrage〕は、「ユダヤ人政策」における理論的・実践的問題を学術的方法に則って処理する、多数のセンターの一つであり、学界により認知された資格をもった研究者が研究に従事していた。活動の典型的正当化には次のようなものがある。

この数十年間の文化生活全般は一九世紀中ごろのダーウィン、メンデル、ゴルトンらの教えにより始まり、プレッツ、シャルマイヤー、コレンス、ド・フリース、チェルマク、バウアー、リュディン、フィッシャー、レンツなどの研究に則って受け継がれ発展した生物学的思考の影響下におかれている……植物、動物の世界で発見された自然法則はそのまま人間にも当てはまることが確認されている……[12]

第二に、啓蒙主義以降の近代世界は自然と自らにたいする社会活動的、工学的態度を特徴とした。科学は科学のために行われるのではない。科学はなによりもまず、驚くばかりの力をもった道具とみられ、それを手に入れた者には、現実を改良し、人間の計画と設計に沿って現実を再形成し、その自己完成に向けて科学を後押ししてゆくことが許される。造園と医療は建設的立場の原型となる一方、正常性、健康、健全性は人間的課題の管理における人間の任務と戦略の象徴となった。人間存在と人間の共生はともに計画と管理の対象となる。雑草の侵入や癌細胞の増殖を阻止しようとするならば、庭の草花や生物同様、人間も自然に任せていてはならない。造園と医療は生き延びて繁栄するよう運命づけられた有益な要素を、抹殺される運命にある有害で病的な要素から区別、分離するはっきりした機能をもった行為である。

ヒトラーの言語とレトリックは疾病、感染、汚染、腐敗、伝染病といったイメージに満ちている。彼はキリスト教とボルシェヴィズムを梅毒やコレラに喩え、ユダヤ人にたいしてバチルス菌、腐敗菌、害虫という形容を用いた。「ユダヤ・ウィルスの発見は世界最大の革命的出来事だ」と、彼は一九四二年、ヒムラーに語っている。「われわれの戦いは前世紀にパストゥールやコッホが挑んだ戦いと同じものだ。いかに多くの病がユダヤ・ウィルスに端を発していることか……ユダヤ人を根絶しなければ、われわれの健康は快復しないだろう」[13]。同じ年の一〇月、ヒトラーは「害虫を退治し、われわれは人類に貢献するのだ[14]」と宣言している。ヒトラーの意思を実行にうつした者たちはユダヤ人撲滅をヨーロッパの〈治癒〉〔Gesundung〕、〈自己清浄〉〔Selbstreinigung〕、〈ユダヤ人一掃〉〔Judensäuberung〕と言い換えている。一九四一年一一月五日に発行された『第三帝国』に掲載された文章で、ゲッベルスはダヴィデの星の縫いつけの義務化を「予防衛生」の一環と称した。よい動物と悪い動物があるように、よい人間と悪い人間があると彼は言う。「家のなかに生きている蚤が家畜でないのと同じように、われわれのなかにいまだ住んでいるユダヤ人もわれわれの一部にはなりえない[15]」。外務省報道部長の言葉によれば、ユダヤ人問題は〈政治的衛生の問題〉〔eine Frage der politischen Hygiene〕だという[16]。

世界的名声を博した二人のドイツ人科学者、生物学者のエルヴィン・バウアーと人類学者のマルティン・シュテムラーは、ナチス・ドイツの指導者らが感情的・情熱的な政治的語彙を使いながら繰り返し強調した事柄を、応用科学の正確で客観的な言語におきかえて述べている。

家畜のなかで最良の個体を交配せずに畜殺し、代わりに、劣った個体を増やしつづければ、家畜の血統が絶望的に衰退するというくらいのことは、どの農家でもわきまえている。家畜と作物にかんして農家がけっして犯さない過ちを、われわれはしばしば犯す。今、人間であることに感謝するため、われわれは劣等な人間が増殖しないよう注意しなければならない。わずか数分の簡単な作業でそれは遺漏なく行うことができる……不妊法の制定に私ほど強く賛同する者はおらぬだろうが、それはものごとの始まりにすぎないと繰り返し強調しておきたい……
抹消と救済こそが人種育成の二本の柱であり、使用すべき二つの方法である……抹消とは不妊化による血統的劣悪種の破棄、不健康で有害な人間の数的抑制……目標は人間を雑草の繁茂から救済することにある。(17)

まとめとして言えばこうなるだろう。ガス室が作られるよりはるか前に、ナチスはヒトラーの命により、国民の血を汚す精神障害者や身体障害者を「慈悲深き死」(「安楽死」の邪悪な別名)と称して抹殺しようとし、人種的に優生な女性と人種的に優生な男性を組織的に交配し、優秀な人種を増やそうとした(優生学)。ユダヤ人の虐殺はこれらの試み同様、社会の合理的管理の一環であったのだ。それはまた、応用科学の立場、哲学、教訓を展開させる体系的試みの一環でもあったのだ。

排斥から殲滅へ

「キリスト教神学がユダヤ人殲滅を主張したことはけっしてなかった」と、ジョージ・

L・モッセは書いている。「むしろ、神殺しの生き証人としてユダヤ人を社会から追放するように主張したのだ。ユダヤ人をゲットーに隔離できれば、やり方は二の次だった」[18]。一方、ハンナ・アーレントは「犯罪は罰すればよいが、悪徳は根絶される以外にない」[19]と断定している。

近代的で「科学的」な人種主義の形態が登場するまで、幾時代にもおよぶユダヤ人排斥運動が公衆衛生上の問題とされたことはなかった。ユダヤ人憎悪が近代的な形で生まれ変わったとき、ユダヤ人は根絶できない悪徳、歴史と切り離せない内在的欠陥という罪をきせられたのである。それ以前にはユダヤ人は罪人であった。あらゆる罪人同様、彼らも世俗的・超俗的に煉獄を経験し、改悛し、救済を受けねばならなかった。罪のもたらす結末と改悛の必要性を明示する形で、彼らの苦痛は公にされねばならなかった。しかし、悪徳となると、罰が科されただけでは矯正されない（これを信じないならば、わいせつ物廃止運動家のメアリー・ホワイトハウスの失敗をみればよい）。癌、害虫、雑草は悔い改めない。それらは罪を犯したわけでなく、自らの性質に従って生きているにすぎないからだ。それらを罰する理由はなにもない。悪の性質に鑑みて、それらは根絶されねばならない。自分ひとりになったとき、ヨーゼフ・ゲッベルスは日記のなかで同趣旨のことを、ローゼンベルクの抽象的歴史哲学にみられたのと同じ明瞭さでこう書き残した。「例外的ともいえる罰を与えたとて、ユダヤ人を文明化された人間の襞のなかに戻すことはできない。われわれが永遠にアーリア民族の構成員であるように、彼らは永遠にユダヤ人でありつづけるだろう」[20]。「哲学者」ローゼンベルクと異なり、ゲッベルスは巨大にして揺るぎない権力をふるう政府の閣僚であった。しかも、それは癌、害虫、雑草のない生活の可能性を嗅ぎつけ、そうした可能性を現実のものとするための（近代文明のおかげで）物質的準備を整えていた政府であった。

人種的イメージなしに全員の処刑という概念に到達するのはむずかしく、また、おそらく不可能であったろう。すなわち、論理的に治癒不能で、抑制されなければ自己増殖する伝染病、あるいは、致命的欠陥といったヴィジョンなしに、それは不可能であったろう。また、健康と健常性のモデル、隔離の方法論、高い外科技術をもつ医療行為（個人の肉体を対象とする医学そのものと、その比喩的応用の両方において）などの確立なしに、そうした概念に到達するのはむずかしく、また、おそらく不可能であったろう。社会への工学的アプローチ、すなわち、社会秩序の人為性や専門機関や人間的環境・交流の科学的管理の実践にたいする信頼から切り離されて、そうした概念を考えつくことはことさらむずかしいか、不可能に近かったであろう。こうした理由からいっても、反ユダヤ主義における殲滅を求める傾向は、完全に近代的現象だとみねばならない。すなわち、それは近代の発展した状況においてのみ起こりえたことだった。

近代文明と緊密に連動した発展と、ユダヤ人殲滅計画の結びつきはこれだけにはとどまらない。人種主義が近代精神の技術的傾向と合体していたとしても、ホロコーストの「偉業」を達成するにはそれだけでは十分でなかった。そのためには理論を実践に移すための道筋をつけなければならなかった。それは思想の説得力を利用し、目標の実行に必要な多くの人間に力を与え、彼らの献身を目標貫徹まで維持しておかねばならぬことを意味する。イデオロギー的訓練、プロパガンダ、あるいは、洗脳により人種主義は非ユダヤ人大衆に、いつ、いかなるところで暴力に変わってもおかしくないような、強烈なユダヤ人憎悪とユダヤ人蔑視を吹き込まねばならなかった。

歴史家の広く共通した意見によると、こうしたことは起こらなかった。ナチス体制が人種主義的プロパガンダに巨大な資金・資源を費やし、ナチス教育を徹底し、人種主義政策への抵抗がもたらす脅威をいくら訴えても、民衆による人種主義プログラムの受け入れは、感情に駆られた殲滅行動を起こすレベルまでにはとうてい届くことができなかった。この事実によってふたたび異物恐怖症、あるいは、競争者としての敵と人種主義のあいだに連続性や自然な発展的つながりがないことが示された。散在するユダヤ人憎悪につけこんで、殲滅という人種主義的政策に大衆の側からの支援をえようともくろんだナチスの指導者たちは、自らの見込み違いを、やがて、気づかされることになる。

人種主義的信条が効果を発揮し、拷問や殺人を志願する者の数が倍増したとしても（まったく起こりえないことであったが）、群衆暴力は社会工学、あるいは、近代的プロジェクト、人種衛生学の立場からすれば、きわめて非効率的で前近代的にみえたであろう。サビーニとシルヴァーが説得力をもって述べたとおり、ユダヤ人にたいする群衆暴力のうち、ドイツでもっとも大きく、物理的にもっとも効果的で、もっとも成功したのはあの悪名高き〈水晶の夜〉〔Kristallnacht〕であった。

〈水晶の夜〉は大虐殺、恐怖をひき起こすための手段であった……しかし、それはヨーロッパ反ユダヤ主義の長き伝統の典型であり、新たなナチス秩序でも、ヨーロッパ系ユダヤ人の組織的殲滅行動でもなかった。群衆暴力は殲滅の技術としては原始的で、非効率的である。ユダヤ人を震え上がらせ、移動を止め、信条や政治信念の放棄を考えさせるには効果的方法であったかもしれないが、ユダヤ人にかんするかぎり、これはヒトラーが目標とするものではなかった。彼はユダヤ人を破壊しようとしていたのである。[21]

「暴徒」の数が足らなかった。殺人や破壊の光景は一方で人々を鼓舞し、他方で不快感をもたらしたが、圧倒的多数の人間はそれから目をそむけ、それに耳をふさぎ、そして、なによりも、それについて沈黙した。巨大な破壊は感情的叫びでなく、無関心の完全なる沈黙をともなっていたのだった。「何十万もの人々の首にかけられた縄を固く締めつける役割を果たした[22]」のは民衆の熱狂でなく、民衆の無関心であった。人種主義はまず政策であり、イデオロギーは二の次である。すべての政治がそうであるように、それは組織と管理者と専門家を必要とする。あらゆる政策と同様に、人種主義の実行にも分業が必要となる一方、無計画性、自然発生性の否定的効果を排除する作業が不可欠となる。専門家には、邪魔されることなく自らの任務をまっとうできる自由が必要となる。

この無関心はそれ自体、無関心ではなかった。最終的解決の成否にかんするかぎり、無関心はたんなる無関心でありえるはずもなかった。それは暴徒化しなかった民衆の精神的な麻痺、すなわち、問題解決のための恐ろしい論理が自由に動きだすことを許すような権力の誇示が生む魅惑と恐怖による精神的麻痺である。ローレンス・ストークの言葉を借りるなら次のようになるだろう。「体制が不安定な形で権力を握っていたとき、人々はその非人間的な政策に抵抗を示さなかった。この結果、まったく承服しがたい、最悪の論理的帰結をもたらす政策でさえ、阻止できなくなってしまったのだ」[23]。ドイツ民衆の多くは暴力を好まなかったが、異物恐怖症の広まりと深さゆえ、人種主義的洗脳を受けるまでもなく、ユダヤ人にたいする暴力には異議さえとなえようとしなかった。ドイツ民衆の多くが洗脳されていないことにナチスはしばしば気づかされた。セーラ・ゴードンはドイツ人の態度にかんしてまったく非の打ちどころがない、バランスのとれた解説をほどこしているが、彼女はそのなかで、〈水晶の夜〉への民衆の反応にナチスが示した失望を記録した公式資料を紹介している。

今日、ドイツにおける反ユダヤ主義は本質的に党と党機関のみに限定され、わが国には反ユダヤ主義のなんたるかをまったく解さず、それになんの共感も示さない集団が存在する。

〈水晶の夜〉の数日後、この輩はユダヤ人との取引を再開している……

われわれは反ユダヤ主義的人民であり、反ユダヤ主義的国家であるが、その人民、国家の生活において、反ユダヤ主義は生きていないも同然である……ドイツ人のなかにはかわいそうなユダヤ人などと言い、ドイツ人民の反ユダヤ的態度をまったく理解せず、ことあるごとにユダヤ人との関係を仲介しようとする〈愚か者〉〔Spießern〕集団が存在する。指導者と党だけが反ユダヤ主義的であってはならない。[24]

暴力、とりわけ、表に出た、あるいは、出させられた暴力にたいしては不快感が示される一方、ユダヤ人にたいしてとられた差別的行政政策には明確な共感が示された。大多数のドイツ人はユダヤ人を分離、隔離し、彼らから権利を剝奪する目的で精力的に実行された、派手に喧伝された政策、すなわち、異物恐怖症や競争者としての敵の伝統でもある政策を歓迎した。加えて多数のドイツ人はユダヤ人にたいする処罰として（罰せられる者は概念化されたユダヤ人であると偽れる範囲において）実行される施策、あるいは、解雇や不安定な生活へのかなり現実的な（潜在意識的だとしても）不安と恐怖にたいする、想像上の（しかし、現実感のある）解決策だとされる施策にも賛同した。彼らを納得させたものがなんであれ、想像上の経済・性犯罪にたいする現実的な報いとして暴力に訴えようとする、シュトライヒャー型の奨励にほのめかされたものとは同じではなかった。ユダヤ人の大量殺戮を計画し、命令した人間の見方からすれば、ユダヤ人が死なねばならないのは彼らが憎まれているからではなかった（あるいは、少なくともこうした理由は主要なものではなかった）。彼らが万死に値するのは（万死に値するから憎まれるのでもある）、この不完全で緊張に打ち震える現実と、静謐な幸福からなる望まれるべき世界のあいだに彼らが立ちふさがるからである。次の章で述べるように、ユダヤ人の抹消は完璧な世界を生みだすための手段であった。そうした世界と今、ここにある不完全な世界の違いはユダヤ人の有無によるのである。

公式記録に加え中立的・批判的資料も精査しながら、ゴードンは「ふつうのドイツ人」も権力、富、影響力をもつ地位からのユダヤ人の追放に広く賛同していた証拠を積み重ねている。[25] ユダヤ人の公職追放は歓迎されるか、見て見ないふりがされた。民衆はユダヤ人迫害に個人としてかかわることは潔しとしなかった反面、国家の政策には追従し、あるいは、少なくとも干渉しようとはしなかった。「ほとんどのドイツ人は狂信的・偏執症的反ユダヤ主義者ではなかったが、「穏やかな」「潜在的な」、あるいは、消極的な反ユダヤ主義者であり、彼らにとってユダヤ人は人間的共感のわかない「非人間化された」抽象的・異質的実体であり、「ユダヤ人問題」は解決されねばならない正当な国家政策課題であった」[26]。

これらの考察からは殲滅型反ユダヤ主義と近代との、思想的というより戦略的な結びつきがまた一つ浮かび上がってくる。この関連を解き明かす鍵は、古い形の異物恐怖症とは隔絶した人種主義理論と、医療、治療という、ことさら近代的な二つの現象に依存する殲滅の思想にある。しかし、近代的思想にはまた近代の名にふさわしい履行の手段が必要であった。そして、そうした手段は近代官僚制度に見出せたのである。

人種主義的世界観から発生する問題は、病気や汚染の原因である伝染性のある病原体をもった人種の完全隔離以外の方法では解決されず、それは空間的分離か物質的破壊をとおして行われるしかない。その性質からして、これは気の遠くなるような規模の作業であり、膨大な人的・物的資源、それを動員し配置する手段、仕事全体を多数の部門に分割し下部組織を構成する技術、そして、それらの行動をまとめる手腕がなければ想像することさえ困難である。簡単にいえば、この仕事は近代的官僚制度なくしては想像だにしえない。効率的であるためには近代の殲滅型反ユダヤ主義は近代官僚制度と組み合わされねばならなかった。そして、ドイツにおいてはこれらが組み合わされたのである。あの有名なヴァントゼーの大会での訓示で、ハイドリッヒは〈総統〉〔Führer〕によるRSHAユダヤ人政策の「承認」と「許可」を口にした[27]。このユダヤ人政策、そしてその目的（ヒトラー自身は目的、目標というより「予言」と呼ぶのを好んだ）が生む諸問題を目の前に、国家公安本部〔Reichssicherheitshauptamt＝ＲＳＨＡ〕と名づけられた役所が実践的で、適切な解決策を策定しはじめたのだ。それはあらゆる役所の慣行を踏襲していた。コストを計算し、それを利用可能な資金に照らし合わせ、コストと資金の最高の組み合わせを模索する。ハイドリッヒは実践的経験の結集の必要性を強調し、実践的ノウハウが限られているゆえに、プロセスはゆっくりしか進まず、各段階は試行錯誤であることを指摘した。ＲＳＨＡは積極的に最良の解決策を求めたのだ。〈総統〉は死にいたる病に冒された人種が一掃された世界をロマンティックに夢見ていた。しかし、それ以外はロマンティックさとはまったく縁のない、冷徹で合理的で官僚的なプロセスであった。

処刑のための収容所は社会設計と社会工学という近代に典型的な熱意と、これも典型的に近代的な権力や資源や管理能力の集中とが結びついてできあがった。ゴードンの短く、忘れがたい一節によればこうである。「何百万ものユダヤ人やその他の犠牲者は近づく死を前にして目を閉じ、「死なねばならぬことはなにもなしていないのにかかわらず、私はなぜ死なねばならぬのか」と思い巡らしたはずだ。それは権力が完全に一人の男に集中し、その男がたまたまその人種を嫌っていたからでしかない[28]」。この男の憎しみと権力の完全集中には出会う所以はなかった。（全体主義体制にとって反ユダヤ主義が必要不可欠であったことを十分に証明できた理論はこれまで存在しない。あるいは、逆に、近代的・人種主義的反ユダヤ主義の存在が必然的にそうした体制につながったと証明する理論も存在しない。たとえば、クラウス・フォン・ベイメによる最近の研究のなかでは、スペインのファランヘ党支持者たちがアントニオ・ピリモ・デ・リベラの著作のどこにも反ユダヤ主義的指摘がないことを誇りとしていることや、他方で、フランコの義理の弟、セラーノ・スニェールのような「古典的」ファシストでさえ、人種主義全体がよきカトリックにとっては異端であると述べていたことなどが指摘されている。フランスのネオ・ファシスト、モーリス・バルデシュはユダヤ人迫害をファシズム精神にもとる、ヒトラー最大の誤りと述べている[29]。）しかし、両者は出会ったのである。そして、両者がふたたび出会うこともありえなくないのだ。

未来をみすえて

反ユダヤ主義の物語は異物恐怖症的な形においても、また、近代の人種主義的な形においても、近代全体、とりわけ、近代国家が終わりを迎えていないのと同じく、結末を迎えていない。近代化のプロセスは現在、ヨーロッパの外へ移ったようにみえる。文化が近代的な「造園型」に移行し、近代化を遂げつつある社会にトラウマ的混乱が生じた時期には、なにがしかの境界設定装置が必要とされたが、その装置としてユダヤ人が選ばれたのはヨーロッパの歴史的変遷に従うところが大きかった。ユダヤ人恐怖症とヨーロッパ近代の結びつきは歴史的なものであり、また、こう言ってよければ、歴史的にユニークなものであった。一方、文化的刺激はそれらが発生した場所と密接に関係する構造的条件を伴うことなく、比較的自由に移動することがよく知られている。秩序を乱す力、あらゆるアイデンティティを飲み込み、自己決定のあらゆる努力を阻害する非調和的な力というユダヤ人のステレオタイプは、もうだいぶ以前から権威ある欧州文化のなかに蓄積され、他の優れた、また、頼もしい欧州文化ともども欧州外へ輸出される機会を待つ。他の文化的概念や事象と同様、このステレオタイプは地域問題解消の手段として、これを生んだ歴史状況をもたない地域でも応用されうるだろう。そうした地域の社会にはユダヤ人にかんして、直接の知識がないとしても、あるいはむしろ、ないからこそ応用されるのだ。

反ユダヤ主義が標的とされていた人々を超えて生きつづけていることが、最近、しきりに指摘されるようになった。ユダヤ人がいなくなった国々においても、反ユダヤ主義は（もちろん、主として、ユダヤ人以外を標的とした行動に結びついた感情として）終息の気配がみえない。さらに驚くべき現象は反ユダヤ的感情と、本来、それと相関関係にあるべき他の民族的・宗教的・人種的偏見とが分離されたことである。現在、反ユダヤ的感情がユダヤ人の集団的・個人的特異性、とりわけ、不安の原因となる未解決の問題、深刻な不確実性などに結びつけられることはない。「ユダヤ人なき反ユダヤ主義」をオーストリアを例にとって調べあげたベルント・マルティンは、「文化的沈澱」という用語を使い、この比較的新たな現象を分析した。ある一部の人間の特性や行動パターン（通常、病的で、印象が悪く、恥ずべきもの）は、一般人の意識においてユダヤ的と認識されるようになった。そうした連想は経験的に証明することが不可能であるために、両者にみられる負の文化的要素と両者にたいする敵意は相互を補完しあい、相互を強化するようになる[30]。

「文化的沈澱」という用語による説明は、しかしながら、反ユダヤ主義の他の同時代的実例には妥当しない。地球村ではニュースが迅速に遠くまで伝わるようになり、文化が国境なきゲームとなってすでに久しい。現在の反ユダヤ主義は文化的沈澱の産物というより、過去のいかなる時代よりも激しくなった文化的拡散の結果であるようにみえる。他の拡散対象同様、反ユダヤ主義も原初的な形を保ちながら、拡散の途上、新たな定着地の抱える問題や要求に合わせる形で変形し、磨かれ、多彩になったといえる。緊張とトラウマを抱え、不規則に発展をとげる近代にあって、そうした問題や要求はなくならない。ユダヤ人恐怖症にもとづくステレオタイプは、理解の及ばない恐ろしい混乱や、経験したことのない受難に出来合の謎解きを提供してくれる。たとえば、最近の日本では経済発展の道をふさぐ障害物のなんたるかを理解するのに、こうしたステレオタイプが盛んに使われる。円の急激な高騰から、ソ連が隠蔽したチェルノブイリ原子力事故と同じようなことが再び起こる不安にいたるさまざまな事象に、国際的ユダヤ人の活動が囁かれる(31)。

またたくまに伝播した反ユダヤ主義的ステレオタイプの一例としてノーマン・コーンが挙げたのは、あらゆる地域差を消し去り、あらゆる地域文化と伝統を侵食し、世界をユダヤ人支配のもとに統一しようと国際陰謀をたくらむユダヤ人たちのイメージである。これはもっとも強烈で危険な反ユダヤ主義だと言っていいだろう。このステレオタイプの名のもとにナチスによるユダヤ人殲滅の試みはなされたのだから。かつて「ユダヤ的不調和」の多面性に影響されて作りだされたユダヤ人の多面相的イメージは、現代世界においては一つのかなり明白な属性だけに還元されてしまったようだ。超国家的エリート、可視の権力の背後にある不可視の権力、自発的で自由とみえながら、じつは、不可解で不幸な運命の隠れた支配者というのがその属性である。

現在支配的な反ユダヤ主義は直接的体験によるものではなく、理論の産物である。それはユダヤ人との日常的接触という文脈から発生する直感的反応ではなく、教育と学習により支えられた反応である。しかし、二〇世紀初頭の富める西ヨーロッパ諸国でももっとも一般的だった反ユダヤ主義は、おびただしい数のきわめて貧しく奇妙なユダヤ人移民という対象をめぐるものだった。各国では主として下層階級が奇怪な外国人と接し、彼らの存在を不信と懐疑の念をもってみていたが、反ユダヤ主義はそうした彼らの直接的経験から発したものであった。イディッシュ語をしゃべる移民とじかに接した経験のないエリートたちにとって、移民たちは文化的に貧しく反抗的で、潜在的に危険な下層階級と同じであったから、下層階級の反ユダヤ的感情は彼らが共有するものではなかった。中産階級、上流階級の知識人のみに供給できる理論の媒介がなければ、大衆の原初的異物恐怖症は、(レーニンのあの有名な格言を言い換えるなら)「労働組合的意識」のレベルにとどまっていただろう。貧しいユダヤ人との低いレベルでの接触体験にしかもとづかないのであれば、反ユダヤ主義が上に向かって立ちのぼることはない。個人的不安を煽り、個人的問題が共通の問題であるかのようにみせることによって、反ユダヤ主義は大衆にとっての社会不安のプラットフォームにしたてられたのである(たとえば、主としてロンドンのイースト・エンドを標的としたモーズレイのイギリス・ファシスト運動、レスターやノッティング・ヒルのような場所を標的とした現在のイギリス・ナショナル・フロント、マルセイユを狙ったフランス・ナショナル・フロントの例)。それは「外国人を送還せよ」という要求にまでエスカレートするかもしれない。しかしながら、ある意味で、下層階級の「個人的問題」でしかないこうした大衆の異物恐怖症や境界侵犯の不安が、危険人種、あるいは、「国際的陰謀」といった普遍的で洗練された反ユダヤ主義理論につながることはない。一般的想像力に訴えるには、ふつう、大衆には到達しがたい、また、知りえない事実に、そして、彼らの日常的直接体験の領域には存在しない事実に言及せねばならない。

これまでの分析から次のように結論してもよいだろう。洗練された理論的反ユダヤ主義が果たす本当の役割は、大衆を挑発すること、敵対的運動を起こすことでなく、社会工学的デザインや近代国家の野心（さらに正確にいえば、そうした野心の極端でラディカルなもの）とのつながりを確立することにある。西洋の国家がこれまで統治してきた社会生活の多くの領域から撤退し、社会生活が複数性を重んじる、市場を中心としたものに移行しつつある今、人種主義型の反ユダヤ主義がふたたび西洋国家によって、大規模社会工学プロジェクトの手段として使用される気配は存在していないようにみえる。正確にいえば、それが予測しうる未来においては使用される気配はない。西洋社会の消費・市場中心型、ポストモダン的状況は経済の例外的優位性という脆い基盤の上に成り立っている。それはしばらくのあいだ、世界の富の極端に大きな部分を独占するだろうが、これが永続することはありえない。社会管理を国家が直接引き継がざるをえないような状況が遠からぬ将来、起こりうることも十分予想される。そのとき、すっかり根づき、十分実験ずみの人種主義的見方が、ふたたび、有用となることもありえないことではない。それまでは非人種主義的で、激烈ではない形のユダヤ人恐怖症が無数の機会に、政治的プロパガンダや政治的扇動の手段として使われつづけるだろう。

ユダヤ人の多数が中上流階級となり、大衆の直接体験領域から離れていったあと、境界の設置、境界の維持の立場から、西洋諸国で今、にわかに湧き上がっている集団的敵意は移民労働者にたいするものである。政治勢力のなかにはこうした問題につけこもうとする者がある。そうした勢力は近代の人種主義が開発した言語を用い、分離と物理的隔離を主張する。それはナチスが権力の座に昇りつめる途上、人種主義的目標のために大衆の戦闘的敵意の支援を獲得すべく、手段として使用したスローガンでもあった。戦後の経済復興の時期に多数の移民労働者を受け入れた国々では、大衆紙やポピュリスト的政治家が人種主義的言語を無数の新しい使い方で使用している。ピエール・ジュヴ、アリ・マグディ、ジェラール・フュークスといった人たちはこうした言語を収集し、それに説得力ある分析を加えている[32]。一九八五年の『ル・フィガロ』の付録冊子は「三〇年後、われわれはフランス人だろうか」という特集を組み、そこで首相のジャック・シラクは断固として個人の安全とフランス国民社会のアイデンティティを守ると、政府としての決意を述べている。イギリス人の読者であれば、フランスの方を向かなくとも、大衆的異物恐怖症や境界不安の動員に使われる、半人種主義的・隔離主義的言語は簡単にみつけることができるだろう。

異物恐怖症と境界紛争にたいする不安は、いかにおぞましかろうと、また、いかなる潜在的暴力を宿そうと、直接的にも間接的にもジェノサイドを生むものではない。異物恐怖症と人種主義やホロコースト型組織犯罪との混同は誤解にもとづいており、かつ、潜在的に有害である。それは未知なる人間にたいする永遠不変の反応や、アイデンティティをめぐる完全に普遍的ではないが、かなり遍在的な葛藤にもとづいているからではなく、近代的心理と近代社会組織のある部分に深く根ざした大惨事の、真の原因が究明されるのを阻害するからである。ホロコーストの開始、そして、継続において異物恐怖症が果たした役割は補助的なものであった。真の、そして、不可欠な要因は別のところにあり、古くからある集団への敵意とは、せいぜい、歴史的な関係しかもっていなかった。ホロコーストが起こりうるかどうかは、近代文明のある普遍的な特質の有無にかかっている。一方、ホロコーストが実行されるかどうかは、国家と社会の特殊でなんの普遍性もない関係によるのである。次の章ではこうした関係の細部を考察してみようと思う。

4　ホロコーストのユニークさと通常性

そのときまで、悪は（この驚くべき、本当は予期できたはずの状況の結合には、なんらかの名を冠さなければならないからそう呼ぶことにする）ゆっくりと、静かに、まるで無害であるかのように段階を経て浸透していった……しかし、ふりかえってみれば、また、今から遡及的に分析してみれば、さまざまな予兆の蓄積は偶然の結果でなかったことが分かる。それには隠れた、しかし、突然、地表に顔を出す大きな伏流のような、いわゆる、独自の力学があった。最初の不吉な兆候が現われた時点に立ち戻り、その兆候の際限のない拡大を追い、グラフに描かねばならない。

フアン・ゴイティソーロ『戦いの後の風景』

「犯罪者たちはみな狂っていたと私が証明できれば、あなた方は幸せか」と、ホロコースト史の偉大な研究者であるラウル・ヒルバーグは問うている。しかし、彼にはこの狂気が証明できなかった。彼が明らかにした真実はなんの慰めももたらさない。しかも、それは何人をも幸せにしない。「犯罪者たちは当時の教養ある人間であった。アウシュヴィッツ以降の西洋文明の意味を深く考えるとき、これこそが問題の中核となるだろう。われわれの進化はわれわれの理解力を追い越してしまった。社会組織、官僚制の構造、そして、技術の作用を完全に把握できると信じる人間はもはやいないだろう(1)」。

哲学者、社会学者、神学者、その他職業として理解や解釈にたずさわる学識ある男女にとって、これは痛切なメッセージ以外のなにものでもない。職業的知識人はもはや自らの任務を果たすことができない。ヒルバーグの結論の意味はこうしたことにある。彼らにはなにが起こり、なぜ起こるのか説明できず、また、われわれの理解を助けることもできない。科学者にとって、こうした非難は厳しいかもしれないが（学者はあわてて、最初からやり直そうとするかもしれない）、それはかならずしも一般への警鐘とはなりえない。結局、完全に理解できたと思えない重要な事件が過去には多数あるからだ。こうした事実にわれわれは時として怒りをおぼえる。しかし、ほとんどの場合、われわれはさして動揺しない。こうした過去の出来事は学問的関心の問題なのだとわれわれは自らを慰めるからである。

しかし、はたしてそうだろうか。その大きさのために理解がむずかしいと感じられるのはホロコースト自体ではない。ホロコーストの出現によって理解不能となったのはわれらが西洋文明であった。われわれが西洋近代文明を受け入れたとき、その最深部にある欲望と展望を見抜いたとき、そして、それが世界に向けて広がり、未曾有の文化的拡大を遂げたとき、ホロコーストは起きた。ヒルバーグが正しいとすれば、また、きわめて重要な社会制度と機関にわれわれの理解力が追いついていけていないとするならば、動揺すべきは職業的学者だけに限られたことではないだろう。たしかに、ホロコーストは半世紀以上前の出来事である。たしかに、その直接的な結果は急速に過去のものとなろうとしている。それをじかに経験した世代はほとんど死に絶えている。しかし（これは恐ろしい、しかも、不吉な「しかし」なのだ）、ホロコーストによって再び神秘化された、われらが文明のかつてのなじみ深い特質は、いまだ、われわれの生活の一部をなしている。それは消滅していない。ゆえに、ホロコーストの可能性も消失していないのである。

われわれはそうした可能性を払いのけようとする。われわれのような精神的平衡感覚の持ち主は、少数の被害妄想狂を批判する。われわれはそうした人物に「運命の予言者」という特別の、そして、侮蔑的な名称を付与する。彼らの苦悩に満ちた警告を無視することは難しくない。われわれはすでに用心深い。われわれは暴力、不道徳、残酷さを弾劾してやまない。それらと闘うための技量と、かなりの、そして、いつまでも大きくなりつづける力を身につけたはずだ。カタストロフィの可能性の予兆は、われわれの生活のなかには微塵も存在しない。生活は向上し、快適になるばかりである。全体的にみれば、われわれの制度・組織は十全に機能している。われわれは敵から不安なく守られているし、友人がひどいことをするとは思えない。たしかに、文明化が遅れた、ゆえに、われわれとは縁遠い人間が、野蛮な隣人に大被害をもたらす例をときおり耳にすることがある。エウェ族はイボ族を、まず、害虫、罪人、盗人、文化のない、人間以下の人間と呼び、そして、多数を虐殺した[2]。イラク人は汚い言葉でののしることさえせずに、クルド人に毒ガス攻撃を行った。タミール人はシンハリ人を殺害した。エチオピア人はエリトリア人を全滅させた。ウガンダ人はウガンダ人を抹消した（あるいは、逆だっただろうか）。確かにこれらはすべて悲劇だが、いったい、われわれとどんな関係があるのか。これらがなにかを証明しているとするならば、それはわれわれと違った人間であることがいかに不幸か、また、優れた文明の楯に守られていることがいかに幸福かということぐらいしかない。

われわれの自信過剰の誤りは、一九四一年の時点でもホロコーストが予見されていなかったという事実をみれば明らかである。現存する「具体的事実」の知識をもってしても、それは予見できなかった。そして一年後、それがついに起こったときも、それは懐疑の目でしかみられていなかった。人々はまさにその目でみている事実を信じようとしなかったのだ。彼らは鈍感でも悪意に満ちていたわけでもなかった。彼らの既存の知識では信じることのできないものばかりだったからだ。彼らの知識や信念では名前すらつけられない大量殺人は、純粋に、そして、単純に想像を絶するものであった。一九八八年、それはふたたび想像を絶するものに逆戻りしている。しかし、一九四一年には知りえなかったことを、一九八八年のわれわれは知っている。そして、想像を絶するものもまた、想像されねばならぬことを知っているのだ。

問題

ホロコーストがたんなる学問的課題として捉えきれない裏には、二つの理由がある。すなわち、ホロコーストの問題が歴史研究、哲学的論考の主題に還元できない二つの理由。

次が最初の理由である。ホロコースト後もわれわれの集団的意識や自己理解の歴史には、ほとんど何の変化も起こらなかった。「フランス革命やアメリカの発見や車輪の発明などの重要な歴史的事件同様、ホロコーストは歴史を変えるほどの大事件であった[3]」にもかかわらず。ホロコーストは近代文明の意味や歴史的傾向がつくりだすイメージに、ほとんどいかなる可視的インパクトも与えなかった。したがって、周辺的専門領域と近代の病的傾向にたいして暗く、不吉な警告を発する分野をのぞき、社会科学全体、とりわけ、社会学に変化や変動は起こさなかった。ホロコーストを可能にした要因やメカニズムにかんする理解はいまだ深化していない。この五〇年間、ほとんど理解が進んでいないとするならば、われわれの周囲にあのときと同じような警告の明瞭な兆候があったとしても、誰もそれを解読できないどころか、気づきさえできないのではなかろうか。

第二の理由は戦後の「歴史過程」になにが起こっていたとしても、ホロコースト的可能性を秘めた歴史的産物にはいかなる手も加えられなかったことである。あるいは、加えられたと確信をもっていえないことである。それについて知っているにもかかわらず（あるいは、知らないからこそ）、それはわれわれの身近にあって、登場の機会を待ちうけているのかもしれない。われわれに感じられる唯一のことは、かつてホロコーストを生んだ条件が根本的に同じ形で今も残存していることである。一九四一年にホロコーストを可能にしたなにものかが、われわれの社会秩序のなかに残っていたとしても、おそらくそれをとり除く努力はされなかった。われわれの自信過剰を警告する研究者の数はいま増えつつある。

［アウシュヴィッツを］生じさせたイデオロギーと体制は無傷のまま残っている。国民国家はいまだ統制を逃れ、想像を絶する規模の社会的蛮行の引き金とさえなりうる可能性がある。それに人道的責務を担わせることはできない。その逸脱は法的・道徳的規則では制止できず、また、それには良心がない。(4)（ヘンリー・L・ファインゴールド）

現在の「文明化された」社会の多くの特質には大虐殺的ホロコーストを安易に起こす傾向がある……

主権国家は主権の本質的一部として、統治下の人民の大量殺戮、あるいは、大量殺戮的殺害の権利を主張し……国連もさまざまな現実的理由からこの権利を否定しない。[5]（レオ・クーパー）

一定の政治的・軍事的範囲内といっても、近代国家が統治下の国民に向かってできないことはなに一つない。国家を上回る道徳的・倫理的権力は存在しないから、国家はどんな道徳的・倫理的限界でも、越えようと思えば越えることができる。倫理と道徳の問題にかんして、近代国家における個人の立場はアウシュヴィッツにおける囚人のおかれた状況と根本的に変わらない。権威の座にある者が強要する支配的な行動規範にのっとって行動するか、さもなければ、彼らが用意する最悪の結末を甘んじて受け入れなければならない……

いまや、存在はアウシュヴィッツの生と死を支配していた原理に明らかに呼応するようになってきた。[6]（ジョージ・M・クレン、レオン・ラポポート）

ホロコースト関係の記録をさっと読んだだけでもわき起こる情感に負けて、今、引用した著者たちの一部は明らかな誇張に走っている。彼らの主張の一部はにわかに受け入れがたく、また、明らかに悲観的すぎる。それらは逆効果でさえある。われわれの知るものがすべてアウシュヴィッツ的なものだとするならば、アウシュヴィッツ的生活を生きることも不可能ではないし、多くの場合、まず、間違いなく生きられるということになる。アウシュヴィッツの囚人の生と死を支配していた原理が、われわれの生活を支配するものと近いとすれば、あの叫びと、嘆きはなんだったのだろう。ホロコーストの非人間的なイメージを、ルーチン的で日常的にすぎない人間の大小の葛藤にかんする偏った立場のために利用したくなる誘惑は避けられるべきだ。大量破壊は嫌悪と敵対心のきわめて極端な表われであるが、抑圧、集団的嫌悪、不正義のすべてがホロコーストの「ような」ものであるわけではない。明らかであるがゆえに表層的な類似は、因果関係の分析にとって信頼に足る指針にはなりえない。クレンとラポポートの主張に反し、体制に迎合するか、体制に逆らってそれなりの結末を受け入れるかを選択しなければならないという状況にいることは、アウシュヴィッツと同じ状況に生きていることを意味しない。現在のほとんどの国家が説き、採用する原理では、市民がホロコーストの犠牲者になることはありえない。

そう簡単に否定することもできず、また、ホロコースト後のトラウマが生んだ、自然の、しかし、誤解され易い結果だと簡単に切り捨てることもできない懸念の、真の原因は別のところに横たわっている。それは二つの関連しあう事実から拾いだすことができる。

まず、その内的論理により大量殺人計画を導いた観念プロセスと、そうした計画の実行を可能にした技術的資源は近代文明と完全に両立可能であったばかりか、前者は後者により条件づけられ、生成され、供給されたものであることが判明している。ホロコーストは近代の社会規範や組織・制度と、不思議にも衝突しなかった。それどころか、ホロコーストの実現を可能としたのがこれらの規範や組織・制度であった。近代文明とそのもっとも中心的、本質的成果がなければ、ホロコーストはありえなかった。

第二に、文明化プロセスが立ちあげ、期待どおりわれわれを暴力から守り、非良心的で、野心的すぎる力を抑制するはずだったあらゆる均衡維持の防御網、防御柵にはなんの効果もないことが判明した。大量殺人が起こったとき、犠牲者の助けになるものはなかった。一見、平和で、人間的で、法律尊重主義で、秩序あるようにみえた社会に犠牲者たちは騙されていただけでなく、その安心感こそが彼らの破滅につながったのだった。

率直に言ってしまえば、ホロコーストを可能にする一方、ホロコーストの出現を食い止める手段をなにももたない社会に住んでいるからこそ、われわれの不安は尽きない。こうした理由だけでも、ホロコーストの教訓を研究する必要性は十分だといえる。殺害された何百万人もの人々を追悼し、犯罪者たちの責任を明らかにし、受け身でなにも語れなかった目撃者を苦しめる道徳的呵責を癒すことの他にも、ホロコースト研究がなさねばならぬことは多い。

当然のことながら、研究だけでは、それがいかに真剣な研究であったとしても、大量殺人者や無関心な傍観者の再来は止められないだろう。しかしながら、こうした研究がなければ、再来がありうるのか、ありえないのかも知ることはできない。

例外的ジェノサイド

大量殺人は近代の発明ではない。歴史は共同体同士、宗派同士の対立にこと欠かず、それらはかならず双方に損害をもたらすだけでなく、潜在的破壊性をもち、しばしば、公然たる暴力を生み、時として、殺戮に発展し、場合によっては、全人口、全文化の抹消にいたる。これらの事実に照らせば、ホロコーストは一見唯一無二ではなかったかのようにみえる。また、ホロコーストと近代の緊密な関係、ホロコーストと近代文明の「親和力」も特別なものではなかったかのようにみえる。逆に、殺意をともなう共同体間の憎悪は普遍的に存在し、けっして消滅することがないとそれらは示唆しているようにみえる。さらに、その期待と約束に反し、近代は人間的共存にともなって生じる摩擦を減少させ、人間対人間の非人間的行為に決定的終止符を打つことができなかった、と示唆しているようにみえる。近代は約束どおりのものをもたらさなかった。近代は失敗であった。しかし、ジェノサイドは人間の歴史に初めから存在していたのであるから、近代にホロコーストと関連する出来事の責任はないようにみえる。

しかし、これはホロコーストの経験から得るべき教訓ではない。ホロコーストが大量殺人計画の長大な歴史的リストと、それよりは短い、実行された大量殺人のリストに載った一項目であることは間違いない。しかし、それには過去のジェノサイドのどの例とも共通しない特質がある。そしてこの特質こそ注目に値するのである。それには明らかに近代的な臭いがあった。ホロコースト発生に寄与したのは近代の弱さ、不条理性でなく、近代性そのものであった。ホロコーストの実行に果たした近代文明の役割は受動的なものでなく、能動的なものであった。さらにホロコーストは近代文明の失敗だけではなく、成功の産物であった。近代的なやり方、つまり、合理的・計画的・科学的・専門的・協調的なやり方でなされたすべてのことがそうであるように、ホロコーストも近代以前の類似例をはるかに凌駕し、それを子どもだましであるかのようにみせ、さらに、それらの原始性、浪費性、非効率性を明らかにした。近代社会が提唱し、制度化した基準に従えば、近代社会のすべてがそうであるように、ホロコーストもあらゆる点において、過去の類似例よりはるかに優れた成果であった。近代的工場が職人たちの家内工場の上に高々とそびえたったように、また、トラクターやコンバインや殺虫剤を使う産業化された近代農業が、家畜と鍬と手の草取りに頼る農業の上に高々とそびえたように、ホロコーストもまた、過去のジェノサイド物語の上にひときわ高くそびえたのである。

一九三八年一一月九日、〈水晶の夜〉という名で歴史に残った事件がドイツで発生した。ユダヤ人の商店やシナゴーグや家屋が、暴徒化した、しかし、公に承認され、密かに組織された群衆によって襲撃されたのだった。ユダヤ人街は破壊され、火をつけられ、そして、略奪された。一〇〇人を超える人たちが命を失ってもいる。ホロコーストの時期全体をとおして、〈水晶の夜〉はドイツの街で起こった唯一の大量殺人であった。しかも、それはホロコーストのなかでも、ユダヤ人にたいする群衆暴力の何世紀にもわたる伝統に従って行われた唯一の例であった。それは過去の大量殺害と大して違わなかった。古代から中世、そして、近代にかけて、しかし、近代化がほとんど達成されていなかったロシア、ポーランド、ルーマニアで起こったあまたの群衆暴力とそれに、際立った違いはなかった。ナチスによるユダヤ人の処置が〈水晶の夜〉やそれに類似した事件だけから成り立っていたのであれば、リンチ集団や征服した町で略奪にはしり、強姦を犯す兵士たちの狂乱心理を歴史的に扱った何冊にも及ぶ研究叢書の、わずか一パラグラフ、あるいは、よくても一章ほどを占めるにすぎなかったであろう。しかし、じっさいはそうではなかった。

じっさい、そうでなかった理由は簡単である。いくつ〈水晶の夜〉を積み上げてもホロコースト規模の大量殺人は発想できないし、また、実行しえない。

数を考えてみよう。ドイツは約六〇〇万人のユダヤ人を抹殺した。一日、一〇〇人の割合でいくと、ほぼ、二〇〇年かかることになる。群衆暴力は誤った心理的基盤、つまり、暴力的感情にのっとっている。人々を激情にはしらせることはできるが、激情を二〇〇年維持することはできない。感情やその生物学的原因には自然と持続期間がある。性欲、また、血の飢えでさえ、最終的には満足する。さらに、感情は周知のとおり気まぐれで、また、別の感情に変わることもある。リンチ集団はあてにならない。リンチ集団は子どもが苦しむのをみて、同情をおぼえるかもしれないからだ。「人種」の抹消には子どもの殺害が不可欠なのに。

完全なる殺人を徹底的・包括的に行うには、暴徒ではなく官僚制度が必要であり、激怒の共有でなく権威への服従が必要である。必須とされる官僚制度は強硬、穏健両極端の反ユダヤ人主義者によって構成され、潜在的にそうした人材の蓄えを大きく増やしていけばより効率的である。それは構成員の行動を感情の高揚でなく、ルーチン形成によって統制する。それはあらかじめ指定された、たとえば、子どもとおとな、学者と泥棒、無罪と有罪の区別のみを行い、構成員の衝動的区別は許さない。それはまた、責任のヒエラルキーが媒介する究極的権威の意思（それがどんな意思であったとしても）に呼応するのだ(7)。

激怒や憤怒は大衆抹殺の道具としてはみじめなほど原始的で、非効率である。それらは、たいてい、作業完了前に萎えてしまう。これらをもとに壮大な計画は立てられない。恐怖の波、旧秩序の崩壊、新しい支配のための整地といった一時的現象を超える計画は、明らかに、激怒や憤怒をもとに立てることはできない。チンギス・カンや隠者ピエールには近代的技術や管理、調整の近代的・科学的方法は必要なかった。一方、スターリンやヒトラーには必要だった。近代的理性社会はチンギス・カンや隠者ピエールといった冒険家やディレッタントを疑い、消滅させたと言っていい。近代的理性社会が代わりに用意したのは、スターリンやヒトラーのような冷酷で、徹底的で、組織的な大量殺戮の実行者であった。

ジェノサイドの近代的事例にもっとも顕著な特徴はその規模である。ヒトラーとスターリンが統治していた時期をのぞき、これほど多くの人々が短期間に殺害されたことはなかった。しかし、これだけが特筆事項なのでなく、さらに、これは第一の特筆事項でさえない。これは他のさらに重大な特徴の副産物にすぎない。現在の大量殺人は、一方において、あらゆる自発性の欠落を、また他方において、明らかに注意深く計算された合理的設計の存在を特徴とする。特筆すべきは偶然性と偶発性の完全な除去であり、集団的感情と私的動機の排除であった。それはイデオロギー的洗脳などというたんなる虚偽的・周辺的機能、あるいは、まやかし的・装飾的機能とはまったく別の代物であった。

殺人の動機一般、とりわけ、大量殺戮の動機はたいへんさまざまである。純粋で冷血な利益計算から、利害関係を超えた純粋な憎悪、そして、異物恐怖症に至るまで、動機は多様である。共同体間の抗争や先住民にたいするジェノサイド・キャンペーンの動機は、上記の多様性の枠内に入るだろう。これらにイデオロギーが付随していたとしても、それは人間を「われらと彼ら」に分ける単純な世界観、「彼らとわれらに共生の空間なし」「死んだインディアンがよいインディアン」といった教訓以上のものではない。敵もまた、許されれば、鏡像的イデオロギーにそって行動するはずである。ほとんどのジェノサイドのイデオロギーは、意図と行動の歪んだ左右対称の上に成り立っているのである。

真に近代的なジェノサイドはこれとは異なる。近代的ジェノサイドは目的をもったものである。敵の排除は目的ではない。敵の排除は目的のための手段にすぎない。それは究極的目的に由来する必要性、この道のはるか遠くにある目的地に到着するためにとらなくてはならない一歩なのだ。その目的とはこれまでとはまったく違った、よりよき社会の建設である。近代的ジェノサイドは社会工学の一部であり、完全なる社会の設計図に適合する社会秩序をもたらすための手段である。

近代的ジェノサイドの発案者や実行者にとって、社会は計画と意識的設計の対象である。多くのものの一カ所、あるいは、一部だけを変える、あちらこちらを改善する、面倒な悩みの一部を解消するといった作業以上のことが社会には必要なのだ。科学的につくられた包括的計画に社会を力ずくであわせ、つくり変えることをしなければならないし、また、そうすることは不可能ではない。「たんに存在しているだけ」の、すなわち、意識的介入なしに存在しているだけの社会よりも客観的に優れた社会を作ることは可能なのだ。そうした計画には、例外なく、美的側面がある。作られようとしている理想世界はより優れた美的標準に合致するものである。完成のあかつきには完璧なる美術品のように豊かな満足感を与えるであろう。レオン・バティスタ・アルベルティの忘れえぬ名言を借りれば、それは足しても、引いても、変えても、それ以上よくならない世界なのだ。

これは地球規模のスクリーンに投射された造園家的ヴィジョンである。完全なる世界の設計者の思考、感情、夢想、そして、欲望はスケールは小さいけれども、造園家にはよく知られたものである。計画を台無しにする美のなかの醜、穏やかな秩序のなかのゴミである雑草を、一部の造園家たちは積極的に忌み嫌う。別の造園家たちはそれほど感情的になることもなく、それを解決の必要のある問題、なされねばならぬ特別の仕事と考える。しかし、雑草にとってはどちらでも同じことである。どちらのタイプの造園家も雑草を根絶やしにするのだから。少し立ち止まって考えてみる余裕が与えられれば、両タイプとも次の意見で一致するだろう。雑草が抹殺されねばならぬのは、雑草が雑草だからでなく、美しく、秩序正しい庭園は雑草なしでなければならないからだ。

近代文化は造園文化だといっていいだろう。理想的生活と、人間をめぐる状況の完璧なアレンジこそ、その自己定義である。造園文化はまた自然を疑うことをもって自己アイデンティティとなす。事実、造園文化は自発性への独特の不信と、より良き人工的な秩序の希求をとおして自らと自然、そして、両者の相違を定義する。全体計画のほか、庭園の人工的秩序は道具と原材料を必要とする。また、それは無秩序の強い危険に抗するための防御も必要とする。最初に立案された設計図からできあがった秩序はなにが道具で、なにが原材料で、なにが不要で、なにが無関係で、なにが有害で、なにが雑草で、なにが害虫かを決定する。つまり、それは自らとの関係から世界のあらゆる要素を分類するのである。秩序はそれらにこの関係性以外の意味を認めも、許しもしない。また、秩序との関係性以外に造園家の行動を正当化するものはない。設計の観点からすれば、あらゆる行動は道具的なものであり、一方、行動のあらゆる対象は役立つ物か邪魔物のいずれかなのである。

近代的ジェノサイドは近代文化全般同様、造園家的な仕事であった。それは社会を庭園として扱うのであれば、避けて通れない多くの日常作業の一つにすぎなかった。庭園設計が雑草を定義すれば、庭園のどこかにはかならず雑草がみつかる。そして、雑草は除かれねばならない。除草はそもそも創造的であり、けっして破壊的行為ではない。完璧な庭園の製作と維持において結集される他の行為と、種類において異なるところはない。社会を庭園とみるすべてのヴィジョンにおいては、一部の社会的習慣は人間にとっての雑草とみなされる。他のあらゆる雑草同様、それらは分離され、抑制され、社会の枠外へ除去され、戻ることのないよう処理されねばならない。こうした手段が不十分であれば、それらは殺されねばならない。

犠牲者たちはスターリンやヒトラーが領土を征服し、植民地化しようとしたときに殺されたのではなかった。彼らがあじけない機械的やり方で、憎しみも含め、人間的感情なしに殺害されたのは、領土活性化のためであった。彼らはあれこれの理由から、完全なる社会の計画に適応していないと判断されたがために殺されたのだ。殺害は破壊行動でなく創造行動であった。彼らが抹殺されれば、客観的にみてより効率的な、より道徳的な、より美しい、よりよい人間世界が立ち上がる。共産主義世界、あるいは、人種的に純粋なアーリア人世界が立ち上がる。二例とも調和のとれた、争いのない、支配者に従順な、秩序ある、制御された世界である。その過去、または、出自に由来する不治の病に侵された人間は、この傷のない健康的で輝ける世界に適応しえない。彼らは血統的に、あるいは、観念的に異端であるという理由から、また、文明化に抵抗し、自然のメカニズムからみて、そもそも文明化しえないという理由から、除去されたのである。

近代的大量殺戮のうちもっとも悪名高く、極端であったこの二例は近代的精神を裏切らないものだった。それらは文明化プロセスの軌道からも外れてはいなかった。二例は近代的精神のもっとも首尾一貫した、自由な表現であった。それらは他のほとんどの行動には真似のできない形で、文明化プロセス最高の目的を達成しようとした（他の行動がそうしようとしなかったのは、それなりの思惑があったからだ）。近代文明の合理化、設計、管理の夢と努力が抑制されず、制御されず、止められなかった場合、いったいなにが生じるかをそれらは体現していると言っていい。

こうした近代の夢と努力は長いあいだわれわれと共にあった。それらは技術と管理術の巨大にして強力な兵器庫を数多く産み落とした。それらはまた、人間の行動を道具化し、イデオロギー的確信、道徳的信念の有無にかかわらず、あらゆることが熱意と効率性をもって行われるメカニズムを作ることを目標とする組織・制度を誕生させた。それらは支配者が目的を独占し、被支配者を道具として使い続ける行為を正当化する。それらはほとんどの行動は手段であり、手段は究極の目標への、目標を設定した人物への、最高意志への、そして、個人を超越した知識への従属であると定義する。

強調していえば、こうしたことはわれわれがアウシュヴィッツの原理に従って日々生きていることを意味しない。ホロコーストが近代的であったとしても、近代がホロコースト的であるということにはならない。ホロコーストは完璧に設計され、完全に管理された世界をつくろうとした近代的欲動が抑制を逃れ、野放しにされたときの副産物であった。近代がこうなることは例外的である。その野望は人間世界の複数性と衝突する。近代のそうした野望はあらゆる自立的対抗勢力を無視し、押しのけ、圧倒する絶対的権力と独裁的人物を欠いた場合、実現しえないのである。

近代的ジェノサイドの特殊性

合理的行動の近代的手段を独占しうる絶対権力が近代主義的な夢を抱き、それが効果的な社会制御の縛りから自由になるとジェノサイドが発生する。つまり、ホロコーストのような近代的ジェノサイドが発生する。イデオロギーに固執する権力エリートと、近代社会が発展させた合理的で組織的な、優れた行動能力がショートを起こすこと（あるいは、偶然の邂逅とでも呼びたいところでもあるが）はめったにあるものではない。しかし、それが現実に起こったとき、別の状況下であれば目立たなかったであろうし、ゆえに、「理論的に否定され」ていたであろう近代のある側面が明らかとなった。

近代のホロコーストは二重の意味でユニークであった。まず、歴史的ジェノサイドのなかでもそれは近代的であるからユニークなのであった。それはまた、近代社会の散文的日常世界にあって、ふだんは分散している平凡な要素を結合したからユニークなのであった。第二のユニークさは要素同士の珍しい、奇妙な結合の仕方で、すでに結合された要素ではない。別々に存在していれば、これらの要素はありふれたふつうのものでしかなかった。硝石、硫黄、あるいは、木炭にかんするどんなに詳しい知識でさえ、三者が合わされば火薬となると知らないうちは完璧ではない。

ホロコーストにおけるユニークさと平凡の共存を発見したセーラ・ゴードンは、次のように指摘する。

散発的なポグロムはともかく、組織的殲滅はとりわけ強権的な政府によってのみ遂行され、おそらく、戦時下という状況でしか成功しないだろう。ヒトラーと彼の過激な反ユダヤ主義に追随する者の登場、それに続く権力の集中によってのみ、ヨーロッパ系ユダヤ人の殲滅は可能となった……

組織的排斥と殺害のプロセスは軍隊と官僚機構の非常に多数の部署の協力と、ドイツ国民の黙認を必要とした。(8)

ゴードンはホロコーストを生みだすために集められた要素を次のように列挙する。ナチス型の急進的（前章でみたような、近代的、つまり、人種主義的で抹殺型の）反ユダヤ主義。中央集権化された強い国家による反ユダヤ主義の政策化。巨大で効率的な官僚機構による国家管理。政府とそれをコントロールする官僚機構が、平和時であれば抵抗が強くてできない事柄を実行できた、戦時下の緊急非常事態。大部分の国民によるそうした事柄の不干渉的・受動的容認。そのうち二つ（ナチスが政権の座にあれば、戦争はほぼ不可避であったから、二つは一つにまとめられることも可能だろう）は偶発的にすぎず、発生の可能性はあるものの、近代社会の不可欠な属性ということはできない。しかし、残る要素はけっして特別なものではない。それらはあらゆる近代社会につねに存在し、また、それらの存在は近代文明の誕生、確立と連動したプロセスによって可能となり、不可避となったのである。

前章において私は急進的・殲滅的反ユダヤ主義と、近代社会の発展に特徴的な社会的・政治的・文化的変容のあいだの関係を指摘した。そこでは道徳的抑制を消すか、沈黙させ、より一般的には、人々から悪への抵抗力を奪った、現在も機能しつづける社会装置について分析したつもりである。ここではホロコーストの構成要素の一つだけについて、しかし、もっとも重大な要素一つだけについて集中的に考察したい。その要素とは近代に典型的な技術的・官僚的行動パターン、そして、それらが制度化し、生成し、維持し、再生する精神状態のことである。

ホロコーストは二つの対照的なアプローチから説明できるように思われる。一方で、大量殺人の恐怖は文明の脆さの証左であり、他方、文明の見事な力の証明であると説明できる。また、一方で、犯罪者が支配者となり、行動を規定した文明のルールが機能停止すると、社会的訓練を受けた存在の皮下に潜んでいる永遠の野性が束縛を解かれ、他方、近代文明の高度な技術的・概念的産物で武装したとき、人間は自分の性質が許さないことを行うことがあると説明することもできる。これを言い換えてみよう。一方で、ホッブズ的伝統に従うかたちで、あらゆる文明化の努力にもかかわらず、非人間的で前社会的な野生性はまだ完全に消滅していないとし、他方で、文明化プロセスにより、野性の欲望が人工的で柔軟な人間行動のパターンに取って代わられた今、野性の気質が人間の行動を導いていたころには考えられなかった規模の非人間性と破壊が可能となったと説明することができる。私としては二番目のアプローチを選択し、以下の論議においてその正しさを立証してみたいと思う。

ほとんどの人たちが直感的に第二でなく、第一のアプローチを選ぶという事実からも、西洋文明が何年にもわたりその覇権（一時的なものだとしても）の正当化に利用してきた因果論的神話がいかに効果的であったかが分かる。西洋文明はその支配権をめぐる闘争を野性にたいする人間性の、無知にたいする知識の、迷信にたいする真実の、魔術にたいする科学の、感情にたいする理性の聖なる闘いだと言いつづけてきた。それはまた自らの発展の歴史を自然による人間支配から人間による自然支配へ、ゆっくりと、しかし、妥協なく変えた歴史だと解釈した。それは自らが達成したものをなによりもまず、人間的行動の自由、創造力、安全の確実な進歩として提示してみせる。それはまた、自由と安全を自らの社会秩序と同一化する。西洋近代社会は文明社会と定義され、さらに、文明社会によって人間に内在する残虐性と暴力的傾向のほとんどと、元来の醜さと病のほとんどは除去、あるいは、少なくとも抑制されたと理解される。文明社会の一般的イメージといえば、まず、暴力なき、穏やかな、優しく、柔らかい社会であろう。

文明のこうした支配的イメージは人間の肉体の神聖化にもっとも象徴的にみられる。すなわち、もっとも私的な空間への不介入と、肉体的接触の回避と、文化的に規定された肉体的距離の維持への細心の注意に。そして、こうした空間の侵犯を見、あるいは、聞くたびに、われわれがおぼえる訓練された嫌悪感と反発心に。近代文明が開発し、個々人の教育過程で再生産される自己抑制のおかげで、近代文明には肉体の尊厳と自立性という虚構を受け入れるだけの余裕が生まれる。再生産された自己抑制の効果的メカニズムは、やがて肉体への介入の必要性が出てきた場合でも、それを的確に処理することができる。一方、肉体はプライベートであるがゆえに、個人はそれにたいして強い責任感をもたねばならず、肉体には厳しい鍛錬を課す。（体の鍛練への情熱は、近年、消費市場でも利用され、ついに、鍛錬の欲求を内面化させる傾向をつくりだした。個人的自己管理の発展により、自己管理はそれ自体日曜大工風に自己管理されるようになった。）他の肉体との極端な接近を文化が禁じることは、時として、社会秩序の中央集権的管理を阻害するやもしれぬ拡散的・偶発的な影響にたいして抑止効果をもたらす。日々の幅広い人間同士の平和な接触は、中央集権化の必要不可欠な条件であり、また、不変の産物でもある。

だいたいにおいて、近代文明全体の性質が非暴力的であるというのは幻想にすぎない。それは近代文明の自己弁護、自己美化の一種だと言った方が正確だろう。近代文明が暴力を駆逐したのは、後者が非人間的で非道徳的で人を腐敗させる性質があったからだというのは真実でない。近代が、野蛮な野性的感情の対極に位置していたとしても、それは効率的で冷徹な破壊、惨殺、拷問の対極には位置していることにはならない……思考の質がより理性的になるにつれ、破壊は増加した。たとえば、現在のテロや拷問は激情的に使われる手段ではない。それは政治的理性が使う手段なのだ。[9]

文明化プロセスでじっさいに起こったことは、暴力の再編成であり、暴力的手段の再分配であった。われわれが避けるように、そして、嫌うように訓練されたのは暴力だけではないが、それにもかかわらず、暴力はその存在が消滅したわけではなく、視界から消えただけにすぎない。すなわち、厳しく規制され、個人化された私的経験の見晴らし台からはみえなくなっただけなのだ。それは隔離された遠い領域に囲い込まれ、社会の一般構成員には近づきえないようにされている。社会の大部分の構成員が立ち入ることができない「たそがれの領域」に遠ざけられている。あるいは、文明人の日々の生活全般とは関係の乏しい、はるかかなたへ運び去られている。

ここから究極的に起こったのは暴力の集中である。一度、集中が起こり、対抗勢力もなくなると、抑圧の手段は、たとえ技術的に未完成でも、前代未聞の結果を生み出すことがある。集中は技術的進歩を加速させるから、逆に、集中の効果も倍増する。アンソニー・ギデンズも繰り返し強調しているように（とりわけ、『現代史的唯物論批判』（一九八一年）、および、『社会の構成』（一九八四年）参照）、文明社会の日常からの暴力の除去は、秩序の社会間での交換、秩序の社会内生産の徹底的先鋭化と密接に連動したものであった。正規軍と警察権力は最新技術兵器と、技術的に進化した官僚的管理制度を合体させた。過去、二〇〇年間にそうした先鋭化の犠牲者として、悲惨な死を遂げた人は数えきれない。

ホロコーストは無数の抑圧手段を吸収した。しかも、それがそれらを単一の目的に奉仕させるために利用したことにより、さらなる専門化、技術的完成の動機を与えることとなった。破壊手段の量と質にもまして重要なのは、それらの利用方法である。それらの絶大なる効果は官僚的・技術的用途にのみ限定されたことから起こったといってよいだろう（暴力の手段が非連動的な幅広い機関によって管理され、さまざまな形で利用されていたならば、影響を受けざるをえなかったに違いない抵抗圧力からはけっして逃れられなかったであろう）。暴力は技術に変わった。あらゆる技術がそうであるように、暴力も感情から解放され、純粋なる理性となった。「道具的理性が「理性」であるなら、あるいは、アメリカの軍事基地やB52やナパーム弾やその他のものを、「共産主義国」北ヴィエトナムを「望まれるべきもの」に変える「オペレーター」として使用することが理性であるなら、暴力はまったく理性的だといえるだろう[10]」。

ヒエラルキー的・機能的分業の効果

暴力の使用がもっとも効率的で、費用効果が高くなるのは、その手段が道具的理性の基準に合致し、目的の道徳的評価と切り離されたときである。第一章でも指摘したとおり、そうした切り離しは官僚のもっとも得意とする作業であった。これこそが官僚制の構造と行動の本質をなし、また、官僚行政の発達のおかげで近代文明が成し遂げることができた展開能力や協調能力、そして、行動の合理化や効率化の急激な発展の秘訣となったとさえ言えるかもしれない。切り離しは二つの平行したプロセスの結果であったが、二つはいずれも官僚的行動モデルの中核をなしている。第一が機能による厳正な分業（上下関係をもとにした細かな色分けと同時に、結果的には上下関係とは無関係な分業）。そして、第二が道徳的責任と技術的責任の置き換え。

あらゆる分業（たんなる命令系統の存在の結果としての分業も含め）は、共同作業による最終結果に貢献したほとんどの人と、結果それ自体のあいだに距離を作りだす。官僚的権限の鎖の最後の輪にある者が自らの作業を開始しようとするまでには、ほとんどの準備作業はそれを行ったという個人的実感のない、また時として、その認識さえない人間によってすでに終えられている。ヒエラルキーのあらゆる段階の人間が同一の職業的技術をもちながらも、作業の実践的知識が段階を上がるにつれて上昇する（親方の知識の種類は職人や弟子と同じだが、知識の量と質が違う）前近代的分業と異なり、近代官僚制のヒエラルキーに属する人間たちの専門性と職業的訓練の種類は、与えられた仕事ごとに大きく異なっている。役人たちは頭のなかで自分を「部下」の立場においてみる。これは役所内の「よき人間関係」の維持を助ける。しかし、これは適切な任務遂行や官僚制度全体の前提条件ではない。「一番下の地位」から出発すれば、官僚、とりわけ、上級官僚は昇進の途上であらゆる経験を積み、その経験を記憶に残すことができるといった夢想的な手順などを、役人たちは真剣には受けとらない。それぞれ重みの異なる管理・行政作業は多様な技術を必要とするという事実を前提に、ほとんどの官僚機構はヒエラルキーのそれぞれの段階ごとに、独立した補充・補強の手段を採用する。各兵士は元帥がもつのと同じ杖をナップザックのなかに入れているが、一兵卒の銃剣をアタッシェケースにしのばせている元帥や大佐や大尉はいないのはおそらく事実だろう。

最終結果との実践的・心理的乖離が意味するのは、官僚制のヒエラルキーに属すほとんどの役人は、自らの命令のもたらす結果を完全に予知することなく命令を下すということである。

多くの場合、彼らは結果を視覚化するのは困難だと感じている。通常、彼らはそれを抽象的で距離をおいたかたちでしか意識しない。彼らの知識は統計的知識と呼ぶ方がよりふさわしいもので、その知識をかりて道徳的判断を下さないのは当然のことながら、価値判断をも下すことなく結果の測定を行なっている。役人のファイルや心のなかでは、結果はせいぜい円グラフや放物線といった図表で表わせるようなものにすぎない。結果の棒線グラフ化は、彼らにとって、なおさら理想的なのだ。図表化・数値化されることにより、彼らの命令系統のもたらす最終結果は現実感が乏しい。グラフは作業の進展を示すが、活動やその目的の性質についてはなにも語らない。グラフは性質の極端に異なる作業でさえ、比較可能にする。計量化されうる成功や失敗だけが問題なのであって、その観点からするならば、作業の性質に大差はない。

労働の階層的分離が作りだす距離の影響は、分業が作動しはじめるとさらに増大する。自らが一部をなす官僚機構が実行した仕事とその実行者を引き離すのは、実行者が直接、また、個人的に手を下さないからであり、さらに、彼らの任務と役所全体の任務のあいだに類似性がないからである（一つの仕事は別の仕事の縮小版でも、縮図でもない）。こうした距離の心理的影響は深く、そして、広い。爆撃機に爆弾を搭載するよう命令することと、爆弾工場に鉄を継続的に供給するよう指示することでは行為の心理的影響がまったく違う。最初の命令を下した司令官は、爆弾による破壊の鮮明な視覚印象まではもちあわせないかもしれない。一方、二番目の指示を出した供給担当課長は爆弾の果たす役割を、あえて望まないかぎり、知る必要もない。自らの任務をつつがなく終えるためには、爆弾が引き起こす結果の抽象的で、純粋に観念的な知識でさえ無駄であり、無意味なのだ。分業においてなされることはすべて、原則的に、複数の結果をもっている。つまり、各作業は他の作業と結びつけられ、合体させられることによって、それぞれ異なる意味をもった複数の全体となる。役割それ自体には意味がなく、その役割をはたす者には結果的に授けられるであろう意味を先取りすることはできない。決定するのは今、ここにいない「別人」(たいがいは無名であり、手の届かないところにいる)なのだ。「ナパーム弾をつくった化学工場の従業員に赤ん坊の焼死の責任はあるだろうか[11]」と、クレンとラポポートは問う。もちろん、責任などあろうはずもない。赤ん坊が焼死するまでのプロセスにかかわった任務を機能ごとに細かく分けてゆき、それぞれ独立したものとしてゆくと、責任論は無意味となるか、あるいは、それに意味をもたせることが非常にむずかしくなる。ナパーム弾をつくりだしたのは化学工場であって、労働者個人ではなかったことも考慮しておかなくてはならない……

距離をつくりだす第二のプロセスは第一のそれと密接にかかわっている。道徳的責任を技術的責任に置き換えることは、厳格な機能分化と作業分離なくしては考えられないし、少なくとも、考えられる可能性は低い。置き換えはある程度、命令系統の輪のなかで自然に起きる。命令系統の輪のなかにある各人は直属の上司にあたる人間にたいして責任があり、従って、上役の意見や評価に興味をもつのは自然である。上役の評価がどれほど重要であっても、各人はみずからの仕事がもたらす最終結果について、観念的だとしても、気づいていないわけではない。ゆえに、ある気づきと別の気づきが比較される、少なくともそうした抽象的機会は存在する。すなわち、結果のおぞましさに直面した上役たちの同情心に、自分自身の認識を比較するような機会も現われうるということだ。比較可能なところでは選択も可能となる。純粋に線的な命令系統において、技術的責任は、少なくとも理論上は、脆弱だといわねばならない。道徳的な自己正当化、道徳的良心への抵抗が求められることもあるからだ。純粋に技術的領域を超えて倫理の領域に足を踏み込んでしまったがために（たとえば、兵隊を射殺することはよいが、赤ん坊を射殺することはよくないという判断）、上役の命令は権限を逸脱しているのではないかと疑いはじめる役人が現われはしないか。また、命令服従は当然だが、道徳的に受け入れがたい命令にも従わなくてはならぬのかと疑う役人は現われはしないか。しかし、こうした理論的仮説も、線的命令系統が仕事の機能による分割と分離によって補足されるか、置き換えられると、消滅するか、さもなくば、大幅に無力化してしまうのである。技術的責任の勝利はこうして完成し、絶対的となり、どの現実的目的の観点からみても、揺るぎないものとなる。

行為がそれ以外のなにかのための手段であることを忘れているという点において、技術的責任と道徳的責任は異なる。行為と外部の接触が断たれ、外部が行為の視界から消えた瞬間、官僚の行為はそれ自体が目的と化する。それは適否と成否の内在的な基準によって判断されるのみである。機能的専門性によって条件づけられた、役人が誇る相対的権限に沿うかたちで分割されているが、同時に調整もされている組織全体の作業との距離も現れる。結果が遠く離れたものであれば、ほとんどの専門化された機能は道徳テストを簡単に通過するか、あるいは、道徳に無関心となる。道徳的懸念の煩わしさから解き放たれたとき、行為は完全に合理的な条件のもとで評価される。行為が最良の技術的知識に従って実行されたか、また、その結果は費用効率的であったかだけが問題とされる。基準は歯切れがよく、そして、運用しやすい。

官僚的行為の文脈から生まれる二つの影響が、われわれの考察にとっては重要である。第一に、技術、専門知識、発案力、献身度、そして、こうした資質の完全なる活用を促す個人的動機は、行為者が業務において相対的自立性を保っていたとしても（あるいは、保っていたから）、また、官僚制度的目標が行為者の道徳哲学と合っていなかったとしても、その目標の遂行に十分活用されうるという事実である。率直に言って、官僚的作業の技術的成否に、結局、道徳的基準は無縁なのだ。ソースタイン・ヴェブレンによれば、すべての行為者のなかに現存するとされる仕事本能は、実行中の作業に向けて集中的に発揮される。作業への集中度は行為者の気の弱さ、上役の厳しさ、行為者の野心、第三者的好奇心、行為者の出世欲、その他もろもろの個人的事情によってさらに高められようが、たとえこれらがなくとも、仕事本能だけで作業には十分である。だいたい、行為者は人に勝りたいのである。官僚制度内の複雑な機能分化のおかげで、自らが実行する作業の最終結果から自分が分離されると、官僚の道徳的関心はもっぱら行っている仕事を成功させることだけに集中する。道徳とはとどのつまり、優れた、効率的な、勤勉な専門家、労働者になれという指令のことなのである。

官僚制度による対象物の非人間化

官僚的行為の文脈から生まれる第二の重要な影響は、官僚制度による対象物の非人間化である。官僚制度は対象物を倫理的に中立で、純粋に技術的な形で扱う。

非人間化といえば、強制収容所の囚人たちの恐ろしい図柄が連想されるだろう。あらゆる行為が「生存のため」という最低ラインまでおとしめられ、人間的尊厳を示す文化的（肉体と態度による）象徴を失った、人間の似姿とさえ言いがたい囚人たちの屈辱が連想される。ピーター・マーシュはこう言っている。「アウシュヴィッツの柵の近くに立ち、骨と皮ばかりになった目の窪んだ骸骨をみて、それが人間だと誰が思うだろうか[12]」。しかし、こうした図柄は官僚制度の当たり障りのない退屈な作業のなかに見出しうる傾向の、もっとも極端な形での出現にすぎない。したがって、非人間化を考察しようとするならば、非常にセンセーショナルで不愉快な、しかし、幸いなことに滅多に起きそうもないことでなく、より普遍的で、ゆえに、より危険でさえある状況に集中すべきなのである。

非人間化は官僚的操作が行為と目的の分離の結果、量的な問題と化した時点から始まる。鉄道の管理者たちにとって、仕事の成否はキロ当たりの運搬貨物量からなる。彼らが運ぶのは人間や羊や有刺鉄線ではない。彼らが運ぶのはたんなる貨物であり、重要なのはその質でなく量である。官僚にとっては貨物というカテゴリーでさえも、質にかかわるということで、厳しすぎる制約のように思えたに違いない。彼らが扱うのは彼らの行為の金銭上の結果のみであった。仕事の対象は金《かね》である。金は入り口と出口の両側で現われ、古代人がいみじくも言ったとおり、まさしく〈臭わない〉〔non olet〕〈金〉〔pecunia〕なのである。成長するにつれ、官僚的企業は質の異なる別の活動に手を伸ばそうとする。それは〈利潤屈性〉〔lucrotropism〕、すなわち、投資資本にたいする最高の回収率という引力に導かれるまま水平に移動するのだ。ホロコースト全体の実行は〈国家公安本部〉の総務・経理部の所轄であったことを思い出していただけるはずだ。ホロコーストがそこに割り当てられたのは、策略や目くらましではなかったことをわれわれは知っている。

官僚的管理によって質とは無関係なものに還元された人間に特質はない。人間に起こった（あるいは、なされた）事柄を語る言語が、その指示対象を倫理的評価から守っているという意味で、人間はすでに非人間化されている。実際のところ、こうした言語は規範的・道徳的発言には向かないともいえる。倫理的主張の対象は人間でしかないからである。（道徳的言説が人間以外の生物に援用されることがないわけではない。しかし、それは人間以外の生物が比喩的に人間の形で語られるときだけだ。）人間が記号に縮小されたとき、この能力も失われることになる。

非人間化は近代官僚制度の最大の本質である合理化傾向と切っても切り離せない。すべての官僚制度は多かれ少なかれつねに人間的事情に影響を与えるから、非人間化の否定的インパクトはそれをジェノサイドの説明に使おうとする習慣のみならず、広く一般的なレベルでもみられる。兵士は標的を撃つように命令され、標的は当たれば落ちる。大企業の社員は競争に勝つように励まされる。福祉事務所の役人は一方で裁量給付金を、また一方で個人信用貸し付けを行う。その対象者は補足給付の受給者と呼ばれる。こうした技術用語の裏側に人間の影を探しだすのはむずかしい。要するに、官僚制の目標からすれば、人間の影は感知も記憶もされない方が好都合なのである。

一度、効果的に非人間化され、道徳的要求の主体であることも否定されると、官僚的作業は人間という対象を倫理的関心をもっては扱わなくなる。そして、人間の抵抗、あるいは、非協力が官僚的ルーチンの円滑な遂行の障害になると、倫理的無関心はたちまち非難と警告に変わる。非人間化された対象は行動の「正しい根拠」どころか、「根拠」さえもたない。彼らには考慮に値するほどの「興味・関心」がなく、主張すべきほどの主体性さえない。したがって、人間という対象は「厄介要因」でしかない。彼らの御しがたさは役人たちの連携、連帯をさらに強化する。役人たちはお互いを勇気と自己犠牲と献身を必要とする困難な戦いの同志とみなす。苦労をし、同情と道徳的賛辞に値するのは官僚制度の対象ではなく、官僚同士というわけだ。彼らは犠牲者の強情さを叩きつぶし、そして、他の障害をのりこえることによって誇りと自尊心を得るといっていい。対象の非人間化と高い道徳的自己評価は相互に補強しあう。与えられたあらゆる目的に忠実に仕えながら、役人たちの道徳的良心は痛むことがない。

全体的結論を述べるとするならば、大量殺戮の実行に不可欠とされる技術的要素は、近代化プロセスのなかで発展した官僚的行動様式にすべて含まれていたということであろう。この様式はその構造やメカニズムや行動規範に大きな修正をほどこされることもなく、ジェノサイドという目標のために転用することができた。

さらに、広汎な意見に異なるが、官僚制度といえば、一方では残酷で道徳的に卑しむべき目的に、他方では深く人道的な目的にと、どちらにも等しく使うことができる、たんなる道具ではなかった。押されれば、どちらの方向にでも進むようにみえて、官僚制度は仕込まれたサイコロのようなものであった。それには独自の論理と動力がある。それはある解決策だけを是とし、別の解決策は非とする。最初に押されると（目標に接触すると）、それは魔法使いの箒のように、押した本人が止まってしまう限界を超えて進んでゆく。押した本人は自ら開始したプロセスを、まだ支配しているにもかかわらず。官僚制度は最高最大の結果を求めるようプログラムされている。また、この最高最大の結果を決定するにさいして、人間という対象同士や、人間的対象と非人間的対象を区別しないようプログラムされている。そして、重要なのはプロセスの効率化、コストの削減なのだ。

ホロコーストにおける官僚制度の役割

半世紀以上前、ドイツ官僚機構にはドイツをjudenreinに、すなわち、〈ユダヤ人のいない〉国にする任務が与えられた。ドイツ官僚機構は通常どの官僚機構でも行うようなことを行った。対象の正確な定義、定義に合致する人間の登録、各人のファイルの作成。ファイルにのった人物と定義から外れファイルにのらなかった人物との隔離。そして、ドイツ官僚機構は、隔離された範疇の人間に、まずはアーリア人国土からの移住を奨励し、続いて、彼らをドイツ占領地区へ強制移送した。それまでに官僚機構が開発した浄化技術は秀逸なもので、それを無駄にし、錆びつかせることは許されなかった。ドイツ浄化の任務を見事にやってのけた官僚制度には、さらに野心的な目標の設定が可能になり、目標の選択がさも当然であるかのように思われた。浄化の技術と制度が超一流であるならば、アーリア人の〈祖国〉〔Heimat〕以外にも適用しない法はない。また、帝国全体を浄化しない法はない。いまや、帝国はほぼヨーロッパ全体を占め、ユダヤ人のゴミ捨て場になる「外地」はなくなった。強制移送の残る方角はただ一つ。煙にして上へ送る以外にはなかった。

長期間、ホロコーストを専門とする歴史家たちは「意図主義《インテンショナリズム》」と「機能主義《ファンクショナリズム》」の二派に分かれていたと言っていい。前者はユダヤ人殺害が、まず、ヒトラーの決意によるものであり、適切な機会を待って始まったと主張する。後者の場合、ヒトラーは「ユダヤ人問題」の「解決案の発見」に一般的意見を提供したにすぎないとする。彼の「純粋なドイツ」というヴィジョンは明確であったが、このヴィジョンを実現に近づける方途については不明確であやふやだった。歴史研究は機能主義的見方を支持するが、その理由には強い説得力がある。しかし、意図主義対機能主義の対決にどんな結果が出ようとも、ホロコーストの発想から実行までの空間に官僚的行為がぎっしり詰まっていたことだけは疑う余地がない。また、ヒトラーの想像力がどれほど鋭かったとしても、それが巨大な合理的官僚組織によって引き継がれ、問題解決のルーチン的プロセスに変換されることがなければ、それはほとんどいかなる結果も残しえなかったであろう。最後に、そしておそらくもっとも重要なのは、行為の官僚的様式がホロコースト的プロセスという拭い去りがたい印象を残したことだ。官僚的行為はホロコースト史のいたるところに、誰にでもみえる形でその指紋を残していった。人種的汚染への恐怖、人種的公衆衛生への強迫観念の引き出したのが官僚組織でなかったのは真実である。引き出したのは予言者であって、官僚組織は預言者を引き継いだにすぎない。しかし、官僚組織はホロコーストを実行した。そして、それを自らのイメージどおりに行なったのである。

　ドイツ人官僚がユダヤ人排斥の最初の条例を書き上げた瞬間、ヨーロッパ系ユダヤ人の運命は決したとヒルバーグは示唆している。このコメントには深遠にして、身の毛もよだつような真実が隠されている。官僚制度が必要とするものは任務の定義である。官僚制度は合理的にして効率的であるから、任務の完成まで任せられるのだ。

官僚制度はホロコーストの実行にその内在的能力と技術だけでなく、その内在的な病をとおして貢献したといえる。もともとの目標を見失うと、目標にかわって手段に集中するすべての官僚組織の傾向は、多くの人に注目され、分析され、描写されてきた。ナチスの官僚組織とて、こうした傾向から自由ではなかった。一度、動きだした殺人装置は独自の推進力を発達させる。支配領土におけるユダヤ人浄化に大成功すると、新たに獲得した技術を活用するために新たな領土を求めはじめる。ドイツの敗北が近づくと、〈最終的解決〉という最初の目標はますます非現実的となる。殺人装置が停止しなかったのは、単に、それがルーチン化し、慣性の法則にのっとっていたからである。大量殺人の技術は、純粋に、それがあるからという理由で使われつづけた。専門家は自分の専門へのこだわりのためにその対象を生産しつづけた。ユダヤ人がドイツの地から一人残らず消えたずっと後になっても、ドイツ系ユダヤ人にたいする取るに足らない規制をつくりつづけたベルリンのユダヤ人課の専門家のことを、われわれは思い出さずにはいられない。また、軍事作戦に欠かすことのできないユダヤ人職人の処刑を軍将校に命じた〈親衛隊〉司令官のことも思い出さずにはいられない。手段が目的に置き換わってしまう病的な特徴がもっとも目立ったのは、東部戦線までわずか数マイルのところで、戦時としては巨大な経費をかけて行われたルーマニア系・ハンガリー系ユダヤ人の虐殺という理解しがたい、無気味なエピソードであった。貴重な貨車、機関車、兵士、人員が戦場から回されて、そもそもドイツ人の居住地でもなかった遠い地域の浄化に使われたのだった。

官僚制度にはジェノサイド的行為の実行を可能にする本質が備わっている。そうした行為への従事には、近代のもう一つの発明品との出会いが必要だった。つまり、人種的に均一で、階級のない社会などといった、より良き、より合理的な社会秩序の大胆な設計図と、そうした設計図を描き上げる能力と、それを有効なものにする決意との出会いが必要だった。近代において、共通に、しかも、ふんだんにみられるこれら二つの発明品が出会ったとき、ジェノサイドは起こる。そして、これまで両者の出会いだけが稀で珍しかったのだ。

近代的安全装置の破綻

肉体への暴力とその脅威が、

個人の生活にもたらすものは、もはや、永続的な不安感ではなく、妙な種類の安心感である……日常生活の各場面の裏側に蓄積された肉体的暴力によって、個人生活には継続的・均質的な圧力——われわれがすっかり慣れ親しみ、ほとんど、気にもとめなくなっ

た圧力——がかけられ、それが最初期からこの社会構造まで経済の順応を導き、押し動かしている。(13)

ノルベルト・エリアスは文明社会の自己定義をこう言い換えている。文明社会の定義はふつう日常生活からの暴力の除去を中心に展開される。これまでみてきたように、暴力の除去といってもそれはたんなる立ち退きでしかなく、暴力はふたたび勢力をもりかえし、社会システムのまた別の場所にその中心を構える。エリアスによれば、暴力と安心感の進展は深く相互依存しているという。日常生活の領域が比較的、暴力と縁遠いのは、肉体的暴力がその領域の中心から離れた両翼のところに蓄積されているからである。蓄積された量といえば、社会の一般構成員にはコントロールできず、無許可の暴力の爆発を許さないほど大きなものである。人々が暴力の恐怖を日常的に感じないのは、人々が暴力的にならないかぎり、暴力、すなわち、太刀打ちも、抵抗もできない暴力により脅かされることがないからである。日常生活の地平からの暴力の消滅は、近代的中央集権化、権力独占のいま一つの兆候だったといえよう。個人同士の関係に暴力が介在しないのは、それが個人には手の届かない力によってコントロールされているからである。しかし、力は全員の手の届かないところにあるわけではない。評価の高い行動の温厚化（エリアスは西洋の因果論的神話に従って、これを歓迎し、祝福している）、そして、それに続く日常生活の心地よい安心感には代償が伴われていた。近代という家の居住者であるわれわれには、いつその支払い要求がきてもおかしくない。あるいは、要求なしに、支払わせられるかもしれないのだ。

日常生活の平和は日常生活の無防備化を意味する。人間同士の相互関係において物理的暴力の不使用を約束する、あるいは、そうした約束が強制されるならば、近代社会の構成員にとっては見知らぬ、通常、不可視の、しかし、潜在的に悪意ある抑圧の強力な管理者を前にしながら、自ら防御を解いてしまうのと同じである。構成員の弱さが心配なのは抑圧の管理者が弱さにつけこんで、自ら管理する暴力的手段の矛先を武装解除した社会に向けるからでなく、暴力の対象となるか否かが一般男女の行動の中身と原則的に無関係になるからだ。自らの手で巨大な抑圧の出現を防ぐことは近代社会の構成員にはできない。暴力の管理者の変更と暴力の非凶暴化は平行して起こる。

近代の特徴である権力の不均衡に含まれる連続的な不安に気づくと、近代文明社会の構造に組み込まれているとわれわれが信じる安全装置への信頼なしでは、われわれの生活はもはや耐えがたいものになる。しかし通常、信頼するのを誤りと考える理由はない。安全装置への信頼が疑われるのは特殊な場面だけである。ホロコーストの主たる重要性は、今日までのそうした特殊な場面のなかでももっとも劇的なものであったことにある。最終的解決に至るまでの年月、もっとも信頼されていた安全装置は試され、そして、それらはすべて役にたたなかった。一つ一つ、そして、すべてが。

おそらく、最大の衝撃は科学が思考の母体として、また、啓蒙、訓練のネットワークとして機能しなくなったことである。もっとも尊ぶべき近代科学の原理や成果も、死の使者となりうる可能性を露呈させたのだ。感情からの理性の解放、道徳的圧力からの合理性の解放、倫理からの効率性の解放を科学は最初から訴えていた。これらが実現すると、科学とそれが大量に産み落とした技術的応用力は、非倫理的な権力の手により従順な道具へと変えられていった。ホロコーストの実現において科学が果たした暗く、不名誉な役割は直接的でもあり、間接的でもあった。

間接的には（主として一般的社会機能にたいしてであるが）、科学はあらゆる道徳的思考、とりわけ、宗教と倫理学に疑問を投げかけ、その権威を奪うことによりジェノサイドへの道をひらいた。科学は過去を迷信と不条理にたいする理性の長い戦いと、その勝利の歴史とみる。宗教と倫理はそれらが人間的行動にたいして差し出す要求を合理的に正当化できないかぎり糾弾され、権威を剝奪される立場に立たされるのである。また、価値や道徳は内在的・不可避的に主観的であるから、優れたものの探究は道具性の領域でしか行うことができない。科学は価値からの自由を欲し、価値からの自由を誇りにする。組織的圧力と軽蔑を用いて、科学は道徳を唱える者を黙らさせる。このプロセスを通じて、科学は道徳的に盲目となり、寡黙となる。集団不妊手術や集団殺人のもっとも効率的で迅速な方法の開発に、積極的に、あるいは、諦めから協力するといった行動を妨げる障害物を、科学はすべて取り払ったのだ。あるいは、強制収容所の奴隷制度を研究の発展、ひいては人類発展のために行う科学実験の、ユニークですばらしい機会と考えることへの障害も取り除いていたのだ。

科学は（あるいはこの場合、科学者は）直接、ホロコーストの実行者を幇助してもいる。近代科学は巨大で複雑な制度である。研究は大型の建物と高価な装置と高賃金の専門家の大集団を必要とするから膨大な費用を要する。したがって、科学は資金と金銭以外にも資源の途切れることのない流れに依存しているが、それらは科学と同じくらい大きな組織にしか提供、保障できない。しかし、科学は商業ではなく、また、科学者も物欲、金銭欲だけにとらわれた人種ではない。科学の対象は真実であり、科学者の目標は真実の探究である。科学者は未知なるものにたいする好奇心に圧倒され、そして、興奮する。金銭をふくむ世俗的関心からみるならば、好奇心は私利私欲を超えたものである。科学者が追いかけ、訴えるのは知識や真実の価値だけである。好奇心に際限がなく、研究資金が膨らみつづけ、研究室費用が高騰しつづけ、人件費が増えつづけたとしても、真実発見のためならそれくらいのことは、小さな非本質的悩みとしてしか考えられない。知識への渇望が導くところへ赴ける自由以外に科学者の欲するものはない。

政府が科学者の援助だけをしているかぎり、科学者は謝意と協力を惜しまない。ほとんどの科学者は支援とひきかえに、重要度の低い道徳的信念はほとんどすべて放棄する。たとえば、鼻の形が都合の悪い、あるいは、履歴書に都合の悪い事項のある同僚が忽然と消えたとしても、彼らは他の研究者で間にあわせることができる。もし、誰かが異議を唱えれば、すべての同僚は一度に追放され、研究スケジュールは台無しにされる危険に陥る。(これは中傷でも皮肉でもない。記録に残るかぎり、ドイツ人学者、医師、技術者の抵抗は、結局、こういう形で集約されるのだ。粛清のさなかのソヴィエトの学者、医師、技術者についてはいまだ真実が知られていない。)ドイツの科学者は嬉々としてナチスという機関車のひく列車に乗りこみ、ドイツの支配する、民族浄化された、新しくすばらしい社会に向かったのだ。研究計画は日ごとに野心的となり、研究機関は時間ごとに人手と資金を増やしていった。それ以外のことはほとんどどうでもよかったのだ。

ナチスの人種政策の立案と実施における生物学と医学の貢献について、ロバート・プロクターは興味深い新研究を発表しているが、彼はそのなかで、ナチス政権下の科学者は迫害の犠牲者であり、上部からの激しい洗脳の対象であったという一般的神話(この神話は一九四一年に出版されたジョーゼフ・ニーダムの『ナチスの国際科学への攻撃』にまで少なくともさかのぼる)を完全否定した。プロクターの綿密な研究によると、政治的イニシアティヴは臆病な科学者への外部からの押しつけであったというより、科学界自体が産みだしたということの他に、人種政策自体、学問的に非の打ちどころのない資格をもった科学者によって決定され、維持されたということを、一般的な意見は揃って過小評価しているという。強圧がかかったというのであれば、「それは科学界の一部からの他の一部への強圧という形をとった」にすぎない。概して、「［人種政策プログラムの］科学的・知的基礎の多くはヒトラー政権よりよほど以前に決定されており」、生物医学の科学者は「ナチスの人種プログラム策定、管理、実施において積極的・主導的役割を果たしている」[14]。生物医学を専門とする、問題の科学者たちが精神異常者でも、科学界の周辺にたむろする狂信家でもなかったことは、ナチス時代のドイツで出版された一四七の医学雑誌の編集委員の構成を丹念に調べたプロクターの研究によっても明らかである。ヒトラーが政権の座についてからも、編集委員は元のままか、ほんの一部が入れ替っただけにすぎなかった（変更はユダヤ人学者が外されたことによる可能性が高い[15]）。

良く言って、近代科学として制度化された理性崇拝は国家の組織犯罪を止めるには無力であった。悪く言えば、理性は国家の組織犯罪の道具として使われた。しかし、理性の代表者である科学者だけが有罪であるわけではなかった。沈黙したという点では、ドイツ人学者には大勢の共犯者がいた。もっとも顕著なのは教会、しかも、すべての教会である。組織された非人間化を目前にしての沈黙だけは、理性とことあるごとに争ってきた教会も批判しなかった。これを機に堕ちた権威を回復しようとした教会は皆無だった。また、自ら勢力範囲だと主張する国で、自らの信者が起こした行為の責任を認めた教会は（たまに現われる、個人としての牧師を除いて）存在しない（ヒトラーは最後までカトリック教徒であったし、破門もされなかった）。信者にたいし道徳的判断を下す権利、迷える者に懺悔を求める権利を掲げた教会も皆無だった。

当然のことながら、文化的に醸成された暴力への嫌悪感は、組織化された抑圧にたいする安全装置としては無力であった。一方、文明的態度は驚くべき柔軟性を示し、大量殺人者と平和に協調して共存することができた。長期間にわたる、時としてつらい文明化のプロセスは、ジェノサイドにたいする絶対安全な防波堤を一つもつくりあげることができなかった。こうした防波堤装置は、犯罪行為を犯罪者の自己正当化の主張と衝突しない形で調節する文明的基準を必要とした。傍観者の非人間化への文明的嫌悪感は積極的抵抗を誘発するほど強くなかった。ほとんどの傍観者の反応は、醜い物、野蛮な物にたいする文明の定めた反応どおりのものだった。彼らは醜い物、野蛮な物から目をそむける。残忍さに抗して立ち上がった少数者の抵抗を支え、援護する道徳、あるいは、道徳的拘束力は存在しなかった。彼らは孤立無援であり、悪にたいする自らの戦いを正当化するには、彼らの偉大なる祖先の一人を引用するしかなかった。〈これ以外の私はありえない〉［Ich kann nicht anders.］*。

節度を失った一団が強力な近代国家の鞍の上に暴力と抑圧の独占を載せたのに直面して、近代文明が誇るべき成果といえども野蛮にたいする安全装置としては無力であった。文明は自らが生んだ偉大な力が道徳的に使われることを保証できなかったのだ。

結論

民主主義の崩壊（あるいは、不在）こそ、ことの元凶だろうとする説には説得力がある。伝統的権威の消滅のあと、国家がどちらかに極端に傾斜するのを阻止する天秤のおもり、分銅としては民主主義政治以外考えられなかった。しかし、旧統治制度、旧権威の解体後、民主主義の到着は遅く、根づくのにも、とくに解体が急だった場合、さらに多くの時間がかかった。こうした空白期間や不安定は本格的革命の継続中や革命後、あるいは、古い社会権力が新たな社会権力に取って代わられることなく麻痺したあと起きる傾向がある。社会的な力と影響力が政治力と軍事力に追いつかない状態が生じるのはこのときである。

こうした状況は血なまぐさい侵略戦争や長い内戦が終わり、上流階級、エリートがほぼ完全に消滅したときのように、前近代にもみられた。しかし、このような状況が前近代においてもたらした結果は、近代のそれとは同じではなかった。通常、前近代では広範な社会秩序の崩壊は起こらなかった。戦乱による破壊が社会的統制ネットワークの底辺にある、大衆のレベルまで及ぶことはめったにない。共同体単位で管理される地域的社会秩序の小島は、暴力や略奪に突発的にみまわれたときでさえ、また、上部社会組織が崩壊したときでさえ、自らを支えられるだけの強い主体性をもっていた。前近代社会の伝統的権威に加えられた深甚な打撃でさえ、ほとんどの場合、近代的混乱に比べれば、二つの点で大きく異なっていた。まず第一に、権威が打撃をこうむったとて、共同体による秩序の原始的統制は無傷であるか、少なくとも、機能可能であった。そして第二に、高次元の社会組織が倒壊し、地域同士の関係と運命がまったく調整されていない力に委ねられたときも、共同体を超えた組織的行動の可能性は高まるより、むしろ、低くなった。

近代的状況では反対に、同種の騒ぎは社会統制の共同体的メカニズムがすっかり消滅し、地域共同体が自己充足的、独立的でなくなったときに発生する。本能的反射神経から自らの資質に「寄りかかる」代わりに、空白は、社会階級に新秩序を押しつける力を国家に独占させようとする、新しい、しかし、またもや超共同体的勢力によって埋められることになる。政治権力は崩壊するどころか、出現する秩序を操るほとんど唯一の力となる。旧権力の崩壊と麻痺により深刻な弱体化を経験した経済・社会勢力は、政治権力の前進を制止することも、抑制することもできない。

もちろん、これは机上のモデルであり、歴史的現実にこれがそのまま妥当することは稀

＊〔訳注〕〈ここにいるのが私で、私はこれ以外にありえない〉〔Hier stehe ich, ich kann nicht anders.〕というマルティン・ルターの言葉からとられたもの。

である。しかし、この理論の効用はジェノサイド的傾向の再発を可能にするかもしれない社会的歪みに注目を向けることにある。社会的な歪みはそれぞれ形も規模も違うだろう。しかし、それがもたらす結果が、経済・社会勢力にたいする政治勢力の、そして、社会にたいする国家の、完全な優位性である点は共通だといえる。社会的歪みがもっともひどかったのはロシア革命と、それに続く、国家による社会統合と秩序再生の長期にわたる独占の場合であったかもしれない。しかし、ドイツにおいても歪みは一般に信じられているより大きく、そして、長かった。ヴァイマール共和国の短い間奏曲が終わった直後に登場したナチス支配は、さまざまな理由から共和国（表面的に民主的とみえるだけの新旧エリートのなれあい）が敢行できなかった革命を引き継ぎ、完成させたのだった。旧エリートはかなり弱体化していたか、排除されようとしていた。さまざまな経済・社会勢力は一つ、また一つと解体され、国家が生み、国家が管理する新たな勢力が後を引き継いだ。深刻な影響を受けなかった階級はなかったわけだが、もっとも強烈な打撃は非政治的な力を集団的にしか持ちえない階級、すなわち、非所有階級、とりわけ、労働者階級に加えられた。自立的労働者組織の「国有化」とならんで、地方政府の中央管理体制への組み込みは大衆をほぼ完全に無力化し、政治プロセスから排除した。国家的行動の周辺は秘密（まさしく、自らが支配する国民にたいする沈黙という国家的陰謀であった）で固められ、社会勢力による抵抗は阻止された。こうしたことの全体的・最終的な結果は伝統的権威が、自治権をもった市民の新しく活力ある勢力ではなく、自己主張を封じられ、ゆえに、政治民主主義の構造的基礎を構成するのも禁じられた社会勢力と、政治国家によってほぼ完全に取って代わられたことにある。

近代的状況は社会的・経済的統制のネットワークを、政治的指令と行政によってまかなう能力をもった強力な国家を出現せしめた。さらに重要なのは、近代的状況がそのような指令と行政に実体的重みを付加したことである。思いかえせば、近代は人工的秩序と巨大な社会設計の時代であり、計画者、空想家、より一般的には、社会を処女地と捉え、専門的計画のもとに耕し、計画された形にそって維持する「造園家」の時代であった。

野心と自信には際限がなかった。近代の力は巨大なスペクタクルを繰り広げたから、「人類」は万能にみえる一方、人類を形成する個々人はまったくの「未完成」に、不器用に、従順に、未熟にみえたはずだ。ゆえに、人々を剪定の必要な（場合によっては、伐採の必要な）樹木、飼育の必要な家畜として扱うことは、あながち奇抜な発想でも不道徳でもなかった。ドイツ国民社会主義の最初の主要な提唱者の一人、R・W・ダレは将来の〈民族〉政府の「人口政策」は畜産技術を参考にすべしと語っている。

庭の草花の世話をせず、育つままにしておけば、すぐに雑草がはびこり、草花の基本的性質さえ変わってしまったのかと驚くだろう。庭を草花の育ちやすい土壌にしておくためには、また、庭を自然の厳しい法則から守るには、造園家の創造的意思が必要なのだ。造園家は植物の生育に適した状況を提供し、有害な影響は取り除き、丹精が必要なものは丹精し、よき草花から養分と空気と光と日光を奪う雑草は容赦なく駆除する……ゆえに、育成の問題は政治思想にとって些末どころか、その中心に据えられなければならない。また、その問題にたいする答えは人民の精神的、思想的態度から求めねばならない。しっかりとした発想にもとづく育成計画が文化の真の中心に立ったとき初めて、人民は精神的・道徳的平衡状態に達するとさえ言わなければならない……[16]

ダレは曖昧さを排除した過激な言い方で、近代的権力の豊さがなければわれわれには本当に所持しえない、近代的立場の本質を形成する「現実改良」の野望について述べている。近代のこのもっとも特筆すべき性質が形成されたのは、大きな社会的ずれが起こった時代であった。この時期ほど社会が「未完成」で、不確定で、柔弱で、混沌としていたことはなく、この時代ほどヴィジョンや、それに形を与える巧みな、そして、機智豊かな設計者を待望していたことはなかった。また、この時期ほど社会が固有の力と傾向に欠けているようにみえ、ゆえに、造園家の手腕に抵抗するすべがみつからず、造園家の選んだ形のままに社会が形成されていったことはなかった。被可鍛性と無力の合体は自信のある冒険的空想家には抗えない魅力であった。それはまた、空想家を制御できない状況もつくりだしたのである。

近代国家の官僚制度の頂点に君臨する、非政治的な力（経済的・社会的・文化的な力）から解放されたグランド・デザインの提唱者。これこそジェノサイドの元凶だ。ジェノサイドはグランド・デザインが実行にうつされる過程の不可欠な一部である。グランド・デザインはそれに正当性を付与する。国家官僚機構はそれに媒体を与える。そして、社会的麻痺はそれに「ゴーサイン」を送る。

したがって、ジェノサイドの実行に都合のよい状況は特殊ではあるが、けっして例外的なものではない。まれではあるがユニークではない。近代社会の内在的属性ではないとしても、近代社会とまったく無縁の現象でもない。近代にとってジェノサイドは異常な出来事であっても、機能不全の一例ではない。近代の合理的・工学的傾向が止められ、抑えられなくなったとき、また、社会勢力の複数性が侵食されたとき、また、目的をもって設計され、完全にコントロールされた、矛盾のない、秩序ある、調和した社会という近代的理想が実現したとき、近代はジェノサイドを起こす。利害を明確にし、自己統治する力が大衆から奪われるたびに、社会的・文化的複数性とその政治的発言の機会が攻撃されるたびに、国家の際限のない自由のまわりに政治的秘密主義の壁が建てられるたびに、民主政治の社会的基礎を弱体化させる政策がとられるたびに、ホロコースト規模の社会的惨事の起こる確率は少しずつ高くなる。犯罪的計画が成功するには社会的媒体が必要となる。しかし、計画の実行を止めようと願う人々の警戒にもまたそれが必要となる。
これまで警戒のための社会的媒体は数が不足し、他方、犯罪的計画に貢献できる能力があるように思える組織や、ごくふつうの行動が犯罪性をおびるのを防ぐことができない組織は少なくなかった。情報技術の社会的影響力の観測と分析に優れた功績を残したジョゼフ・ワイゼンバウムによれば、大量殺傷能力は次のようにして向上したという。

ドイツは「ユダヤ人問題」の「最終的解決」を道具的理性の教科書的応用によって達成した。起こった事実からもはや目をそらせなくなったとき、殺人者により撮影された写真が出回りはじめたとき、そして、わずかな生存者が戻ってきたとき、人間は慄き震えたではないか。しかし、結局、なにも変わらなかった。同じ論理、同じ狡智な理性の冷徹で情け容赦ない応用によって、少なくとも千年〈帝国〉の技術の犠牲者と同じ数の人間が次の二〇年間に殺害されたのだから。われわれはなにも学ばなかったのと同じだ。文明は当時も今も、同じような危険に曝されているのだ。[17]

道具的理性とそれに奉仕するために開発された人間のネットワークが、道徳的に盲目である理由は今も昔も変わらない。ナチスの恐ろしい犯罪が発見されてから二〇年以上も経った一九六六年、優秀な学者グループがヴィエトナム戦争に従軍する将校たちのために、

「電子工学的戦場」という高度に科学的で、模範的合理性をもったプロジェクトを開始した。「学者たちにこうした支援ができたのは、彼らが支援者に渡した発想が生んだ武器システムによって重傷を負い、殺される人々から心理的に遠く、かけ離れたところにいたからである[18]」。

過去のいかなる技術にもまして、人間という対象のなかの人間性を抹消することに成功した新しい情報技術のおかげで、心理的距離は前代未聞の速さで、とどまることなく伸びつづけている。(「人間、物、出来事は「プログラム化」され、具体的状況との接触もすべて抽象化され、「インプット」「アウトプット」、フィードバック回路、変数、割合、プロセスなどという言い方で置き換えられるようになった。あとに残るのはグラフ、データ、プリントアウトだけである[19]」。) 意図的に選択され、対話をとおして合意された人間的目的と、純粋に技術的な進歩の自律性との距離もまた伸びている。今では、いかなる時代にもまして、技術的手段が自らの妥当性を弱め、妥当性の評価を効果・効率性という基準に従属させてしまっている。同じ意味で、行為の政治的・道徳的評価は疑われ、無視されないまでも、些末な関心として退けられている。行動の正当化には使用された技術以上のものはほとんど必要とされない。言説として設定された社会的目的の束縛から解放された技術は、次のようになるだろうとジャック・エリュルは警告している。

〔技術は〕背後から押されなければどこにも進んでゆかない。技術者は自分がなぜ働いているかを知らず、また、知らなくても構わない。彼らが働くのは目的を遂行し、新たな作業を成し遂げるための道具をもっているからである。目的に向かえという呼び声はかからない。彼らのうしろ側には機械の停止を許さない機関車があるのみである。[20]

政治的目的の決定において、効率性の斟酌が最高の権威をもつようになると、人間の道具的・合理的能力の応用を抑制するのに、人間の非人間性を否定する文明による証しが頼りにされるのだが、それが頼りになる望みは以前にもまして薄くなっているようにみえる。

5　犠牲者の協力を請うて

犯罪者と犠牲者の連携は「運命的」である。
ラウル・ヒルバーグ

ユダヤ人による協力者の功績や〈ユダヤ人協会〉〔Judenräte〕*の情熱がなければ、犠牲者の数ははるかに少なかったであろうというハンナ・アーレントの忘れ難い結論は、精査には耐えられないように思える。チェルニァコフの自殺から、ルムコフスキやゲンスのナチス監督官への積極的・意識的協力を経て、ビャウィストクでみられたユダヤ人協会によるユダヤ人武力蜂起へのなかば公然たる協力にいたるまで、迫害された共同体の指導者たちの態度は非常に幅広いものであった。にもかかわらず、それらは最終結果、すなわち、共同体と指導者のほぼ完全な抹殺にいささかの影響も与えていない。アーレントの残酷な

*〔訳注〕〈ユダヤ人協会〉はドイツ領ポーランドの、のちに、ドイツ領ソヴィエトの各都市のゲットーにおいて、ドイツがユダヤ人に作らせた行政組織。

評価はこうした事実にたいする反証をもたない。さらに付け加えれば、ナチスによるユダヤ人の殺害の約三分の一はユダヤ人協議会、あるいは、評議会の直接的・間接的協力なしに行われた（ヒトラーは対ソヴィエト戦を殲滅のための戦争と公式に宣言し、ソヴィエト領への侵攻の初期に勝利を重ねたドイツ〈国防軍〉〔Wehrmacht〕に属した悪名高き〈特別任務部隊〉は、ゲットーの設立や〈ユダヤ人指導者〉の選出に興味を示さなかった）。ヨーロッパ系ユダヤ人の破壊にたいしてユダヤ人の協力がどれほど影響を与えたかをめぐるさまざまな意見のうち、〈ユダヤ人協会〉の現存資料を包括的に、しかも、徹底的に調査したアイザヤ・トランクが得た見解は、アーレントのそれとは対極をなすものであった。トランクによれば「強制移送へのユダヤ人の協力、非協力は東欧におけるホロコーストの最終結果にほとんどいかなる重要な影響もおよぼさなかった」という。〈親衛隊〉の命令への服従を拒絶した〈ユダヤ人協会〉の役員が、別のより従順なユダヤ人と交代させられたり、また、〈親衛隊〉がユダヤ人の仲介者の手を経ずに、直接（とはいっても、ほとんどの場合はユダヤ人警察官が手助けをした）「選別」を行った幾多の例にトランクは言及している。個人による不服従が効果的でなかったのは、まさに、ナチスには協力を見込むことのできるユダヤ人が他にも大勢あり、それゆえ、特別な力をさくことなく殺人計画を実行できたからであった。不服従がより広く行われていたとしても、その効果はたかがしれたものであったに違いない。

しかし、ユダヤ人の協力が、そして、あれほどの規模の協力がなかったならば、大量殺人の複雑極まる作戦は大きさのまったく異なる技術的・財政的問題で役人たちを悩ませただろう。第一章でも述べたように、運命づけられた共同体の指導者たちは作戦が必要とする準備的事務作業のほとんどをこなし（ナチスに資料を提供したほか、将来の犠牲者の情報をファイル化した）、ガス室が犠牲者を迎えるときまで彼らを生かしておくのに必要な生産・配給活動を監督し、法と秩序の混乱がナチスの能力と資源に負担にならないよう囚人を監視し、段階ごとの目的を明示することで殲滅プロセスの円滑な流れを確保し、最小限の労力で受領できるよう物資を配給し、そして、最後の旅への費用をまかなうための資金を調達した。こうした多様な実質的援助がなかったとしても、ホロコーストは起こっただろうが、おそらく今とは違った形で歴史に名をとどめていただろう。復讐心や共同体的憎悪に駆られ、血に飢えた征服者が力を喪失した民族にもたらした暴力、大規模な抑圧として。逆に、多様な実質的援助が行われたからこそ、ホロコーストは歴史家や社会学者にとってまったく新しい種類の問題を提起する。それは近代的な形の合理的行動がいかなるプロセスをもたらすかを垣間みさせる窓となる。また、そうしたプロセスが動きだしたときに出現する近代的な力の地平を垣間みさせる窓となる。ホロコーストのこの恐るべき側面についての観察と比較の正しい視座は、壮大なジェノサイド的暴力の血塗られた歴史でなく、近代社会を動かす「ごく普通の」力が提供してくれるようにみえる。

事実、どのジェノサイドのプロセスにも、ホロコーストに顕著であった犠牲者の協力はみられない。「通常の」ジェノサイドのほとんどは集団の完全なる殲滅を目標としない。暴力のたいがいの目的は（暴力が意図的、計画的であるならば）、特定の集団（民族、部族、宗派）を自己増殖の可能性のある共同体だとみなし、自己防衛の立場から破壊することにある。もし、そうであるなら、ジェノサイドの目的は、（一）暴力の規模が被害者の志気と抵抗力をそぎ、彼らを強大な力に屈服させ、強制的に秩序を受け入れさせることができれば達成されたことになる。また、（二）闘争の継続に必要な資財・能力を特定の集団から奪いとれれば達成されたことになる。こうした二条件が整ったとき、犠牲者たちは彼らを苦しめる者の意のままになるからである。彼らは長期間の奴隷状態におかれるか、または、勝利者が決める条件のもとで新たな秩序における地位が与えられるが、どちらになるかは征服者の完全なる気まぐれによる。どちらが選択されようが、ジェノサイドの仕掛け人が利益をえることだけは間違いない。彼らは自らの力を拡大、強化し、対立の根源を一掃する。

暴力の効力を高めるために破壊されねばならない抵抗者の資財・能力のうち、群をぬいて重要なのは、破滅を運命づけられた共同体の伝統的エリートが占めている地位だろう。ジェノサイドのもっとも基本的な要素は敵の「斬首」にある。指導者と権威の中心を奪われた集団は結束力とアイデンティティを維持する力を失い、結果的に、防衛力も喪失すると予想される。集団の内部構造は崩壊し、よって、集団は個々人の集合体と化し、彼らは一人、一人と拾われて、勝者が管理する新秩序へと同化させられるか、新秩序の管理者がじかに支配し、警備する隷属的カテゴリーとして強制的に隔離される。したがって、ジェノサイドが特定の人民の共同体や結束力ある自立的母体の完全破壊をもくろむのであれば、まず、主たる標的となるのは運命づけられた集団の伝統的エリートたちである。東ヨーロッパを拡大するドイツ民族の〈生存圏〉〔Lebensraum〕とし、その住民を新支配者の必要性に奉仕する未来の奴隷とみるヒトラーの展望に基づいて、ドイツ占領軍は地域の政治構造、文化的自立を組織的に消滅させつづけた。征服したスラヴ系諸国のあらゆる活動家を追跡、投獄、そして、肉体的に破壊し、最初等教育をのぞいたあらゆる教育機関を解体し、退廃的でしかない地域文化を禁止することで、民族的エリート層の再生産を防いだ。しかしこれにより、ヒトラーの巨大な構想の追求のために、奴隷化された民族の協力をあおぐことは、若干の犯罪性を帯びた補助的協力をのぞけば不可能となった。地域のエリートが破壊の対象とされた今、征服者は自らの資源に頼るほかなく、征服された民族は資産でなく支出として計上せざるをえなくなった。

ユダヤ人の奴隷化はナチスの目的ではなかった。ナチスの当初の究極目標は大量殺人でなく、ユダヤ人の完全〈除去〉、すなわち、ドイツ民族の生活圏からユダヤ人を効果的に排除することであった。ヒトラーとその信奉者はユダヤ人が提供できる支援を、奴隷労働という形でさえ必要としなかった。移民、強制退去、物理的殲滅などいずれの形をとろうが、求められていた解決策が完全に実施されれば、ユダヤ人エリートの「特別扱い」はいずれ不要となる。エリートたちも同胞と立場を共有する運命にあり、ユダヤ人にたいしていかなる苦悩が用意されていようが、それは民族のあらゆる構成員に同じ方法、同じ形で強いられたがゆえに非例外的でもあった。このようなユダヤ人問題の非例外化、「全体化」から予測できた効果は、ユダヤ人の共同体的構造、自立性、自己統治の存続であったが、それ以前に、占領されたすべてのスラヴ諸国では、これらに類似した共同体的存在の要素がすでに正面からの攻撃にさらされていた。存続とは、なによりもまず、伝統的ユダヤ人エリートがホロコースト継続中も行政的・精神的指導力を継続的に発揮することを意味する。また、ユダヤ人の物理的隔離とゲットーの封鎖の後、指導力がさらに強化され、ほぼ、絶対的なものになることを意味する。

　東欧の大きなゲットーや西欧の古いユダヤ人共同体では選挙が強制され、地方市町村ではマーケット広場に集められた長老のあいだから〈会長〉*〔Präses〕を任命するなど、〈ユダヤ人協会〉という新しい組織のなかでユダヤ人エリートを作るためにナチスの使った方法はさまざまであった。豊富な証拠が示すように、「ユダヤ人街」におけるナチスの監督者は指名されたユダヤ人指導者の権威の維持と強化に熱心であった。彼らはユダヤ人大衆を無気力、無関心にするために〈ユダヤ人協会〉の威信を必要としたのだ。一九三九年九月二一日、占領されたばかりのポーランド各都市のドイツ人〈司令官〉〔Kommandanten〕あてにベルリンからいっせいに送られた有名な〈速達〉〔Schnellbrief〕で、ハイドリッヒはユダヤ人長老会議は「残存する有力者やラビ」などから構成されるべきだとまず強調し、そして、長老会議が単独で責任を負い、また、支配、管理する重大事項を長々と列記している。ナチスがゲットーにおけるあらゆる事柄をユダヤ人の手を借りながら行った裏には、ユダヤ人指導者の力をさらに明確にし、正当化しようとする歪んだ意図があったのではないかと疑うこともできる。ユダヤ人には通常の行政機関の権限がほとんど及ばなくなり（ドイツでは段々と、制圧地域では突然に）、すべてがユダヤ教の指導者の手に委ねられたが、それとひきかえに、宗教指導者たちは「通常の」権力構造の権威から自由なドイツ行政機関から指令を受け、指令にこたえる義務を負うことになった。ゲットーにみられた自己統治と隔離の奇っ怪な混交の原理は、一九四〇年にヘルマン・エーリッヒ・ザイフェルトがとりまとめ、明文化している。

占領地域のドイツ支配機構にとって、個人としてのユダヤ人は存在しない。原理上、ユ

＊〔訳注〕Präses の語源はラテン語で「最前列に座る者」で、会議や組織の長を指す。ここではユダヤ人社会の長老のこと。

ダヤ人個人との交渉はありえない……交渉はすべて〈長老会議〉〔Ältestenräte〕をとおして行われる……〈長老会議〉の助けを借りて、ユダヤ人は宗教を含むすべての内部問題を自力で処理する一方、ドイツの行政から与えられた任務と要請を全責任をもって遂行しなければならない。大部分が富豪で、著名であった〈長老会議〉の構成員たちは、義務の遂行に個人的な責任を負っていた。疑いなく、〈長老会議〉は〔帝政〕ロシア時代のユダヤ人政策が利用した〈カハール〉〔Kahals〕を思い起こさせるが、それとは一つだけ大きな相違がある。かつて、ユダヤ人の権利はカハールによって付与され守られていた。しかし、ポーランドの〈総督府〉においては、ユダヤ人の義務は〈長老会議〉が受託、そして、分配するものである……ドイツ秩序に反対するような議論や意見はありえなかった。[1]

ユダヤ人指導者は上から下に向かい、限定された権限を囚われの人々にたいして行使していた。逆に、ユダヤ人指導者たちは、国家憲法で承認された機関からいかなる制約も受けない犯罪者組織の、まったく意のままに動いていた。したがって、ユダヤ人エリートはユダヤ人の権利剝奪において仲介者の決定的役割を果たしていたことになる。一つの集団を征服者の自由意思に完全に従属させる作業が、共同体構造の破壊でなく強化によって、また、共同体エリートによる一体的努力によって成し遂げられたことは、ジェノサイドとしてはきわめて異例であった。

したがって、最終的解決の初期段階における状況は、ジェノサイド作戦の犠牲者が「通常」経験する類いのものではなく、逆説的に、通常の権力構造内の下部集団が経験するそれに近いものだった。驚くべきことに、ユダヤ人は自らを破壊する社会制度の一部であった。彼らは連携作業の輪の重要な接合部をなしていた。彼ら自身の行動は作業全体の必要不可欠な一部であり、作業を成功させる決定的条件でもあった。「通常の」ジェノサイドは関係者を殺害者と被殺害者に分ける。後者にとっては、抵抗だけが合理的反応である。ホロコーストにかんするかぎり、区別は曖昧であった。全体的権力構造に組み込まれ、その内部で広範な任務と機能を与えられた集団には、反応にかんしても広い選択肢がありえた。憎き敵や未来の殺害者への協力でさえ、あながち非合理的な反応だとはいえなかった。ユダヤ人たちは生き延びるための合理的目的に従った行動をとりながら、自ら抑圧者の手中に飛び込み、抑圧者の行動を容易にし、そして、自らに破滅をもたらしたのだ。

こうした逆説ゆえに、ホロコーストの記録からわれわれは、官僚的に遂行された抑圧の一般原理にかんして他にはないような洞察をうることができる。もちろん、ホロコーストは通常もっと穏やかな形で現われる現象、敵対者の完全抹殺など目的としないような現象の極端なケースである。しかし、まさに極端であるがゆえに、ホロコーストは官僚的抑圧の見逃されてきた面を明らかにする。通常、これらの面はさまざまな用途で応用されている。近代社会における権力の機能と作用を十分に理解するには、これらの面を考慮に入れなければならない。これらのなかでもっとも顕著なのは、自らの決定的利益に反するものであっても、あえてそうした行動を行為者にとらせる官僚組織の近代的・合理的能力である。

犠牲者の「幽閉」

官僚組織の近代的・合理的能力は普遍的ではない。普遍性を得るためには命令系統の内的ヒエラルキーと行動連携の原理に加え、官僚制度はさらにいくつかの条件を満たさねばならない。官僚機関はまず完全に専門化されねばならず、次に、果たすべき専門的機能を無条件に独占しなければならない。簡単に言い換えれば、標的とされた対象にたいして官僚機関が行うことはすべて、その対象にたいしてだけ集中的になされ、他の範疇の状況に影響を及ぼしてはならないことを意味する。さらに、標的とされた対象は専門化された官僚部門の裁量内にとどまりつづけ、他の部門とは関係しないことも意味する。第一の条件が満たされれば、官僚的プロセスへの外側からの介入はありえなくなる。標的とされていない集団が標的とされた集団を救出しようとしないのは、両者の直面する問題に共通の分母がなく、一体的連帯行動が起こりづらいからである。第二の条件が満たされると、標的とされた範疇に属する者は早晩、それを管理する官僚機関以外のいかなる権威や権力への訴えも無駄であり、効果のないことに気づかされる。場合によると、そうした訴えは約束違反(官僚制度からの一方的な)と判断され、官僚統治に従順に服従するよりもはるかにひどい結果さえ招きかねない。二つの条件が整ったとき、標的とされた範疇に属する者は合理的意思決定のための唯一の概念枠である「自らの」官僚制度を所有させられたまま孤立させられる。換言すれば、「目標の」政策を遂行する、また、遂行する独占的権利を有する官僚制度には、犠牲者の行動を測る尺度を設定する完璧な能力があるから、犠牲者自身の合理的動機を目的遂行の手段として使用することもできるのだ。やがて傷つけられ、破壊される運命にある範疇の人々の協力を仰ぐには、まず、官僚的に組織された力はその範疇を効果的に「幽閉」しなければならない。標的とされた範疇の人々を日常生活の文脈や他集団の関心から物理的に排除するか、その差異とユニークさを明確に強調、定義し、心理的に分離することによって。

一九三五年四月に行ったスピーチのなかで、ベルリンのラビ、ヨアヒム・プリンツは「幽閉された」範疇に属する人々の体験を次のようにまとめている。「ゲットーは「世界」である。屋外はゲットーである。マーケットも通りも居酒屋もすべてがゲットーである。ゲットーには看板がある。その看板には「隣人なし」と書かれている。おそらくこんなことはこれまで世界で起こったことはなかっただろうし、これがどれほど続くのか誰にも分からない。隣人のない生活が……」[2]。一九三五年の段階で、ユダヤ人はすでに自分たちには隣人がいないと悟っていた。彼らは他者との連帯を頼みにすることができなかった。彼らが経験する苦悩は彼らだけのものであった。距離的にいかに近い人々でも、精神的には遠くかけ離れていた。それらの人々はユダヤ人の経験に加わることはできなかった。しかも、苦悩の経験を伝えるのは容易ではない。ラビ・プリンツが語ったユダヤ人たちは「ユダヤ人デスク」の役人たちが、ゲームを完全に支配していることによく気づいていた。役人らはルールを設定し、それを意のままに変え、そして、賭け率を決定する。ユダヤ人が行動を起こすにあたり、役人たちの行動以外に注目すべき、あるいは計算すべき事実は存在しない。外の世界が消えると、「状況」の境界も崩れる。すると、迫害者の絶対的権力以外は考慮されない形で境界が再設定される。ドイツ人たちは長いあいだユダヤ人のことをその心と頭からきれいに消し去っていたから、彼らが物理的に排除されても気づく者は少なかった[3]。まず、精神的分離があった。それはさまざまな方法で達成されたのだった。

分離のもっとも直接的な方法は反ユダヤ主義に訴えることであり、それまで「ユダヤ人問題」に無関心だった、あるいは、無知であったドイツ国民の反ユダヤ主義的感情をあおることであった。これを行ったのがナチスのプロパガンダであり、ナチスは努力や失費を少しも惜しむことなくこれを見事にやりとげた。ユダヤ人には陰謀の罪と遺伝性の悪徳の罪が科せられた。なにより公衆衛生を重くみるのが近代文明の感性であったから、プロパガンダは害虫、細菌などから連想されるものを使って不安や恐怖をかきたて、そして、健康、衛生への近代人の強迫観念を刺激した。ユダヤ性は伝染病として、ユダヤ性の持ち主は保菌者として表象される。ユダヤ人との接触は感染の危険をはらむ。たとえば、生肉をみたとき、また、尿の臭いをかいだときの嫌悪感のように、社会心理学的メカニズムが活用され、ユダヤ人は人に吐き気や生理的嫌悪感をもよおさせるような存在に仕立て上げられた。これについてはノルベルト・エリアスが、文明化プロセスの解説のなかで論理的に説明している。

しかし、反ユダヤ主義の教育効果には限界がある。多くの人々は憎悪のプロパガンダに、あるいは、プロパガンダが信じるように求める不条理な世界解釈に動かされなかった。また、ほとんどの人々はユダヤ人の公式定義を抵抗なく受け入れながら、彼らが個人的に知るユダヤ人にはそれを当てはめようとはしなかった。反ユダヤ主義的プロパガンダ以外に、ユダヤ人を共同体生活から「隔離する」手段がなかったとすれば、隔離はおそらく成功しなかっただろうし、せいぜいドイツ人たちをいくつかの集団に、すなわち、激しくユダヤ人を嫌悪する集団、統一も組織もされていないが反ユダヤ主義に協力する集団、そして、「罪のない犠牲者」を積極的に擁護する集団とに分割するのがせいぜいだったろう。それだけでは、ユダヤ人をドイツ人の「心と頭」から削除し、それに続くユダヤ人の物理的破壊に伴う罪悪感と反発を払拭するには十分ではなかったはずだ。

反ユダヤ主義プロパガンダの影響はあらゆる反ユダヤ主義的処置に照準をあてようとする配慮によって支えられ、補強された結果、宣言された目的にたいして非効果的だったとしても、段階ごとにユダヤ人とそれ以外の人間の隔たりを大きくし、また、次のようなメッセージを強調しつづけた。それはユダヤ人がどんなに悲惨な目にあっても、残りの国民の立場に悪影響を及ぼすことはないので、ユダヤ人の運命と彼らは無関係だというメッセージである。ユダヤ人の適切な定義に到達するまでに、ナチスの首脳官僚と彼らの任命した専門家が費やした労力は、疑う余地のない歴史的証拠から克明に知ることができる。残忍で、悪辣な暴力の文脈に比すれば、この定義における法律学的精緻さはおよそ場違いなものにみえる。事実、法律学的精緻さの希求の背後には、ナチスが最後まで拘泥した〈法律文化〉〔Jurisprudenzkultur〕の最後の名残、あるいは、〈法治国家〉〔Rechtsstaat〕としての伝統へのオマージュがあったのかもしれない。被害の目撃者が目にし、疑問に感じたことと、目撃者自身の状況とは無関係で、彼らの利益は守られていると納得させるためには、ユダヤ人の正確な定義が必要だった。それにはまず誰がユダヤ人で、誰がユダヤ人でないかをはっきりと判定しなければならなかった。矛盾する解釈を生む不明確で、中間的で、折衷的で、曖昧な事例を含まない定義が必要であった。内容において、また、機能的妥当性においていかに馬鹿馬鹿しかったとしても、ニュルンベルク法は上のような定義だけは見事に実現している。[4] それはユダヤ人と非ユダヤ人のあいだにいかなる不明確な領域もおかない。それは人間を〈特別待遇〉〔Sonderbehandlung〕を受けるタイプと、死すべきタイプに分け、それぞれに印をつけた。それはまた、〈帝国〉における安全で清潔な人間、すなわち、純粋なドイツ人という、より広範な範疇も一気につくりあげた。成否はともかくとして、同じ目的はユダヤ人商店に目印をつけ（これによって目印のない商店の所有者と安全も明示された）、ドイツに残ったユダヤ人の衣服に黄色いバッジを縫いつけさせることによっても達成された。「驚くべきことに、ユダヤ人問題は大部分のドイツ人にとってごく小さな関心事にすぎなかった」。〈帝国〉が東に領土を拡大し、〈強制移送〉〔Aussiedlung〕がいよいよ始まったときも、大部分のドイツ人は「東欧のユダヤ人になにが起こっているか知らなかったし、興味さえなかった。ユダヤ人はほとんどの人間にとって去るものは日々に疎しであったのだ……アウシュヴィッツへの道は憎悪が準備し、無関心が完成させたのだ[5]」。

分離プロセスにはドイツ社会における組織化された伝統的エリート全員の圧倒的沈黙がともなっていた。近づきつつある惨事を世界に向かって警告できた人たちの沈黙。さまざまな理由から異質で有害にみえる民族と文化を〈排除〉するためのマスター・プランに共鳴していたからこそ沈黙したのだろうか。しかし、これは沈黙の全部の理由ではなく、もっとも決定的な理由ですらなかった。ナチスが政権を奪取した後も、職業的行動規範にはなんの変更もなかった。近代の幕開け以来、職業的専門家は理性の道徳的中立原則と合理性の追求に忠実であり、計画の技術的成功とは無関係の要因を容赦なく切り捨てる。ドイツの大学も他の近代国家の大学同様、価値観から独立した科学的行動を理想として掲げていた。各研究室は「知識」にたいする権利と義務を強調し、科学的探求に抵触する関心を排除した。この事実に思いをいたすなら、沈黙といえども、さらに、ナチスの目標遂行にたいするドイツ科学界の積極的協力でさえ衝撃的とはいえないだろう。沈黙や協力が驚きでなくなるにつれ、沈黙や協力は大きな問題となる、とアメリカのフランクリン・H・リテルは主張する。

近代の大学にたいする信用の危機は、死の収容所を計画し、建築し、その運営計画を立てたのが文盲でも、無知で無教養な野蛮人でもなかったという事実から起こった。殺害センターもその発明者同様、世界最高の大学システムの産物だった……

大卒者たちは社会民主主義体制のチリとファシズム体制のチリ、ギリシア軍事政権とギリシア共和国、フランコ政権下のスペインと共和制スペインのどちらとも、また、ロシア、中国とも、クウェート人、イスラエル人のどちらとも、アメリカ、イギリスとも、そして、インドネシアとパキスタンのどちらとも協働できたし、そうしても、強い内的葛藤を感じることがない……厳しい言い方かもしれないが、これが近代の大学の道徳的・倫理的・宗教的無関心のなかで技術を「教育」された技術者たちが果たしてきた歴史的役割の縮図なのだ……

リテルはこのあと、アメリカでナチス時代の科学の悪用、乱用について語るのは難しくないが、ダウ・ケミカル、ミネアポリス・ハネウェル、ボーイングにたいしてアメリカの大学がなしてきた貢献や、チリ・ファシスト政権樹立におけるＩＴＴ*の協力に言及することは長いあいだ困難であったと述べている(6)。

ドイツの科学エリート（さらに一般的には知的エリート）と、そのなかでも最高に秀でた個人の真の関心は、学者としての、そして、理性の代弁者としての誠実さにあった。そして、この誠実さのなかに行為の倫理性は含まれていなかった（また、非常時に倫理性は無視された）。アラン・バイエルヘンも言うように、「プランク、ゾンマーフェルト、ハイゼンベルク、フォン・ラウエといったドイツ科学界の大物たちは、一九三三年の春から夏にかけて、政府の政策、とりわけ、研究者の解雇と国外移民の政策にたいし不満も反対も提起しなかった。衝突を避け、平常な日常生活とプロセスが復帰するのを待ち、学問の職業的自立を維持することが彼らの主要な目標であった(7)」。彼らは全員、自らの関心を守り、

＊〔訳注〕ＩＴＴは航空宇宙工学、交通工学、エネルギー工学のアメリカを代表する複合企業で、一九七〇年代反アレンデ派へのＣＩＡによる裏資金供与にもかかわったと言われている。

擁護しようとした。そして、関心度の低いことに口を閉ざすことによって、彼らは真の関心を守ったのである。ナチスとの蜜月期の酔狂の後に戻ってきた「整然たる生活」は、教授たちがそれまで慣れ親しみ、高く評価していた生活とさほど違わぬものであったから、そうした黙殺も容易であった（古くからの同僚の幾人かが抜け、制服姿の学生であふれる教室に入るとき新しい形の挨拶をする、ただ、それだけのことであった）。彼らの職業的貢献にたいする需要と評価は高く、野心的で科学的に興味深いプロジェクトへの研究費は潤沢であったから、いかなる代償も高価には感じられなかった。ハイゼンベルクは彼と彼の同僚（もちろん、失踪した者をのぞく）が大切な研究を望みどおりに続行できるとの確証をとろうと、ヒムラーのもとに赴いている。物理学者たちに科学的行動と政治行動を峻別するようヒムラーは助言したという。この助言はハイゼンベルクにとって、心地よい音楽のように聞こえたかもしれない。しかし、彼は初めからこのように教育、訓練されていたはずである。ゆえに、彼は「ナチスの主張を、とりわけ、海外において積極的に広め、また大戦中、根っからの科学動物として、「発見」と成功の欲望に駆られるまま、原子爆弾の設計にたずさわる二チームのうちの一つを指揮したが、それにはなんの逡巡も感じなかった」(8)。

「知識人の権力喪失の物語は自主的放廃の物語であった」と、ヨアヒム・C・フェストは述べている。「抵抗が必要とされるときがあっても、それは自殺への誘惑にたいする抵抗ぐらいのものであった」[9]。実際のところ、犠牲者からナチス型「整然たる生活」の廷臣へと転じた知識人たちに自殺する所以はほとんどなかったが、自主的・積極的降伏の機会は豊富であった。

降伏にかんして注目されるべきは、それがどこで始まり、どこで終わるかほとんど分からないことである。〈水晶の夜〉の虐殺のとき、著名な東洋学者であるカーレ教授の夫人は、友人であるユダヤ人の壊された店の片づけを手伝った。直後、夫のカーレ教授は大学で排斥運動の標的とされ、辞職を余儀なくされたという。

当夜から辞職までの数か月は隔離期間であり、その間、教授の全知己、同僚のうち、彼を訪れたのはわずか三人だった。しかも、夜陰にまぎれて。彼には外部からの接触がもう一つだけあった。それは彼が不名誉な形で大学を去る事態を招いた、夫人の良識の欠如にたいし、遺憾の念を述べたてる同僚からの連名の手紙であった[10]。

降伏にかんしていま一つ注目すべきことは、当初の屈辱感がやがて誇りに変容することである。犯罪の協力者になると、降伏する者は罪の共犯者となり、共犯意識が生む認知的不協和音を上手に処理できるようになる。ナチスの反ユダヤ主義的宣伝の空疎さを軽蔑と嫌悪感をもってみながら、「より大きな価値のために」沈黙を決めこんだ人々が、数年後

には、大学の幸運な清潔さと、ドイツ科学の純粋性を誇りにする人間に変身する。彼ら自身の合理的反ユダヤ主義は、

ユダヤ人迫害が激化するにつれ、ますます確信犯的になっていった。その理由は重苦しくとも単純なものであった。巨大な不正義の進行に、たとえ半信半疑でも気づきながら、それに反発するだけの強さと勇気がないとき、人々は良心の呵責から逃れるため、自然と犠牲者を非難しはじめる。(11)

さまざまな形でドイツのユダヤ人の孤立は決定的なものとなった。いまや、彼らは隣人のない世界に生きている。彼らの運命にとってもっとも重大だったのは、彼らにとって他のドイツ人は存在しないも同然だったことだ。ユダヤ人世界のなかにはナチスという対象以外、含まれていなかった。ユダヤ人たちが自らの状況をいかに定義しようとも、一つの要因だけはどの定義もけっして避けては通れない。すなわち、ナチスの迫害者が有益だと判断する行動は避けて通れない。合理的・理性的ユダヤ人であれば、自らの行動は予測されるナチスの反応にあわせる形で律するはずだ。また、そうしたユダヤ人は自らの行動とナチスの反応のあいだには論理的つながりがあり、そうしたつながりをもった行動の方がより合理的で適切であると推測する。さらに、合理的・理性的存在として、彼らは彼らを

収容所に送る官僚の提唱する効率性、利益性、コスト性の原理にあわせて行動する。ナチスはルールとゲームを絶対的・独占的に支配していたから、ユダヤ人の合理性も自己目的達成の道具として活用することができた。合理的手段がとられるたびに、将来、犠牲になるであろう者の無力さを拡大し、そして、彼らを一歩一歩、最終的破滅へと近づけていくような形でゲームの規則と賭け率を意のままに変える権利が彼らにはあった。

「救える者を救え」のゲーム

ナチスによってユダヤ人が参加を余儀なくされたのは生死をかけたゲームであったがゆえに、生存の確率を上げる、あるいは、破壊の規模を小さくすることこそ彼らにとっての合理的行動であった。価値は一点、すなわち、生存を確保するうえでの価値だけに特化された（あるいは、他のあらゆる価値は影が薄くなった）。それは今からすれば明白だが、そのときの犠牲者たちにとっては明白でもなく、「アウシュヴィッツに至る曲がりくねった道」の初期段階ではまったく明白ではなかった。ナチスとその指導者は最終結果にたいする明確な展望もなくユダヤ人たちとの戦いに入ったことを、現在のわれわれはよく承知している。戦争はユダヤ人〈排斥〉、ユダヤ人とドイツ民族の分離、最終的にドイツをユダヤ人のいない国にするという控えめな目的から始まった。ユダヤ人の物理的破壊が「問題解決策」として「合理的」で、技術的に可能となったのは、目標の官僚的遂行の過程においてであり、また、官僚制度の影響がことさら強くなった後期からであった。ヒトラーによるロシア系ユダヤ人殺害という運命的決断によって新しい地平が開かれ、忠実な「ユダヤ人問題専門家」に、それまで考えもおよばなかった選択肢が提供されたときでさえ、最終的解決の真の特質の隠蔽はナチスの戦略にとり不可欠な、そして、最重要の前提であった。犠牲者のガス室への連行は「再定住」と呼ばれ、殲滅用の収容所の正体は「東」という曖昧な概念のなかに溶かしこまれた。処刑の時期が迫っているという絶えない噂の真相を尋ねようと、ゲットーの代表が〈親衛隊〉司令部を訪れると、ドイツ人はきっぱりとその噂を否定した。秘密は文字どおり最後の瞬間まで守られた。ガス室と火葬場で働くユダヤ人〈特殊部隊員〉〔Sonderkommando〕*が家畜運搬用の貨車から降り立った新入りたちに、彼らがプラットホームからみる建物が共同浴場ではないと告げたとしたならば、その部員は即死刑に値する罪を犯したことになる。真実を隠すのは犠牲者たちから苦痛と不安をとりはらうためではなく、ガス室に自主的に、そして、躊躇なく入らせるためである。

ホロコーストのあらゆる段階を通して、犠牲者たちはいくつもの選択を余儀なくされた（物理的破壊の決断が密かになされ、客観的にみて選択肢がもはや存在しなくなったときでさえ、少なくとも、主観的には選択があった）。良い状況と悪い状況から良い方を選ぶことはできなかったかもしれないが、良ければ良いなりの、悪ければ悪いなりの相対的選択はできた。もっとも重要なのは免除特権、特別扱いの権利を強調、主張することによって、襲いかかる衝撃から逃れることができたことだ。換言すれば、彼らにも守るに値するなにかがあったということだ。犠牲者の行動を予測可能なものに、したがって、操作、統御可能なものにするために、ナチスは囚人に「合理的な形」の行動を促さねばならなかった。守るべきなにかがあり、守るための明確なルールがあると囚人が信じていなければ、合理的行動はとりえない。そう信じさせるには集団の扱いにも例外があり、多くの構成員は個別の扱いを受け、その扱いはそれぞれの価値によると納得させられねばならない。換言すれば、それぞれの行状が重要なのだと彼らに思い込まされねばならなかった。そして、彼らの苦悩も、少なくとも部分的には、これからの行いによって変わってくるのだと。

官僚によって定められたさまざまなカテゴリーの権利と権利剝奪があるかぎり、「再分類」の要求や、より上位のカテゴリーへの格付に「ふさわしい」と立証しようとする必死の努力はなくならない。公民権を奪われた「完全なるユダヤ人」と純粋なドイツ〈民族〉のあいだにぎこちなく位置する「第三の人種」、ドイツで法制化された〈混血〉〈Mischlinge、両親のうちいずれかがユダヤ人であるドイツ人〉はその典型だろう。「こうした差別ゆえ、例

＊〔訳注〕　強制収容所の囚人のなかから選ばれた若い、比較的健康な男性のユダヤ人で、ガス室から運び出される死体の処理などの任務にあたった。

外的扱いを求めなくてはならないという圧力は同僚も、上司も、友人も、親戚も感じていた。結果として、一九三五年には、混血をより上位のカテゴリーに分類し直そうとする手続きが開始された……この手続きは〈解放〉〔Befreiung〕と呼ばれた」。努力も無駄ではなく、血筋による決定でさえ訴え出れば覆るかもしれないという認識は、例外的扱いを求める動きをさらに強めた。自らの価値を証明できれば、〈真の〉〔echt〕解放が勝ちとれるかもしれず、多くの者が勝ちとったこともまた事実である（ドイツ最高裁は「行為だけでは十分でなく、行為が表わす態度が決定的なのだ」と定めている）。また、キリーと名のる、ユダヤ人の破壊に絶大なる貢献をほどこした高級官僚（かつ〈混血〉）のように、〈解放〉通知がクリスマスの贈り物として、特別配達人によって家のツリーの下に届けられたこともあるのだ。(12)

こうした仕掛けの悪魔的側面はその確信と期待、それに鼓舞された行動がナチスの基本計画に正当性を与え、その結果、犠牲者を含めた大部分の人間がそれを容易に受け入れるようになったことにあった。取るに足らない特権、例外的身分、あるいは、破壊の全体計画によって決められた刑の執行のたんなる延期をわれ先に求める一方、犠牲者と救済者は暗黙のうちに計画の趣旨を受け入れることになったのだった。たとえば、過去の貢献を理由に免職の取り消しを求めたとしよう。しかし、特別の貢献がない場合、免職は事実上、受けいれざるをえなくなる。

特権的カテゴリーのもたらす道徳的陥穽は、個人的「例外」を求めるなら、ルールを暗黙に認めることになる一方、厚遇と「特別ケース」の獲得に汲々とする善良なるユダヤ人、非ユダヤ人はこの点に盲目だということにある……カシュトネル〔自分の管轄する監房の囚人が死の収容所に送致されぬよう、ナチスと交渉を重ねたハンガリー系ユダヤ人指導者〕は、一九四二年にナチスが正式導入したカテゴリーである「著名ユダヤ人」を救出してやることができたと、まるで著名なユダヤ人の方が普通人より生存の権利があるかのように自負している。(13)

免除の競い合いがルールの権威を大きくする（また、個人的特権がルールを強化する）機会は山のようにあり、また、その種類も豊富であった。そうした機会は形を変えながらも、ホロコーストのあらゆる段階でみられた。ドイツ系ユダヤ人の場合、それはことに豊富であり、しかも、複雑なものだった。第一次世界大戦中、ドイツ軍側で戦ったユダヤ人、戦場で傷ついたユダヤ人、武勇をもって叙勲したユダヤ人は特別扱いを言い渡され、貢献のなかった同胞に課せられているさまざまな制約からも長い期間、自由であった。こうした恩典ゆえに、彼らが免除された規則全般には注目が集まらなかった。規則のなかに個人的に都合の良い点を探し出し、利益をえようとするならば、例外条項とともに規則全体を受け入れることにつながる。「普通の」ユダヤ人、「一般の」ユダヤ人に、ドイツ市民が享受する通常の権利は付与されないという規則も受け入れねばならないのだ。規則の成立と同時に、詳細な内容の嘆願書や推薦状が書かれ、著名人、友人、同僚を慮った介入が行われ、書類や証言の探し出しが始まった結果、それらは反ユダヤ主義的法制化が生み出した新たな状況への静かな妥協に、少なからず貢献することとなった。キリスト教徒のなかの正義漢たちは当局にあてた手紙のなかで、彼らが知り、愛し、尊敬する特別な人々はドイツ国にたいする貢献が格別で、厳しい処遇には値するような者ではないと力説し、彼らのために特権を獲得しようとした。聖職者たちはキリスト教に改宗したユダヤ人たちの擁護に走った。こうした過程で、差別と迫害に抗議するには特別な種類のユダヤ人でなければならないという原理が、暗黙のうちに受け入れられるか、または、ある程度、受け入れられるようになった。

概して、自らの特質、才能ゆえに、特別扱いを受ける権利があるという考えを手放そうとしない人々、そして、特別扱いを受けた人々の集団は少なくなかった。もっとも顕著な例の一つは、西ヨーロッパ占領地域にほぼ遍在したユダヤ人「先住者」と、ユダヤ人「移民」とのあいだの断絶であろう。この断絶には地域に定住し、地域に部分的に同化したユダヤ人共同体と、粗野で、無知なイディッシュ語を用いる東ヨーロッパのユダヤ人とが長きにわたって反目してきたという形の前例があり、前者は後者の厄介な突出を自らの努力で勝ち得た評判にたいする脅威だとみなした。（イギリスでは二〇世紀初頭、豊かなユダヤ人旧家がロシアのポグロムから逃れて流入してきた文盲の同胞難民に帰国費用を出している。ドイツでは「ドイツ人よりドイツ的な」ユダヤ人旧家が「貧しい、非同化的ユダヤ人移民を排除し……嫌悪すべき対象を取り除こうとしていた」[14]。）シュテーテル*のユダヤ人にたいし、優越的・侮蔑的態度をとっていた西ヨーロッパのユダヤ人共同体指導者には、東ヨーロッパのユダヤ人の運命が自らの未来でもあることがみえていなかった。これほど異なる歴史、文化同士からは、運命の共有も、連帯的戦略も生まれない。ポーランドにおける大量殺戮の情報がBBCによりオランダ中に流されたときも、ユダヤ人協会の会長であるダヴィッド・コーエンはポーランドの事件とオランダ系ユダヤ人の未来とのつながりを完全に否定している。

ドイツ人がポーランド系ユダヤ人にたいし、むごい行為を行っていることが事実だとしても、オランダ系ユダヤ人にたいし同じような行動がとられる理由はない。第一、ドイツ人はポーランド系ユダヤ人を評価していないし、第二に、ポーランドと違いオランダにおいては、ドイツ人も世論を無視できず、傾聴しなければならないからだ[15]。

* 〔訳注〕 中央、東ヨーロッパのユダヤ人が多く居住する小都市。

この自己満足的な見方は、たんに空想的・おとぎ話的世界観だけの問題にとどまらず、その持ち主に破滅的結末をもたらしかねないものだった。行動は世界観によって決定される傾向にあり、自らの優越を信じて疑わなかった組織化されたユダヤ人共同体の行動は、ナチスにたいする統一行動の可能性を弱め、逆に、ナチスによる「段階的破壊」を容易にした。ユダヤ人移民たちが検挙、投獄され、目の前から強制移送されても、古いユダヤ人共同体の代表者たちは共同体の構成員たちにたいして冷静さの保持を訴え、「高次の価値」のため、抵抗の自粛を求めた。ジャック・アドラーの研究によれば、ドイツ占領軍の行う差別的取り扱い政策と呼応するように、早くも一九四〇年九月に明文化されたフランス系ユダヤ人の戦略には、行動の優先順位の設定があったという。「戦略の最優先事項はフランス系ユダヤ人の生命の確保であり、この目的に外国のユダヤ人は含まれていなかった」。ユダヤ人移民はフランス系ユダヤ人の生き残りにとって「障害」にすぎなかった。フランス系ユダヤ人保護の代償は、移民のドイツ軍への引き渡し以外ないというヴィシー政権の決定を、ユダヤ人協会はそのまま受諾している。「国籍の異なるユダヤ人は社会的・政治的に好ましからざる存在であるというヴィシーの意見に、フランス系ユダヤ人は間違いなく賛同していた[16]」。

個人的・集団的特権という名のもとに連帯を拒絶することは（これによりカテゴリー構

成員全員の生存が無理であるならば、公正な評価にもとづく「客観的」特質により、各構成員の処遇が変わりうるという原理が、間接的とはいえ、受け入れられたことになる)、なにも共同体間の関係にのみ顕著なわけではない。各共同体内においても、異なる処遇が期待され、求められ、通常、〈ユダヤ人協会〉には生き残りを扱うブローカー的役割が与えられていた。「救えるものから救おう」という作戦に集中したことにより、未来の犠牲者たちには、近づいてくる運命の恐しい正体が、一時的にせよみえなくなっていた。これによりナチスは自らの目標を予測よりはるかに低いコストと労力で達成できる機会を得た。ヒルバーグは次のように述べている。

ユダヤ人の段階的強制移送があれほどうまく成功したのは、移送を逃れた者たちが多数を救うためには少数の犠牲もやむなしと理屈づけしたからである。こうした心理作用は六つのカテゴリーのユダヤ人は連行の対象外だと「理解」した上で、ゲシュタポと強制移送の「協約」を結んだウィーンのユダヤ人共同体にはっきりと認められる。また、ワルシャワのゲットーのユダヤ人たちはドイツ人が移送するのは六万人だけで、一〇万単位ではないという理由から、協力を説き、抵抗に反対した。二分割的現象はテサロニキでも起き、ユダヤ人指導者たちは貧民層のうち「共産系」分子のみを強制移送し、「中産階級」には手をつけないという保証のもと、ドイツ軍にたいする協力を行った。致命的な打算はヴィリニュスでも起こり、ユダヤ人協会の最高責任者ゲンスは次のように公言している。「百人で私は千人を救った。千人で私は一万人を救った」[17]。

日々の生存の見晴らし台からみた抑圧下の生活は、生き残りのチャンスが平等には分配されないよう組み立てられているようにみえる。さらに、それはそのように操作可能であるようにもみえる。個人的・集団的能力、資力は公的不平等を私的特権に転化する目的で使用される。ヘレン・ファインは次のように指摘する。

ゲットー内の政治経済的社会組織は毎日、死の可能性に格差をつけていたがゆえに、集団殺人の脅威は予測されていなかった。ある人の生死の可能性はその人の社会秩序における地位によって決まる。階級秩序全体は人工的につくられた飢餓と政治的恐怖によって成り立ち、ナチスに直接的・間接的に奉仕できる能力のある者だけが報いをほどこされた……統制システムは征服者への怒りを〈ユダヤ人協会〉への怒りに転嫁し、今度の戦争は彼らのわれわれにたいする挑戦ではなく、すべての人のすべての人にたいする挑戦であると信じ込ませることによって、共通の敵を見分けがたくした[18]。

生き残りのための戦術が個人化された結果、特権的、または、望ましいと目される役割や地位をめぐる普遍的な競争が生じ、抑圧者におもねる試みが広がったが、これらはすべて他者の犠牲を前提としていた。この過程で生じた不安と攻撃性は〈ユダヤ人協会〉を避雷針にして放電された。しかしながら、破壊の各段階で、政策が転換されるたびに利益を被ってきた恩義から、〈ユダヤ人協会〉は不運なユダヤ人共同体の役員たちを背後から嬉々として支える一方、進行中の動きに正当性と、権威を与える支持者たちを頼ることができた。最終段階をのぞく破壊の各段階には救える者だけを救い、守れるものだけを守り、免除されるものだけを免除しようとする熱心な個人や集団がいた。すなわち、歪んだ形で協力しようとした個人と集団がいたのだ。

集団破壊に尽くす個人の理性

ナチス型の非人間的抑圧には変更・修正の余地がほとんどない。平素の状態において人々が選択するであろう、あるいは、選択するように教育された選択肢の多くはあらかじめ排除されているか、手の届かないところに遠去けられている。例外的状況における行動は、定義上、例外的である。しかし、例外的なのは表面的な形、その明確な結果においてであって、かならずしも、選択の基準や選択を導いた動機が例外的なのではない。最後の破壊に至る道すがら、ほとんどの人々には、ほとんどの場合、選択の余地はまったくなかった。唯一許された選択は合理的にふるまうか否かの選択であった。そして、ほとんどの人は合理的にふるまう方を選択した。抑圧の手段をすべて掌握していたナチスにとって、合理的ふるまいとは協力のことであった。自らの利害のためにとユダヤ人が行ったことすべてが、ナチスの目標を完全な成功に近づけるのに貢献したのである。

一口に協力といっても、おそらく、あまりにも曖昧で、あまりにも包括的な概念に聞こえるだろう。公然たる反逆を思い止まる（そして、定着したルーチンに従う）ことまで協力行為だとするのはあまりにも酷であり、公平ではない。ハイドリッヒの〈通達〉で明確にされたユダヤ人協会の未来の任務には、ユダヤ人指導者たちがドイツ当局にたいしてなすべき仕事以外、盛り込まれていなかった。〈ユダヤ人協会〉がどんなに他の役割を有益と考え、必要とみなしたとしても、ハイドリッヒにとってはどうでもいいことであった。そうした役割は狭隘な空間に押しこめられ、共存と生き残りの手段を確保しなければならない集団の合理的判断と、協会のイニシアティヴによって自然に果たされると、おそらく彼は予測していたのだろう。もしこうした賭けがなされたとしたら、それはよく選択された賭であった。ドイツ人の指示なしで、ユダヤ人協会はユダヤ人の宗教的・教育的・文化的・福祉的欲求を処理していた。協会はドイツの行政ヒエラルキー最下部の役割を担わされていた。ユダヤ人の日常生活にかかわるいかなる問題も、ドイツ人の手を煩わすことがなくなっていたのであるから、協会の行動はすでにある種の協力であった。しかし、この点にかんしていえば、ユダヤ人の共同体当局が果たした役割は、極端に抑圧的な体制下にあったにもかかわらず、他の抑圧された少数派民族の指導者たちが抑圧の継続（抑圧体制の再生産）を実行可能にするのに果たした役割と、本質的にそれほど変わるものではなかった。さらに、ユダヤ人自治の伝統的な形式〈ケヒーラ〉〔kehila〕*における厳格に守られた権威の役割とも本質的に変わるものではなかった。

ドイツ占領時代の初期、〈ユダヤ人協会〉がドイツ行政組織における公式の連携機関となる以前、新体制との暫定協定を調整するにさいし、戦前の〈ケヒーラ〉の長老たちは自らイニシアティヴをとって、ユダヤ人の利益を代表しようとした。慣習と訓練に導かれるまま、彼らは嘆願や不満を書き上げる古くから定着した流儀、苦境を訴える手段、そして、交渉や賄賂の伝統的方法を利用した。ユダヤ人を他の人種から隔離することは、嫌がらせや暴力にたいするむしろ有効な防御策だと思われたからだ。それはまた、敵対的な環境下でユダヤ人自治を強化し、ユダヤ的生活様式を維持するための歓迎すべき政策であった。換言すれば、状況が変わらないかぎり、ゲットーへの幽閉はユダヤ人の利益に反しないものであり、隔離に同意することはユダヤ人の利益を重要視するすべての者にとって合理的態度であった。ユダヤ人をゲットーに集めるというドイツの決定に彼らは反対しなかった。

---

* 〔訳注〕東ヨーロッパ、とりわけポーランドにあった選挙によって選ばれた役員からなる共同体組織。

しかし同時に、ゲットーへの囲い込みの受け入れは、ナチスの術中にはまることでもあった。ゲットーには大量の人間を収容する機能があり、また長い目でみれば、強制移送と破壊への道を開く予備段階となった。その間、事務労働や肉体労働、日常生活の共同体的インフラや、そして、法と秩序を責任をもって維持する組織をユダヤ人が提供すれば、ゲットーの数万人に及ぶユダヤ人の監視は、ドイツ人一人でも行うことができた。であるから、すべてのユダヤ人自治は客観的にみても協力していたのであった。〈ユダヤ人協会〉の活動における協力の要素はこれ以外の役割を切り捨てつつ、時とともに膨張していった。ユダヤ人の利益の名のもとに昨日とられた合理的決断は、今日の決断をいっそう困難にする形で行動を囲む環境を変容させた。さらに、つぎの日には合理的決断がまったく不可能になることが決定づけられていたのだ。

〈ユダヤ人協会〉にかんしてもっとも信頼のおけるアイザヤ・トランクの研究は、ますます気が遠くなるような、厳しくなっていくような問題にたいし、〈ユダヤ人協会〉が合理的解決策を見出そうと必死になっている様子を明らかにした。ドイツの圧倒的な力に直面し、また、反ユダヤ主義的戦争を遂行することにおいて道徳的抑制をまったく失った官僚組織を前にして、ドイツの目標に貢献しない解決策という選択肢がなくなったとしても、それは彼らの落ち度ではなかった。ドイツ官僚組織はあまりにも不条理であるがゆえ、理解しがたい目標にも奉仕させられていた。その目標とはユダヤ人の殲滅であった。老いも若きも、病気の者も健康なものも、経済的お荷物も、経済的財産とみなしうる者も含めた、すべてのユダヤ人の殲滅。ならば、ユダヤ人がドイツの破壊組織におもねること、自らそれに奉仕すること、また、いかなる理由にせよ、破壊組織にとって好ましいもの、あるいは、少なくとも、許容できるものになることはありえないだろう。言葉を換えるなら、ユダヤ人は戦争が始まる前から戦争に敗れていた。しかし、戦争の各段階で、決断はなされ、手段はとられ、目的は合理的に追求されねばならなかった。合理的行動の機会や必要性が存在しない日は一日もなかった。ホロコーストの成否が犠牲となるはずの人間の合理的行動に依存していたのは、その究極の目標があらゆる合理的計算に合わないからである。ホロコーストが着想されるはるか以前、カフカの『城』の有能にして、しかし、不幸な測量技士Kは同じような経験を味わっていた。Kは城との孤高の戦いに敗れる。それは彼の行動が非合理的であったからでなく、合理的な申し入れには合理的に答えてくれるようにみせて、結局、合理的には答えない権力との交渉において、最後まで合理性に訴えようとしたからだった。

ゲットーの短く、血塗られた歴史のなかでも胸が切り裂けるような出来事の一つは、東ヨーロッパの大きなゲットーのいくつかで行われた、ユダヤ人協会の「仕事による救済」キャンペーンであろう。戦前の東ヨーロッパの反ユダヤ主義者は、ユダヤ人を経済的寄生虫と呼んで非難していた。商人、中間商人として彼らは根っからの非生産者であり、他の人々にとっては存在しなくてもよい集団をなしていた。ドイツの侵攻軍がユダヤ人の排除計画を発表したとき、ユダヤ人には自らの有用性を具体的に証明し、ドイツ人の翻意を求めることが重要になった。戦争遂行にその資源と人材を限界まで投下しているドイツ人の目の前に、特別の原資と生産力が提供されるなら、彼らはきっとそれを歓迎するはずであるから、状況はユダヤ人にとってとりわけ悪いものではなかった。ウッチ市の〈ユダヤ人協会会長〉であり、意欲的な産業家であったカイーム・ルムコフスキ*の対応を不合理だと非難することはできないだろう。たしかに、彼はドイツ人の殺人をも辞さぬ不条理性を過小評価し、彼らの事務的理性（さらに一般的には、効率性の立場にのっとって組織された世界を導く価値と原理の掌握）を過大評価していた。しかし、自らの過ちに気づいたとして、彼には他になにができただろうか。彼は敵も理性的に行動する人物であると信じてふるまう以外なかった。そう期待しなければ、なんの行動も起こせなかった。すべての人が盲目であるところでは、片方の目でもみえる人間は王様である。近代官僚制度の合理的世界では、理性のない冒険家が独裁者となる。

ある意味で、ルムコフスキは自らに開かれた唯一の合理性に従って行動したといえる。それがどんなに人を惑わせ、裏切るものであったとしても。「彼はゲットーの物理的存続にはドイツ人への有益な労働の提供が欠かせず、いかなる状況においても、悲劇的な状況においてさえ、ゲットーは労働力提供の正当性を放棄してはならない、と「再定住」の前とその期間中、数え切れないほどの演説で飽くことなく繰り返した」[19]。ウッチ市のルムコフスキ、ビャウィストク市のイーフラム・バラーシ、ヴィリニュス市のゲンス、その他多くのユダヤ人はしばしば、そして、確信をもって、禁欲的労働にはドイツ人支配者の特徴的な傾向に訴えかける力があるだろうと語っている。ユダヤ人労働力の生産性と効率性が証明されれば、ドイツからは生産委託が舞い込み、強制移送と恣意的殺害はなくなると彼らは本当に信じていたようだ。あるいは、少なくとも彼らはそう話し、そして、自らにそう思い込ませていた。その間、ドイツの戦争遂行に彼らがなした貢献はけっして小さいものではなかった。ユダヤ人の完全破壊を誓ったまさにその邪悪な力を最終的に打ち負かすことを先延すために彼らは働いたのである。アウシュヴィッツへの曲がりくねった道の途上で、高い技術と熱意をもったユダヤ人は戦場にかける橋を数多く築いたのである。

特別な思想的傾向をもたないドイツの役人たちはこれにいたく感心していた。純粋に実用主義的な側面からみれば、確かにそのとおりだった。ユダヤ人もまたものごとの体系のなかに永続的な位置を占める人間であるという事実は、彼らには思い浮かばなかったかも

＊〔訳注〕ポーランドのユダヤ人実業家で熱心なシオニスト活動家。ウッチ市のゲットーの〈ユダヤ人協会〉の会長を務めた。悪名高き「子どもを差し出しなさい」の演説では、一〇歳以下の子どもたちや、年寄り、病人をナチスに引き渡すことによって、他のユダヤ人が救われることを訴えた。

しれないが、献身的で訓練された労働力を皆殺しにするより、彼らの勤勉さを利用した方が経済（軍事）的に合理的だということはドイツ人も否定しなかったであろう。軍事装置の運転に欠かせない技術をもった地域の専門家のほとんどがユダヤ人であることに気づいた東ヨーロッパの軍事司令官の何人かが、しきりに処刑を延期したという証拠も残っている。ユダヤ人奴隷の労働力を〈特別任務部隊〉の機関銃から守ろうとする中途半端な試みも、理性的な考慮は非理性的な目標に近づくためだけに許されることをわきまえた最高幹部がそれを発見すると、ただちに中止させられたのであった。東部占領地区担当省の決議に反論の余地はなかった。「ユダヤ人問題の解決にあたり、原則として、いかなる経済的要因も斟酌されなかった。問題が生じると、上級〈親衛隊員〉や警察の指導者の助言が求められた[20]」。ユダヤ人協会のすすめる「有益なる」労働によっても、ユダヤ人は概して、救われることがなかった（一部の人の生きる時間は延びたが）。ルムコフスキやバラーシが技術力が高くて勤勉な、よって、「余人をもって代えがたい」ユダヤ人労働者をどれほど惜しみなく褒め称えたとしても、労働者がユダヤ人であるという重い事実は消えなかった。労働者がドイツの戦争マシーンの潤滑油となりえたとしても、彼らはまずユダヤ人であり、「有益」かどうかの判断は二の次であった。

合理性の真の試練は〈ユダヤ人協会〉がユダヤ人「再定住」を担当するよう指定されたときから始まったといえるだろう。増大しつづけるロシアの圧力に対抗するためにすべての作戦部隊を動員してしまったナチスには、最終的解決のために、自国の制服組を使う余裕がなかった。このときばかりは、彼らもユダヤ人労働力が必要なことを認めざるをえなかった。〈ユダヤ人協会〉は殺人準備に不可欠な業務のいっさいを任されることになった。まず、協会は強制移送の対象となるべきゲットー居住者の名簿を提出せねばならなかった。対象者を選別する。そして、後に、対象者を貨物列車まで連れてゆく。抵抗したり、隠れる者が出ると、ユダヤ人警察は逃走者を探し、居場所をつきとめ、命令に従うよう強制しなければならない。ナチスが理想としたのは、自ら傍観者以上のことをしなくてすますことであった。

全員が殺害されてしまうのであれば、ユダヤ人には白か黒かの選択（あるいは、選択の欠如）しか残されていない。成功する希望がいかに薄かろうとも、全体的抵抗の呼びかけは明らかな選択肢であろうし、もう一つの選択肢は「羊のように畜殺場に連行される」ことであった。しかし、ドイツ人の観点からすると、そうした選択肢の単純明快さはむしろ作戦費用の大幅な増大につながるものであった。犠牲者の合理的動機を彼ら自らの全滅のために利用することができなくなるからである。犠牲者たちが単純に協力を止めてしまうことになりかねない。犠牲者たちの合理性を利用した方が、よほど合理的な解決がはかれるのだ。ゆえに、ナチスはユダヤ人全員の強制移送を極力回避しようとした。彼らは強制移送を何回にも分けて行う方を選んだ。

ユダヤ人の清算が何回にも分けて執行された町では、「清算」のたびごとにドイツ人がこれが最後だと言って安心させた……最終的解決が実行されているあいだ、ドイツ人たちはこうした意図的な嘘やごまかしを使って、パニックに陥ったユダヤ人たちを落ちつかせ、彼らの警戒心を解き、あるいは混乱させながら最後の最後まで、「再定住」の真の意味を隠したのだ。さしせまった破滅から目をそむけ、希望のかすかな光にすがろうとする自己保存の本能は、すでに死刑執行人の手に握られていたともいえる[21]。

ドイツ進駐軍の手によってまたたくまに地獄絵と化した、ソヴィエト連邦西方地区の多くの町村では、複雑な戦法など不必要だった。ヒトラーが軍に指示したとおり、対ソヴィエト戦は他のいかなる戦争とも異なるものであった。すべてが許され、どんなルールも適用されなかった。ドイツ〈国防軍〉、とりわけ、〈特別任務部隊〉は殺せるだけ殺せが従うべき唯一のルールであるかのように行動した。ユダヤ人たちは近くの森や谷に集められ、機関銃で次々射殺された。やる気に満ちたウクライナ人兵士も多く、「他のいかなる戦争とも異なる戦争」に慣れた兵士のなかで怖じ気づく者は皆無だった。ユダヤ人の数がきわだって多いか、ユダヤ人技術者の必要性のきわめて高かった数か所においてのみ協会が設置され、ユダヤ人警察が組織された。それらは先に占領されたポーランド領土では例外なく存在したものであった。ゲットーが建てられたところではすべて、ユダヤ人を絶滅するためにユダヤ人の協力が要請され、全体として、その協力が得られたのである。

設置後の比較的早い時期から、協会は命令された「選別」の真の意味を理解していたし、少なくとも、理解しようとすれば理解しえたはずだった。協会のかなりの数の人間は協力をきっぱり拒絶している。彼らの一部は自ら命を絶ち、また一部は、ユダヤ人協会役員が生存していることを必要としていたドイツ人を騙し、死の収容所に向かう輸送車に自発的に乗り込んだ。しかし、ほとんどの協会役員は次々繰り返される「最後の行動」に協力していた。彼らの行動には説得力ある合理的説明が可能である。ある者を犠牲にして他の者を救う交渉をユダヤ的伝統は禁止しているから[22]、説明は近代的合理性の伝説に求められ、近代技術の語彙を使って行われる。予想どおり、もっとも頻繁に使われるのは数の論理である。生存者の数が多いほうが、少ないよりも良く、殺害は少ないより多い方がおぞましい。多くを救うために、一部を犠牲にする。これは〈ユダヤ人協会〉の指導者たちの記録された弁明にもっとも頻繁にみられるものである。不可解な心のねじれだろうか、人を死に追いやることが、高貴にして、道徳的に推賞されるべき命の防衛だと考えられていた。「われわれは誰が殺されるかを決めたのではなく、誰が生きるかを決めたにすぎない」。神の役割を演じるだけでは十分ではなかった。〈ユダヤ人協会〉の指導者の多くは慈悲深い神として記憶されることを望んだ。何千人もの老人、病人、子どもを死に追いやった後、ルムコフスキは一九四二年九月四日、次のように述べている。「われわれの動機づけは何人失うかでなく、何人救うことができるかなのである」[23]。他の指導者たちは近代医学用語の比喩を使って、自らを命を救う外科医になぞらえた。「体を救うために手足を切断する必要がある」、あるいは、「命を救うために病んだ腕を切断する必要があれば、切断されねばならない」。

とは言うものの、死の宣告が近代合理精神の賞賛すべき功績であり、ユダヤ人の温かな良心の結果であるとされても、ある疑問が自己弁明を繰り返す協力者の頭を悩ましつづけた。四肢の切断が不可避であったとしても、執刀するのはなぜこの自分でなくてはならぬのか。さらに亡霊のようにつきまとう疑問は、人々を生かすために、他の人々が消滅しなくてはならないとしても、誰が、誰のために犠牲になるのかを決める私とはいったい何者なのか、というものである。

こうした疑問がユダヤ人協会の役員や指導者の多くを、そして、協力を拒もうとしなかった者、また、自死しようとしなかった者（あるいはとりわけ、こうした者）を悩ました証拠は間違いなく存在する。ワルシャワのチェルニャコフの威厳にみちた死は広く知られている。自殺者は多数にのぼり、自らの道徳的基準が引いた一線をこえなかったユダヤ人協会員の数も多く、その数の計算はまだ終了していない。次に挙げるのは私が任意で選んだほんの数例である。ルヴネの〈ユダヤ人協会〉の〈会長〉であったベルクマン博士は

「再定住」に差し出せるのは、自分と自分の家族だけだとドイツ人に語った。コスフ・ポレスキのモテル・ハイキンは彼の命を救ってやろうという〈市政官〉〔Stadtkommissar〕の申し出を断っている。ルクフのダヴィド・リーベルマンは賄賂用に集められた金をドイツ人監視官の顔に叩きつけた。彼はまず紙幣をびりびり破り、「これがわれわれの旅費だ、この暴君め」と叫んだという。彼はその場で銃殺された。「ロシアでの作業」のためにユダヤ人の一団を組織するようナチスに命令されたベレザ・カルトゥスカのユダヤ人協会のメンバーは、全員、一九四二年九月一日の会議で自殺している。

臆病なことに、あるいは、勇敢にも生きることを選んだ他のユダヤ人は、どうしても答えを、すなわち、言い訳や正当化や、合理的、あるいは、道徳的な説明を必要とした。記録された例によれば、ほとんどは勇敢に生きることを選んだが、それは残りの人にとって受け入れやすく、また、説得力があったからだ。行動が起こされるたびに、ゲンスやルムコフスキのような指導者たちは、生き残ったゲットー居住者たちの集会を開き、「自分たちがそのような」決断を下した理由を説明しなければならなかった（ゲンスの場合、「そのような」とはオシュミヤニで四〇〇名の老人、子どもたちを処刑場に送り、ユダヤ人警官に殺害させたことを意味する）。唖然とする聴衆にむかって彼は合理的精神を示すよう、すなわち、数の論理を受けいれるように説得する。「この仕事をドイツ人に任せていたならば、もっと多くの人間が死んでいたであろう」。あるいは、より個人的な説明がなされる。「私が指令を出す地位につくことを拒んでいたなら、ドイツ人たちは私のかわりにもっと残忍で、悪辣な人間を指名し、想像を絶する事態に陥っていたであろう」。合理的計算によりつかんだ「成果」は、道徳的義務感にすりかえられる。「手を汚すのは私の義務であった」と、ヴィリニュスでユダヤ人たちの神を自認し、自らを救世主と信じて死んでいった殺人者、ゲンスは述べている。

「救えるものを救え」の作戦は、最後のユダヤ人がウクライナの土に埋められ、トレブリンカの煙突から煙になって宙に上るまで放棄されない。それは論理武装し、合理的思考術を身につけた人々によって遂行された。作戦自体は合理性の勝利であり、栄誉であった。救うべきなにか、あるいは、誰かはつねに存在したし、合理的でなければならない機会はつねにあった。論理的にして合理的なユダヤ人協会の役員たちは、自らを納得させて、殺人者の仕事を実行した。彼らの論理、彼らの合理性そのものが、殺人者の計画の一部をなしていたのだ。殺人部隊が手薄となるか、殺人兵器がにわかに調達できなくなるたびにそれは用いられた。論理と合理性はいつでも使用可能な状態にあったし、同じように、効率的協力も隙間が生じたときのために不足なく準備されていた。こうした状況に鑑みると、いにしえの英智は次のように言いかえられるだろう。神がある者を破壊しようと決めたとき、神はその者を狂わせなかった。神はその者を理性的にしたのである。

今日、誰もが知るように、「救えるものを救え」の作戦は、いかに合理的だったとしても、犠牲者の救いにはならなかった。そもそもそれは犠牲者のための作戦ではなかったのだ。それは殲滅を誓った力が計画し、実行する破壊の延長線上にある追加的なものだった。「救えるものを救え」の作戦を実行した者たちは、すでに犠牲者としての烙印をおされた者たちであった。犠牲者の烙印をおした者たちは、一部の者だけが救われ、存在が許される状況、ゆえに、「生存の代償」、「喪失の回避」、「より小さな必要悪」といった計算がなされるような状況を作りだした。こうした状況においては、犠牲者の合理性は彼らの命を奪う人間たちの武器となる。とするならば、被支配者の合理性はつねに支配者の武器となる。

こうした理論的真実にもかかわらず、抑圧者たちは犠牲者たちから合理的に動機づけられた協力をいとも簡単にひきだせたことを、今日のわれわれは知っているのである。

自己保存の合理性

抑圧の成否は犠牲者の合理的計算が元来の目的を達成してもまだ、生きつづけるように仕向けられるかどうかにかかっている。あるいは、明らかに不条理な環境においても人々が、少なくとも、一部の人々が、合理的に行動するよう、一時的にでも促せるかどうかにかかっている。また、逆に、全文脈から正常性の領域を切除できるかどうかにかかっている。そしてまた、全滅にいたるプロセスを究極的には細かな段階に分割できるかどうかにかかっている。細断された各段階という狭い範囲で考えた場合、生存の合理的基準に従った選択も可能となるからだ。最終的には結合されて〈最終的解決〉につながる諸行為は、ホロコーストの実行者の立場からみるならば、すべて合理的なものだったといえるだろう。そして、これらのほとんどは、犠牲者の立場からみても合理的だったのだ。

この効果が達成されるには選ばれた者の生き残りも実現可能な目標であり、したがって、自己保存への執着に支配された行動も、賢明で合理的なものだと思わせるようなみせかけが必要だった。行動の最高基準として自己保存が選択されるや、その対価は徐々に、しかし、容赦なく高くなる。一方、他の考慮すべきものの価値はすべて切り下げられ、あらゆる道徳的、あるいは、宗教的禁忌は崩壊し、良心の呵責は否定され、許されなくなる。あの悪名高いレスヴォ・カシュトネルは次のようなことを認めている。「初めは、個人的所有物、金銭、アパートといった取り替えのきくものの提供が［ユダヤ人協会に］求められた。しばらくすると、人間の個人的自由の提供が要求された。そして、最後にナチスは命そのものの提供を求めてきたのである」[24]。合理性の原則に内在する道徳的考慮への無関心は、これによって極限まで試され、利用されたことになる。合理的成果を追求するよう訓練された者には例外なく実在するが、究極の試練に直面しないかぎり始動しない潜在性は、ここにおいて姿をあらわした。目もくらむような閃光に照らされて、自己保存の合理性は道徳的義務にとって敵であることが暴かれたのだ。

ある目撃証言によれば、一九四二年復活祭の日、ソコウィの〈行政官〉〔Amtskommissar〕は地域の〈ユダヤ人協会〉に、身体強健な男たちを集めるよう命じたという。指定された時刻に、〈長老たち〉は努力したが集めることができなかったと報告した。

〈行政官〉はたちまち逆上し、話をさえぎると、一人の長老の頭や顔に平手打ちを加えた。そして懐中時計の蓋をカチッと開けて、こう叫んだ。〈これから三〇分で全員をここに集めろ。さもなくばユダヤ人協会員は即時、銃殺だ!〉〔'Im Verlaufe einer halben Stunde sollen alle hier versammelt sein! Sonst wird der Judenrat bald erschossen!'〕〈ユダヤ人協会〉には新たな衝撃が走った。彼らはすでに別人となっていた。一二人全員が彼らの側近とアシスタントとともに、〈町〉〔shtetl〕の通りに飛びだし、各戸を回っては大きな者も、小さな者も全員を表に連れだした。誰も彼らを止めることはできなかった。そして、彼らは男たちを次々整列させた。「仮病を使う者」が一人でもいたら、アスモデウス〔ユダヤ伝説の悪霊〕は〈ユダヤ人〉を皆殺しにするぞ! と、彼らは叫んだ。一五分後、通りは人々で溢れかえり、〈ユダヤ人協会〉は彼らを二列で行進させたのだった。(25)

こうした光景はナチス支配下のヨーロッパ各地では頻繁に繰り返された。ユダヤ人協会役員やユダヤ人警察官が直面したのは、自分が死ぬか、他の人を死なせるかの単純な選択であった。多くの役員、警察官は自らの延命と、自らの家族や友人の延命の方を選んだ。自己利益から神を演じることはたやすかったのだ。

「自らの手を汚す」ことを選択した人間の何人が、生き残れることを望んでいたかは分からない。自己保存の本能は生か死かの選択のさいに、究極的な形で試される。自己利益と他者にたいする責務のあいだの激しい相克がありはするが、取り消しのきかない選択を必要とする究極の相克があるわけではない普通の生活においてなされる、重要とも劇的ともいえない決定にたいして、生か死かの選択に迫られた状況でなされる行為を比べて判断するのは正当ではなく、さらに、誤解も招きやすい。加えて、ふつうの葛藤は単独で対処され、他の人々にはこれに匹敵する道徳的深刻さをもった選択の必要性はないから、道徳的基準の視界は良好なままである。しかし、そうした環境は段階的な破壊によって、ゲットーでは効率良く姿を消していった。合理的自己利益にたいして、わずかに残存していた道徳的義務の権威は、地獄の層をだんだん降りてゆく過程で消滅していったのだ。道徳を含むすべての反発圧力を減らし、拡散することによって、服従を容易に、また、確実にした官僚制度の通常の諸手続きは、ここにおいて究極の形で機能し、そして、その能力を完璧に発揮した。犠牲者による抑圧者の計画への協力は、犠牲者の道徳的腐敗によって容易になったといっていい。手を汚さずには生き延びえない試練をくぐりぬけた「適者」に選択をつきつけることによって、設計者は、時が経つにつれ、ゲットーの住民が殺人の共謀者となることをより確実にした。また、それとともに、道徳的不感症と冷淡さは自己保存の露骨な本能を制御するあらゆるブレーキを破損、あるいは、消滅させるまで、大きくなった。

ワルシャワのゲットー蜂起の数少ない生存者で、指導者の一人でもあったマレク・エーデルマンは戦争終結直後に「ゲットー社会」への追憶を次のように語っている。

完全なる隔離、外部報道の持ち込みの禁止、外部世界とのすべての通信の遮断、これらはまた、彼らのユダヤ人処遇の特徴であった。壁の向こう側のことはすべて、次第に遠去かり、ぼやけ、そして、よそ事のように感じられるようになった。いれかわりに重要になってきたのは今日、身の回りで起こることであった。これらはゲットーの平均的な居住者のすべての注目が集まる最重要の事柄であった。生きつづけること以外に重要な関心事はなくなる。「生きる」意味は、人々のおかれた状況、その資産、能力によって異なっていた。戦前からの金持ちにとっては生きることは快適で、腐敗したゲシュタポの協力者や密輸者たちにとっては喜びにあふれて、華やかで、無数の労働者、失業者にとっては飢え、あるいは、慈善として施される薄いスープと配給のパンで飢えをしのぐことを意味した。みんなが「生きる」ことに必死に、それぞれのやり方でしがみついていた。豊かな人間たちにとって生きる目的は人々であふれるカフェやナイト・クラブや、ダンス・ホールでみつけられる類いの日々の喜び、快楽であった。なにももたない人間たちの目的はゴミ箱に捨てられた黴の生えたじゃが芋、あるいは、物乞いする手に通行人が押しつけていく一切れのパンのなかに潜む、すぐに消えてしまう「幸福」を求めることであった。彼らはわずか一時《いっとき》とはいえ、飢えを忘れたかったのだ……しかし、飢餓は日増しに大きくなり、すし詰めのアパートから通りにあふれはじめた。化け物のように膨れあがった腹、不潔なボロ着からみえる潰瘍と膿に覆われた四肢、凍傷と栄養失調でできた腫れ物や傷は見る者の目を棘のように刺した。飢餓は物乞いする子どもたち、赤貧に陥った老人たちの口から語りかけてくる……貧困は圧倒的で、飢えた人々は街頭で死んでいった。毎朝、四時から五時にかけて、葬儀屋が何十もの遺体を回収してまわった。遺体には新聞紙がかぶせられ、風で飛ばされないように小石が錘《おもり》になっていた。ある人は路上で倒れ、ある人は家のなかで倒れたが、家人は（売るために）死人から服を剥いで裸にすると舗道に捨てるのだった。こうすると埋葬の費用はユダヤ人協会の負担となった。死体をうずたかく積んだ馬車が次々と通りを過ぎてゆく……同時に、チフスがゲットーに侵入してくる……すべての病院は一五〇人ずつの患者をひきうけている。二人、ときとして、三人の患者が一つのベッドに寝かされ、さらに多くの患者が床に横たえられていた。人々は患者が死んでゆくのをいまかいまかと待っていた。他の患者のために場所が必要だったからだ……各墓穴には五〇〇体が詰め込まれ、さらに何百もの遺体が埋葬されずに放置され、墓地は鼻をつく悪臭を放っていた……ユダヤ人の生活のこの悲劇的状況に、ドイツ人たちは外見だけは秩序と威厳を装わせようとした。隔離の第一日目から公権力はユダヤ人協会が行使していた。秩序維持に制服のユダヤ人警察が配置された……ゲットー生活を正常性という虚飾で満たすために設けられたこうした組織は、それだけにとどまらず、さらに大きな腐敗と精神的麻痺をもたらしたのだった。(26)

ゲットーにおける階級間の距離は生と死を隔てる距離でもあった。生き残ることは単純に、他者の極貧、苦悩に目をつむることである。貧しい者は、最初に、そして、大量に死んでいった。才能・技術に欠ける者、内気な者、ナイーヴな者、正直者、そして、おとなしい者も消えていった。隔離第一日目から多数の人間が、元来、三分の一しか収容能力のない空間に押し込まれ、配給量は身体的衰弱と精神的腐朽をもたらすように計算され、収入源は事実上存在せず、伝染病は猛威をふるい、医薬品は欠乏していた。こうした状況ではゲットー生活は自己保存を最高の報奨とするゼロサム・ゲームであった。同情がこれほど高価であったためしはほとんどなかった。また、自己生存へのたんなる関心が道徳的腐敗にこれほど近づいたこともめったになかった。

パンや住処《すみか》の確保がかかわると残酷性や狂暴性が増す階級区分は、処刑の猶予をめぐる争いが始まると、殺人的傾向さえおびるほどになる。そのときまでに、貧乏人は体力も気力も喪失していたから、なんの抵抗もできなかったし、また、自らの生命も守れなかった。「ゲットー一掃作戦のあいだ、多くのユダヤ人家族は戦うこと、嘆願すること、逃げだすことはおろか、処刑の集合場所に移動することさえできなかった。彼らは襲撃部隊の到着を家で、助けもなく、凍えながら待っていたのである」[27]。富める者、豊かな者たちはナチスがパニックに陥った群衆に投げこむことがあるとされる数枚の脱出許可証を獲得せんと、競いを繰り広げる（ほとんどは成功しないが）。一人の犠牲者が救われれば、他の犠牲者が死を迎えるということに気づく者は少なかった。巨額の資産の提供とひきかえに、手に入れれば、そのとき繰り広げられていた「行動」から解放される魔法の番号標が下されることもあった。人々は影響力のある、力になってくれる人を求め、そうした人物に賄賂を贈る。ワルシャワのゲットーの忘れえぬ詩人、ヴワディスワフ・シュレンゲルは一九四三年一月一九日に起こった「行動」について次のように記述している。

電話が不通になった。助けてくれ！　助けてくれ！　助けてくれ！　ゲシュタポの高官を動かそう。鉄道基地を呼んでみよう。列車は着いたのか。私の……が連れていかれました！　スコソフスキーさん！　助けてください！　いくらでも出します！　必要な額はいくらでも！　二〇人に五〇万出します！　一〇人でもいいんです！　一人でも！

ユダヤ人は金をもっている！　ユダヤ人はコネが使える！　ユダヤ人は無力だ！……

巨額の財産をどうやってあいつらが築いたか、われわれは知っている。そして、今、
水を求めて床の上を這いまわり、ウクライナ人たちに数百万の提供を申し出、駅に集合した数百人が数か月生きていけるだけの金をもって出発したことも……

認識番号をつけられた家畜たちは通りすぎてゆく。認識番号のない何頭かの生物だけが、頼りなげに、廃墟に立っている……

第三帝国の金庫は大きくなる。

ユダヤ人たちは死んでゆく。[28]

命の価格が上がると、裏切りの価格は暴落した。押しとどめることのできない生存の衝動は、良心の呵責とともに人間の尊厳を遠くに追いやった。生存を賭けてすべての人々が右往左往するなか、自己保存の価値は疑問の余地がなくなるまで正当化された選択肢として祭りあげられることとなった。自己保存に貢献するものはすべて善である。究極的目的が危機にひんしているとき、あらゆる手段は正当化されているようにみえる。ナチスは〈長老会議〉に初めとは比較できないほど無謀な奉仕を要求しはじめる。しかし、ゲームの賭け率、すなわち、服従にたいする報酬の率は大幅に下がっている。しかし、多くの場

合、奉仕の提供はやまなかった。あと一日の延命には金銭やダイヤモンドより、ユダヤ人協会やユダヤ人警察での仕事の方が有効であった。

金銭やダイヤモンドが軽蔑されていたからではない。賄賂、恐喝、ゆすり、詐欺が頻発し、それらは多くの〈ユダヤ人協会〉や、生殺与奪の権利をもつ恐ろしい権力に与えた多くの個人の特徴であったと、生き残った者たちにかんする無数の記録が伝えている。公的特権の付与にせよ、にせ身分証の発行にせよ、協会役員の仕事には巨額の金銭、または、家産が動いた。わけても望まれたのは協会役員や警官、その直近の家族が使うことのできる特別建造物の一室であった。そうした建物は〈親衛隊〉の監視を免れ、度重なる〈作戦〉〔Aktionen〕からも除外されていた。賭けの額がつり上げられ、絶望感がつのるにつれ、あらゆる特権は破滅が運命づけられた共同体で生き延びている者のなかでも、もっとも裕福な者にしか支払えないような額の資金を必要とするようになった。

そうした〈ユダヤ人協会〉の態度は犠牲となった人々の一般的腐敗をも反映していた。自己保存の合理性の価値を高め、道徳的思考の価値を体系的に低めた抑圧は、犠牲者の非人間化に成功したのだ。それはある種、予言の自己成就のような形で起こった。まず、ユダヤ人は不道徳で悪辣で利己的で強欲で、価値観を信じないと非難される一方、人道主義の表面的な信奉をむきだしの自己利益の隠れ蓑にしていると批判される。そして、彼らはこのプロパガンダが規定する特徴を現実化する非人間的状況に追い込まれるのである。ゲッベルスの宣伝省のカメラマンは、ユダヤ人高級レストランの前で餓死してゆく物乞いたちを撮影するために何日間もカメラを構えていた。

腐敗にもそれなりの論理はある。腐敗は段階を踏んで進み、段階が進むにつれ、次の段階は容易になる。それは次のように始まる。

シェドルツェ協会の副会長の生活水準はたちまち上がった……突然、巨額の金が手に入りはじめ、幸運はこれだけではないという事実に彼はさらにのぼせあがった。自分には無限の権力があると信じ、全体の不幸を利用する形で自らの地位を利用しはじめた。ドイツ人とのいざというときの取引にそなえて、保管を依頼された現金や宝石類の大部分を彼は横領した。彼の生活は快適だった……

これは次のように続く。

一九四三年八月の「再定住」の最中、少数の技術者をのぞくすべてのユダヤ人が、アウシュヴィッツ（この意味はすでによく知られていた）に強制移送されるという知らせを受けとったとき、［ザヴェルチェ協会の会長は、］自分の家族、親戚の四〇人を集め、彼らの名を技術者リストに載せたのである。

そして次のように締めくくられる。

［スカラートのゲットーにおいて］〈上級親衛隊員〉〔Obersturmbannführer〕のミュラーは、協会の代表たちやゲットー警察〈司令官〉、ジョーゼフ・ブリーフ博士に「行動」へ参加する密約を結ばせるかわりに、彼らと彼らの家族の救済を約束した……血なまぐさい行動の後……〈親衛隊〉は楽しく時間を過ごすユダヤ人協会へ向かった。そこには宴会が用意され……料理人や給仕が華やかに飾られたテーブルのまわりで忙しげに立ち働き、客を惜しみなくもてなそうと必死になっていた。明るい笑い声が響き、音楽が奏でられ、客たちは楽しみ、歌い、快感に耽っていた。同じころ、シナゴーグに連行された二〇〇〇人は酸欠でほとんど窒息しそうになっており、一方、他のユダヤ人は鉄道線路脇の草むらに寒さに震えるまま立たされていた。[29]

しかし、これで終わりではなかった。「自己保存」という名の列車の停車駅はトレブリンカだけであった。

選択の自由があれば、ユダヤ人協会の役員、ユダヤ人警察の警察官は誰も自己破壊の列車には乗り込まなかったであろう。あるいは、彼らの誰も他者の殺害に協力しなかったであろう。また、彼らの誰も「伝染病が流行したときのやけっぱちの乱痴気騒ぎ」的な腐敗に身を染めることもなかったであろう。しかし、彼らに選択の自由はなかった。あるいは、むしろ、選択肢は彼ら以外の者によって用意された。腐敗しきった、良心の呵責さえ感じない者をも含め、彼らのほとんどは与えられた選択肢からの選択にさいし、自らの理性と合理的判断の技術を用いた。ホロコーストが結果的に明らかにしたことは、行為者の合理性（心理学的現象）と行為の合理性（行為者にとっての客観的結果によって判断される）の齟齬であった。理性はそれら二つの合理性が共鳴し、重なりあうときにのみ、個人的態度にとってのよき指針となる。さもなければ、それは自殺用の武器ともなりうる。それは自らの目的を破壊し、破壊の途中、その唯一の拘束力であり、潜在的救世主でもある道徳的抑制を瓦解させるのである。

行為者と行為の合理性が一致するか否かは、行為者の責任ではない。それは行為の環境の責任であって、環境は逆に行為者の手の及ばない利害関係や資源・資産によって決定される。利害関係、資源・資産は状況を真にコントロールする人間たちが操作する。彼らはいくつかの選択の対価を彼らが支配する者には手の届かなくなるところまでつり上げる一方、目的の完成、統制力強化に資するような選択肢は大量に、そして、頻繁に用意する。支配者の目的が被支配者の利益にプラスになろうがなるまいが、その容量に変化はない。力関係がはなはだしく非対称的である場合、被支配者の合理性は恩恵でもあり、同時に災いでもある。合理性は彼らに利益をもたらす。しかし、それはまた、彼らを破壊するかもしれないのだ。

明確な意図をもった複雑な作戦として考えられたホロコーストは、近代官僚的合理性の模範であった。最小の費用と労力で最大の結果が得られるような形で、ほとんどすべてのことがなされる。作戦が成功した場合は、犠牲者になる人間をも含む関係者全員の技術と能力を活用する形で、ほとんどすべてのこと（可能な範囲内で）がなされている。作戦の目的に無関係、あるいは、障害となるすべての圧力は無効にされるか、または、除去される。事実、ホロコーストの組織方法は科学的マネジメントの教科書にも匹敵する。犯罪者がもし軍事的勝利をおさめ、彼らが世界に強要した目標に道徳的・政治的糾弾が加えられていなかったならば、これこそまさに教科書になっていただろう。ホロコーストの経験を研究し、人間的行動を高度なレベルで組織する目的に役立てようと、その一般化を試みる著名な学者もきっといるだろう。

被害者の立場からするならば、ホロコーストには異なる複数の教訓が含まれている。そのなかでもっとも決定的なのは、組織の進歩の唯一の物差しである合理性に、恐ろしいまでの欠陥が含まれているという事実である。この教訓を社会科学者たちはまだ十分に吸収しきれていない。これがなされるまで、道徳的規範を含む質的基準の捨象と、結果を見通す洞察力の欠如によって達成された、人間的行動における効率性のすさまじい進歩をわれわれは研究し、一般化しつづけるだろう。

これははじめブロニスラフ・バチコ教授の記念論文集用に書かれた。

6　服従の倫理　ミルグラムを読む

ホロコーストの衝撃的真実が、まだ、完全には解明されていなかった一九四五年、いまやわれわれは法を破る人間より、遵守する人間を恐れねばならなくなった、とドゥワイト・マクドナルドは警告している。

ホロコーストは人類が継承し、記憶するあらゆる悪のイメージを凌駕する。同時に、ホロコーストは悪行にかんする既存の説明をことごとく覆えす。人類の記憶に残るもっとも驚異的な悪は秩序の消滅によって生まれたのではなく、秩序の完全で、完璧で、絶対的な支配の結果として現われたことが、突然、明瞭となった。それは理性を失った暴徒の所業でなく、制服を着用し、従順で折り目正しく、規則に従い、指示を一字一句守る男たちの仕業であった。この男たちも制服を脱げば、けっして悪い人間ではない。彼らもわれわれと同じようにふるまう。彼らにも愛する妻がおり、大事にする子どもがおり、そして、友人は悩めるときには助け、慰める。制服に袖をとおした瞬間、彼らは殺し、ガス中毒死させ、銃殺に立ち会い、誰かの愛する妻である女、誰かの大事にする幼子を含む、何千人をもガス室に送るという信じがたい行動をとる。それは恐るべきことだ。あなたや私のようなふつうの人間にどうしてそんなことができるのか。微妙な形でも、小さな形でも、彼らとわれわれは絶対にどこかで違うはずだ。彼らはきっと啓蒙社会、文明社会の人間化、進化の影響を受けなかったに違いない。あるいは、障害のある人間、病的人間を生む不幸な教育的欠陥の犠牲者として、甘やかされ、堕落したに違いない。こうした前提の誤りを立証しようとすると反発されるのは、文明社会が約束する個人の安全の幻想をつき崩してしまうからである。反発をかうのにはさらに奥深い理由がある。道徳的に正しいという自己像と明確な良心は、救いがたく不確定であるという事実を突きつけるからである。その時から、良心のくもりのなさは次の知らせまでの暫定的なものとなった。

ホロコーストとその実行者にかんする知識から得られる戦慄の結論は、「これ」が場合によってはわれわれにも起こるかもしれないということでなく、われわれもこれを行いうるということである。イェール大学のアメリカ人心理学者、スタンリー・ミルグラムが無謀にもこの仮説を実験に付したとき、彼はその結論の恐怖を味わうことになった。さらに無謀だったのは、一九七四年に実験結果を発表したことだった。ミルグラムの発見はじつに明快なものだった。すなわち、今でもわれわれにはそれが行いうる。条件さえ整えば。

こうした発見を心に抱きながら生きてゆくのは生易しいことではない。とするならば、ミルグラムの研究にたいし学識者たちがさまざまな批判的意見をぶつけたとしても驚くには値しないだろう。ミルグラムの方法論は精査され、あら探しされ、ずさんだと断定され、そして、非難された。犠牲を払ってでも、また、どんな方法を使ってでも、学界は学問的自信と平常を脅かす恐怖の種を持ち込んだ研究を批判し、研究結果の信頼性を否定しようとした。元来、価値判断とは無縁であるはずの知識の探求、利害を超えているはずの科学的好奇心の別の一面を、これほど明瞭に示した例は長い科学史にもほとんど見当たらない。批判者にたいしミルグラムは次のように述べている。「批判の多くは、人は知ってか知らずか、逆に実験結果の正しさを証明することになった。わずかなショックやある程度のショックで人の心が挫けるなら」(すなわち、実験者の指示に従うことが、仮想上の犠牲者に痛みや苦痛を与えると分かり始めるとすぐに心が挫けてしまうなら)、「これは実験結果を裏づける反応であるし、私は満足である[1]」。ミルグラムはもちろん正しかった。そして、今でも正しい。実験がなされてから長い月日が経過したが、人間の行動メカニズムにたいするわれわれの見方を根本から変えてしかるべき彼の発見は、社会学のほとんどの講座においては、興味深いがさして啓蒙的ではないものとして引用され、社会学的思考本体に影響をおよぼしてもいない。その発見を否定できなくとも、過小評価はできるのである。

古い思考習慣はなかなか死なない。終戦直後、アドルノの率いる研究者グループが『権威主義的パーソナリティ』と題した本を出版したが、これはその後何十年間か、この種のテーマの研究と理論化のお手本であった。後に疑問視され、否定された本の主張内容はともかく、問題設定の仕方、それに由来する研究方法こそこの本の真髄であった。アドルノとその仲間たちの後者における貢献には経験的証明が必要ない上に、教養ある人々の潜在的願望と共鳴するものであるから、その影響力は失われていない。題名が示すとおり、著者たちはナチス支配とそれが生み出した惨劇を、ある特殊なタイプの個人の存在から説き明かそうとした。つまり、強者になびき、弱者に厳しく、残酷で、傲慢な態度をとる傾向のある人格から説明しようとしたのである。ナチスの勝利はそうした人たちがひときわ多く集まった結果であった。なぜそうなったのか、著者たちは説明せず、説明を望まない。彼らは権威主義的パーソナリティを生み出した要因となった、個人を超えるもの、また非個人的なものについては説明を避ける。もともと権威主義的パーソナリティをもたない人々に権威主義的態度をとらせた要因の可能性にも興味を示さない。アドルノと彼の同僚にとって、ナチズムが残酷だったのはナチスが残酷であったからだった。そして、ナチスが残酷だったのは、残酷な人間がナチスになる傾向が強かったからだ。「『権威主義的パーソナリティ』においては、潜在的ファシズムや自民族中心主義の成立要件として、ひたすら人格のみが強調され、時代的・社会的影響は無視された(2)」と、数年後、グループのメンバーの一人は認めている。アドルノと彼のチームによる問題の切り口で重大な点は非難の振り分け方にあるのでなく、残りの人間すべての責任を見逃したその鈍さにある。アドルノの見方によれば、世界の人口は生まれながらの原ナチと、その犠牲者に二分される。ここでは優しげな人間も環境さえ整えば、残酷になりうるという暗い、陰鬱な知識は隠されてしまっている。破滅への道すがら、犠牲者でさえ人間性のほとんどを失ったのではないかという疑念は排除される。この暗黙の排除はホロコーストを描いたアメリカのテレビ番組のなかに、不条理なほど多くみてとることができる。

ミルグラムの研究が挑んだのは、しっかり確立され、強化され、相互補強された学問的伝統であり、世論であった。ことさら波紋をよび、人々の怒りをかったのは、残酷な人間が残酷な行為におよぶのではなく、あたりまえの義務から逃れようとしたごくふつうの男女が残虐行為におよぶという仮説であった。残虐性は犯罪者の個人的性格と関連していないくもないが、関連性は薄く、残酷さは権力者と従属者の関係と非常に密接に関連し、また、われわれが日常的に体験するふつうの権力と服従の構造にも関連する、というのがミルグラムの発見である。内的確信をもって、盗みや殺人や暴行をひどく嫌う人間も、権力に命じられると、比較的容易に残虐行為をやってのける。自らの判断ではとうていできないような行為を、命令とあらば、個人はいともたやすく実行する。(3) 強制によらず、純粋に自らの性癖から残虐行為におよぶ個人が皆無でないのも事実だろう。しかし、おかれた相互作用の環境が残酷になれと促したとき、個人的性癖では個人が残忍になることを止めることができない。

ル・ボンにならって、こうしたこと（すなわち、常識ある人間が常識に欠けることを犯すること）も起こりうるとわれわれが認めてきたのは、人間的交流における通常の、合理的・文明的パターンが崩れた場合だけであることを思い出してみよう。たとえば、憎悪やパニックによって集まった集団のなかで、あるいは、通常の文脈から引き離され、一時的だとしても、社会的空白のなかに宙ぶらりんになった見知らぬもの同士の偶然の出会いにおいて、パニックの叫びが命令をかき消し、権威でなく、殺到する足音が方向性を決定する群衆で埋まった広場においてだけでこうしたことは起こった。考えられないことは人々が考えるのをやめたときに起こる、とかつてわれわれは信じていた。理性の蓋がとりはらわれたときに、人間の前社会的・非文明的感情が現われるとも信じていた。人間性はすべて理性的秩序の側にあり、非人間性はすべて理性的秩序の崩壊にさいして起こるという古い世界観をミルグラムの発見は逆転してみせた。

端的にいえば、ミルグラムは次のようなことを証明し、そして、示唆したのではなかったか。非人間性は社会的関係の問題である。後者が合理化され、技術的に完成されているとするならば、非人間性の社会的生産能力、社会的生産性もまた完成されているのである。

これはとるにたらないことのように聞こえるかもしれない。しかし、そうではない。ミルグラムの実験の前に、プロや素人も含め、ミルグラムが発見することとなった事柄を予測していた者は少なかった。ふつうの中産階級の男性のほぼ全員、ミルグラムが実験の結果の出方について相談をもちかけた有能で、尊敬されるべき心理学者の全員は、実行を命じられた行為の残虐性が増すにつれ、被験者の百パーセントは途中でそれ以上の協力を拒むか、残虐性が高じないうちに、実験から逃げだすに違いないと、自信をもって考えていた。実際、実験への協力を途中で放棄した人の率は三〇パーセントにすぎなかった。逆に、被験者がかけた電気ショックの電圧は、学識ある専門家、一般人の双方が予測した数値の三倍にも達していた。

社会的距離がつくる非人間性

ミルグラムの発見でもっとも印象深いのは、残虐行為の起こりやすさと犠牲者への距離の反比例関係である。接触できる距離にいる人間を傷つけるのは難しい。遠くにみえる人間に苦痛を与えるのは易しい。声は聞こえても姿のみえない相手であればもっと易しい。そして、声も聞こえず姿もみえない人間であれば、残酷になることはまったく難しくない。

相手を傷つけるのに肉体的接触が伴えば、傷つけた人間は自らの行為と犠牲者の苦痛の、不快な因果関係を意識せずにはいられない。因果関係は明々白々であり、苦痛が誰の責任かもそうである。ミルグラムの実験の被験者が犠牲者の手を無理やりプレートの上にのせて、偽の電気ショックをかけるように指示されたとき、最後まで命令に従いつづけた被験者は全体の三〇パーセントにすぎなかったという。犠牲者の腕を直接握るかわりに、制御板のレバーを操作しろと指示されたとき、命令に服従した被験者は四〇パーセントに上った。犠牲者の姿が壁のむこうに隠れ、苦しみの叫びだけが聞こえるようになると、最後まで拷問を「みとどけた」被験者の率は六二・五パーセントにまではねあがった。声を消しても、率は六五パーセントまでしか上がらない。どうやら、われわれは視覚がもっとも敏感らしい。犠牲者からの物理的・心理的距離が大きければ大きいほど、残酷であることはたやすくなる。ミルグラムの結論は単純にして明解である。

被験者と、被験者が犠牲者に与えるショックの中間に、なんらかの力、あるいは、出来事がはさまったとき、被験者にかかるストレスは減小し、また、反発の度合いも低下する。近代社会におけるわれわれと、われわれが協力する最終的破壊行為のあいだには、しばしば、他者が介在する。[4]

行動を仲介すること、権力ヒエラルキーによって描きだされた段階のあいだの行動を分割すること、そして、機能的専門化を通じて行動を切り分けることはわれわれの合理社会のもっとも顕著で、誇らしげに喧伝された功績である。ミルグラムの発見の意義は、合理化のプロセスによって、意識的でないとしても、結果的に、非人間的で残酷な行為が容易になったと明らかにしたことにある。行動の組織のされ方が合理的になればなるほど、苦悩を生じさせても気にせず、また、自分自身との葛藤も生じない。
犠牲者からの距離によって残虐行為が容易になる理由は、心理学的に言っても明らかであろう。残虐行為をはたらくのも、当人が自らの行動の結果をじかに目撃することがないのであればひどく容易である。本当に悲劇的なことは起こらなかったと自らを偽り、良心の呵責をかわすことさえできる。しかし、これで説明が完了したわけではない。理由は心理的なものにかぎられない。人間的行動の真の説明がすべてそうであるように、ここでの説明も社会的なものでなければならない。

犠牲者を別の部屋に入れると、犠牲者は被験者から遠ざかるが、被験者と実験者は逆にやや近づく。実験者と被験者のあいだには萌芽的グループ意識が生まれ、犠牲者はこの関係から除外される。遠去けられた犠牲者は物理的にも心理的にも孤独な、真の部外者である[5]。

犠牲者が孤独なのは、たんに、物理的に孤立したからではない。犠牲者を苦しめる者たちは接近する一方、犠牲者はこの親密さから除外されるからである。物理的近接性と継続的協調は（実験は一時間を超えることがなかったから、比較的短い時間で）、仲間意識、相互依存、連帯を生む傾向がある。仲間意識は共同作業により、とりわけ、結果が共同の努力から出たことが明らかになったときの個別行動の相互補完性により生み出される。ミルグラムの実験では行動をとおして被験者と実験者が結びつき、同時に、犠牲者は両者から引き離される。犠牲者が行為者、仲介者、主体の役割を演じる機会はけっして訪れない。彼は永遠に受動的な立場にある。彼が対象にされていることは明らかだ。行動の対象であるかぎり、対象は人間であろうが無生物であろうがどちらでも同じである。拷問を加える人間たちの仲間意識と犠牲者の孤独は双方を規定し合い、正当化し合う。

したがって、物理的・心理的距離の効果は拷問行為の共同作業的性質によってさらに強くなる。合理的組織と管理がもたらす行動効率や経済性の明らかな向上は除くとして、抑圧者がグループの一員であるという事実は、残虐行為の実践を容易にする上で、ひときわ重要な役割を演じていることが想像できる。分業と命令系統の合理的調整以外の要因にも、冷淡で、無感情な官僚的効率性は認められる。すなわち、共同作業における自然なグループ形成、それにともなう境界設定、部外者排除傾向の巧妙だが、ことさら綿密に計画されているわけでもない活用にもそれは認められる。要員採用、目的設定に権限を有する官僚組織はそうした傾向のもたらす結果をコントロールし、それが行為者（たとえば、組織の構成員）と行為の対象のあいだの溝をより深く、広くするよう操作する。これによって行為者が迫害者に、対象が犠牲者に変化することが容易になるのである。

行動後の共犯関係

うっかり底なし沼にはまると、底なし沼から出ようともがけばもがくほど、さらに深くまで沈んでゆくのはよく知られている。底なし沼は、はまりこんだ者がどんな動きをしようと、その動きをシステムの「吸収力」の一部に加えてしまう、一種、巧妙な仕組みをもつものと定義することもできる。

段階的行動にもまた同じ性質がある。行為者が行為の途中放棄は難しく、継続しかないと感じる度合いは、段階が進めば進むほど大きくなる。第一歩は易しく、道徳的苦悩は、あったとしても、微々たるものにすぎない。それに続く第二歩、第三歩ではより継続が困難となってゆく。そしてついに、継続は耐えがたくなる。しかしながら、放棄の代償もその時点までには巨大に膨れあがっている。放棄の障害が小さいか、ほとんど存在しない場合、放棄の衝動も強くない。衝動が強くなると、バランスをとるかのように障害も段階的に強くなる。断念したいという欲望がいよいよ限界に達するころには、行為者はもはや後戻りできなくなっている。ミルグラムは段階的行動を「拘束要因」（主体を状況に縛りつける要因）の一つに数えている。この特別な拘束要因の強さの所以は、主体が過去に行った行為の決定的影響力にあると考えたくもなるところだ。

サビーニとシルヴァーはそのメカニズムを見事に次のように分析している。

被験者は実験者への協力を約束して実験に入る。結局、彼らはある程度、科学の進歩という目的を支持して実験への参加を承諾し、謝礼を受けとったのだ（ミルグラムの被験者たちは、効果的学習方法開発の研究への協力と聞かされていた）。学習者が間違いを犯すと、被験者はその人に電気ショックを与えるよう命ぜられる。最初の電気ショックはせいぜい一五ボルトである。一五ボルトのショックといえばまったく害はなく、おそらく人はそれを感じもしない。ここでは道徳問題は起こらない。もちろん、次の電気ショックはより強いが、それほど強いものではない。じっさい、どの電気ショックも前の電気ショックよりほんのわずか強いだけなのだ。被験者の行動はまったく無害なものから、非良心的なそれへと変わってゆく。被験者はいったいどの段階で止めると言いだすだろうか。無害な行為と非良心的行為が交わる境界線はどこなのだろうか。被験者はどうすればそれを知りえるだろうか。境界があるはずだと思うのはやさしい。しかし、境界をどこにすべきか決めるのは難しい。

このプロセスにおけるもっとも重大な点は、おそらく、次のことだろう。

被験者が次のレベルの電気ショックにはもう進めないと判断したとしよう。しかし、次の電気ショックは（このあとはすべて）前の電気ショックよりほんのわずかしか強くないのだから、被験者のかけた前の電気ショックはどう正当化すればよいのか。次のステップが適正でないとすれば、彼がとった前のステップの適正もまた否定され、そして、被験者自身の道徳的立場も揺らぎはじめることになる。被験者が実験に深入りするにしたがって、実験から抜けづらくなる。(6)

段階的行動において、行為者は自らの過去の行動の奴隷となる。過去の行動の拘束力は他のどれよりもはるかに強い。拘束力は初期の段階で重要だと思われていた要因、真に決定的な役割を演じた要因より間違いなく長く生き延びる。とりわけ、自らの過去の行為の見直しと否定を嫌う気持ちは強く、さらに、行動の「大義」がとっくの昔に消滅したあとも、惰性に任せて行動を続けようとする衝動となるとなおさら強い。段階をつなぐ、誰にも気づかれないスムーズな経路は行為者を罠に導く。その罠とは自らの行為の正当性や潔白を修正、否定しなければ、行為は中止できないとする思い込みである。言い換えれば罠とは逆説のことである。自らを黒としなければ、自らを潔白にすることはできない。汚れを隠すために、人は泥で汚しつづけなくてはならない。

共犯者は連帯する。このよく知られた現象を背後で動かすのもこの逆説なのかもしれない。自らが犯罪と認める行為の責任を共有しているという意識ほど、人々を強く団結させるものはない。この種の団結は処罰を逃れたいと望む自然な感情の表われだと、常識的には説明される。ゲーム理論の「囚人のジレンマ*」の例が示すのは、（罪の軽減に）参加者全員の団結ほど合理的な判断はないということである。段階的行動に初めから加わっていた参加者だけがパラドックス解消のために共謀し、過去の行為の正当性への疑問が膨らむなか、正当性に信憑性を与えようとするという事実によって、共犯者のあいだに、どの程度の連帯が生まれ、どの程度、連帯は強化されるのだろうかと、われわれは考える。したがって、ここではミルグラムが状況的義務と名づけた別の「拘束要因」は、ほぼ段階的行動の逆説から派生したものであると示唆しておきたい。

道徳化された技術

しかし、官僚制度における権力システムの顕著な特徴は、各行動の道徳的非正常性をみつけにくくしたことであり、みつかった場合には、道徳的ジレンマに変えたことである。官僚制度において、行動の対象が経験する苦悩は役人たちの道徳的関心の焦点から外れている。道徳的関心は強制的に別方向へ向けられていて、遂行されるべき任務、あるいは、遂行の効率性への関心となる。行動の「対象」の立場、それの感情はほとんど問題にされない。問題になるのは上司からの命令を実行者がどれほど賢明に、効率的に実行したかである。後者の問題において、上司とは否定することのできない、自然な権威である。こうした状況が上司の部下にたいする支配をいっそう強いものにする。命令と、不服従にたいする処罰に加え、上司たちは道徳的判断さえ下すことになる。個々人の自己評価の基礎となる唯一の道徳的判断を下すのである。

科学は疑いなく最高の道徳的権威であり、実験は科学発展のために不可欠なのだという信念に、ミルグラムの実験結果は少なからず影響されていると、解説者たちは繰り返し指

＊〔訳注〕ゲーム理論の用語。個々にとっての最良の選択（合理的行為）が、全体にとっての最良の選択（合理的行為）とはなりえるかどうか分からないことを示す。たとえば、二人の被疑者（A・B）を警察が捕らえたとする。警察の調べに二人は黙秘を守り、警察は二人を起訴するだけの証拠をもっていない。警察は二人を個別に取り調べ、次のような取引を提案する。Aが相方Bの容疑を認め（協力）、Bが黙秘を続ければ（非協力）、Aはただちに釈放され、Bは懲役一〇年が求刑される。二人が黙秘（非協力）を続ければ、警察は懲役六か月を求刑する。もし、AもBも相手の容疑を認めた場合には懲役二年を求刑する。二人の容疑者はそれぞれ選択を迫られるが、相手がどんな選択をするか分からないのがこのゲームのジレンマである。個人にとって最良の選択肢、協力（自白・相棒への裏切り）による無罪放免は、しかし、相手に懲役一〇年を科すことになるから、両者にとっての最良の選択にはならない。警察への協力を拒み黙秘を続けた場合の二人合わせた刑期は一年であり、また、双方が自白しても二人合わせた刑期は四年であり、懲役一〇年より短いことになる。

摘してきた。しかし、指摘が見逃しているのは、他のいかなる権威とも異なり、科学は通常なら世論が許さない倫理的に恥ずべき目的であっても、手段としては容認されたということである。科学は人間的行動を合理的に組織する上での理想である目的と手段の分離を実現させた。道徳的評価に付されるのは目的であって手段ではない。道徳的苦悩の訴えにたいして実験者が与える回答は、そっけない、冷淡きわまる「人体には永続的な害はないから大丈夫」という常套句である。実験参加者のほとんどはこうした常套句に納得し、それの正しさ（たとえば、皮膚組織の一時的損傷、あるいは、痛みは道徳的にどう考えたらいいのかという当然の疑問）は考慮しようともしない。彼らにとって重要なのは「上にいる」人物の下す、なにが倫理的で、なにが倫理的でないかの判断なのである。

官僚制度的権威システムの内部の道徳言語には新たな語彙が付け加えられている。システム内で頻繁に使われる忠誠、義務、規律といった概念は、すべてその道徳的関心の最上位の対象であり、同時に、道徳的最高権威である上司と関係している。事実、こうした概念は一点で交わっている。忠誠は規律体系により規定された義務の忠実な履行を意味する。概念の交わりと相互強化によりこれらは道徳的教訓としての力をより強くし、他の道徳的配慮、とりわけ、権限システムの自己増殖的関心とは無縁の倫理的問題を無力化し、排除するほどにまでなる。これらは道徳的自己規制のすべての社会・心理的手段を独占し、官僚制度の利益に結びつける。ミルグラムは次のように述べている。「部下は権威に命じられた任務をどれほど適切にこなせたかによって、恥じたり、自慢に感じたりする……超自我の使命は行動の善悪の判定から、権威システム内における仕事の出来、不出来の判断へと変わったのである[7]」。

したがって、一般的解釈とは反対に、官僚制度的権威システムは道徳的基準を直接的には攻撃せず、また効率的行動の冷徹な合理性に矛盾する、本質的に不合理な情緒的圧力として排除したりもしない。じっさい、システムはそれを利用、あるいは、再利用する。官僚制度の二重の功績は一方で技術を道徳化し、他方で非技術的問題における道徳的重要性を否定したことにある。善・悪、適・不適、良・悪と判断されるのは活動の技術であって、その内容ではない。行為者の良心は行為者に作業の誠実な遂行を命じる一方、組織の規則を遵守するさいの誠実度、上司が与えた任務にたいする貢献度によって、自らの正しさを判断するよう求める。ミルグラムの実験に協力した被験者の「古い」良心を無力化し、実験からの離脱を止めたのは、実験者が「研究の意義」、「実験の必要性」を訴え、中途放棄がもたらす損失について警告しながら作りあげた別の良心であった。ミルグラムの実験の場合、別の良心はにわかに準備されたが（個々の実験にかかる時間は一時間をこえなかった）、その効果は驚くほど大きかった。

技術の道徳性と内容の道徳性の入れ替えは疑いなく主体と行動の対象との距離、主体と行動の命令者との距離の変化によって、容易になったり、困難になったりする。ミルグラムの実験からは、行動の最終結果と主体の距離（物理的でなく技術的な）が遠くなればなるほど、入れ替えが簡単になるという驚くほど均一な結果が出ている。たとえば、ある実験によると、「被験者が電気ショックのボタンを直接押すのではなく、ただ、その補助をすればいいのであって……あとは、別の人が電気ショックのボタンを押すのだからと言われたとき……四〇人の大人のうち三七人が……電圧が最高レベルに達するまで実験にとどまった」（制御板の最高レベルには「絶対危険―XX」と記されていた）。ミルグラムの得た結論によれば、悪の連鎖において中間的任務だけを担い、その最終結果に直接かかわらない場合、人は容易に良心の呵責から免れられるという(8)。悪の連鎖の中間的つなぎ役にとって、自らの作業は技術的なものにすぎない。行動が終了すると、すぐに次の任務がセットされる。電気装置、あるいは、机の上の紙になにかをするという任務。その人の行動と犠牲者の苦悩のあいだの因果関係は薄く、それは努力せず比較的簡単に無視しうる。とするならば、「義務」と「規律」に重大な影響が及ぶこともありえない。

責任の自由浮遊

ミルグラムの実験における権威のシステムは単純なものであり、多層構造をもたない。被験者の権威はシステムの最高責任者に由来するが、これは気づかれないことさえある

（被験者の立場からすると、実験者自身、仲介者として行動していて、その力はさらに上の「科学」、「研究」という普遍的・非個人的権威によって付与されると考えられるからだ）。実験状況の簡潔さは結果にもはっきりはねかえる。被験者は明らかに自らの行動の権威は実験者に由来すると考える。事実、実験者の命令には権威、すなわち、権力のヒエラルキーのずっと上にいる人間の許可も、承認も必要としない権威がある。したがって、行ったこと、また、行おうとすることにたいする自らの責任をどの程度、被験者がすすんで放棄するかが焦点となる。放棄には被験者が自発的には行わないような事柄、あるいは、行うのを望まない事柄まで命ずる権利が実験者に与えられているかどうかが焦点となる。正しいとはとうてい思えない命令でも、なにがなんだか分からないうちに、正しいのではないかと経験未熟な被験者に思わせることができれば、実験者はそうした権利を得たことになる。おそらく、権限をもった人間の意志は被験者の目の前で正当化される必要もないから、命令がなぜ正しいのか考慮される必要もない。命令する権利、従う義務だけで十分なのだ。ミルグラムのおかげで、次のことが確実に知られるようになった。被験者が自分でも残酷だと思う行為を続行できるのは、自ら受け入れ、自らの行動の最高責任者だとみなす権威の命令だからだ。「この研究によって一つの本質的事実が確認された。電気ショックをかけるようにという命令への反応より、権威への反応が決定的なのだ。権威からの命令にしか力はない……重要なのは被験者がなにをなすかでなく、誰のためになすかなのだ」[9]。ミルグラムの実験は責任移動のメカニズムの、純粋で、透明で、そして、基本的な形をあばきだしたといえる。

責任が行為者も納得のうえ上司の命令権に移動すると、行為者は代理的地位[10]、すなわち、別の人の要望を実行する役割が振り当てられる。代理的地位は自立的地位の対極をなす。（他律性と同義であるが、それには行為者の自己定義という意味も含まれ、さらに、それは行為者の態度の外因、すなわち、彼を他方向へ導く力を、組織的ヒエラルキーのある一点に発見する。）代理的地位にある行為者は上級の権威が規定し、管理する状況に完全に自らを適応させられている。状況の定義には、行為者を権威の代理としてみなすことも含まれている。

しかし、責任移動は初歩的行為、複雑なプロセスを構成する一ユニット、あるいは、要素にすぎない。それは権威システムの各構成員のあいだ、また、行為者と直属の上司のあいだの狭い空間で起こる現象である。ミルグラムの実験は構造が単純であったがために、責任移動がもたらす先の結果まで追跡することができなかった。とくに、顕微鏡の焦点が複雑な組織の基本細胞にのみ合わせられていたがために、責任移動が継続的に、しかも、ヒエラルキーのあらゆる段階で起こった場合、官僚組織はどのようなものになりうるのかといった、より規模の大きな「有機体的」問題は提起できなかった。

想像しうるのは次のような現象であろう。そうした継続的・普遍的責任移動の全体的影響は責任の自由浮遊となって現われる。すなわち、組織の各構成員が他者の意によって動かされていると確信する一方で、責任の担い手と名指しされた構成員は別の構成員に責任転嫁する状況が現れる。組織全体が責任ぬぐいの道具と化したともいえるだろう。連携作業においても因果関係は隠蔽されるとともに、隠蔽されているという事実は効率性のもっとも強力な要因となる。集団的残虐行為は基本的に、責任の所在が特定できないという事実によって容易となり、責任はどこかの「特定の権威」にあると行為者たちは確信する。責任回避は行動の非道徳性、非合法性が非難されたときの対処として、事後的に行われるのではないことが分かる。自由に浮遊し、係留をほどかれた責任は、通常、慣習的道徳の掟を破ることもできないような人物たちが、従順に、そして、自発的に参加して行う非道徳的・非合法的行為の前提条件となる。責任が自由に浮遊しているということは、道徳的権威といったものが明白な挑戦を受けて、否定される脅威に見舞われる前から無力化されているということなのだ。

力の多元性と良心の力

すべての実験同様、ミルグラムの検証も目的に準じた人工的環境で行われた。それは重要な二点において、日常的生活環境とは異なっていた。まず、被験者と「組織」（つまり、実験チームと大学）のつながりは一時的で、その場かぎりのものであった他、あらかじめ被験者にもそう知らされていた。被験者は、一時間だけの約束で雇われたにすぎない。第二に、ほとんどの実験において被験者は、単一の目標にだけ専念する一人の上役だけとしか接しないから、行動を命じた権威を、行動の目的と意義に揺るぎない信念をもつ首尾一貫した存在としか捉えない。日常生活においてはこれら二つの状況はめったに起こりうるものではない。したがって、こうした状況が被験者の態度をふつうの状態では起こりえないものにしているのかどうか、また、もし、そうだとしたら、どの程度そうしているかを考慮してみる必要がある。

まず、最初の点から検討を始めてみたい。ミルグラムが説得力をもって示した権威の影響力は、被験者と権威が代表する組織の永続的関係に被験者が確信をもったときにさらに強まるとされる。当然のことながら、実験には含まれなかった別の要因も状況にからんでくるだろう。長く一緒にいて、共通問題を解決しようとするチームの構成員のあいだで発達する連帯感、義務感の共有（「相手の期待を裏切りたくない」といった感覚）などの要因。また、拡散的相互依存（将来、いつか「恩返し」してもらえるのではないかと期待し、また、将来、同僚や上司によくしてもらえるのではないかと期待しながら、役に立つかどうか分からないが、グループの他の構成員につくしておくこと）といった要因。そして、最高に重要な、ルーチン（計算も選択も不必要で、すでに樹立されたパターンをなんの助けもいらず揺るぎないものとしている、完全に習慣化された一連の行動）の要因。こうした要因やそれに似たような要因が、ミルグラムが観察した傾向の妥当性を支えている可能性が非常に高い。これらの傾向は正統な権威との接触から生じる一方、上で挙げた要因は確かにそうした権威に正当性を付加するが、それは構成員のあいだでインフォーマルな、多層的なつきあいパターンができあがるのにかかったのと同じくらいの、また、伝統が発達するのにかかったのと同じくらいの時間をかけて増大してゆくのだ。

しかし、通常の条件との第二の相違は、観察された権威への反応に日常生活では考えられない形で影響を与えていたのかもしれない。ミルグラムが注意深く管理する人工的な条件下においては、権威の源は一つ、まさしく一つだけであり、被験者が命令の妥当性を客観テストのようなものに付すために、命令と対峙してみるさいにはこれと同等の基準枠は（たんに、別の自立した意見でさえ）存在しない。そうした不自然な権威の画一的特徴がもたらすかもしれない歪みの可能性にも、ミルグラムはちゃんと気づいていた。歪みの程度を明らかにするため、彼は被験者にわざわざ複数の実験者をはりつけ、さらに、これらの実験者に命令をめぐる故意の対立、口論まで演じさせた。結果は真に驚くべきものだった。他の場合にみられた奴隷のような服従は跡形もなく消滅した。被験者たちは気にくわない行動には、もはや、すすんで協力しようとしなくなった。当然、見ず知らずの犠牲者に苦痛を与える行動は固辞するようになる。こうした補助的実験に起用された被験者二〇人のうち、意見の不一致が二人の実験者のあいだで起こる前に実験を降りた者は一人しかいなかったが、口論が始まった瞬間、一八人が協力を拒絶し、最後の一人もその次の段階で実験を降りている。「権威のあいだの意見の不一致が行動を完全に麻痺させることは明らかである」(11)。

修正の意味は明白だろう。自らの良心と善良な判断にあえて逆らって行動するのは権力者がそう命令するからではなく、権威の源が一つにまとまり、明確であり、強固だからである。対立を容赦せず、自主性を認めず、服従のヒエラルキーに例外をけっしてもうけない組織内において、また、二人の人間が対等の権力をもつことが絶対にありえない組織内において、良心と善良な判断に逆らう行動が起こるのだ(ほとんどの軍隊、更生施設、全体主義政党と全体主義運動、一部の宗派、寄宿学校はそうした組織の理想型に近い)。しかし、こうした組織は次の二つの状況のいずれかにおいて機能する確率が高い。ほとんどの人の、あるいは、構成員全員の生命活動や必需品の独占的支配が認められた、または、それを奪いとった(ゆえに、ゴフマンの全体的組織に近いものになると)組織は、その構成員と社会の残る人物を厳しく分離するから、権威の対立軸が存在しなくなってしまう、そんな状況において。または、全体主義的、あるいは、半全体主義的国家から枝分かれした組織の一つが、構成員たちをお互いの鏡像に変えてしまうという状況において。

ミルグラムも言うように、権威にたいする純粋な反応が出てくるのは、犠牲者の抵抗以外に反対圧力がなく、権威が自由に機能しているときのみだ。もちろん、現実の生活には、相殺しあうような幾多の反対圧力がはたらいている。[12]「現実の生活」と言ったとき、ミルグラムは民主的社会の内側、全体主義的組織の外側の生活を、さらに正確にいえば、多元的状況の下の生活を考えていたに違いない。ミルグラムの実験全体のもっとも印象深い結論は、道徳的に正常な人間を道徳的に異常な行動に駆り立てないための予防薬として、多元主義ほど効果的なものはないというものである。ホロコーストのような企てを開始するにあたり、ナチスはまず政治的多元主義のなごりを破壊したが、それはふつうの人間がすすんで非道徳的・非人間的行動に走ることを計画遂行の不可欠な条件として計算し、期待していたからである。ソヴィエト連邦において反体制主義者、あるいは、その疑いのある者が組織的に粛清され始めたのは、社会的自由、それを反映した政治的多元主義の残滓が根絶されたあとだった。多元主義が地球規模で全滅でもしないかぎり、犯罪的目的を有し、非道徳的行為を構成員に強いる組織は、基準と価値観の多様性という「否定的」影響の侵入を防ぐ人工的防波堤を建設する重荷を背負っている。政治的・社会的不調和のないかほど、個人の道徳的良心の声がよく聞こえる環境はない。

悪の社会的性質

ミルグラムの実験が残した結論のほとんどは、一つの主要テーマの変奏のようにもみえる。残酷さは残虐行為を行った人間の個人的特性や性癖よりも、社会的相互作用のパターンとより密接に関係している。残酷さはその起源において、人格的なものというより社会的なものである。状況が道徳的抑制を骨抜きにし、非人間性を正当化するようになれば、一部の個人はかならず残酷になる。

こうした説明に付随した疑問も、フィリップ・ジムバルドの実験結果を詳しくみていけば、雲散霧消するだろう。[13] この種の実験の障害となる潜在要因、すなわち、実験者の体現する科学の権威は、ここではあらかじめ取り除かれている。ジムバルドの実験では被験者の責任を免除するような外的権威は存在しない。ジムバルドの実験環境において究極的に機能する権威はすべて、被験者自らによって作られたものである。ジムバルドは規則化された相互交流《インタラクション》内の役柄に被験者を割り当てることによって、実験を開始すること以外なにもしていない。

ジムバルドの実験では（二週間の予定であったが、被験者の体と精神に取り返しのつかない害がおよぶ恐れがでてきたために、一週間で中止されている）、ボランティアたちは任意に囚人役と看守役に分けられる。たとえば、囚人たちは頭を剃ったところを真似るためにきつい帽子をかぶらされ、滑稽なガウンを着せられた。看守たちは制服を着用し、目の動きが囚人に分からないよう、黒いサングラスをかけさせられた。囚人も看守も、お互いを名前で呼ぶことが禁じられた。個人性の厳格な否定が標準とされたのだ。囚人にとって屈辱的であり、彼らから人間的尊厳を奪いとるような、悪意にみちた規則の長々としたリストが作られた。これが出発点である。これに続いて起こったのは、実験の立案者の予測と想像力をはるかに超えたものだった。看守（異常な兆候がないか調べられた上で、任意に抽出された大学生くらいの年齢の男性）のみせた率先行為は、およそ限界を知らぬものであった。グレゴリー・ベイトソンによって仮説として立てられた、対立する一方が凶暴になればなるほど、他方は従順になるという「分裂生成の輪」のようなものが始動したのだ。看守の想定上の優位性は囚人の従順さと呼応するから、看守が自分の力の大きさをさらに誇示しようとすると、囚人は予測どおり完全に自己卑下的となった……看守は強制的にわいせつな歌を歌わせ、バケツに排便させて、中身を捨てることを許さず、トイレを素手で掃除させた。こうした行為が続けば続くほど、囚人が人間でないとの確信は強まり、看守たちはさらに冷酷な非人間的手段を見出し、その使用にもとまどいを感じなくなる。

好感のもてる、まじめなアメリカ人青年が、突然、アウシュヴィッツやトレブリンカのような場所だけにしかいないような化け物に近い存在に変身することほど恐ろしいことはない。しかし、それはまた不可解でもあった。実験の結果は幾人かの学者をして、すべてではないにしても、ほとんどの人間のなかには小さな〈親衛隊員〉が住み、飛び出すのを待っていると言わしめた（ミルグラムによってふつうの男性のなかには「潜在的アイヒマン」が隠れているのが発見された、とアミタイ・エツィオーニは述べた[14]）。通常は活動を休止していても、ときどき、動きはじめる様子を名づけて、ジョン・スタイナーは「スリーパー」という概念を造りだした。

スリーパー効果というのは、専制君主、独裁者、テロリストといった暴力的人間に特徴的な潜在的性格に鍵をかけておくことをいう。やがてスリーパーは規律化されていた行動パターンを破り、眠っていた暴力的傾向の強い性格は活発化する。潜在的凶暴性をもち、なにかのきっかけでそれが爆発するのであれば、その人たちはすべてスリーパーなのだ[15]。

しかし、ジムバルドと彼の同僚たちを驚かせた残酷さの数々は、邪悪な社会的仕組みに由来するものであって、実験参加者の悪辣さから生じたものではないことは明らかであり、それを疑う余地はない。被験者たちが役回りを替えたとしても、全体の結果は違わなかったであろう。問題は加害者と被害者からなる両極性の存在であって、誰がそれぞれの極に配置されるかではない。問題なのは一方の人たちが他方の人たちを絶対的、独占的に、そして、限界を無視して支配するからである。各人にスリーパーが住んでいたとしても、そうした状況が起こらないかぎり、スリーパーが目覚めることはない。とするならば、誰もスリーパーの存在を知らないのである。

もっとも悲しいのはわれわれのほとんどが残酷性、あるいは、少なくとも倫理的盲点を伴う役をいともたやすく引き受けてしまうことである。役が上部の権威によってきちんと承認され、正当化されたものだったとしても。あらゆる実験において、こうした「役の受け入れ」は唖然とするほど頻繁に起こるから、スリーパーなどという概念はたんなる補助的比喩にすぎない。大勢の人間の残酷な人間への変身を説明するのに、本当はこうした比喩は必要ない。しかし、権威からの命令が自らの信念に反すると悟った個人が、それに抵抗する勇気と力を発見し、服従を拒んだまれな場合にだけ、こうした概念は生きてくる。控えめで、法に忠実で、反逆児でも、冒険的でもない、ごくふつうの人が危険をかえりみることなく、権力の座にある人間に立ち向かい、自らの良心を優先させる例はないわけではない。そうした人の何人かは、ホロコーストの犠牲者を救わんがために、単独で、悪辣な絶対権力に公然と立ち向かい、極刑をも恐れなかった。彼らのユニークさの社会的・政治的、あるいは、宗教的「決定因子」は、探そうとしてもみつからないだろう。決起する機会の欠如による稼働停止状態から目覚めた道徳的良心は、社会的に生産されねばならない非道徳的特性と異なり、真に個人的な属性であり、所有物であるからだ。

悪に対抗する能力は生きているほとんどのあいだ、「スリーパー」でいつづける。それは永遠に目覚めることがないかもしれず、その場合、われわれはその存在には気づかない。しかしながら、これに気がつかないままの方が、われわれにとっては幸せなのである。

7　道徳の社会学的理論に向けて

　ここでは前章の終わりでとりあげた問題について詳しく論じようと思う。悪の社会的特性、あるいは、より正確にいえば、非道徳的行為の社会的生産の問題を。そのいくつかの側面（たとえば、道徳的無関心の生産を可能にした、あるいは、もっと一般的には、道徳的教訓の権威喪失を導いたメカニズム）は、前の章で短く扱ったつもりだ。後者はホロコーストの遂行において中心的役割を演じたのであるから、社会と道徳的行動の関係を徹底的に調査しないかぎり、その分析は完全なものとはいえないだろう。事実、倫理的現象にかんする既存の社会学的理論では、ホロコーストの経験が十分説明しつくせないとすれば、そうした検証の必要性はますます強くなる。現在の欠陥を修正した適正な社会学的道徳論が考察しなければならない経験と、それから得られる決定的に重要な教訓と結論について、この章では詳述するつもりである。ホロコースト研究が生みおとした新知識をすべて包含することのできる道徳理論をも構築しようという、さらに野心的な計画を私はもっている（この章はその計画にむけた最初の数歩にすぎない）。この方向においていささかでも前進できたとすれば、それをもって本書で展開された分析の総括とすることができるだろう。

社会学的言説が構築する秩序における道徳の地位は不明確で、曖昧なものにすぎない。道徳は社会学的言説の進歩にとって重要なものではなく、したがって、道徳行為、道徳的選択の問題は周辺事項、周辺的な関心でしかなかったから、この状態を改善する努力はほとんど行われていない。ほとんどの社会学的物語は道徳に言及しない。社会学的言説は一般に、目的や意志といった概念に依存することなく、完全な物語を生みだす言語を発達させたという点において、すでに早くから宗教的・魔術的思考回路から解放された科学の言説パターンを踏襲していたといえるだろう。科学はまさに目的論的語彙の使用を禁止する規則をもった言語ゲームである。目的論的用語を使用しないことは言説が科学的物語の範疇に属するための十分条件ではないが、間違いなくその必要条件であった。

社会学が科学的言説の規則に従おうとするかぎり、道徳とそれに関連する現象は、社会学の支配的言説によって生みだされ、理論化され、研究された社会的世界のなかで、浮いた存在にならざるをえない。ゆえに、社会学者たちは道徳的現象の質的特性を排除すること、または、目的論的言語に訴えることなく語りうる現象の部類のなかに道徳的現象を封じこめることに集中する。これら二つの課題とその解決のために必要な努力によって、道徳的規範の独立した存在は否定されるに至る。社会的現実の一つの要因と認められることがあった場合でも、道徳は二次的・派生的地位しか割り当てられない。道徳は非道徳的現象、すなわち、非目的論的取り扱いに完全に、かつ、明瞭に従順な現象から説明されねばならない。実際、道徳研究の社会学における典型的アプローチと、いわゆる社会学的還元の戦略は同義語となった。道徳的現象は全体として、それに結合力を与える、道徳とは関わりのない制度の観点から、徹底的に説明しつくすことができるという前提に則った戦略と同義なのである。

道徳の工場としての社会

道徳的規範を社会的要因から説明する（たとえば、道徳を社会的環境から派生するものとして、あるいは、社会的プロセスに影響されたものとして認識する）方法は、少なくともモンテスキューまで遡るだろう。たとえば、一夫多妻制は女性の余剰、あるいは、特定の気象環境における女性の早熟化から発生するというモンテスキューの意見は、今では社会科学がその誕生以来どれほどの進歩をとげたかを示す参考例として、歴史教科書などで引用されてもよいほどである。彼の仮説で使われた説明の様式は、しかし、長いあいだほとんど疑問視されることがなかった。彼の仮説はまた、道徳的規範が存続するかぎり、それが対処する運命にある集団的欲求もまた存続していると考える、社会科学的常識の一部となり、それはめったに反論されることがなかった。そうした欲求を明らかにし、それを充足させる社会的仕組みの再構築こそ、道徳の科学的研究の使命であるとする常識も疑問視されることなくきたのである。

こういった理論的前提と、これより派生する解釈の手法が受けいれられたとき、次にくるのは、主に、循環論法である。これは機能的でない道徳的規範、あるいは、習慣は存在しないと強く主張したクラックホーエンがもっともよく体現している（規範、習慣は、たとえば、ナヴァホ・インディアンの魔女が不安を鎮め、生来の攻撃性をよそに逃がそうとしていたように、欲求の充足、行動における破壊的傾向の抑制などに有益でなくてはならない）。クラックホーンはまた、規範を発生させ、維持してきた欲求の消滅は、規範の消滅を導くと主張する。道徳的規範が割り当てられた任務の達成に失敗する（たとえば、元来の欲求に適切に対処できない）と、同じような結果が生じると考えられる。マリノフスキーは道徳の本質的道具性を強調し、道徳は食糧、安全、厳しい気象環境での蓄えなど、「人間の基本的欲求」にたいし、従属的でしかないことを力説したが、道徳の科学的研究方法は彼によってもっとも明確な形で体系化されていたと言っていいだろう。

デュルケムは（彼の道徳的現象の扱い方は社会学的な知の標準となり、道徳研究の社会学ならではのアプローチの意味を、事実上、決定するまでになった）規範を欲求に結びつけようとする主張を否定した。事実、ある特定の社会にみられる拘束力をもった道徳規範は、意識的（言うまでもなく合理的）分析と選択の結果、人を従わせる力を獲得したに違いないとする常識的見解を彼は厳しく批判している。当時の民族誌的常識と異なり、デュルケムは道徳の本質は社会の構成員が充足させようとする欲求への対応でなく、道徳が示す義務的な力のなかに求められるべきだと主張した。規範が規範たりうるのは構成員の利益を確保、防衛する責務に適しているからではなく、学習をとおして、あるいは、逸脱の苦い経験をとおして、規範の強烈な存在が実感されるからである。しかし、道徳的現象についての今でも残る解釈を批判したとはいえ、デュルケムは「合理的説明」の原則それ自体に批判の矛先を向けたわけではなかった。あるいは、社会学的還元の実践を切り崩そうとしたわけでは、さらになかった。この点からすれば、デュルケムと伝統的解釈の違いは、家族内の意見の相違以上のものではない。本質的な違いにみえるものも、煎じつめれば、議論の比重が個人的欲求から社会的欲求へ移っただけの違いなのだ。あるいは、むしろ、個人に属そうが、グループに属そうが、他のあらゆる欲求を超越する最優先の欲求、すなわち、社会統合の欲求に移っただけの違いなのだ。いかなる道徳体系も永続する存在に仕え、また、アイデンティティの保持に、そして、社会化と懲罰的制裁をとおして、道徳の拘束力を支えてくれている社会の保全に奉仕するよう運命づけられている。社会の永続性は構成員の自然な（非社会的・前社会的）性癖に制約を課すことによって、また、社会統合保持の欲求に矛盾しない行動を強制することによって、達成され、維持されることになる。

デュルケムの修正によって、道徳にかんする社会学的推論はそれまで以上に循環的となった。道徳の存在の基礎が社会の意志以外にはありえず、その機能が社会を生き残らせること以外にありえないならば、ある特定の道徳体系にたいする実体的評価は社会学的課題から実質上、除外されることになろう。社会統合が評価の唯一の準拠枠とされるようになると、複数の道徳体系が比較され、個別に評価される可能性は消滅する。各体系が奉仕するはずの欲求は体系が根を下ろした社会の内部からわき上がるものである。大切なのは道徳体系を各社会がもたなければならないという事実であって、統合維持のためにそれぞれの社会がたまたま強制した道徳規範それ自体の内容ではない。各社会にはそれぞれ必要とする道徳がある、とデュルケムは言う。しかし、社会の欲求が道徳の唯一の内容であるならば、あらゆる道徳体系は社会的欲求の充足に有益かどうかという基準から、客観的、科学的に測定され、評価されてしまうことになる。

デュルケムによる道徳の議論は道徳的基準を社会的生産物とみる古い、伝統的な見方の強力な再確認だけで終わったわけではない。社会科学的実践にたいするデュルケムの最大の影響は、社会が道徳的力をもつ実体とみなされるようになったことにみられる。「人間が道徳的存在であるのは社会のなかに生きているからだ」「いかなる形のものであっても、道徳は社会のなかにしか見当たらない」「……個人は社会に従属し、この従属が個人の自由の条件となる。思考しない盲目的な物理的力からの解放に人間の自由はある。これらの力にたいして人間を庇護する社会の、知的で偉大な力を対峙させることによって解放は獲得される。社会の翼の下に入ったことで人間はある程度、社会に依存することになる。しかし、これは解放のための依存である。ここに矛盾はない」。こうしたデュルケムの有名な言葉は今もって、社会学研究の現場に鳴り響いている。すべての道徳は社会に由来する。社会の外側に道徳は存在しない。社会を道徳生産工場とするのが社会の最良の理解である。社会は道徳にのっとった行動を奨励し、非道徳を周辺化、抑圧、防止する。社会による道徳的規制の対概念は人間の自立ではなく、動物的感情の支配である。人間という動物の前社会的欲動は利己主義的で残酷、そして、攻撃的なものであったから、社会生活の安定維持のため、それらは抑制され、飼い慣らされねばならなかった。社会的強制が取り除かれれば、人類は野生状態に逆戻りし、社会の力だけがそうした状態から人類を救いだす。

人間を高貴にし、向上させ、より人間的にするという社会的計画にたいする、人々に染みついた信頼感は、悪は社会的に禁じられているから悪なのであって、悪は悪だから社会が禁じているのではないというデュルケム自身の主張と相容れない。デュルケムのなかの冷静で、懐疑的な科学者の側面は、自らの意志を拘束力のある規則にしてしまえるほどの強い力による拒絶以外にも、悪の実体があるとする主張の誤りを見逃さない。しかし、デュルケムのなかの愛国者の側面、そして、文明生活の優越性と進歩の信奉者としての側面は拒絶されたものこそ悪であり、拒絶は解放、そして、威厳を与えるための行動であると感じているようである。

この感覚は物質的優越性を獲得し、確実にした結果、自らが従って生きている規則の優越性も確信しないではいられない生活形態の自意識と共鳴する。道徳化の任務に図案として役立ったのは、結局、抽象的理論概念である「社会それ自体」でなく、近代西洋社会であったはずだ。近代西洋に特有の社会「造園」[1]という十字軍的、伝道的行動から、規則の設定は人間性の否定ではなく、人間化のプロセスの一部であるという自信にみちた考えが芽生えたのである。社会的規制を受けることなく（無視されたり、整理されなかったり、十分、従属させられずに）実現した人間性を、非人間的実例であるからと、あるいは、潜在的危険性であるからと投げ捨てられたのも同じ考えからであった。理論的ヴィジョンはついに対立者のみならず、その構成員にたいする社会の絶対的主導権を正当化したのであった。

この考えが社会理論に改められたとき、道徳の解釈には重要な影響が及んだ。定義によれば、前社会的動機も非社会的動機も道徳的ではありえない。同様に、少なくとも一部の道徳形態は、共生のための偶発的社会規則に影響されていない存在要素にもとづいているという可能性が十分明確化されていないどころか、まじめに考慮さえされていない。人間の存在様式、あるいは、「他者とともに存在する」という単純な事実の発する圧力が、相殺的な社会勢力によって、ある場合には、無力化され、抑制されるということはそれよりさらに想像されていない。換言すれば、社会が「道徳的機能」に追加、あるいは、逆に反する形で、少なくとも時として、「道徳を沈黙させる」力として機能することもありうるのである。

道徳が社会的生産物として理解され、その「絶えざる供給」を保証するメカニズムとの関係で論じられているかぎり、社会に拡散し、深く根づいた道徳感情に背き、善悪（適正・不適正な行為）の共通認識に逆らう出来事は、「道徳産業」による不始末、管理ミスとみられる傾向にある。工場システムは近代社会の理論モデルのもっとも強力な暗喩《メタファー》の一つだが、道徳の社会的生産という見方にはその影響がもっとも顕著にうかがわれる。非道徳的行為が発生するのは道徳的規範の供給不足、あるいは、欠陥をもった規範（たとえば、拘束力を十分もたない規範）の供給の結果だと解釈される。そして、欠陥の原因は「道徳の社会工場」の技術ミス、管理ミスに求められる。または、好意的にみれば、共同生産活動の不手際による「想定外の結果」、生産システムとは無関係の要因の介入（たとえば、生産要因にたいするコントロール不足）に求められる。「社会化圧力」の欠如や不足から、そして、最終的にはそうした圧力をかける社会メカニズムの欠陥や不完全性から生じる「規律からの逸脱」として、非道徳的態度は理論化されるのである。(2) 社会システムのレベルでは、そうした解釈は未解決の管理問題（デュルケムの「アノミー」はそのもっとも典型的な例だ）にたいして行われる。それより低いレベルでは、教育制度の短所、家族の弱体化、それ自身の反道徳的社会化圧力を備える絶滅を逃れた反社会的少数集団の影響力にたいして行われる。しかし、いずれの場合も、非道徳的行為の出現は社会的に製造された檻を破った、あるいは、すでに囲いから逃げ出していた前社会的・非社会的欲動の現前として理解される。非道徳的行為はつねに前社会的状態への回帰か、それと決別できなかった結果である。それは社会的圧力にたいする、あるいは少なくとも、「正しい」社会的圧力（デュルケムの理論的枠組みに照らせば、社会的規範、すなわち、支配的規準や標準と同一と考えられる概念）にたいする抵抗とつねにつながっている。道徳が社会的生産物だとするならば、行動上の規範として社会が設定する基準に抵抗することは、非道徳的行為であるはずだ。

この道徳理論は社会にたいして自らが決定した実質的道徳像を押しつける権利を認めているのである（ここでの社会とはたしかにあらゆる社会のことだが、もっと自由主義的な解釈に従えば、「地球社会的」規模でなくとも、効果的制裁のネットワークを使って共通の良心を支えている、あらゆる社会的集団のことをいう）。また、この道徳理論は社会的権威が道徳的判断の独占を主張する行為にも賛同する。そうした独占的道徳判断に根ざさない判断を、すべて理論的誤りであるとする態度をそれは暗黙のうちに承認してしまっている。その結果、どの実践的意図や目的からみても、道徳的行動は社会的従順さや大多数の規範への服従と同義語だといわざるをえなくなってしまったのである。

ホロコーストの挑戦

道徳と社会規律をほとんど同一化することが促す循環論法のために、一般の社会学的研究が「パラダイムの危機」に陥る恐れはほとんどない。現存のパラダイムが応用されても、困難なことが起こる機会は、あったとしても、稀でしかない。この道徳観には相対性が組み込まれ、規範の遵守が道徳的嫌悪感をひきおこした場合でも、それが最終的安全弁となる。例外的な力をもった出来事でも起こらないかぎり、支配的パラダイムの拘束力が崩れ、倫理原則の別の基盤を探すことが必要となるような事態になることはない。万一なったとしても、そうした探求は疑いの目でみられ、劇的な出来事でさえ、古い枠組みに収まるような形で語り直される。これは通常、その出来事は真にユニークであるがゆえに、道徳の一般的な理論（道徳の歴史とは異なる）とは無関係だと示すか（巨大隕石が地球に衝突しても、進化論は変わらないのと同じ発想で）、または、道徳生産システムの不快だが、例外的でも異常でもない副産物、あるいは、不良品も含むようなより大きくなじみのある範疇に流しこんでしまうことによって完了する。いずれの方法でも出来事の大きさに対処できない場合、第三の解決策がとられる。それは出来事の経験が学問分野の言説世界に入るのを許さず、出来事がまるで起こらなかったかのようにふるまうという解決策である。

もっとも劇的な道徳的意味をもつ出来事であるホロコーストにたいする社会学の対応には三つの方策のすべてが用いられている。犯罪的・非理性的イデオロギーによって文明の拘束から解放された道徳的欠陥の持ち主たちが緊密なネットワークを組んだとき、ジェノサイドのうちでももっとも極端な現象であるホロコーストが生まれたとする解釈は、これまでみてきたように多数存在してきた。犯罪の実行者は狂っているどころか道徳的にごく「ふつう」の人間だったと多くの歴史研究者が証明し、上のような解説が通用しなくなると、ホロコーストというエピソードは倒錯的現象のいくつかの古いカテゴリーを修正して作られた新たなカテゴリーに分類し直され、結果的に、飼い慣らされ、関心から外された(たとえば、ホロコーストは偏見、イデオロギーといった概念で説明されるようになった)。ホロコーストをめぐる証拠の扱い方で、これまで群をぬいて好まれたのは、それを扱わないことであった。まるでホロコーストが起こらなかったかのように、また、ホロコーストは「文明の進歩の一部であった[3]」、あるいは、「文明の物質的・精神的産物のなかには死の収容所と〈生きる屍〉も含まれていた[4]」という主張は誤りで、まるで語るに値しないかのように扱われるなかで、近代の本質と歴史的傾向、文明化プロセスの論理、社会生活の進歩的合理化の展望と障害といったことが議論されてきたのだ。

しかし、ホロコーストは上の三つの方策をかたくなに拒絶する。多くの理由から、ホロコーストは社会理論にたいしてとうてい無視しえない難題を残したが、それが難題なのは、それから逃げるための決定権を社会理論家がもっていないか、彼らだけのものではないからだ。ナチスの犯罪にたいする政治的・法的対応においては、社会の道徳規範に忠実に従った多数の人間に下された道徳的有罪判決を正当化しなければならないという課題があった。社会空間を自らの監視の下においた上で、「主導的に調整」する社会的集団が正否、善悪の判断を（社会学の支配的理論が主張するように）独占的・専横的に行ったとするならば、そうした集団から強制された規則に従ったからといって、個人が不道徳の罪を問われるゆえんはないかもしれない。もしドイツの敗北がなかったならば、こうした、また、これと関連した問題も起こらなかったことが予想される。しかし、ドイツは敗北したのであり、こうした問題と向き合う必要性も間違いなく生じたのである。

当時、そして、その場所で支配的であった道徳規範に完全に従うという規律どおりの行動が、犯罪だと認定されないのであれば、戦争犯罪人は存在しないだろうし、アイヒマンを裁判にかけ、糾弾し、処刑することもできないであろう。糾弾された行動が遡及的に適用される法的基準にも、社会が停止しているかもしれないが、消滅してはいない道徳原理にも抵触していることを証明できる超社会的・非社会的根拠がなければ、そうした行動にたいする処罰は勝利者の敗北者にたいする復讐以上のものと考えることはけっしてできない。ホロコーストの余韻もさめやらぬなか、法的実践や道徳理論は社会的に支持された原理・原則に従わない行為、社会的連帯とコンセンサスに正面から逆らった行為の方が、逆に道徳的であるという事実に直面させられることになった。道徳的態度に前社会的基礎があるとするならば、社会学理論は道徳的規範と強制力の起源にかんする伝統的解釈を根本から変えねばならない。この点を強調したのはハンナ・アーレントだった。

被告たちが犯した「法的」な罪が問われたこの裁判で問いただされたことは、自らの判断だけが指針であり、その判断がたまたままわりの人たち全員一致の意見に完全に反したときでも、人間には善悪の区別は可能であるかという点だった。「傲慢にも」自らの判断のみを信じる少数の者たちが、古い価値観に忠実な者たちや、宗教的信念の持ち主たちとは違うことが分かるにつれ、この問題は重要さを増すのである。尊敬されるべき社会全体がさまざまな方法でヒトラーに服従させられていったとき、社会的行動を決定する道徳的教え、また、「汝、殺すことなかれ!」といった良心を規定する宗教的命令も事実上、消滅していった。そのとき善悪の区別ができた少数の者たちは自らの判断力だけを頼りに、自らの判断で善悪の区別を行った。彼らが遭遇するさまざまな事象にかんしては、従うべきルールなどなにもなかった。先例なきものにルールはなく、事象が起こるたびに彼らは自らの力で判断した。(5)

痛切感の漂う文章でハンナ・アーレントが述べようとしていたことは、社会化に抵抗することの道義的責任の問題であった。道徳の社会基盤という難題は放棄されていた。この問題にたいしてどのような解決案が提示されようとも、善悪の区別の権威と拘束力は、それを認め、強制してくれる社会権力によっても、正当化しえないからである。集団によって、あるいは、集団全員によって糾弾された個人の行動の方が道徳的である場合もありうる。逆に、社会、あるいは、社会全体が推進する行動の方が非道徳である場合もありうる。ある社会の行動規範に抵抗するにあたり、他の社会の規範的禁止命令の権威を借りるべきではないし、借りることもできない。たとえば、過去の道徳的教訓はいまや新しい社会秩序においては軽蔑され、否定されている。道徳的権威の基礎が社会にあるという見方は、言い換えれば、道徳とは無関係なのである。

社会的に強制された道徳体系は共同性に準拠したものであるから、多元的であり、不均質であり、完全に相対的である。しかし、この相対性は人間の「善悪の判断能力」には妥当しない。この能力は社会の集合的良心をこえたなにかに基づいているはずだ。各既存社会は人間の生物学的特質、生理的欲求、心理的欲望に直面するように、あらかじめ形成されているこうした能力にも直面している。そして、社会は他の扱いにくい現実に対処するように、そうした能力に対処する。社会はそれを抑圧するか、自らの目的に利用するか、有益な、あるいは、無害な方向に導く。社会化のプロセスは道徳能力の操作にあって、生産にあるのではない。そして、操作される道徳能力はのちに社会的処理の対象となるであろう、ある種受け身の原則だけを含むわけではない。それには処理を否定し、逃れ、生き延びる能力も含まれているから、結局、道徳的選択の権利と責任は元あった場所、つまり、人間個人に残るのである。

こうした道徳能力の見方を受け入れるのであれば、一見、決着と、結論をみたかにみえる社会学における道徳の問題は再び開かれたと言わねばならないだろう。道徳は視点を変えてみなければならない。社会化、教育、文明、言い換えれば、社会によって実行された「人間化のプロセス」から、抑圧的なパターン維持、緊張管理のためのプロセスや組織へと視点は移されねばならない。道徳は抑圧的プロセスと組織が処理し、そして、吸収するか、変容させねばならない「諸問題」の一つなのだから。とするならば、そうしたプロセスや組織の産物でなく、対象であるにすぎない道徳能力には別の起源があることになる。道徳的傾向は「ホッブズ的問題」の解消をめざす意識的・無意識的欲求に由来するという解釈が正しくないならば、道徳能力の存在要因は〈ソシエタール〉〔societal〕でなく、〈ソーシャル〉〔social〕の領域に求められねばならない。道徳的態度は共生、「他者と共に存在する」という文脈、すなわち、〈ソーシャル〉な文脈のなかでしか想像できない。一方、その現れは訓練や強制、すなわち、〈ソシエタール〉な超個人的媒体の存在とは無関係なのだ。

道徳の前＝〈社会《ソシエタール》〉的起源

〈〈ソシエタール〉なものの構造と異なる〉社会の存在の様相が、社会学の関心の中心となることはめったになかった。検証は哲学的人類学に委ねられ、社会学によって検証が行われたとしても、せいぜい、社会学本体からは遠く隔たった周辺的問題としてだった。したがって、「他者と共に存在する」ことの意味、経験、そして、結果についての社会学的コンセンサスは存在しない。どのようにすればこの状況が社会学的問題となりうるかは、社会学の実践において、今後、本格的に追究される必要がある。

一般的社会学研究のほとんどは「他者と共に存在する」こと（たとえば、他の人間とともに生きること）に特別な意味も、重要性も付与していない。他者は行動のコンテクスト、行為者の状況、あるいはより一般的に言えば、「環境」などという包括的概念に溶かしこまれてしまう。特定の方向性をもつ選択を行為者に促し、また、行為者の選択の自由を限定する力、行為者に目的をもった行動をさせ、行動の動機を提供する力が存在する広大な領域に他者は組み込まれるのだ。他者には「行動コンテクスト」の他の構成要素との相違点である主体性が認められていない。あるいはむしろ、人間としてのユニークな地位は認められていても、独自の任務を担った行為者に対峙する環境とはみなされない。行動の領域における非生物的要素とは異なる、人間としての他者の予測しがたい行動はやっかいであり、そして、ことによると一時的なものである。行為者の状況支配は他者の行動の文脈を、行動の行方がより確実になるように、よって、行為者の地平のなかにいる他者が、その行動の成功にかかわる他の対象物と見分けがつかなくなるまで小さくなるように操作することを目標にしている。人間としての他者の行動現場での存在は、一つの技術的挑戦でもある。他者を支配することや、他者を目的ある行為の、計算でき、操作できる要素に変えることは生易しいことではない。他者以外の対象には無用で、無益な特殊な技術（たとえば、理解、レトリック、心理にかんする知識といった）が、行動の場において行為者側に要求される場合もある。

こうした一般的観点内でいえば、他者の重要性は行為者の目標到達の可能性への影響につきる。他者が問題とされるのはその気まぐれや矛盾性ゆえに、目的追求を効率的に完了する確率が減少した場合にかぎられる。行為者の任務は他者が問題とならない、そして、話題にものぼらない状況を作りだすことである。したがって、行為者の任務とその実行は道徳的評価でなく、技術的評価の対象となる。行為者がもちうる他者との関係性の選択肢は効率・非効率、効果・逆効果、合理・不合理のいずれかであって、正・誤、善・悪のいずれかではない。「他者と共に存在する」という状況は独自ではいかなる道徳的問題も生み出さない（つまり、外的圧力がないかぎり道徳問題は生まれないということだ）。こうした状況に道徳的配慮が介入してきたとしても、それは間違いなく外部からくるはずだ。また、行為者の選択に拘束力を及ぼすことがあったとしても、道徳的配慮は目的対手段の計算の内在的論理に由来したものではないはずだ。分析的にいうならば、道徳的配慮は明らかに非合理的要因として数えあげられるべきものである。行為者の目的によって完全に組織された「他者と共に存在する」状況において、道徳は外的侵入物以外のなにものでもない。

道徳の起源にかんするこれとは対照的な概念といえば、本質的・普遍的な存在形態としてサルトルが描きだした〈自我《エゴ》〉と〈他我《オルター・エゴ》〉の関係が思いおこされる。しかしながら、サルトルの概念が対照的であるかないかはかならずしも定かではない。サルトルの分析が抽出した道徳概念は、しかし、否定的概念にすぎない。義務というより限界としての道徳、刺激というより拘束としての道徳にすぎない。この点において、道徳の地位にかんしてサルトルが示唆したことは、上で考察した標準的社会学の道徳の役割の解釈とあまり変わるところがない。

もちろん、サルトルの急進性は人間としての他者を質的に異なる地位と能力を備えたユニットとして、行為者の地平に位置する他の対象とは区別したことにあった。サルトルにおいての他者は、〈他我〉、同胞、自分自身のような主体だとされているが、それらには自分自身の内的経験から知りえた主体性のレプリカとしか考えられない主体性が備わっている。ある深淵が〈他我〉を、世界のあらゆる現実の、あるいは、空想の対象物から分けている。〈他我〉は私がなすことをなす。〈他我〉は考え、計画し、評価し、また、これらを行うあいだ私をみつめ、私もまた彼をみつめる。ただ私をみつめているだけで、他者は私の自由の限界点となる。彼は私から私と私の目的を定義する権利を奪い、私の個性と権威を飲みこみ、私のアイデンティティと世界における私の存在性を脅かす。この世界における〈他我〉の存在がすでに私を辱め、常に私の苦悩の種となる。私はなりたいと思うすべてのものになれるわけではない。私はしたいと思うすべてのことができるわけではない。私の自由はたち消えてゆく。〈他我〉を眼の前にした世界内存在である私にとって、私の存在とは他者のための存在でもある。行動するにあたり、私は他者の存在とその視点、視野、定義を考慮せずにはいられない。

〈自我〉と〈他我〉の一体性というサルトル的思考に、道徳的配慮が含まれていないはずはないと推測されるのも当然だろう。しかしながら、その一体性からどんな道徳的義務が出てくるのかはまったく不明である。サルトルの述べた〈自我〉と〈他我〉の遭遇の結果を、次のように分析したアルフレート・シュッツの解釈はまったく間違ってはいなかった。

私自身の可能性は私にはコントロールできない蓋然性に変わる。私はもはや状況の支配者ではない。あるいは少なくとも、状況の方が私に欠けているものをもっている。私は大文字の他者が行動のときに使う用具となる。私はこの経験を認識ではなく、不安や不快の感覚をとおして得たのであるが、サルトルによれば、これこそ人間的状況の顕著な特徴なのだという[6]。

サルトル的不安・不快と社会学の一般的見方が他者の存在に負わせた外的拘束力のあいだには間違いなく、家族的類似が存在する。もっと正確にいえば、サルトル的不安・不快は社会学が他者存在の非個人的・客観的構造のなかに見出そうとしていた苦悩の主観的反映と同じであった。あるいは、論理的＝理性的立場の感情的＝前認識的付属物であったと言った方がいいかもしれない。存在の状況のこれら二つの描写はそれらがほのめかす恨みによってつながっている。両者にとって他者は厄介者であり、重荷である。あるいは、よくても挑戦である。一方の場合には、他者の存在は道徳規範の必要性を、さらに、合理的行動規則以外のいかなる規範の必要性をも求めない。もう一方の場合、他者の存在は社会規範というより（また、内的推進性というより）ルールとしての道徳を形成する。そのルールは人間的状況にとって他者はあくまで敵対的外部性、自由への拘束でしかないことを示すから、自然と恨まれるのである。

「他者とともに存在する」ことという存在の状況には第三の描かれ方がある。それは道徳にたいするこれまでとまったく異なる、まったく新しい社会学的アプローチの端緒となるかもしれず、また、伝統的アプローチが隠してきた近代社会の側面を洗いだし、明確にするきっかけとなるかもしれないものである。第三の描き方の仕掛け人であるエマニュエル・レヴィナスは、ドストエフスキーを引用してその概略を次のように述べている。「われわれは全員にたいして、全員の前にいる全人間にたいして責任があり、また、この私は他の全員より責任が重い(7)」。

レヴィナスにとって人間存在のもっとも基本的で不可欠な属性である「他者とともに存在する」ことは、なによりもまず責任を意味した。「他者が私のことをみているだけで、その人にたいして以前からなんの責任を負っていたわけでなくとも、私にはある責任が発生する」。私が責任を負わないかぎり、私にとって他者は存在したことにはならない。それこそが他者の存在様式、他者が近くにいることの様式なのだ。

他者はただ空間的に近いだけでもないし、親のように近くにいるだけでもない。他者にたいする責任が私になければ、あるいは、他者にたいする責任を私が感じなければ、他者が私に近づくことはない。人間的対象だろうがなんだろうが、知識においてわれわれを対象に結びつけるのは、意図的結びつきとは似ても似つかない構造である。近接性は意図とは無関係だ。とりわけ、他者を知っているという事実とは無関係なのだ。

もっとも強調しなければならないのは私の責任の無限性である。それは対象の性質にかんする予備知識のあるなしとかかわりがない。それはそうした知識の先に立つ。それはまた、対象にたいする利害関係的意図の有無とも無関係だ。他者との近接性、連帯という、きわめて人間的な様態は知識や意図によって作られるわけではない。「他者に繫がる紐は、責任によってのみ結ばれる」。そして、さらにレヴィナスはこう続ける。

……受け入れられても、拒絶されても、受け入れられ方を知っていても、知らなくとも、他者になにか具体的なことができようと、できまいと、「私はここにいる」ということ。他者のためになにかすること。与えること。人間的精神となること。そうなのだ……私の知る小文字の他者のむこうの──大文字の他者の顔、表情は（そして、人間の体全体が、この意味で、多かれ少なかれ顔なのだ）、その近くにいると、まるで、私に尽くすよう命じているかのようだ。……顔は命令し、指示する。正確に言えば、顔が私にたいする命令を意味したとしても、通常の記号とでは意味の生成のされ方が異なる。命令が顔の意味（signifyingness）そのものなのだ。

レヴィナスによれば、責任こそ主体の本質的・基本的・根本的構造なのだという。「他者にたいする責任」、したがって、「自分の行動ではないもの、あるいは、自分とは無関係のものにたいする」責任を意味する責任。主体性の、そして、主体であることの唯一の意味であるこの実存的責任は、契約的義務とはなんの縁《ゆかり》もない。それはまた相互利益への期待ともまったく無関係である。健全、不健全にかかわらず、それには相互利益、「意志の相互性」、また、自らの責任とともにこの私の責任にも報いてくれる他者の存在が期待されていない。地獄行きをかざして脅す道徳規範であろうが、牢獄をほのめかして脅す法体系であろうが、私は強い力におされて責任を負うのではない。それは私の責任であるから、重荷としてひきうけるのだ。私は自分を主体へと鍛えあげるかたわら、責任を担う。責任感を担うことが、主体の構築でもあるのだ。ゆえに、それは私の問題、私だけの問題である。「対人関係は非対称の関係である……この私は他者にたいする責任を負いながら、そのために死んだとしても、他者に同じことを求めたりはしない。それは私でなく彼の問題なのだ」。

責任が人間的主体の実存的様式だとすれば、非道徳的要素(たとえば、利害、利益計算、最良の解決策の合理的模索、あるいは、威圧への屈服)の影響を受けることのない、対人関係のもっとも純粋な基本構造こそ道徳だといえる。道徳の本質は他者にたいする義務、あらゆる利害関係を超えた(たんなる義務とは違う)義務であるから、道徳の根は文化の根のように支配や、社会的《ソシエタール》取り決めといった層の外まで伸びている。社会的《ソシエタール》プロセスは道徳構造(間主体性とほぼ等しい)ができたところから始まる。道徳は社会的産物ではない。

道徳は社会が操作する、つまり、利用し、方向を変え、妨害するなにかである。

逆に、非道徳的行為とは他者にたいする責任の放棄、回避のことであるが、それは社会慣習の機能不全によって起こるのではない。したがって、間主体性の社会的管理の調査が必要なのは道徳的行為というよりも、非道徳的行為が起こった場合であるといえるだろう。

社会的近接性と道徳的責任

あらゆる道徳的行為の礎石とも言うべき責任は、他者との近接性から発生する。近接性は責任を意味し、責任は近接性を意味する。あれとこれのどちらが相対的に重要度が高いかという議論は、単独で想像しうるものはなにもないから、明らかに不毛である。責任の希薄化、それに続いて道徳的衝動の中和化が起こると、近接性は物理的・精神的分離に取って代わられる（あるいは、分離と同義語になる）。近接性に代わる選択肢は社会的距離である。近接性の道徳的属性は責任であった。社会的距離の道徳的属性は道徳的関係の欠如であり、異物恐怖症である。近接性が侵食されると責任は沈黙する。仲間や同胞が他者に変容すると、責任は憎しみに取って代わられる。社会的分離は変容のプロセスである。何千人もの人間が殺され、何百万人もの人間が抵抗の姿勢をみせることなく殺人の傍観者になることを可能にしたのも、こうした分離だったと言わざるをえない。分離を可能にしたのは近代合理社会の技術と官僚制度であった。

ナチス時代を専門とするドイツの代表的歴史家の一人、ハンス・モムゼンはホロコーストの歴史的意味と、それが近代社会の自意識にたいして提起した問題点を次のようにまとめている。

> 西洋文明は想像を絶する大量破壊の手段を開発する一方、合理化のための近代的技術とテクノロジーが提供する訓練は、純粋に技術的で官僚的な心理を生み出した。それは自ら殺害に手を染めた者、〈国家公安本部〉や外交業務の事務所で強制移送や抹殺の準備にたずさわった者、〈第三帝国〉の支配国、衛星国における全権大使を務めた者を問わず、ホロコーストの加害者にみられる心理である。このかぎりにおいて、ホロコーストの歴史は近代国家のメネ・テケル［国家の崩壊――聖書でベルシャザール王の饗宴のさい、壁に現われたアラビア語］にみえるのだ。(8)

ナチス国家が成し遂げたことは他にいくつもあろうが、その最大のものは老いや若きや、男性や女性を問わず、あらゆる種類の人間を組織的に、意図的に、感情をまじえず、冷血に殺害してしまうことを妨げる巨大な障害を乗り越えるのに成功したことだった。すなわち、「肉体的苦悩を目前にしてあらゆる正常な人間が感じる動物的同情」を克服させたのだ[9]。われわれは動物的同情についてはあまり知らない。しかし、殺人への憎悪、他人に苦悩を強いることの抑止、苦しむ人間に救いの手をのばす衝動の普遍性を証明する、人間の根源的状況については、確認手段のあることをよく知っている。また、他者の幸福にたいして個人的責任があるということについても、われわれはよく知っているのである。こうした見方が正しいか、少なくとも、間違っていなければ、ナチスの偉業はなににもまして、人間だけの存在の様態に由来する道徳的影響力の除去にあった。この成功がはたしてナチスの運動と支配のユニークな特徴と関連しているのか、あるいは、ナチスがヒトラーの目的の遂行のために巧みに利用したにすぎない、社会のより一般的な属性との関係で説明できるのかを知ることは重要だろう。

一〇年前、あるいは、二〇年前まで、ヨーロッパ系ユダヤ人の大虐殺は、欧州における反ユダヤ主義の長い歴史の産物だと考えるのが普通であった。一般人だけでなく、歴史家もそう考えていた。そうした説明には、ドイツの反ユダヤ主義をもっとも激しく、冷酷で、殺人的なものとして特定することが必要だった。結局、ドイツ以外では民族全体を完全に抹殺しようとする恐るべき計画やその実行は起こらなかったからだ。しかし、二章と三章を思い出していただければ分かるとおり、こうした理解や推論は歴史家によってすでに否定されている。ユダヤ人にたいする伝統的・前近代的な憎悪と、ホロコーストの実行に不可欠な近代的殲滅計画のあいだには否定しえない断絶がある。一般的感情だけに絞っていえば、競争心に伴う一般的・伝統的・「隣人的」反ユダヤ人感情と、完全破壊のナチス的ヴィジョンを抱き、その執行に参画する自発性のあいだに、相関関係のほとんどないことは、膨大に膨らんだ歴史的証拠が示すとおりである。

　ナチス時代を専門とする歴史学者のあいだには、ホロコーストの実行に不可欠だったのは、ユダヤ人にたいする普通のドイツ人たちの態度の動員でなく、除去だったという共通認識ができつつある。また、ユダヤ人にたいする伝統的鬱憤の「自然の」帰結は、大量殺人に協力しようとする積極性でなく、暴力的ナチスの「過激な」暴漢たちにたいする嫌悪感だったことも共通認識となりつつある。さらに、ジェノサイドを計画した〈親衛隊員〉たちが作戦と、一般の人たちの感情を切り離し、また、伝統的で、自発的に形成され、共同体的に維持されてきた犠牲者への態度が作戦に影響することがないように、〈最終的解決〉に突き進んでいったことも。

　さまざまな歴史研究の重要な発見結果を、マルティン・ブロジャートは次のようにまとめている。「ユダヤ人が人口の重要な部分を占める都市、町村では、ナチス占領時代の初期においてさえ、ドイツ人とユダヤ人の関係は比較的に良好で、憎悪もほとんどみられなかったといってよい[10]」。反ユダヤ主義的感情を煽り立て、静的憎しみを動的なものに変えようとするナチスの企みが実を結ばなかったのは、人々がむしろ物理的抑圧に嫌悪を感じていた他、精神的・身体的苦痛を加えることにも抵抗感を示し、世界地図のなかのたんなる無名の存在でなく、切れば血の出る存在であった隣人にたいする人間的忠誠心にこだわっていたからであった。ナチスの企てとは、たとえば、非ナチ党員や非思想的人間を扇動してユダヤ人に暴力を加えること、あるいは、少なくとも、〈突撃隊〉〔SA〕を積極的に支持させることだった。ヒトラー支配の最初の数か月における〈突撃隊〉のフーリガン的暴力は、民衆の離反と反乱を恐れて中断されるか、鎮圧された。ヒトラーは追随者の反ユダヤ主義的態度を喜びながらも、大衆主導による反ユダヤ主義は自分からのりだして、制止せねばならないと感じていた。反ユダヤ主義的ボイコット運動も当初は永続的に行われる予定であったが、海外からの反発を恐れただけでなく、この計画にたいして民衆が冷淡であったために、一日かぎりの「警告的示威行為」に変更された。ボイコット日（一九三三年四月一日）のあと、ナチスの指導者たちは報告書のなかで、〈突撃隊〉と党員を除けば無関心な者たちばかりで、催しは全体として失敗だったと記している。大衆を覚醒し、反ユダヤ主義的施策の実行における役割を自覚させるには、プロパガンダの続行が必要であるという結論が導かれた(11)。後の努力にもかかわらず、一日ボイコットの失敗は民衆全体の積極的参加を前提とした他のすべての反ユダヤ主義的政策でも決まったように繰り返された。ユダヤ人商店や医院は開いているかぎり、顧客や患者の絶えることはなかった。農民とユダヤ人家畜業者との取引は、強制的に禁じられねばならなかった。先にみたように、正式に計画され、調整されたものとしては唯一の組織的殺戮である〈水晶の夜〉もまた、平均的ドイツ人を反ユダヤ主義的暴力に参加させるという観点からみれば、逆効果であった。割れたガラスが散らばった舗道や、近隣の老人たちが若い暴漢たちによって囚人車にのせられる光景を目撃したほとんどの人々の反応は幻滅であった。どんなに強調しても強調しすぎることのないのは、公然たる反ユダヤ主義的暴力にたいするこうした拒否的反応にもかかわらず、他方ではなんの摩擦もなく、反ユダヤ主義的法制度が広く積極的に承認され、ユダヤ人が再定義され、ユダヤ人とドイツ〈民族〉が切り離され、法的制限、禁止事項が追加的に設定されていったことである[12]。

ナチスの反ユダヤ主義プロパガンディストのさきがけであるユリウス・シュトライヒャーは、彼の新聞『デア・シュテュルマー』で「ユダヤ人」のステレオタイプを作成するにあたって、読者の抱くユダヤ人像、彼らの隣りに住むユダヤ人や友人のユダヤ人に近いユダヤ人像、仕事仲間のユダヤ人から遠くないユダヤ人像を作ることがもっとも厄介だったと言っている。この新聞の短くも嵐のような歴史について、洞察力あふれる単行本を著したデニス・E・ショウウォーターによれば、そう思っていたのはシュトライヒャーだけではなかったという。「政治的反ユダヤ主義の課題は「隣のユダヤ人」的イメージの克服を含んでいた。すなわち、否定的ステレオタイプや「神話化されたユダヤ人像」の正当性を否定するような、生きた知己、息づく仲間のイメージの克服を含んでいた」[13]。個人的イメージと抽象的イメージのあいだには、驚くほどわずかな相関性しかないようにみえる。両者のあいだの論理矛盾を認知的不協和として、より一般的には、心理学的問題として経験することは、人間の習慣ではできないかのようにみえる。そして、個人的イメージと抽象的イメージの指示物は同一であるにもかかわらず、同一範疇に属する概念として、また、相互に比較、対照され、同一化され、あるいは、拒絶される表象としては考えられてはいないかのようにみえる。大量破壊装置がフル稼働し始めてから大分たった、正確には一九四三年一〇月、ヒムラーはユダヤ人種殲滅にことさら良心の呵責を感じてはいけないはずの忠実な党員のあいだにでさえ、個人的な知り合いのユダヤ人が救われ、守られることを望んでいる者があると、支持者を前に嘆いてみせた。

「ユダヤ人は殲滅されねばならぬ」とすべての党員は口をそろえる。「それは当たり前で、ユダヤ人殲滅はわれわれの計画の一部であるから、殲滅といえば、もちろん、われわれはそれをやり遂げるだけだ」。八〇〇〇万の善良なドイツ人がこれに参加している。ところが彼らはそれぞれ立派なユダヤ人を知っている。もちろん、他のユダヤ人はみな豚だが、個人としての知っているこの立派な人だけは第一級のユダヤ人なのだという。(14)

個人的イメージと抽象的ステレオタイプを分かち、論理学者であれば不可避と考える両者の衝突を防いでいる要因は、前者には道徳意識があふれ、後者には道徳的に中立で、純粋に知的な性質がみられるという事実である。個人的イメージを形成する近親性と責任の文脈は、「たんなる抽象的」議論が入りこめない厚い道徳の壁で囲まれている。知的ステレオタイプは陰湿で、説得力はあるが、適用範囲は個人的交際範囲がはじまる地点でぱたりと止まる。抽象的カテゴリーとしての「他者」は、私が個人的に知る「他者」とは単純に言って交わることがない。後者は道徳領域に属し、前者は完全にその外側に投げだされている。後者は善悪の意味論的宇宙に位置し、効率と合理的選択の言説に屈服することをかたくなに拒絶している。

道徳的責任の社会的抑圧

社会に広がった異物恐怖症と、ナチスが立案し、実行した大量殺人のあいだに直接のつながりがないのはすでにみたとおりである。これまでに蓄積されてきた歴史的証拠からさらにはっきりしたのは、ホロコーストのまったく前例のない大量殺人が、眠っていた人間個人の性癖の覚醒、放出、誘発、増大の結果でなかったという事実である。そして、その大量殺人は個人同士の一対一の関係から生じる敵対関係とは、それがどんなに険悪で、苦いものであっても、不連続であったという点である。個人的恨みにはおよそ限界がある。近接、すなわち「他者と共に生きる」ことに密接に織り交ぜられている他者にたいする基本的責任が描く一線をそれは超えることがない。原初的道徳への衝動を中和し、道徳的衝動が生起する、あるいは、適用される領域から殺人装置を切り離し、そして、道徳的衝動は目的にとって周辺的なだけでなく、完全に無関係だと証明しないかぎり、ホロコーストは成功しないだろう。

中和、分離、周辺化はナチス体制が近代産業、運輸、科学、官僚制度、技術を利用しながら成功させた。これらが成功していなければ、ホロコーストも起こらなかっただろう。〈ユダヤ人なき〉ヨーロッパ、ユダヤ人種完全殲滅の壮大なヴィジョンは、それらの成功がなければ、大小のポグロムが精神異常者、サディスト、狂信者、不当な暴力の中毒者によって繰り返された後、尻すぼみとなり、やがて消滅したであろう。そうした行動がいかに残酷で、血なまぐさいものであったとしても、ホロコーストの目的とはまったく比較にならない。結局、ヒトラーのヴィジョンにふさわしいと判明したのは、「ユダヤ人問題の解決」を合理的・官僚制度的・技術的な作業として、また、専門家と特別な組織が担当すべき特別の範疇の問題として行うことであった。また、別の言葉でいえば、感情や個人的義務感に依存しない非個人的作業として行うことであった。しかしながら、官僚的作業の未来の対象であるユダヤ人が、ドイツ人の日常生活の地平から取り除かれ、個人的つながりのネットワークから切除され、現実において、一つのカテゴリー、一つのステレオタイプ、「形而上的ユダヤ人」という抽象概念に変容させられるまでは、こうした解決法は完成しえなかったし、もちろん、実行しえなかった。つまり、ユダヤ人が通常の道徳的責任が及ぶ他者でなくなり、自然発生的道徳の庇護を失うにいたるまでは。民衆のあいだにユダヤ人憎悪を広げ、「ユダヤ人問題の解決」に利用しようとしたナチスの計画が見事に失敗した様子を徹底的に分析したイアン・カーショーは、結論として次のように述べている。

ナチスがもっとも成功したのはユダヤ人の非個人化であった。反ユダヤ人プロパガンダは逆説的なことに、ユダヤ人が少なくなるにつれて先鋭化したが、ユダヤ人が社会生活から閉め出されればされるほど、彼らはプロパガンダの作りだすステレオタイプにあてはまるようになった。ユダヤ人の非個人化はすでにドイツ世論に蔓延していた無関心を増大させ、原始的暴力を死の収容所における「流れ作業的」・合理的殲滅につなげる決定的段階を作りだした。

ドイツ社会からユダヤ人を締めだす段階的な行動は、大衆環視のもと、誰もが承認する合法的な形でなされ、ユダヤ人の姿の非個人化と侮蔑につながったが、それがなければ、「最終的解決」は達成できなかったであろう。(15)

第三章で述べたとおり、「隣のユダヤ人」が犠牲者とされたとき、〈突撃隊〉のごろつきの粗暴さに眉をひそめたドイツ人たちも（嫌悪感をあらわにする勇気をもったドイツ人でさえ)、「ユダヤ人全体」に加えられた法的制限は無関心と、時として、満足感をもって受け入れたのだ。自らが見知った者が対象となった場合に現われる道徳的良心も、抽象的ステレオタイプが標的となった場合には現われることがない。ユダヤ人たちが彼らの日常世界から徐々に姿を消していったとき、彼らはそれに気づいても冷静なままでいられたか、あるいは、それに気づきもしなかった。多数の〈フィギュア〉〔Figuren〕にすぎない者の「清算」を任された若きドイツ人兵士や〈親衛隊員〉にとって、「ユダヤ人は胸の上に黄色い星印を縫いつけた、たんなる「博物館展示品」、好奇の目で眺められるなにか、化石化した不思議な動物、過ぎ去りし時代の目撃者、そして、遠くでしかみられない物にすぎなかった(16)」。道徳はそんな遠くまでは追いついてゆけなかった。道徳はその住み処と現在にとどまりつづける傾向にある。

ハンス・モムゼンの言葉によれば、

ユダヤ人マイノリティーを社会的、道徳的に人口の多数派から分離しようとするハイドリッヒの政策が、民衆のさしたる抵抗もなく実現したのは、ドイツ人たちとかかわりの深かったユダヤ人たちが、勢いを増す差別に含まれていなかったか、または、段階的にドイツ人から孤立させせられていたからであった。積み重なる差別的法律の制定によって、ドイツのユダヤ人が社会的のけものに仕立て上げられ、多数派の民衆とのあらゆる社会的接触を禁じられた後、はじめて、強制移送と殲滅は体制の社会的構造を揺るがすことなく始まったのである。[17]

ホロコーストの歴史の最高権威でもあるラウル・ヒルバーグは道徳的抑制の漸進的崩壊、そして、大量破壊装置の始動に至るまでの段階について、次のように述べる。

近代社会における破壊プロセスは完成にいたるまで、左の図で示したように進む。

定義
↓
被雇用者の解雇と企業の収用
↓
集合
↓
労働搾取と飢餓化政策
↓

殲滅
↓
所持品の没収

破壊段階の順序はこのように決定された。ある人間集団に最大の被害を与えるのに不可欠なのは、官僚組織がどれほど分散的であったとしても、また、その行動がどれほど非計画的であったとしても、犠牲者たちにこのようなプロセスを踏ませることであった(18)。

ヒルバーグの提示したプロセスは論理的に決定されたものだ。目的への最短経路、もっとも効率的な手段を追求する近代的基準に、この合理的順序は準拠している。大量破壊にかかわる問題のこうした合理的解決に指針があったとするならば、それは各段階が道徳的領域からの(あるいは、ヘレン・ファインの概念(19)を使えば、義務の宇宙からの)追い立ての論理に従って並べられたことだろう。

定義は犠牲となる集団を異なるカテゴリーとして分別するから(あらゆる定義の意味は全体を二つの部分、すなわち、印をつけられたものと、つけられていないものに分けることである)、その集団にあてはまるものは他のすべての集団にはあてはまらなくなる。定義されたというまさにその事実によって、その集団は特別扱いの対象とされる。「一般の」人たちにとって適切なことも、その集団の人たちにとってはかならずしも適切ではありえない。これに加えて、その集団のそれぞれの構成員はあるタイプの典型となる。そして、このタイプの特性は彼らそれぞれの個人的イメージに浸透し、そもそも罪のない近親性を傷つけ、独立した道徳的宇宙としての自立性を制約しないではおかない。

解雇と収用によって一般の契約制度は破棄され、過去の近接性は物理的・心理的距離に取って代わられる。犠牲となる集団は、事実上、視界から消滅する。集団はせいぜい伝え聞くだけのカテゴリーとなるから、それについて伝え聞いたことが個別の運命についての知識に直されたり、個人的経験に照らして比較されたりする機会にはならない。

集合はこの疎外プロセスを完成させる。犠牲となる集団と残りの集団は出会うことがなくなり、それぞれの生活プロセスの交流は止まり、交信はぷっつり途絶え、隔離された集団になにが起ころうと他の集団が関知するところではなく、起こったことを人間的対話で使われる語彙に翻訳することもままならなくなる。

搾取と飢餓化はさらに驚くべき効果をもたらす。それらは非人間的なものを人間的にみせる。自らの管轄下にあるユダヤ人を飢えの苦痛から救うため、ナチスの指揮官が殺害の許可を上官に求めたという例も多い（もちろん、大虐殺の開始以前のことであるが）。あらかじめ財産と収入源を奪われていたゲットーの人たちを支えるだけの食糧供給が行われなくなると、殺害も慈悲的な行動、人間性の表われとさえ思えるようになる。「ファシズム政策の悪魔的循環」により、まず、「耐えがたき状況と緊急事態が意図的に形成され、そして、それはさらなる過激な手段の正当化に使用された[20]」。

ゆえに、最終行動、すなわち、殲滅もけっして画期的出発点ではなくなった。それは、いわば、前段でとられたさまざまな方策の論理的帰結でしかなかった（この帰結が初めには予想されていなかったことは覚えておられるだろう）。どの段階の方策もすでに達成された状況によって不可避とされたわけではなかったが、各段階の方策が次の段階の方策を合理的なものとしたことは確かだった。第一段階の「定義」から段階が進むにつれ、行動は純粋に合理的・技術的な考慮によって導かれるようになり、道徳的抑制への配慮はだんだん無用になった。道徳的選択の必要性が消滅したのだ。

各段階には共通の驚くべき特性がある。すべての段階は意図された犠牲者と残りの人々、また、大量殺戮の首謀者と目撃者の物理的・精神的距離を広げている。この特性のなかには最終目標という観点からみた場合の合理性と、破壊を完成させるための効率性が備わっている。明らかに道徳的抑制は遠すぎるものにたいして作用しない。それは人間同士の近接性と分かちがたく結びついている。社会的距離が広がる度に、非道徳的行為の実行は容易になる。「自らの経験領域に直接かかわらない行動にたいしては道徳的関心を示さない産業社会に固有の危険性[21]」を、「ホロコースト経験の人類学的側面」の一つとして選び出したモムゼンが正しいとするならば、彼が警鐘を鳴らした危険性は、道義的責任と道徳的抑制の声が聞こえなくなるまで、人間と人間の距離を遠ざけてしまった現代産業社会にも見出せるに違いない。

社会による距離の生産

道徳は人間同士の近親性と分かちがたく結びつく一方、視覚的遠近法の法則にものっとっているようにみえる。見る者の目の近くでそれは大きく、濃くみえる。目から離れると、他者にたいする責任感は消失点に向かって収縮し、ものごとの道徳的側面もぼやけはじめる。

道徳的衝動のこの性質は人間的交流の枠組みである社会秩序からは独立しているようにみえる。社会秩序に依存しているのは道徳的傾向の現実的な効力、すなわち、人間の行動をコントロールし、他者に及ぶ害を防ぎ、あらゆる交流のパラメーターを描く能力である。道徳的無関心の重み、そして、危険性が、産業化され、技術的に成熟したわれわれの近代合理社会においてひときわ深刻なのは、人間的行動は遠く離れたところで効果を発揮し、科学、技術、官僚制度の進歩とともに発達するからだ。そうした社会において、人間的行動の効果は道徳的視野の「消失点」のはるかかなたまで達する。道徳的衝動の視界は近親性の法則によって制約されているとはいえ、つねに一定であるのにたいし、人間的行動が効果を発揮し、重要となる距離、あるいは、そうした行動の影響を受ける人々の数はより拡大しつつある。道徳的衝動の影響を受ける交流の幅は、道徳的衝動の介入の余地のない行動の影響の幅に比べれば、まことに狭いと言わざるをえない。

近代的定義からみて「非合理」な基準（道徳的評価はその大きな基準の一つだ）をすべて排し、合理的基準におきかえることに近代文明は成功したが、この成功は「リモート・コントロール」の発達、つまり、人間的行動が効果を及ぼす距離の拡大によって決定されたと言っていい。道徳的評価は遠く離れた、見えるか見えないかの目標にまで及ぶことはない。そして、そうした目標に影響を与える行動の選択に、道徳的衝動が制約を加えることもないのだ。

ミルグラムの衝撃的な実験によって示されたとおり、道徳的衝動を沈黙させ、道徳的抑制を停止させることは、あからさまな反道徳運動や、旧い道徳システムを新しいものと入れ替えるための洗脳ではなく、行動の真の目標を「遠く離し、見えるか見えないか」にすることによって（しばしば行為者には意識されぬまま）達成されるのだ。犠牲者を視界から消し去り、道徳的判断の圏外に放逐する技術のもっとも明白な例は近代兵器であろう。近代兵器の発達により対面戦争も、人間サイズの、そして、常識的な意味での殺人行為もいちじるしく減少した。かつては近くで対峙しあっていた戦闘部隊の距離を近代兵器が広げ、引き離すと、武装兵の道徳的衝動や「時代遅れの」道徳を抑圧する訓練はかつての意味を失った。武器の使用と使用者の道徳的純粋さとのあいだには、もはやたんなる抽象的・知的関係しかない。フィリップ・カプートは次のように言う。「戦争のエトスは距離と技術である。遠い射程距離から最新兵器で人を殺しているかぎり、間違いは起こらない[22]」。自らの行動の結果を目撃しないかぎり、あるいは、目撃したものとボタンや指示器の操作といった自らの小さな行動に連関を感じないかぎり、道徳的葛藤は起こらず、起こったとしても激しいものではない。砲手に標的をみえなくさせた射程距離の長い大砲の発明は、近代戦の象徴的出発点であり、これにともない、道徳的要因も意義を失いはじめた。砲首をあさっての方向に向けた大砲でも標的は破壊できる。

　近代兵器の発達を距離の社会的生産のさまざまなプロセスの比喩とすることもできる。ジョン・ラックスはこれらのプロセスの統一的特性を、行動の仲介、および、「私と私の行動のあいだに立って、自らの行動の直接経験を不可能にする」仲介者の大規模な導入のなかに見出している。

> 自分と自分の行動との距離感は行動についての自分の無知と比例する。逆に、無知は自分自身と自分の行動のあいだに存在する仲介物の鎖の長さを測る主な物差しである……文脈の意識が脱落すると、行動は結果なき動きとなる。結果が視界から消滅すると、人々は自らの役割と責任を問うこともない凶悪な行動の当事者となる……

われわれの行動が遠く離れたところで、どれほどの悲劇をひきおこしているかを見極めるのは「非常にむずかしい」。われわれに責任はなく、悪いのは社会だと言い逃れしているわけではない。大規模な仲介は自然に、恐るべき無知を生じさせる。(23)

行動が仲介されると、行動の最終結果は道徳的衝動が統制力を発揮しうる比較的狭い交流領域の内側には現れない。反対に、道徳的抑止力の利いた領域で起こされた行動は、ほとんどの行為者や行為の目撃者にとって無害であるから、道徳的非難の対象とはなりえない。業務の細かな分割、計画とその具体的結果のあいだにくる仲介の長い鎖のおかげで、集団的事業のほとんどの構成素は道徳的意義からも、道徳的精査からも解放されている。それらが分析や評価の対象となっても、基準は技術的なものであって、道徳的なものではない。「問題」に必要なのはより良き、そして、より合理的な計画であって、道徳的内省ではない。行為者が従事するのは与えられた部分的目標により適した手段を発見する合理的作業であり、最終目標（行為者はこれについてはっきりとした意見をもっているわけでも、責任を感じているわけでもない）を評価する道徳的作業ではない。

殺人を速やかに、清潔に、安価に実行するためにナチスが第一にあみだした手段はあの悪名高き毒ガス・トラックだったが、その発明から使用にいたる歴史を細かく調査したクリストファー・R・ブラウニングは、それにかかわった人々の心理世界を以下のように洞察している。

大量殺人とはなんのかかわりもない分野の専門家でさえ、突然、破壊装置の小さな歯車にされることがあった。自動車の調達、輸送、調整、修理にたずさわっていた人たちの専門性と能力は、毒ガス・トラックの生産を言い渡された瞬間、大量殺人のために使われることになったのである……彼らが心配していたのは製品の欠陥への苦情、批判であった。毒ガス・トラックに不十分なところがあったとすれば、それは彼らの技術が未熟だったからであり、未熟さは修正されねばならなかった。技術者たちはこの分野の問題にたいしては間髪を入れず対処し、また、生産品をより便利に、使いやすくしようと、巧みな技術改良を試みた……彼らの最大の関心事は与えられた仕事に不適任だと思われないことだけにあったようにみえる。(24)

官僚的分業という条件の下では、道徳的責任の支配する近親性の輪のなかにいる「他者」は、任務遂行の成否が、与えられた役割への行為者の取り組みの良し悪しにかかっている同僚のことである。あるいは、職業的評価が部下の協力の有無によって決まる直属の上司のことである。または、任務が明確に決められ、実行可能であることを期待する直下の部下のことである。こうした他者を扱うなかで、近接性が生み出す道徳的責任は組織への忠誠心、言い換えれば、人対人の直接交流のネットワークの抽象的表現という形をとるようになる。行為者の道徳的衝動が組織への忠誠心という形をとると、道徳的に卑劣な目的のために利用されることがある（しかし、その場合も、道徳的欲動が覆っている近接性という領域内で行われる交流の倫理的正しさは損なわれない）。卑劣な行為を犯したものが自らの純粋さを真剣に信じて疑わないことは不可能ではないのだ。彼らの行為は複数の基準が併存する領域でのみ機能する基準に則っている。ブラウニングはドイツ外務省のユダヤ人デスク（DⅢ）で働いていた四人の役人の個人的事情を次のように分析した。二人の役人は仕事に満足し、他の二人は他の部署への配転を望んでいたという。

結局、二人はDⅢを離れたが、それまでは、自らの役割を完璧にこなしていた。仕事にたいして異議こそ唱えはしなかったが、密かに、静かに異動の機会を求めていたのである。経歴に傷をつけないことが彼らにとっての最優先事項であった。積極的であろうが、消極的であろうが、四人とも仕事は手際よくこなしていた……彼らは装置を動かしていて、四人のうちもっとも野心的で非良心的な人物が最後の一押しを加えたのである。(25)

道徳的ミニ共同体と計画の最終結果との分離や、任務の分割は、残虐行為の実行者と犠牲者のあいだの距離を生み、距離は転じて道徳的抑制の反発圧力の減少、消滅につながった。しかし、官僚的命令系統全体に適切な物理的・機能的距離が確保されていたわけではない。実行者の一部は犠牲者と直接、対面しなければならないか、あるいは少なくとも、自らの行動がひきおこす結果に思いをいたさざるをえないほど、犠牲者を近距離からみなければならないことがあった。物理的・機能的距離がないときでも適切な心理的距離を確保する方策が必要となる。そうした方策は権威のなかでもとりわけ近代的な形である専門性によってまかなわれた。

　ものごとの適切な履行には知識が必要だが、知識の分配は均一でなく、ある人間は他の人間より知識を多く所持し、知識をもった人間にものごとの実行は任されるべきであり、任されたからにはその成否は彼らの責任であるという仮定こそ、専門性の本質であろう。実際のところ、責任は専門家でなく、彼らが代表する技術にあるとみられる。専門性とそれに関連する社会的行動にたいする態度は、サン＝シモンの言う（さらにマルクスが熱烈に支持した）悪名高き「人でなく、物の管理」という理想に非常に似たものだ。行為者は知識のたんなる仲介者として、「ノウハウ」の担い手として貢献するまでであり、彼らの個人的責任は知識を正しく代表すること、現存する最高の知識を頼りに、ものごとを「芸術的」にやりぬくことにしかない。ノウハウを所持しない人間にとって、責任ある行為とは専門家の助言に従うことである。このプロセスで個人的責任は技術的ノウハウの抽象的権威のなかに埋没する。

ブラウニングは技術専門家、ヴィリー・ユストがガス・トラックの技術改良のために準備したメモを長めに引用している。ユストは積載空間を短くするようトラックの組み立て工場に依頼する。荷を満載したトラックがロシアの悪路を走行するのは困難であり、余った空間ができれば大量の一酸化炭素が必要であり、結局、作業全体に時間がかかり、効率性も大いに減少するからだった。

車体の短い荷物満載トラックの方が作業は迅速に行える。後部荷室を小さくしても、重量バランスに悪影響を及ぼしたり、前方車軸に負担をかけすぎるようなことはない。なぜならば、「実際の作業中、苦しんだ積載物は後部ドアの方にかたまり、比重は自動修正されるからだ」。「液体」で連結パイプは腐食しやすいから、ガスは下からでなく、上から注入する方がよい。清掃を簡単にするために八ないし一二インチの穴を床に開け、外開閉の蓋をつけておく。床はわずかに傾斜させ、小さい編み目のついたカバーを敷きつめる。すべての「液体」は中央にむかって流れ、「うすい液体」は作業中に蒸発し、「濃い液体」はあとでポンプで吸いだせばよい(26)。

ここでのかぎ括弧はブラウニングがつけたものである。ユストの文章は意図的に比喩や婉曲な言い回しを避けた現場の技術屋の文章だった。トラック製造の専門家として、彼は積載物の動きをなんとかしようと思っただけであって、息のできなくなった人間には興味がなかった。また、濃い液体、うすい液体、あるいは、人間の排泄物、吐瀉物にも関心はなかった。積載物が殺害される人間、体のコントロールがきかなくなった人間であるという事実は、彼の技術的挑戦における集中力を乱したりしない。この事実はまず「解決」されるべき「問題」になる前に、自動車生産技術の中立的言語に翻訳されねばならなかった。ユストのメモを読み、書かれた技術的指示を実行に移した人のなかに、それを再翻訳しようとした者ははたしていたであろうか。

ミルグラムの実験のモルモットにとって、「解決されるべき問題」とは専門的科学者が設定するものであった。ミルグラムの科学者は被験者らには彼らの行動が犠牲者にどんな苦痛をひきおこすか、確実に伝え、「私は知らなかった」という言い訳ができないようにしていたが、ここがユストのメモを渡されたソドムカ自動車工場*の労働者たちと違うところであった。ミルグラムの実験が最終的に証明したのは道徳的衝動を克服する能力と専門性の力であった。専門家の説く行動の必要性が納得されたとき、道徳的人間でさえ非道徳的だと知りつつ（あるいは、信じつつ）、非道徳的行動に及ぶことはありえる。結局、われわれの社会のほとんどの行動は目的の善悪の議論ではなく、ものを知った人々が提供する助言や指示によって正当化されるのだ。

最後の所見

この章はこれまでと異なる新しい道徳行為の社会学理論を提出できないで終わることになる。この章の控えめな目的は非道徳的行為を可能とする社会的条件と、社会的条件以外の道徳的衝動の源を議論することであった。限界はあってもこの論議から、正統的道徳社会学は根本的な修正を急務としていることが明らかになったはずだ。機能しないことがとくに明白な社会学の正統的前提には次のようなものがある。道徳行為は社会の活動から生まれ、社会的組織の活動によって維持されるという前提。本質的に社会は人間を人間らしく、道徳的にする手段であるとする前提。そして、大きな非道徳的行為はすべて、「通常の」社会的配列の機能不全から生じるとする前提。当然、これらの前提からは非道徳的行為は社会的産物ではなく、したがって、その真の原因は社会の外に求められねばならないということが帰結されるのである。

強い道徳的衝動は前社会的起源をもつ一方、その拘束力は近代的社会組織のいくつかの

＊〔訳注〕 技術者、自動車設計者ジョーゼフ・ソドムカによって設立された自動車工場。最初のバスは一九二八年、スコダ自動車のシャーシを使い、ソドムカの設計で生産された。

側面のおかげでかなり弱められたというのがこの章の要点である。近代的官僚制度も官僚的専門性ももたない世界は、「ジャングルの掟」、「腕力の法則」に支配されているとする西洋を中心とした神話的イメージは、おそらく次のようなことを反映していたのだろう。コントロールのきかない衝動や性癖に由来する規範の破壊を始めた近代官僚制[27]には、自己正当化が必要だったこと。[28]道徳責任を基盤に相互関係を調整する人間の純粋な能力が、いまや、だいぶ失われ、忘却されたこと。したがって、飼い慣らされ、抑圧されねばならない野性とみなされ、認識されていたものも、詳しく観察すれば、文明化プロセスが中和しようとした、あるいは、新たな支配構造が制御圧力によって入れ替えようとした、あの道徳衝動であったことが分かるだろう。人間同士の近接性から自然に発生した道徳の力が否定され、麻痺すると、それと入れ替わった新しい力は抜群の自由を得る。それによって、支配者の地位についた犯罪者だけが倫理的に正しいと定義するような行動が、大規模に生まれることもありうるのだ。

道徳管理の領域で社会的に達成されたものには、以下のようなものがある。道徳的責任の圧力を弱め、あるいは、消滅させた距離の社会的生産。行動の道徳的重要性を隠してしまうような道徳的責任の技術的責任への置き換え。元来、道徳的評価と道徳的反応の対象とされるべき他者の苦悩にたいする無関心を助長する隔離と分離の技術。道徳を侵食するこれらすべてのメカニズムは、自らが支配する社会の代理として倫理的権威を乗っ取った国家が、主権の原理によってさらに強化してきたことも考えあわせなくてはならない。主権のおよぶ領土内の規範管理においては、拡散的で非効果的な「世界世論」を除けば、国家の支配者はいかなる制約も受けない。支配者たちの行動が無節操であればあるほど、道徳的判断における独占と専制を許し、補強するような「宥和」を求める声が増々激しくなることは多くの証拠が示すところである。

道徳規範と社会規範の古代ソフォクレス的対立は近代的秩序においても未解決のままだということだ。むしろ、対立は頻度と深刻さを増し、大勢としては道徳を押さえつける社会的圧力優位の方向へ傾きつつある。多くの場合、道徳的態度とは時の権力者、世論（率直な意見であれ、多数派の行動や無行動にみられるおとなしい意見であれ）が反社会的・破壊的と決めつけ、そう名づける立場をあえてとることを意味する。道徳的態度の奨励とは社会的権威への抵抗、その支配への挑戦を訴えることである。道徳的義務はその源、すなわち、他者にたいする人間本来の責任を基礎としていなければならない。

こうした問題が学問的関心のほかに、なんらかの緊急性をもつとするならば、思い出されるのはラウル・ヒルバーグの言葉であろう。

根本的な問題は西洋の国民国家、文明的国民国家に、はたしてそのようなことができるかどうかであったことを思い出していただきたい。しかし、一九四五年を過ぎるとわれわれは次のように問い始めた。「そうしたことのできない国民国家は西洋にあるか」と……一九四一年にホロコーストが予想されていなかったことが、われわれを不安にさせる。予想しえないものはぜったい起きないと、われわれはもはや断言できない[29]。

8 再考　理性と羞恥

ソビボール収容所には次のような逸話がある。一四名の囚人が脱走を試みる。わずか数時間後、一四名は捕らえられ、収容所の集合広場に連れだされ、残りの囚人たちに引き合わされる。そこで彼らはこう言われたという。「もちろん、もうすぐお前たちは死ぬことになる。でも、死ぬ前にそれぞれ道連れを選べ」。彼らは一様に「絶対できない」と答える。それにたいし、「もし、従わないなら」と司令官は静かに言う。「お前たちにかわって本官が道連れを選ぶ。だが、本官が選ぶのは一四名でなく五〇名だ」。結局、司令官はこの脅しを実行するまでもなかった。

トレブリンカ収容所からの逃避に成功したある生存者はクロード・ランズマンの映画『ショア』のなかで、ガス室に送りこむユダヤ人の数が減りはじめると、〈特殊部隊〉の隊員の食糧配給は止まり、もはや存在意義がないからという理由で皆殺しにされる危険がきたと回顧していた。新しくユダヤ人が捕らえられ、トレブリンカ収容所行きの貨車に積み込まれる度に、彼らの生存の道は開けたのだ。

これもランズマンの映画で、現在はテル・アヴィヴで理髪業を営んでいる旧〈特殊部隊〉の構成員は次のように回想している。ドイツ人のマットレスに入れるため、犠牲者たちの髪を剃られているあいだ、彼はその作業の真の目的を明かさず、ユダヤ人が共同浴場だと信じて疑わなかった場所に彼らを送り出していたという。

「哀れなポーランド人ゲットーを見る」と題されたヤン・ブオンスキ教授の深く、感動的な記事をきっかけとして、一九八七年、ポーランド・カトリック系の週刊誌『トゥゴードニク・ポフシェフヌィ』で繰りひろげられた論争で、イェルジイ・ヤスタージェボフスキは彼の年老いた家族の一人から聞いた話として次のようなことを紹介している。彼の家族が、ポーランド人にみえて、貴族的で高貴なポーランド語が話せて、ポーランド人としかみえないユダヤ人の旧友はかくまってやれても、どこからみてもユダヤ人で、ポーランド語もユダヤ人訛りの強い三人の姉妹はかくまえないと言うと、その旧友は自分だけが救われるのを拒絶したという。ヤスタージェボフスキはこれについてこうコメントする。

私の家族があの三人の姉妹もかくまっていたなら、十中八九、銃殺されていただろう。[ナチス支配下のポーランドで、ユダヤ人を助け、かくまえば死罪を免れなかった。]われわれの友人とその姉妹があぁした状況で生き残れる可能性は、おそらく、さらに低かったであろう。しかし、この話を語りきかせ、「他にどうしようもなかった」と繰り返した年寄りは私の目をみようとしなかった。語られていることが事実だったとしても、語られていない嘘があることを私が察知している、と彼は感じていたからである。

この論争に加わったカジーミエシュ・ジヴァノフスキは次のように述べている。

わが国で、われわれのいる前で、そして、われわれの目の前で数百万もの罪のない人々が殺されたとしたならば、この出来事はあまりに恐ろしく、あまりに悲惨であるから、生存者がその記憶にとりつかれたまま平静をとりもどせなかったとしても、それは当然であり、人間的で、理解可能な反応である……もう少しなにかがなしえたと証明することは不可能であるが、あれ以上できることはなかったと証明することも不可能である。

占領下でポーランド人によるユダヤ人支援を担当していたヴワディスワフ・バルトシェフスキは、次のようにコメントしている。「死という代償を払った人間以外、やれることはすべてやったということはできない」。

ランズマンの映画で語られるメッセージのなかでもっとも衝撃的なのは、悪の合理性（あるいは、合理性の悪といった方がいいのか）だろう。『ショア』をみつづけるのは果てしない苦痛だが、数時間のあいだに明らかにされ、生の形でなに一つ隠さず示されるのは、数百万を殺害するのに銃をもった人間がほとんど必要なかったという恐ろしい、そして、屈辱的な真実であった。

ライフル銃をもった少数の男たちがあれほど怯えていたのは驚きであった。また、人間という家畜を支配しながら、あれほど神経質だったのも驚きであった。彼らの力は架空の世界、つまり、ライフル銃をもった男たちが犠牲者に定義し、語りきかせた世界における絶望的生活から引き出されるものだった。そうした世界においては服従は合理的であり、合理性は服従であった。合理的行動は少なくともしばらくのあいだは有効であるが、その世界にはしばらくのあいだより長い時間は存在しなかった。死に通じる道の一段階、一段階は利益と損失、褒賞と罰という点から計算できるように注意深く形づくられていた。家畜運搬用貨車での長い、連続的窒息状態の後、新鮮な空気と音楽は報いであった。トイレと理髪所、タオルと石けんの整った浴場への連行はシラミ、汚れ、人間の汗と排泄物の悪臭を経験した者にとっては歓迎すべき解放であった。連行されて行くのが本当の浴場だと言われれば、合理性の持ち主はおとなしく、従順に、そして、嬉々としてガス室に向かうはずだ。

入浴者に浴場はガス室だと教えたりすれば、即刻処刑だということを、〈特殊部隊〉の隊員は熟知していた。犠牲者たちがたんなる恐怖か諦めから死に赴いたのであれば、犯罪はことさら忌まわしいものとも思えず、刑罰もそれほど厳しいものにはならないであろう。

しかし、恐怖だけで命令を成り立たせようとしたのならば、〈親衛隊〉はもっと多くの軍隊と、武器と、資金を必要としていたはずだ。合理性の方が目的の遂行にはより効果的であり、獲得が簡単で安価であった。それゆえ、犠牲者を破壊するために、〈親衛隊〉は彼らの合理性を入念に育てあげたのである。

かつてイギリスのテレビ局のインタヴューで、南アフリカ公安当局の高官が知らぬまにふと秘密を口にしてしまったことがあった。この高官によると、アフリカ国民会議の本当の危険性は、テロや破壊行為でなく（それらがどんなに大規模で、どんなに大きな犠牲をだそうが）、黒人、あるいは、その大部分を扇動して「法と秩序」を無視させることであったという。もし、そうした事態にでもなれば、最高の情報機関、最強の治安維持軍といえどもなすすべがないという（こうした予測はインティファーダという現象によってその蓋然性が証明されることとなった）。合理性の風船が針に突かれて割れてしまえば、恐怖も実効性を失う。もっとも邪悪で、残忍で、血に飢えた支配者でも、合理性の伝道者、庇護者でなければならず、そうなれなければ、滅びるだけである。彼は理性を保護し、コストと効果の計算を美徳として称揚しなければならず、また、コストの計算や論理への服従を拒む価値感や感情から論理を守らねばならない。

概して、すべての支配者は合理性に依存する。しかし、ナチスの支配者たちはそれに加えて、生き残りのための行動だけが合理的で、それ以外の行動の動機はすべて不合理なものと思わせるまで、合理性を歪めたのだった。ナチスの作った世界において、道徳は理性の敵であった。論理にしたがえば犯罪を承諾する必要がある。生き残るための合理的防衛は他者の破壊に抵抗しないことである。この合理性は犠牲者同士を戦わせ、共通の人間性を奪う。また、合理性は彼らをいまだに死の烙印がおされておらず、しばらくのあいだは傍観者でいることが許された他の全員にとっての敵や脅威となす。合理性は犠牲者と傍観者を罪と罪悪感から解放する。人間生活を自己保存の計算のみに還元した合理性は、人間的生活から人間性を奪う。

ナチス支配は遠い昔に終わっているが、その有毒な遺産は死んだとはけっして言いがたい。ホロコーストの意味をいまだ受け入れられていないこと、凶悪なでっち上げをでっち上げと言えないでいること、道徳の叫びを筋違い、あるいは、異常と片づける合理性が細工した、いかさまサイコロを使った歴史ゲームに参加し続けていること、倫理的命令への反発として費用対効果に権威を認めたこと、これらはすべて、ホロコーストによって明らかにされたにもかかわらず、ほとんど否定もされなかった腐敗の雄弁な証拠である。

幼いころ、祖父は私に聖書の教えを宝としてさずけようとしたが、その二年間の教育はまったくの無駄であった。たぶん、彼は優れた教師でなかったのだろう。または、私の方がありがたみの分からない、鈍い教え子だったのだろう。事実、祖父の教えはほとんど何一つ覚えていない。しかし、一つだけ私の頭脳に深く刻み込まれ、長い年月、私から離れなかった話がある。それは聖人のごとき賢者がロバに食糧袋を積んで旅をする道すがら、物乞いに出会うという話である。物乞いは食べものを恵んでくれと頼む。「待ちなさい」と賢者は言う。「まず、袋の紐をほどかないといけないから」。しかし、紐をほどき終える前、長い飢えの犠牲となって、物乞いは死んでしまう。その時、賢者は祈りはじめる。「主よ、同胞の命を救えなかった私を罰し給え」。祖父の説教は無限にあったと思うが、この話が私に与えた衝撃以外、私のなかにはほとんどなにも残っていない。この逸話は当時、そして、それ以来今日まで、数々の教師たちが私に与えてきたどんな知能訓練とも合わないものである。賢者と物乞いの逸話を私は非論理的だと感じ（事実、非論理的である）、だから、誤りだと思った（しかし、誤りではない）。ホロコーストがなければ、非論理的なことが必ずしも誤りではないことを私は悟らなかっただろう。

ホロコーストの犠牲者を助けるすべはあれしかなかったと分かっていても（少なくとも、多大な犠牲をともなわないようなものは）、良心の呵責が消えることはない。さらに道徳的人間の感じる羞恥は根拠のないものではない（自己保存の観点からすれば、その非合理性は簡単に証明できうるとしても）。誰かを救うことが「できた」人たちの数、誰も救うことが「できなかった」人たちの数、救われた人数、救われなかった人数をいくら細かく、正確に計算しようが、それらはこの羞恥の感覚——ゆっくり効いてくる毒、すなわち、ホロコーストの有害な遺産に打ち勝つのに不可欠な条件——にたいしては意味がないのである。

「問題の事実」をつきとめるためのもっとも洗練された量的研究方法といえども、道徳的責任問題に客観的(たとえば、普遍的に有効な)解決をもたらすには程遠い。非ユダヤ系住民がユダヤ人の強制移送を阻止できなかったのは、ユダヤ人があまりに受動的で、従順であったためなのか、また、監視を突破し、脱走するユダヤ人がめったにいなかったのは、周囲の敵意と無関心からして、逃げこむ場所がないと判断したためなのか、これらに科学的判断を下すことはできない。また、ワルシャワのゲットーの裕福な居住者に、飢えと低体温症で行き倒れになる貧しい同胞たちの状況の改善はできなかったのか、ドイツ系ユダヤ人たちに、〈東ヨーロッパのユダヤ人〉〔Ostjuden〕の強制移送への抵抗はできなかったのか、そして、フランスのパスポートをもったユダヤ人たちに、「非フランス系ユダヤ人」の拘束は阻止できなかったのか、これらにもまた科学的判断を下すことはできない。さらに都合悪いことには、客観的可能性の算定と対価の計算を行えば、問題の道徳的本質はぼやけるだけとなる。

生き残った人々、たとえば、時として傍観者にならざるをえなかった戦士、時として犠牲者になることを恐れた傍観者の行動は恥ずべきか、恥ずべきでないかは重要ではない。重要なのは恥の解放的感覚だけが、恐るべき歴史体験の道徳的重要性の回復を助け、また、それだけが過去との平和な共存のために、警戒をわれわれに怠らせている人間の良心にとりついた、ホロコーストの亡霊を取り除く助けになるということだ。恥と誇りのどちらを選ぶかではない。道徳的浄化力のある恥を感じていることを誇りにするか、道徳的に破滅的な誇りをもつことを恥じるかのあいだの選択なのだ。誰か見知らぬ者がわが家のドアを叩き、わが家が犠牲になってでも自分をかくまってほしいと頼んできたとき、私がどう反応するかは私にも分からない。私にはこれまでそうした選択を強いられた経験がない。しかし、私がかくまうのを拒否しても、救われる命と救われない命の数を天秤にかけるなら、赤の他人に協力を断わるのも理不尽ではないと、私には言い訳できるはずだ。しかし、いかに不合理、非論理的であったとしても、同時に非常に人間的である恥辱は感じざるをえない。そしてまた、この恥辱の感覚がないのであれば、赤の他人を追い返した私の決断は死ぬまで私の汚点として残るだろう。

凶悪なる圧政により作られた非人間的世界は犠牲者だけでなく、自己保存の論理を道徳的無神経さや怠惰の免罪符としながら、迫害を傍観していた人々をも非人間化した。そうした圧政に屈したとしても、誰もそれを罪だと責めることはできない。しかし一方、屈服した場合、道徳的自己嫌悪は免れない。自らの弱さに恥じいったとき初めて、人はその建設者や、監視がいなくなった精神的牢獄をうち壊すことができるのだ。今日的任務とは牢獄が解体された後も、犠牲者と目撃者を囚人としつづけている圧政の力の破壊にある。

ホロコーストは過去のものとして足早に遠ざかる歴史的一エピソードのように、年ごとに小さくなりつづけている。記憶は徐々に、犯罪者の処罰に不可欠なものでも、未解決の問題の決着に必要なものでもなくなりつつある。裁きを逃れた犯罪人たちも今では齢を重ね、もうろくも大分すすんでいることだろう。犯罪を生き延びた人々の大部分もまた同じか、やがて、そうなるであろう。殺人者が新たに発見され、隠れ家から連れだされ、遅まきながら裁きにかけられたとしても、彼の犯した罪の大きさを法的手続きの尊厳に合わすことはだんだんと難しくなっていくだろう（デミアニウクとバルビーのあの間の抜けた法廷劇を思い浮かべればよい）。ガス室の時代、隠れ家を探す他人を招き入れようかどうかと悩むほどの年齢だった人々の数も、今は、たいそう減りつつある。ホロコーストの歴史的意義が罪の償いと清算だけにあるとするならば、この恐ろしい出来事はそれが明らかな帰属する場所、すなわち、過去に埋葬され、プロの歴史家の手に委ねておけばよいことになってしまう。真実、清算だけがホロコーストを永遠に忘れないための理由になってしまった。しかも、矮小な理由に。今ほどこの理由が残りの現実的重要性を失いつつあるときはない。

今やホロコーストは個人的遺産ではない。このことは他のどの時代にもましていえることだ。それは罰せられた実行者の遺産でもない。それはまた、過去の苦痛の償いとして特別な同情、恩恵、特権を要求する直接の犠牲者たちの遺産でもない。救済や無罪証明を求める傍観者のものでもない。ホロコーストの今日的意味は全人類にとっての教訓が含まれているという点にある。

ホロコーストの教訓とは、よき選択肢の存在しない状況や、よい選択肢があっても代償が高すぎる状況におかれた人のほとんどが、なにかと口実をつけながら、いとも簡単に道徳的義務の問題から逃避し（あるいは義務の遂行に失敗し）、かわりに、合理的利害と自己保存の鉄則を身につけるという点である。合理性と倫理性の針が正反対を指す制度における主な敗者は人間性である。たいていの人間はたいていの場合、無茶で無謀な行為は差し控え、無茶で無謀な行為には悪に抵抗することも含まれていることを期待して、悪は悪事を実行する。悪には熱狂的信奉者も、拍手喝采する聴衆も無用である。自己保存の本能だけで十分だといえる。ありがたいことにまだ自分の番はこないと、また、身をかがめていれば、まだ、逃げおおせると念をおされ、保証さえされているならば。

ホロコーストからはこれに劣らない重要な教訓が得られる。上の教訓に含まれていたのが警告だとすれば、次の教訓は希望である。第二の教訓がなければ、第一の教訓を繰り返す意味がない。

道徳的義務にたいする自己保存の優位はあらかじめ決定されたものでも、不可避的なものでも、必然的なものでもないと第二の教訓はわれわれに告げている。自分はそうするよう圧力をかけられたが、そうするよう強制されたのではないから、それを行った責任は圧力をかけた人物には転嫁することができない。自己保存の合理性に抗して道徳義務を選択いた人間が何人であったかは問題でなく、問題になるのはそう選択した人が存在したという事実である。悪はそれほど強力ではない。悪への抵抗は可能である。少数でも悪に抵抗した人間がいたという証拠だけで、自己保存の論理の権威は瓦解する。それは結局なにが重要なのかを示す。重要なのは選択なのだ。悪を不能にするには何人がその論理に抵抗すればいいのだろうか。そこを越えると悪の技術が急停車する、そのような魔法の抵抗線はあるのだろうか。

補遺　道徳の社会的操作　道徳的行為者、無関心行動

アマルフィ・ヨーロッパ賞の偉大な栄誉は『近代とホロコースト』という本に与えられたのであって、その著者に渡されたのではないと私は思いますから、本の名において、とりわけ、本にこめたメッセージの名において、専門の方々からの賞賛は謹んでお受けしたいと思います。この本に与えられた栄誉がたいへん光栄なのには、いくつかの理由があります。

まず一つ目はこの本が旧「東」欧、「西」欧のあいだについ最近まであった深い、橋渡しのできない溝をまたいだ経験から出発したことです。この本とそのメッセージにこめられた考えは、私の出身大学であるワルシャワ大学で、そして、亡命時代、私に第二の故郷を提供してくれたイギリスで、同僚たちと交流するなかで懐胎されたものです。この考えには東も西もありません。この考えはヨーロッパの共通体験、共有の歴史にかんするものです。共有された歴史の統一性は矛盾が指摘されたり、一時的に否定されたりもしましたが、それが失われたりしたわけではありません。私の本が言及しているのは、そうした共

同の汎ヨーロッパ的運命なのです。

私の生涯の友人であり伴侶であるヤニーナと、ふだん、みようとしないことに私の目を開いてくれた彼女の著作『冬の朝』がなければ、私がこの本を書くこともなかっただろうというのが第二の理由です。人工的につくられた地獄の内側で彼女が獲得した悲しい叡智の概略を読んだあと、私は『近代とホロコースト』を知的衝動、道徳的義務として書きはじめました。「残酷さの最大の残酷性は、犠牲者が破壊される前に非人間化されることにある。最大の葛藤は非人間的状況において人間的でありつづけることである」。本書のメッセージに私がこめようとしたのはこのヤニーナの苦い叡智でした。

裕福で、優秀で、自信に満ちたわれわれの世界の隠れた醜い素顔や、この世界が人間の道徳本能をめぐって繰り広げる危険なゲームへの本書のメッセージには、広く共有されつつある関心と共鳴するところがあったのではないかというのが第三の理由です。権威あるアマルフィ賞が本書に下されたのも、そうしたいきさつがあったからではないでしょうか。また、由緒あるアマルフィ会議はこれまで、近代文明の最大の成功と犯罪の根幹には道徳性と有用性の分裂があり、それが再統合されたときわれわれの文明の膨大な力とわれわれの世界に折り合いのつくチャンスが生まれるという議論を行ってきたわけですが、本書のメッセージもこの議論の趣旨に合致していたのでしょう。ですから、これから私が始めようとする講演は、本書で書かれたメッセージのたんなる繰り返しではありません。この講演もわれわれの専門の中心となることが望まれる言説に向かって発せられる、一つの声であればと思っています。

〈美徳は叡智が生むのか、自然がもたらすのか〉〔Virtutem doctrina paret naturane donet、ホラティウス『書簡』I、18〕。これは古代ローマ人にとっても、今日のわれわれにとっても、痛切なジレンマである。道徳は教育されたものなのか、人間存在の形状に備わったものなのか。それは社会化プロセスから生じるものなのか、あらゆる教育が開始される前から「用意されて」いたものなのか。あるいはまた、マックス・シェーラーが主張するように、あらゆる道徳的態度の本質である仲間意識こそがすべての社会生活の前提なのか。

こうした問題は純粋な学問的関心でしかないと無視されることがあまりにも多い。しかも時として、飽くなき、しかし、いぶかしい形而上学的好奇心から生まれる、無駄で無用な問題として片づけられることがある。社会学者が同じ問題提起を行った場合、それははるか昔、ホッブズやデュルケムによって疑問のかけらもなく解明しつくされ、以来、通常の社会学的問題ではなくなっているとして一蹴される。少なくとも社会学者にとって、あらゆる人間性のルーツは社会であり、社会的学習をとおして初めて、あらゆる人間性は発生する。この問題が厳密に議論される機会はほとんどなかった。また、この問題が議論される前に決着していたとしてもわれわれの関知するところではなかった。社会学的言説を構成する言語はこうした態度の上に成り立っている。そうした言語においては、社会化、教育と学習、全体的前提、社会的機能といった切り口以外に道徳の議論はありえない。ヴィトゲンシュタインが言うように、われわれは語れること以外、語ることができない。社会学の言語が描くような生活の様式には、社会的に認められていない道徳は含まれない。そうした言語では、社会的に認められていないものは道徳として語れないのだ。語ることができないものについては、沈黙せねばならない。

全言説は主題を定義し、その定義の特質の保持によって一貫性を保ち、それを反復することによって自己再生産する。沈黙を続ける代償があまり高くなければ、いわば、つまらない観察は止め、社会学にはそのいつもの選択的発言、選択的神経麻痺を続けさすこともできた。しかし、その代償はアウシュヴィッツ、ヒロシマ、グーラグによって高すぎることが分かった。それが分かったのは、むしろ、アウシュヴィッツにかかわった敗戦者側の加害者を裁判にかけ、弾劾し、有罪にしたとき、そして、グーラグやヒロシマにかかわった勝利者側の加害者が直面した問題によってであった。ここから本来的に帰結する問題を明白にしたのは直感力がもっとも鋭敏で、舌鋒がもっとも鋭かったときのハンナ・アーレントであった。

「合法的」犯罪を犯した被告の裁判でわれわれが明らかにしたかったのは、個人の判断だけが行動の指針であれば、人間にも善悪の正しい判断ができたということである。しかし、個人の判断と個人をとりまく全員一致の意見はまったく正反対のものであった。自分の判断力だけを頼りにするような「傲慢」な少数者と、古い価値を遵守しつづける、あるいは、宗教的信念に動かされる人々とは同一でないからこそ、この問題はいよいよ深刻だった……善悪を区別できる少数者たちは、自由に自らの判断だけを頼りとしていた。個別の問題につきあたったとき、彼らには守るべきルールなどなかった。

とするならば、次のようなことが問われねばならない。ドイツが戦争に勝ったと仮定して、裁判にかけられた被告のうち一人でも、良心の呵責に苦しむ者はいただろうか。この問いの答えが明確な「ノー」であることにわれわれは背筋を寒くする。そして、われわれには答えを「ノー」としない理由は見当たらない。社会が認める善悪の判断以外は存在しないとされるがゆえに、個人が道徳的イニシアティヴを握ることは期待しえない。また、社会自らが処方した選択の責任があらかじめ取り払われていないかぎり、道徳的選択の責任を個人に負わすことはできない。そして、われわれは通常、そうすること（つまり、個人に自らの責任において道徳判断を下させること）は望まない。そうすることは社会の立法権を侵害する道徳的責任を許可することを意味する。圧倒的軍事力で機能停止させられないかぎり、いかなる社会もそうした権力はすすんで手放さないだろう。グーラーグの秘密を守ろうとする人間や、ヒロシマを密かに準備していた人間が、アウシュヴィッツの加害者を裁くことは容易な任務ではないのだ。

ハリー・レドナーが言うように、「現在の生活と思想の大部分がアウシュヴィッツやヒロシマがなかったとの前提で、あるいは、あったとしても遠いところの、はるか昔の出来事にすぎないという前提でつづけられている」のは、おそらく上のような難問のためだろう。ニュルンベルク裁判をとおして明らかになったさまざまな法律的難しさは、その時、その場で、一回限りの例外的・病的事例にかかわる地域的問題として処理され、極端に限定された地域性の枠からはみ出ることがないよう封印され、はみだしそうになるとたちまち次の封印の手がうたれた。われわれの自意識にはなんの修正も加えられず、修正は考えられさえしなかった。何十年にもわたり、あえていえば、今日にいたるまで、アーレントの発言は世に入れられない叫びであった。アーレントの分析に浴びせられた非難は、そうした自意識をそのまま完璧に保とうとする強い意志に由来する。ナチスの犯罪はわれわれやわれわれの世界、そして、われわれの生活様式とはまったく無関係であるという説明のされ方しか受け入れられてこなかった。そうした説明は勝利者の世界が無実であることを証明する一方、被告側の罪を決定的なものにするという一石二鳥の役割を果たしてきたのだ。

「病的でもサディスティックでもない」、「昔も今もきわめて健全である」（アーレント）人間たちの犯した罪が、（十分な社会的脚光を浴びて行われたものであっても、一般人の暗黙の了解のもとで行われたものであっても）結果的に周辺化されたことが、意図的であったのか偶然であったのか、あるいは、計画的だったのか自然だったのか、言い争っても仕方のないことである。半世紀前に始まった隔離期間はいまもって終了していないというのが真実である。アウシュヴィッツは「ユダヤ人」と「ドイツ人」の問題として、「ユダヤ人」と「ドイツ人」の個別的問題として歴史に残った。「ユダヤ研究」では中心として大きくとりあげられても、それはヨーロッパ史研究では脚注、表面的言及程度にしか取り扱われない。ホロコースト関連の書籍の書評には「ユダヤ的テーマ」という小見出しがつく。ユダヤ人、あるいは、ユダヤ人だけが受けた犯罪を免罪するような動きは、いかなるものであってもユダヤ人権力機構が許さないという強硬な態度が、こうした習慣の力をさらに補強する。ユダヤ人という民族は犯罪の唯一の裁き手に、そして、唯一の受益者にならんことを望む。こうした二種の態度が結びついたことによって、「ユダヤ人特有の」問題として語られる経験は、近代的人間状況の普遍的問題、公共的共有物とはならなくなった。代わって、アウシュヴィッツはドイツ史の例外的複雑性、ドイツ文化の内的葛藤、ドイツ哲学の過ち、ドイツ人国家のすさまじい権威主義といった観点からしか説明しえない出来事とされたが、これもまた地域を限定し、特定化する効果をもたらした。犯罪の周辺化と近代の無罪放免という結果をもたらした非常に歪んだホロコースト解釈の最後の例とは次のようなものである。ホロコーストと他の同様の現象は分離されねばならない。ドイツでは近代化が脆弱、不十分であったために、他の「正常な」文明社会でははるか昔に抑圧されていた前近代性が制御も、抑制もされなかった。その前近代性（非合理性、野蛮さ）の力の爆発がホロコーストであった。こうした解釈は自己防衛本能がもっとも好む形である。結局、近代文明を理性の感性にたいする勝利とする因果論的神話と、その勝利を道徳の歴史的発展における疑いなき前進とする信念をそれは間接的に再確認して、補強する。

これら三つの意識的、あるいは、無意識的解釈戦略は歴史家に伝説的ともいえる難問をつきつけた。彼らがこれまで正確に描写してきた、そして、今も詳細に記述しつづけている二〇世紀最大の物語、ホロコーストは、あらゆる努力にもかかわらずなぜ理解しきれないのか。サウール・フリートレンダーの見方によれば（また広く共有された見方によれば）、歴史家を苦しめる理解不能状態は「メシア的狂信主義と官僚主義の構造、病的衝動と行政命令、古代的態度と発展した産業社会といった完全に異質な現象の同時連動」によって起きたという。われわれはわれわれが紡がれるのを手助けをした周辺化の物語の網に自らひっかかり、凝視の対象を見失っている。われわれに確認可能なものといえば、難解な図柄の異種混交性、言語体系が共存を禁じる物事の共存、さまざまな時代、さまざまな時期に属す要因の同時作動以外にない。しかも、異種混交性は発見でなく、仮定にすぎない。理解が要求され、理解が生じるべきところに驚きと疑問が生じるのもこれが仮定だからである。

一九四〇年の闇の奥でヴァルター・ベンヤミンは次のようなメッセージを残したが、歴史家たちに麻痺がつづき、社会学者たちの平静が乱されていないのをみるにつけ、それはまだ彼らの耳に届いていないようにみえる。そうした「驚きは真なる歴史理解の出発点になりえない。それを生んだ歴史概念が誤りであるという歴史理解であれば別であるが」。誤った歴史概念とはなにか。それは人間における野獣性の駆逐と、野蛮な生活の邪悪な残虐性にたいする合理的組織の勝利の過程をヨーロッパの歴史とする概念である。誤っているのはまた、近代社会を疑いなく道徳的だと、その組織を文明化の媒体だとみなし、その強圧的支配を動物的熱情のうねりから脆弱な人間性を守る防波堤とみなす概念である。私の著作とともにこの講演で私が暴きだしたかったのは、後者の概念の誤りであった。

しかし、最初に次のことを繰り返させてほしい。社会学的言説のどの標準からみても常識であるはずの概念が、じつは、誤りだと証明しづらいのは、かなりの部分、社会学で使われる物語言語の内在的特質のせいである。どの言語でもそうだが、社会学的言語も対象を描写しているとみせつつ、行っているのは定義である。社会の道徳的権威はそれが認めた規則に従わない行動をすべて、定義的に不道徳とするから、同語反復といってしまえるほど自己証明的である。社会の禁じる行為がすべて悪であるなら、社会の認めた態度はつねに善である。道徳的衝動の前社会的起源をほのめかそうとでもしようものなら、言語学的合理性、言語が認める唯一の合理性の規則に反するものとして、たちまち批判される。とするならば、悪循環からの脱出の糸口はみつけがたい。社会学的言語を使用する場合、それの生成する世界像を受け入れ、その言説で言及された現実はすべてこの世界像を経由していると、暗黙のうちに理解していなければならない。社会学が創造した世界像は社会的立法を行う権力が立ち上げたものの複製にすぎない。しかし、それはまたそれ以上のものでもある。それは権力が抑圧しようとする代替ヴィジョンの出現の可能性を摘みとるのである。ゆえに、言語の定義力は社会支配の構造のなかに組み込まれた、差異化し、分離し、隔離し、抑圧する力を補っていることになる。それはまたその正当性と説得力をそうした構造から導きだしているのである。

存在論的にいえば、構造とは相対的反復性、出来事の単調性のことだ。認識論的にいえば、それは予測可能性を意味する。蓋然性が規則的に配置された空間をわれわれは構造と呼ぶ。ある出来事は他の出来事より起きる確率が高い。この意味でいえば、人間の習慣は「構造化されている」。不規則性の大海に浮かぶ規則性の小島。この規則性は社会組織が実現させたものであり、その決定的特質でもある。目的をもった社会組織にしろ、統一化をねらった（たとえば、差異と分裂を生むあらゆる特質を抑圧するか、格下げし、その意義を奪い、あるいは、軽視することによって相対的均一性の場をつくること）社会組織にしろ、それらはすべてそれぞれの行動を道具的基準か、手続き的基準に従って価値判断させる。さらに重要なこととして、社会組織は他のあらゆる標準を、とりわけ、均一化圧力に抵抗するような態度を各組織に植えつけ、機関の集団的目標から独立させるような標準（組織の立場からすれば、予測不能さと不安定性をもたらす）を非合法化する。

抑圧の標的にされた標準のなかでもっとも重要な地位を占めるのは、明らかに自立的な（したがって、組織の立場からすれば非常に予測しがたい）行動の源である道徳衝動である。道徳的態度の自立性は決定的なものであり、また、縮小しえないものである。それは自らの目的以外のいかなる目的にも奉仕せず、外部のいかなるものとも関係性をもたないから、すなわち、監視され、標準化され、体系化されうる関係をもたないから、あらゆる規則化から自由だといえる。二〇世紀最大の道徳哲学者エマニュエル・レヴィナスが言うように、道徳的態度の引き金となるのは顔としての、つまり、権力をもたない権威としての他者の存在である。他者は罰則で脅すことも、謝礼を約束することもなく要求する。他者はなにもすることができない。他者の弱さは私の力や行動能力に付随する責任を明らかにする。道徳的行動とはこうした責任を前提したものである。罰則の恐れ、謝礼の約束が引き金となった行動と違い、道徳的行動は成功をもたらさないし、生き残りの手助けもしない。個別の規則や合理性の議論からも無意識的に自由であるから、それは〈生存の努力〉〔conatus essendi〕*に耳を貸さず、したがって、「合理的利害」の判断、自己保存の勧め、「そこにある」世界に架けられた依存性と他律性の二重の橋さえ考慮に入れない。他者の顔は存在努力に課せられた限界であるとレヴィナスは主張する。ゆえに、それは究極の自由を提供する。すなわち、あらゆる他律性の源にたいする、あらゆる依存にたいする、そして、存在における自然の持続にたいする自由を。道徳性とは「寛容になれる機会」のことをいう。「誰も勝とうとせず戦っている……誰かが無償で行うなにか、それは恵みである……顔は無償の愛、無償の行動という営みを意味する」。道徳的行為が誘惑や説得や買収や習慣化によってなされるものでないゆえんはその無償性にある。社会的視点からみれば、カントの実践的理性はあまりにも非実践的である。組織の観点からみれば、道徳に導かれた行為はまったく無益であるどころか破壊的でさえある。それはいかなる目的にも結びつかないし、変化が起こらないことへの望みに制約を与えてしまう。それは合理化しえないゆえ、道徳は抑圧されるか、無意味化するよう操作されねばならない。

道徳的態度の自立性にたいする、組織の答えは道具的・手続き的理性の他律性である。法と利益が道徳的衝動の対価と制裁を求めない精神にとってかわる。行為者は行動の目的、あるいは、規則が特徴づける理性に従って、自らの行為を正当化するように迫られる。そうした形で考えられ、議論され、物語られるにふさわしい行動以外は、真に社会的な行為、すなわち、合理的行為、社会的行為者の行為とされるものの範疇には分類されない。同じ理由から、目的追求、手続き的原理の基準に合致しない行動は非社会的、非合理的、私的なものと判断される。組織の社会化には必然的に道徳の個人化が含まれている。

あらゆる社会組織は破壊的で、規制解除的な影響力、あるいは、道徳的態度を中和することで構成されている。その結果はいくつもの補助的手段によってもたらされる。(一)行為とその結果の距離を道徳本能が届かなくなるまで広げる。(二)一部の他者を道徳行為の潜在的対象、あるいは、潜在的な顔ではなくする。(三)行動にかかわる他の人間的対象をまるでばらばらな機能的特質の特殊な集合体であるかのようにみせかけ、それらが顔として組み立て直される機会を奪ったうえで、それぞれの行動を道徳的価値判断から切り離す。こうした手段がとられているからといって、組織は不道徳な行動を勧めているわけではない。一部の人が拙速にも批判するように、社会は悪を後押ししているわけではないが、かといって、善を奨励しているわけでもない。それはたんに社会的行為をたんなる〈無関心な〉〔adiaphoric〕〔adiaphoron とはもともと、教会が関心外と宣言したもののことをいった〕こととし、また、道徳的価値でなく、技術的〔目的的、手続き的〕価値でしかはかれない、善でも悪でもないものとしただけだった。同じ理由から、それは「存在の努力」に課せられた限界という元来の役割において、他者にたいする道徳的責任を無効としてしまう。(近代の入り口で社会組織を設計の問題、合理的発展の事例と認識した社会哲

＊〔訳注〕 レヴィナスはスピノザの〈努力〉〔conatus〕の概念を解釈し直して、存在の使命は〈生存の努力〉にあるとした。*Otherwise Than Being*(1974)

学者は、組織のまさにこうした特質こそ、死すべき存在としての個々人の運命を克服した不滅性だと理論化したのではなかったか、と推測する誘惑にかられてしまう。）社会組織を形成し、同時に、社会行動を無関心化した手段を一つ一つみてゆくことにしよう。

行動を命令と実行のヒエラルキーとしたことの成果、すなわち、行動の結果を道徳が及ぶ領域の外へ排除したことから始めたい。一度、「代理状況」におかれ、一連の仲介者が行動の意識＝意図の源と行動の最終結果を分離すると、行為者は選択の現場に立ち会うことも、行為の結果を目にすることもなくなる。さらに重要なのは自らの行動の結果が結果として認識できなくなることだ。各行動は仲介されているとともに、仲介している。ゆえに、因果関係についての疑問は「想定外の結果」、あるいは少なくとも、道徳とは無関係な行動の「偶然の結果」を理由として、道徳でなく理性に欠陥があったと理論化することによってあっさり払拭されるだろう。社会組織は道徳的責任をうやむやにしておくための装置であるともいえる。最終結果にいたるまでの各人の寄与はあまりに小さく、部分的であり、因果的機能を果たしているとはとうてい考えられないから、道徳責任は誰にも及ぶことがない。責任の解体と解体されなかった責任の分散は、ハンナ・アーレントがいみじくも「無人の支配」とよんだ状態において起こる。任務と手続き的規則の二重の力に直面する行為者は、個人的な面では道徳的主体として無口で、無力である。

第二の手段については「顔の削除」と表現するのが最適だろう。行為の対象はこれによって、道徳的要求の発信源として行為者に挑戦することができなくなるまで遠ざけられる。つまり、「顔」として行為者の前に立ちはだかる可能性のある存在は集団から排除される。この目的のためにとりうる方法はじつに多い。明確な敵の排除にはじまり、技術的・道具的価値基準のみで評価される行動における特定集団の除外、そして、道徳的要求によって顔のみえはじめた異邦人の定期的排斥にいたるまで。他者への道徳的責任の限定的影響はこうして停止するか、または、非効果的となる。

第三の手段は行為対象の主体性の破壊である。対象は複数の特質の集まりに分解されている。道徳的主体の全体性は属性と部分の集合体に成り下り、道徳的主体として認め難くなっている。行動は集合体のある特別な部分だけを対象とし、道徳的に重要な結果との出会いを極力、迂回し、回避する。（論理的実証主義が提起する哲学的還元論の命題として論じられているのと、社会組織のこの現実は同じであった。実体Pが実体x、y、zに還元されるならば、実体Xもx、y、zの集合体以外のなにものでもないということが帰結される。道徳が論理的実証主義の還元論の最初の犠牲となったとしても納得できないことではない）。狙いをしぼりこんだ行動の人間という対象全体への影響は視野から去り、それは意図とは異なるものとして道徳的評価を免れることとなる。

社会組織による「無関心化」の効果のこれまでの検証を、私は意図的に非歴史・非地域的なかたちで行ってきた。事実、人間の行動の「無関心化」は超個人的、社会的全体性に、その意味でいえば、あらゆる社会組織に不可欠な行動であるようにみえる。もしこれがそのとおりだとすれば、道徳の社会起源説に挑戦し、論駁しようとするわれわれの試みだけでは、この検証の最初の動機であった倫理的課題にたいする答えとしては不十分かもしれない。人類の歴史における残酷性の遍在の説明としては、正統的な道徳社会起源説より、社会を「無関心化」の装置と捉える見方の方がより説得力があるのは事実である。そうであれば、とりわけ、個人が行えば異常な所業とされる行為も、戦争、十字軍、植民地化、共同体の争いなどにおいてはふつうの人間集団のふつうの行為となることがよく理解できよう。しかし、グーラグ、アウシュヴィッツ、ヒロシマのような現代だけに特徴的な現象となると、そうした見方では十分な説明にはならない。これら二〇世紀の中心的出来事はたしかに特異にみえる。それらは人間社会の普遍的特質とは無関係の、過去の社会にはなかった、なにか新しい時代に典型的な特徴の出現を意味しているのではないかとわれわれは（当然ながら）考える。それはなぜだろうか。

一、言いつくされた明らかな新しさとは、完全に無関心化された行動に利用しうる技術の破壊的潜在能力であろう。こうした新しく、圧倒的な力は今日、科学にもとづいた管理プロセスの効率性が支え、先導している。近代が発展させた技術は、社会的に規則化され、組織された行動のすでに明らかな傾向をさらに先に進めた。現在のその大きさからは量的変化が如実に伝わってくる。しかし、量的拡大が新たな質的変化をも予見させる地点がある。近代と呼ばれる時代のなかで、われわれはそうした地点を通ってきたように思う。〈テクネー〉〔techne〕の領域、すなわち、非人間的領域、あるいは、非人間的とされる人間世界は「無関心化」のおかげで、つねに道徳的に中立的なものとして扱われる。しかし、ハンス・ヨーナスが示唆するように、近代的技術で武装されていない社会においては、「行動にあたって注意しておかねばならない善と悪は、実践内部か実践に隣接した場所に、すなわち行動の近くに存在していた……行動が効果をおよぼす範囲は小さく」、したがって、予定されていようがいまいが、行動の結果の規模もまた小さかった。しかしながら、「かつて非人間的世界の一隅にすぎなかった人間都市は、いまや自然全体に広がり、自然の領域を奪っている」。行動の効果は空間的・時間的彼方まで、また広く及ぶようになった。これもヨーナスが示唆したように、効果は蓄積され、あらゆる空間的・時間的地域性を超越し、多くの人が恐れるように、最後は自然の自己治癒能力さえ凌駕する。そして、変化の創造的プロセスにおける整地作業ともなりうる一般的破壊と異なり、新しい始まりの可能性のまったくないリクールの言う〈消滅〉〔annihilation〕ともなってしまう。「無関心化」の社会的技術が立ち上げ、可能にしたこの新しい展開がその規模と効果を増した結果、行為は巨大な空間と長大な時間の上に広がる卑劣な非道徳的目的にさえ奉仕することがある。行為の結果は道徳的疑念、警戒心を喚起することもなく、撤回、修正不能なところまでゆきついている。

二、人間が作りあげた技術の前代未聞の能力により、数千年にわたり人間が作りあげた自らの自然支配や、お互い同士に課してきた自己抑制が無力化されることになった。それはあの悪名高き「世界の幻滅」*、ニーチェが言う、「神の死」である。神の存在はなによりも人間的潜在能力への制約を意味していた。できること、そして、あえてすることに課せられたしてよいことの制約。神の全能を前提として、なすことが許されたものと、あえてなすことが許されたもののあいだにははっきりした境界線が引かれていた。戒律は個人としての人間の自由を制限していたが、それはまた、人間が社会のために立法化したものをも制限していた。それはさらに、世界の原理を制定し、操作する人間の能力を本質的に限定的なものとしていた。神を押しのけ、神と入れ替わった近代科学はそうした障害物を一掃した。それとともに空白を作りだした。最高の立法者、管理者の部屋は驚くほど空っぽである。空白は埋められねばならない。……神は玉座から引きずりおろされたが、空の玉座は残った。近代をつうじて、座り手のいなくなった玉座はさまざまな空想家、冒険家にとっては魅力であった。包括的秩序と調和の夢は鮮明なまま存続し、いまや、人間はそれに届くもっとも近い位置まできたようにみえる。それを獲得し、その勢いを保持できるかどうかは命に限りのある人間の力次第のようにみえる。世界は人間の庭と化し、造園家的配慮だけが野性の混沌状態への逆戻りを防いでいる。川が適切な方向に流れ、熱帯雨林が落花生畑に入り込むのを防げるのは人間であり、人間しかない。異邦人に法秩序の透明性を壊させぬよう、暴力的な階級に社会秩序を破壊させぬよう、他人種に民族連帯を損なわせぬようできるのは人間であり、人間しかない。非階級社会、単一民族社会、偉大なる社会の建設は人間の任務、急務、死活問題、そして、義務である。かつては神が保証し、今は失われている世界と人間の使命の明確性は、今度は人間の独創性と責任（あるいは、無責任さ?）によってしっかりととりもどさねばならなかったのだ。

人間の残酷さにきわめて近代的な特徴を与え、グーラーグ、アウシュヴィッツ、ヒロシマをひきおこし、また、不可避なものにしたのは、膨張する手段の力と、それを人工的・計画的秩序に奉仕させる形で使おうとする決意の結合であった。この特殊な結合が消えたことを示す兆候は少なくない。この結合の終焉を近代の成熟とみる者もいる。時としてそれは近代の予期されざる結果だと言われることもある。そして、ポストモダン時代の到来としても語られる。しかし、いずれの分析者もピーター・ドラッカーの次の端的な結論は否定しないだろう。「もはや社会による救済はない」。支配者が行うことができる、また、行うべき任務は多い。しかし、完璧な世界秩序を考案することはその任務ではない。巨大な世界庭園は独自の小秩序をもった無数の小区画に分かれている。知識豊かな、柔軟性の

＊〔訳注〕科学的実践の問題を分析する過程で、マックス・ヴェーバーがゆきついた概念。魔術、アニミズム、信仰の消滅にともなって生じた近代人の幻滅。

ある造園家にこと欠かない世界において、造園家のなかの造園家、究極の造園家はもはや必要ないのである。

大庭園の崩壊につながるまでの事件を一つ一つあげていくことはここではできない。理由のいかんを問わず、崩壊は多くの意味で好運であった。しかしながら、人間共存の上でそれは道徳の新たな出発点となりえたのか。われわれは先に社会行動の「無関心化」について、そして、とりわけ近代の技術的進歩が社会行動に与えた破滅的側面について検討したが、崩壊はこうした問題にいかなる影響を与えたか。

損失のない利益はほとんどない。大造園家と大庭園のヴィジョンの消滅により、救済を動機とし、救済を目的とする大虐殺の脅威が退いたのは事実であるから、世界はより安全な場所となったともいえる。しかし、新たな脅威が古い脅威に取って代わる。あるいは、ある古い脅威が他の古い脅威の陰から現れると言った方がいいのかもしれない。私はハンス・ヨーナスの不安を共有したい気持ちに駆られる。われわれの不安は技術文明の意図されていないダイナミズムがひき起こす恐れのある、黙示的出来事とは関連していても、巨大な目標設定と目標を意識した決定プロセスを必要とする強制収容所や原子爆弾とは関連していない。その理由は以下のとおりである。現在の世界は目標や意義から自由であり、したがって、自己再生産と自己拡大以外の目的をもたない手段の世界であるがゆえに、白人の使命、プロレタリアートの使命、アーリア民族の使命といったものからもまた自由である。ジャック・エリュルも言うように、技術は発展するから発展する。技術的手段が利用されるのは技術がそこにあるからであり、さまざまな価値観のとびかう世界において許されない罪とは、技術が生み出した、あるいは、生み出さんとする手段を利用しないことである。利用できるものを利用しない法はない。今日の技術は問題解決に貢献しない。むしろ、ある技術が利用可能になると、それは人間的現実を次々と解決が必要な問題として再定義するのである。ヴィーナーとカーンによれば、技術発展は需要以上の手段を生み、技術的能力を満足させるために需要を求める……のだという。

技術の限りのない支配は因果論的決定が目的と選択との関係に取って代わられたことを意味する。技術が作りだした冷徹な可能性判断以外に、技術の進路を査定し、評価し、批判する知的・道徳的基準は見当たらない。目的が問題解決という流砂のなかに消えたとき手段の合理性はもっとも勝ち誇る。意義の最後の残滓が取り除かれたとき、技術至上主義への道が完成する。二〇世紀の夜明けに書かれたヴァレリーの予言的警告をここでは繰り返したいと思う。「われわれが知るものはすべて、あるいは、われわれができることはことごとく、われわれの存在に対立する、と言うことができる」〔On peut dire que tout ce que nous savons, c'est-à-dire tout ce que nous pouvons, a fini par s'opposer à ce que nous sommes.〕。解放と自由の意味は他者を、残りの者と共に、対象へと矮小化することだとわれわれは聞かされ、信じてきた。その対象の有益性は満足をもたらすことで始まり、満足をもたらすことで終わる。挑戦者もいない、拘束もされない科学の支配に屈した社会は、他の社会組織の形態のどれよりも徹底的に他者の顔の消去にかかわり、人間的社会性への無関心を際限なく深くしていった。

　しかしながら、これは出現しつつある現実の一側面、個人の日常経験の頭上にそびえるその「生活世界」*的側面にすぎない。前にも簡単にふれたことだが、これには別の側面がないわけではない。不安定で、不規則で、不均一な技術力が発展し、その応用が展開される過程で、誰も気づかないあいだに技術が創造した世界を、技術自体が統制できなくなる、「大衆にとって致命的な」事態がひき起こされるという側面などがそれだ。現代絵画や現代音楽と同じように、また、それ以前の現代哲学と同じように現代の技術もその論理的結末に到達し、自らの不可能性を立証するだろう。こうした結末の到来を防ぐためヨーゼフ・ヴァイツェンバウムは新しい倫理、広く効果のある倫理、技術的行動結果の不気味な空間的・時間的広がりに対応した倫理がこれまで以上に必要だと主張した。われわれの知るあらゆる道徳とは異なる倫理が必要なのだ。代理行動、人間主体の機能的縮小という社会がもたらした障害物を克服できるような倫理が。

　われらの時代の論理はそうした倫理をかならず必要とする。手段を目的に変えた世界の成功がもたらす結果から逃れたいのであれば、新しい倫理はかならず必要となる。しかし、それが現実的に可能かとなるとまったく別の話だ。われわれ社会学者、社会的・政治的現実の研究者ほど、哲学者たちが圧倒的論理性をもって証明した真実の現実的妥当性に懐疑的な者はいない。しかしながら、われわれ社会学者ほど同胞たちに、必要性と現実の溝、生存における道徳的制約の重要性と道徳的制約なしに生きる決意をした世界の溝に注意せよと、警告を発するのに適した者もいないのである。

アマルフィ賞受賞講演、一九九〇年五月二四日

＊〔訳注〕客観的・科学的世界にたいして、個人が実際の生活で直接経験する世界〔Lebenswelt〕。

記憶する義務　しかし何を？——二〇〇〇年版へのあとがき

過去を支配するものは未来を支配する
現在を支配するものは過去を支配する
ジョージ・オーウェル

一〇年前、ホロコーストと近代の間の〈親和力〉〔Wahlverwantdschaft〕の研究を書き始めようとしていたころの私は、ホロコーストの説明を試みていたわけではなく、近代のより良き理解の方を望んでいたのだった。歴史的一事件としてのホロコーストといえば、説明という概念の通常の枠組み（すなわち、一つの事件を原因と結果の連鎖として示すこと）を超えて説明しようとするならいざしらず、すでに説明されつくされていると考えていた。丹念で、ひたむきな、稀代の歴史家たちのあの遠大な努力のおかげで、一連の事件と意思決定と行為はすべて記録に残され、知ろうと思えば誰でも、加害者が誰で、被害者が誰で、恐れ慄いていた傍観者、自己満足にふけっていた傍観者、無関心を決めこんだ傍観者が誰であったかを知ることができるようになった。おそらく人は果てしなく、これまで調査されることのなかった書庫や日記に分け入り、そこここに新しい犯人の名を発見することができるだろう。もしくは、人類史上もっとも意図的で、組織的で、包括的で、狙い定められたジェノサイドについての専門的論文の、すでに膨大な集積をさらに大きくすることもできるだろう。しかしながら、そうしたさらなる研究は、同じ性質の研究の繰返しではないだろうか。真実の量が増えたとしても、経緯にかんする知識、あるいは、理解に必ずしもつながるわけではない。

歴史家たちのおかげで、ホロコーストを〈あるがままに〉〔wie es eigentlich gewesen〕理解するためのわれわれの知識は年を経るごとに増えつづける一方、そうした歴史的知識が近代の社会像に投げかける意味を把握するという、社会学者や社会思想家の作業は遅々として進んでいない。より正確に述べるなら、テオドール・アドルノやハンナ・アーレントといったわずかな著述家が初めて着手を呼びかけて以来、この作業への真剣な取り組みは始まってさえいないのだ。未完のまま残された仕事を、アドルノやアーレントが到達した地点から始めてみようというのが私の意図だった。また、私の望みはホロコーストという出来事と近代生活の論理との関連の考察に、社会思想家も誘い出し、ホロコーストを近代史における奇怪で特異な挿話とみることを止め、近代史とは切っても切れない関係にある、不可分な部分と考えるようにうながすことだった。ここで「不可分」とは、その歴史とは本当はどんなものであったか、その歴史に可能であったものはなにか、そして、なぜそれは可能であったか、さらには、その歴史から生まれた、実際われわれが生活する社会とはどんなものであるかを理解するのに、必要不可欠であるということを意味する。

私は今になって一つの間違いを犯していたことに気づいた。私の訴えは的外れであったわけでも、聞いてもらえない運命にあったわけでもない。あるいは、同時代の社会思想家やその著作の側に、近代の特質を考察するにあたり、ホロコーストの重要性を受け入れ、追求することを難しくするなにかがあったわけでもない。私はもっと別のことで間違っていたのだ。私の思い込みとは裏腹に、まったく見逃されていると私が思っていたことは、現代の社会思想のなかでホロコーストがとりあげられるたびに、実は、問題にされていたのだ。事実、ホロコーストについて語り、書き残してきた研究者は公然と、あるいは、密かに、意識的に、あるいは、無意識的にその重要性以外のほとんどなにものにも関心をよせてこなかった。すなわち、近代の内的本質とホロコーストのあいだの関連性の有無への関心以外には。そして、近代がそれ自身の営為の特質について抱き、あるいは、もし、その営為が歴史的に形作られ、支配的な形で継続されている場合、近代がしがみついていなければならない誰もが欲しがる前提を救いだす権利、あるいは、改める義務への関心以外には。

言い換えれば、一〇年ばかり前に私が十分気づいておらず、今やっと私にも明白になったことは、沈黙と声はこぞって語りかけるということである。ホロコーストという問題が社会科学の言説に登場するたびに起こる論争の本当のテーマ――強烈な感情をひきだし、怒りを刺激するようなテーマ――は歴史でなにがあったかでなく、われわれが今日生きているこの世界の特質とはなにかであった。すべてのホロコーストにかんする現在の言説の隠れた視点は、ホロコーストにまつわる一連の事実が、今の生活の潜在的な能力についてなにを示してくれるかということ以外にない。ホロコーストにかかわった犯罪者の罪の問題が一段落し、時の流れとともに、その緊急性と現実的重さの大部分が失われた後に残った大きな問題は、彼ら以外の残りの人間の潔白性、すなわち、なによりも、われわれ自身の潔白性にかんするものであった。

罪と潔白の社会的生産

暴君が自らのさらなる栄光のために都市を掠奪し、奴隷が征服者の馬車に繋がれて歓喜に沸く市中を引き回され、集まってきた人々の前で敵が野獣のなかに放り込まれるようなことが起こりえた時代には、あからさまな犯罪に接しても、人は良心が揺らぐこともなく、また、判断力が鈍ることもなかった。しかし、自由の旗が掲げられたのにもかかわらず作られた奴隷キャンプ、あるいは、慈善行為とか超人の趣味という口実で正当化される虐殺は人の判断力をそいでしまう。犯罪が無実の衣《ころも》をまとう日がきたとき、われ

われの時代特有の奇妙な逆転現象により、潔白は自らの正当化を余儀なくされたのである。(1)

これは『エルサレムのアイヒマン』がニューヨークで出版され、その主人公であるアイヒマンがエルサレムに現れる前の一九五一年に書かれたアルベール・カミュの著作からの一節である。犯罪に論理性があり、「殺人にも合理的基盤がある」という可能性は、われわれの時代の血塗られた抗争がわれわれにつきつける問題である、とカミュは主張する。「われわれは審問にかけられているのだ」。この問題に耳を塞ぎ、悪は永遠なのだと、また、確信犯的殺人はなくならないのだとうそぶいて、自分を慰めることもできないではない。われわれの人間性にとって一番危険なのは、人間性の深淵における非動物性であり、存在の倫理性なのである。

『嵐が丘』のヒースクリフはキャサリンを得るためであれば、誰でも殺しかねない男であったが、「彼ならば殺人が合理的で、理論的に弁護可能だなどと主張しようとはまったく考えなかっただろう」とカミュは解釈している。ヒースクリフには理論家になれる素質はなかった。理論化をせず、理論も必要としなかった。彼はキャサリンを愛し、そして、欲しており、人を殺めるのに彼が必要とした理由はこれ以外にいらなかった。ヒースクリフが殺人を犯すとしたら、それは感情からおこした殺人であって、感情による行為は理性を眠らせたことを意味する。感情とは定義において非理性のことである。感情と理性は敵対関係にある。一方は他方を目の前にすると、萎え、色あせるのである。

近代はまず感情に宣戦布告し、もっとも太いゴシック体で理性という文字をその軍旗の上に印した。〈この徴《しるし》により、汝、勝利すべし〉〔in hoc signo vinces〕と言わんばかりに。近代人は感情を忌避し、蔑み、恥じて、感情が姿をあらわすとそれは自らの失態の証しだと考えるようになった。そのかわり、近代人は感情によりひきおこされた罪については責任を負うことを拒む。愛情、または、憎悪により殺人を犯す者は誰でも、すでに近代という枠からはみ出ているのだ。実際のところ、感情による犯罪は近代的ではない。男や女たちが理性の声を聞くのを拒み、あるいは、聞くことを怠り、感情の奴隷であり続けたとしても、それは野心的近代のせいではない。感情による犯罪にたいして、近代は謝罪する必要を感じない。謝罪しなくてはならないことが近代にあるとしたら、それは近代化の仕事を完遂することができなかった弛みと怠慢だけである。

犯罪の原因を犯罪者の感情に帰すことができるならば、犯罪と近代的生活の特質の関連などという厄介な問いを投げかけられることもなく、犯罪は犯罪として糾弾されるだけだろう。結局、理性は盲目の愛情、盲目の憎悪には身を反らすようにして、かかわろうとしない。ほとんどの人たち——われわれのような人たち——は理性に耳を傾けて、嫌悪感や恨みにひきずられて行動を起こし、隣人の血で自らの邪悪な血を洗い流す前に立ち止まる。

しかし、すべての人がそのような形で「文明化」され、高潔となるわけではない。一部の人間は悪事を止めない。自らの邪悪な行為の説明になると、奇妙なことに、近代人は自らが万能であるとすでに宣言していることを忘れてしまう。人々はなぜ悪を行うのか。それは彼らが悪い人間だからだ。彼らはなぜ残酷なのか。それは彼らが残酷だからだ。彼らはなぜ身の毛もよだつことを犯すのか。それは彼らが化け物だからだ。彼らはなぜユダヤ人を殺害したのか。それは彼らが人殺しを好んでいたか、ユダヤ人を憎んでいたか、あるいは、その両方だったからであり、殺した人間が偶然ユダヤ人であったことが、彼らになにか特別な喜びを与えたからであった。

このような冗長な同語反復《トートロジー》は論理の未熟さから起こるつまらない過ちであり、理性の自己規律性にも反している。処刑人たちはヒトラーのもとで、なぜユダヤ人を殺害したのか。それは彼らが反ユダヤ主義者だったからだ（しかし、全人口のうち三分の一以上にあたる二五万人が殺害されたジプシーのことや、ユダヤ人に先立って、あるいは、彼らに続いてガス室と火葬場に送られた精神障害者や「性的倒錯者」など三六万人にのぼるドイツ人のことを忘れてはいないか）。こうした説明がなくならないとしたら、その裏には科学的探求の論理をこえた、もっと重大ななにかが、その動機としてあるに違いない。この「なにか」とは罪と潔白の分配・再分配にかかわることである。重要なのは近代人の潔白と、彼らを彼らしくさせた社会の潔白を保証しつつ、いかに犯罪者だけを罰するかであり、自らの名誉が傷つくことも、汚されることもなく、いかに審判を切りぬけるかである。免罪はコインの裏面であり、コインの価値を決め、コインがコインとして望まれ、求められるようにするのはまさにこの裏面だといえる。結果的に生じた混乱のなかで、自由の旗を掲げてもなお存在する奴隷キャンプや、慈善の名のもとに行われる虐殺についてカミュが発した疑問は、都合良く忘れ去られたのである。

そのとき、ヒトラーやスターリンはまだ生まれてはおらず、〈働けば自由になる〉〔Arbeit Macht Frei〕の標語はアウシュヴィッツの門に掲げられてはおらず、そして、人類愛の名の下に人口の大部分が殺害されるようなこともなかった。しかし、ニーチェがわれらの文明の困惑すべき、そして、恐るべきパラドックスについて書き残していたときには、近代はすでにその盛りにあった。

習慣、敬意、慣用、感謝、それにもまして、相互不信、嫉妬によって自らを厳しく律している人間、他方で、人とのつきあいにおいて相手にたいする思いやり、自制、心配り、忠誠、誇り、友情を示すのが得意なその人間が——一旦、見慣れぬ物や見慣れぬ人の存在する外に出ると……平静どころか、興奮して、殺人、放火、強姦、拷問の行列に姿を現す。それが悪ふざけであるかのように、そして、それは詩人たちの歌や賛美に格好の題材になっただろうと確信しているかのように(2)……。

このパラドックスは簡単には解けないだけではなく、繰り返させてもらえば、恐るべきものなのだ。ここではいったいなにが起こっているのか。こうした猛獣たちは文明という名の息のつまる、狭隘な檻から逃げ出せたこと、あるいは、耳をつんざくような大きなため息とともに、ニーチェが言うように、彼らの本性に戻れたことの喜びを味わっているのだろうか。あるいは、かつて有能であった彼らは、今や本来の性質も知力も叡智も失った不幸な人間として不気味な世界に、自らの慣習では身を処す指針にはならず、これまで参加してきたゲームの規則が没収されて無効となり、なんの役にもたたなくなった世界に投げこまれたのだろうか。どちらの答えももっともらしくもあり、もっともらしくもなく、ここでそれぞれの（便宜的ではない）実質的な長所を競っても意味はないだろう。しかし、ここに一つだけ合理的疑いの余地のない結論がある。ロベルト・トスカーノはこの上なく明瞭にこう解き明かしている(3)。

個人的感情、欲望、憎悪、利欲に根づいた個々の暴力の説明の真価が問われているわけではない。逆に重要なのは、二種の（個人的、集団的）暴力行為のメカニズムはそれぞれ異なっていることだ。なお、集団的暴力と個人的暴力のどちらをより頼りにするかはそれぞれ個人ごとに大きな差がある一方、同じ個人のなかで両者は違ったあらわれ方をする。

そして、トスカーノはこの二つの状況と、それぞれの文脈のなかで発生する一見似通ってみえる二つの暴力行為を、なにが極端に異なるものにしているか、その原因を明らかにしている。さらに、それらはなぜ、まったく異なる説明が必要なのかを詳しく説明している。私的暴力と異なり、「集団的暴力は定義上、抽象的で」あり、「実際、隣人は皆、個人として必ずしも愛されているわけではないが、彼らが愛され、あるいは、憎まれたとすれば、それは抽象的でなく具体的理由からである……むしろ、ある種のカテゴリーに帰属する隣人に集団的暴力を加えようとすれば、個々人の具体的な顔は消し去られねばならない。このようにして人間は抽象とならねばならない。」

分類殺人

事実、抽象化は近代人の最高の心的能力である。これが人間に応用されると、その力で人間の顔は消去される。消し残された顔の痕跡は、それがどんなものであったとしても、属する集団の一員であったことのバッジとして、あるカテゴリーに帰属していたことの印として使用される。顔の所有者に割り当てられた運命は、その人が属しているカテゴリーの一つの標本として扱われるということであって、それ以上でも、それ以下でもない。個人間の交流のなかで日常的に守られている規則（そのなかでもっとも代表的なのは倫理規則）が、カテゴリーの扱いに関与しなくなっているのは、抽象化の総体的影響のあらわれだろう。そのカテゴリーにはたまたまそう分類されたからそこに入れられたにすぎない実体もすべて含まれている。

ナチスの制定する法律、プロパガンダ、社会環境の管理は、隣人として、あるいは、職場の仲間としてドイツ人が知っていたさまざまな「生のユダヤ人」を、一つきりの「抽象的ユダヤ人」から分けることを目的としていた。すなわち、すべての「生のユダヤ人」を排斥や、追放や、囲い込みによって抽象的な人間に変えることを目的としていたのである。ジェノサイドはカテゴリーにたいして行われるという点において、他の殺人とは異なっている。抽象化されたユダヤ人たちだけがジェノサイド、すなわち、年齢、性、個人的特性や特質の差にはお構いなく犯された殺人の対象となった。ジェノサイドが可能となるには、個人的差異がまず消去され、さまざまな顔が抽象化された後、カテゴリーという均一な塊のなかに溶かし込まれねばならない。悪名高き『デア・シュテュルマー』の悪名高き編集長、ユリウス・シュトライヒャーは、ねつ造され、彼の新聞が拡散した誰にでも分かるような「ユダヤ人たるべき者」のステレオタイプと、読者が日常のつきあいで知っている具体的なユダヤ人とが、まるでかけ離れたものにならないよう、たいへんな苦労をしたという。一方、ヒムラーは〈親衛隊〉の部下のなかでも選りすぐりのエリートを前に、つぎのような訓告を行う必要を感じていた。「『ユダヤ人は殲滅されなければならない』と、全ナチ党員は言う。『それは明白だ！それはわれわれが計画の一部だ。ユダヤ人の排斥と殲滅。そうだ、われわれはそれをやり遂げる！』と。が、彼らは集まってくる。八〇〇〇万人の善良なドイツ人たちはそれぞれの卑しからざるユダヤ人を連れて。もちろん、他のユダヤ人は豚野郎だが、自分の連れてきたユダヤ人は一流だと言いながら」[4]。善良なドイツ人たちは、自らの善良なユダヤ人を近くにおいておくことは許されなかった。善良なユダヤ人とは、隣の住人、よく診てくれる医師、愛想のよい店員などのことで、「自分自身のもつ」ユダヤ人のことだ。六〇〇万にのぼるユダヤ人が殺害されたのは、彼らがなにかをしたからではなく、区分されたからだった。ルワンダのフツ族、ツチ族の武装した暴徒が、犠牲者とそうでない者、同じ容姿、言語、宗教を共有するにもかかわらず、殺される側と殺す側に分けるのに利用したのが、わずかにパスポートに記載された情報であったことは、すべてを定義し、すべてを分類するのに長けた近代官僚機構の大勝利の例だと言えよう。

ジョック・ヤングは他者を「分類する」傾向に本質化という名前を与えた。この分類する傾向は人類という種にかんするかぎり、おそらく、反射的なものだが、ゲオルク・ジンメルがすでに記しているように、抽象化を得意とする近代の力によって支えられ、補強されているのは確かで、特別の情熱をもって実践され、近代ではもっとも広い範囲で利用されている。[5] ジョック・ヤングによると、「本質主義は排他主義の最高の策略で、これによって、人々はその文化と性質をもとに集団に分けられる。その活用は人類の歴史全体をとおしてみられるが、近代が後期に入って、特に上記の策略が重宝されるようになったのには明白な理由があった」。ヤングが挙げるさまざまな理由のなかには、分類によって近代が完全に欠いていた存在論的安定が与えられたことや、普遍、平等という近代の理想と、さもなければ、衝突するかもしれない特権や権威が正当化されたことが含まれている。さらに、罪を他者に転嫁し、そして、自らが設定した適正や適格性の水準に自らの能力がはたして適合しているのかという内的不安や、疑念を他者に投影する手法が提供されたことも含まれている。他者を自分とは異なる個人的な美徳、あるいは、悪徳を備えた存在として扱うようなことがあれば、これは分類の目的に反することになる。分類には本質化が必要不可欠であり、近代の抽象化の力も有益なのである。抽象化の力は近代の他の装備品の基礎をなすと同時に補塡し、それなくしては、ジェノサイドの近代における完全なる典型であったホロコーストは想像さえできなかったであろう。

近代にのみ存在するホロコーストの他の必要条件は周知のもので、しかも、繰り返し議論されてきている。大量殺人に必要な科学技術的道具は産業の大量生産においても不可欠だったことは、おそらく、もっともよく言及されてきた事実である。官僚機構において実現した科学的経営——膨大な数の人間の行動を調整して生まれた全体的結果を、個人の特異性、信念、信仰、そして、それぞれの感情からはっきり切り離す能力——は、おそらく、次の必要条件であったろう。これら二つの近代の特性はジェノサイドが起こるとすれば、あるいは、起こるとき、それが倫理には無関心の、冷徹な効率性で実行されることを可能にするし、また、ホロコーストをのぞく過去のどんなに残酷で生々しい大量殺人の事件とも異なるスケールの大きさで可能にするだろう。

しかしながら、その可能性を現実化させるのは、近代特有の秩序を実現しようとする情熱である。それは今の人間の現実を絶え間ない修正と改良と批判的分析が必要な、永遠に未完のプロジェクトとみなそうとする姿勢である。そうした姿勢の前ではなにごとも、そこに存在していたという偶然だけでは、そこに存在しつづける権利とはならないのである。生き残りが許されるためには、現実のあらゆる要素は例外なく、このプロジェクトにおいて思い描かれた秩序にとって有益である、と自己証明しなければならない。私は別の箇所で「造園」という比喩（有益な植物を育て、全体のデザインの優美さを保つために雑草を根こそぎする）を使用したが[6]、こうした適応への願望はこの比喩を用いればよく理解されるかもしれない。医療（病んだ部分を切除することにより生体の健康を維持する）、建築（設計から建築にふさわしくないもの、余計なものを排除する）は同様にそれのふさわしい比喩となるだろう。

秩序建設のためのジェノサイド

近代的生活とホロコースト型殺人の近似性を考えるには、上の最後の点は特に強調しておく必要がある。近代の本当の特質をすでに構築され、計画され、あるいは、構想された具体的な状況としてより、存在の様相（モダリティ）として、理解しようと望むのであれば、この点は決定的に重要である。存在の近代的様相だと真っ先に考えられるのはそれ特有の未完成性であり、未だに存在していない状況への指向性である。近代を未完のプロジェクトと言うのは同語反復でもある。近代は定義上、永遠に走り続けることであり、つねに（また、癒しがたく）〈まだ、なっていない〉〔noch nicht geworden〕ことを意味する。あらゆる近代的プロジェクトのどこが近代的かと言うと、現実に一歩、二歩、あるいは、百歩先んじていることである。つまり、近代が近代的であるのは自己を超越し、走るあいだにゴールラインを先の方に移し、そこに決して到着しないようにする能力が内蔵されているからである。

近代とは本質的に世界内存在の逸脱的形態である。秩序のヴィジョンは物事の現状への不満から生まれ、それを具体化しようとする試みから新しい不満が生まれ、その不満から、また新たに修正された、あるいは改良されたと思われるヴィジョンが生まれる。近代とは最前線を描こうとする行為とそれを超越しようとする決意を丸めて一つにしたものである。それゆえに、近代の庇護の下に構築されたすべての秩序は、意図的ではないにせよ、次の機会がくるまで局所的であり、一時的なものであり続け、完全な実現にいたる前に作り替えられるはずである。「近代化」とは「近代」という名の停留所まで続く道ではない。近代化——連続的で、制止不能で、強迫観念的な、そして、多くの点で自航式の——とは「近代」という概念が表象する、まさに人間的状況そのものである。近代化の圧力が止むようなことがあっても、それは近代の完成の予兆ではなく、その終焉、あるいは、破綻の前兆である。ウルリッヒ・ベックはわれわれの時代を永続的な「近代の近代化」、あるいは、「理性の理性化」として描いたが、上のような状況を見事にとらえていたことになる。[7]

秩序確立の努力はどんなものであっても部分的、局所的、一時的にすぎないというその未熟さ、不安定さに言及するなかで、ウルリッヒ・ベックはあのよく知られたRisikogesellschaft、すなわち、リスク社会という用語を用いた。われわれの生きる社会は、秩序確立の圧力が新たな一連の無秩序を生み、すべての秩序確立の試みは確率という観点からすればおおよその計算ができたとしても、避けることが絶対できないリスクを含む社会である。本章のテーマにもっとも関連があるのは、リスク社会の生活が〈リスク生活〉〔Risikoleben〕であること、また、そうあり続けることである。リスクに満ち溢れた生活、つまり、未来がなにをもたらすのか信頼に足るどんな知識も、自らの行動の結果を支配できる可能性（すべての合理的選択のための〈必須条件〉〔conditio sine qua non〕）もない、不変のリスク生活は不安で、不穏で、心配をかきたてるような状況にほかならない。ジークムント・フロイトが示唆したように、おそらく、近代生活はわれわれが個人的自由の大部分を、集団的に支持された安全と引き換えに手放したときから始まったと言えるだろう。しかし、近代の今の局面において、個人的安全は社会からの保障を失っているか、あるいは、もはや信頼されていないかのどちらかとなってしまっている。この状況は自信を喪失し、憂鬱に満ちた生活を生じさせるレシピであり、また、安全に生きていくには複雑すぎるこの世界を大幅に単純化してくれる、本物の、あるいは、みせかけであっても信頼できそうな保証を、必死になって追い求める行動を生じさせるレシピでもある。

近代の秩序確立の願望は、ゆえに、自己永続化と自力推進の願望と言っていいかもしれない。秩序化されねばならない状況とは、ふつう、過去に秩序化しようとした際の残存物（廃棄物・想定外の望まれない結果）である。近代を強迫観念的近代化と定義することも不可能ではない。ということは、緊張の重荷を軽くするための経路を懸命に探したとしても、社会に満ち溢れている緊張には終わりがないということでもある。ポストモダン、あるいは、近代後期と呼ばれる現在の情勢において、ハイ・モダニティから変わることなくローカルでありつづける政治権力には、不確実性、不安定性増大の原因となっているグローバル化にたいして、ほとんどなにも打つ手がない。われわれの時代の公共性を失った個人にとりついた〈不確実性〉〔Unsicherheit〕の三つの様相のうち、唯一、安全（身体の安全、身体から派生する私的所有物、家、道路、隣近所、環境の安全）の相にだけは、政治が真剣で、積極的で、有能で、有用であるようにみせることができ、そうすることで、選挙民の支持を求め、支持を獲得できるかもしれないのである。永遠に減じることのない不安と、膨張する攻撃性は「法と秩序」への関心へと方向転換される。それはまた、犯罪との戦いや犯罪者の検挙への、そして、不審な、信用のならない、すなわち、怖れられるべき要素の統制——かつて「危険な階級」、「汚染する人種」とされた人間が去った後にできた場所を今埋めているのは、ほとんどが外国人か習慣や生活様式が異なる人々である——への関心に転換される。可動性《モビリティ》が急激な階層化、格差、差別の要因となりつつある時代において、法と秩序への関心はますます浮浪者、ストーカー、流れ者、移民——なじみのない、予測できない、奇妙な〈環境〉〔Umwelt〕にたいする広い恐怖が収斂する人たち——に集中する。その関心はまた、強硬な警察、重い量刑、警備が厳重な刑務所、死刑制度、それに加えて、「望ましからざる者」の隔離や追放——空間の流動性という目新しい、不快で、嫌な経験にたいするさまざまな救済策——に集中する。

今日の安全への病的なこだわりには大きな政治的な資本が宿っている。政治家には権力ゲームのなかでそうした資本を利用することに熱心な者も少なくない。確かに、後期近代には互いの力を削ぎ合う権威が乱立し、政治の民主化と国家権力の弱体化にともなって声の多様化が後戻りできないほど進んだ。そのおかげで、高みにたった政治家が国の絶対的権力を利用してホロコースト的「解決」を開始する可能性が低くなり、そして、遠ざかりつつある。しかしながら、〈最終的解決〉型の行動を求める勢力が消え、そういった行動が起こる必要条件も十分条件もなくなったと、確信をもって言うには時期早尚であり、そうすることは同時に軽率でもある。

ホロコーストの記憶と共に生きること

半世紀と少し前であれば、ホロコーストは想像さえできなかった。半世紀前、ほとんどの人にとって、それは信じがたいことだった。今日、小さな「ホロコースト」が起こりえない世界を想像することはできない。確実に危険のない世界の絵が描かれたとしても、われわれは少なくとも無条件に、それを信用することはないだろう。結局、難しい厄介な問題には「最終的解決」があるはずだということをいまや知らない者はない。また、人間を選別し、検挙し、追放するか、物理的に破壊し、大勢の住む地域を丸ごと「浄化する」ことは、混乱した無秩序な現実が、秩序ある世界、「あるべき」世界のイメージの前に立ちはだかるときに必ず出てくる選択肢の一つだということも、知らない者はない。さらに、仕事が完了するまで、そして、その後も未来永劫、罰せられることなく逃げおおせるなら、もし、心が折れずにいるかぎり敗北することもなく、勝者による審判から逃れられるなら――もちろん、自分の持ち駒を上手に使えれば（さらに完璧なのは、他の人より良い持ち駒を持っていれば）という条件付きであるが――上のような選択肢もまんざら悪くはないことを、知らない者はない。そんな世界――安心して住める場所ではない世界――のなかで、誰もが想像するのは、まさにこの瞬間、誰かがどこかで次のジェノサイドを準備しているということである。ホロコーストの深遠な、そして、持続的な――社会的、政治的、文化的、心理的――重要性はこの明白な転換・転回のなかにこそある。

ジョージ・スタイナーはかつて、ヴォルテールやマシュー・アーノルドが幸運だったのは、われわれが知り、ほとんど忘れることのできないこと、すなわち、近代の偉大な冒険の結末とその隠された潜在的可能性について、なんの知識ももたなかったことだ、と言ったことがある。ホロコーストとソ連強制収容所《グーラグ》の後、われわれはなにも知らないと主張することはできないし、また、無垢が神の恵みであった昔の素朴さの陰に隠れることはできない。しかし、無垢を喪失してわれわれは代わって知識を獲得したわけだが、その中身についてはいっこうに不確かなのである。ホロコーストの中身は議論され、激しく争われている事柄である。しかし、ホロコーストが生死にかかわる重要な事柄であったように、その記憶のされ方もまた重要な事柄なのだ。

ホロコースト終焉後の軌跡に比べ、あのときの現実は振り返ってみれば、複雑でも、曲りくねったものでもなかった。ある人々は別の人々が調査のために目印をつけただけの人間を整然と系統的に殺害したが、その一方で、さらに別の人々は傍観したまま——絶望、無関心、あるいは、ほとんど隠しきれない喜びなど、訳はさまざまであったとしても——殺害をまるで止めないか、ほとんど止めるようなことをしなかった。ホロコーストには凶悪な殺人者、罪のない被害者、そして、悪人から善人に至るまでさまざまな類いの傍観者が存在した。「修正主義の歴史家」やナチ時代を惜しむほんのわずかな異常者を除き、アウシュヴィッツにおいて誰が誰で、誰がなにをしたかについての幅広いコンセンサスはすでにえられている。しかし、今日、事はひどく錯綜しているようにみえる。そのなかでもっとも錯綜しているのは、ホロコーストからなにを学ぶことができ、誰がそれを学び、どれほどの効果があるのかという問題である。今日、悪と潔白、罪と正当な理由、やましさと良心を分かつ境界線は揺れ動き、争われているのである。

　ホロコーストが想像を絶する、身の毛もよだつようなものだったとしても、その凶暴性の規模は死体の数を勘定し、灰の重さを計測することによって測ることができる。しかし、ガス室や火葬場の記憶が与える傷はどうやって測ることができるだろうか。あれから半世紀後、記憶は生きる者の世界を汚染し、潜行性の害毒の種類は今も増えつづけているようにみえる。われわれ全員がある程度その記憶に取りつかれているといってもいいが、ホロコーストの第一の標的であったユダヤ人は、当然のことながら、われわれよりもはるかに強く取りつかれている。そもそも、ユダヤ人のあいだではホロコースト再来の可能性を感じさせる世界に住まなくてはならないことが、恐れとして、恐怖として、繰り返したちもどっていたのだ。多くの人々にとって、世界は芯から疑わしいのである。この世の出来事は真に中立ではない――それぞれの出来事は不気味な音色を宿し、ユダヤ人にたいする脅しのようなメッセージ、すなわち、彼らが自らの責任で聞き流し、無視しなければならないメッセージを含んでいる。故E・M・シオランは述べている。

恐れるということは常に自らのことばかり考えていて、出来事の客観的筋道を想像できないことである。恐怖の感覚、すべてが自分に敵対して起こっているという感覚は、深刻な危険ばかりだと想定される世界を前提としている。怯える人間――自我の肥大化の犠牲者――は、他の人間と比べ圧倒的に、自分が敵対的な出来事の標的になっていると信じる……あらゆるものが自分に危害を加えようと共謀しているという、極端な妄想を［そうした人間はもつに至る］……(8)

自己防衛の本能にしたがって歴史から教訓を得ようと欲する犠牲者がそれを得るためには、まず初めに、なにが教訓なのかを確定しなければならない。生き残ったことを唯一重要なもの、また、他のあらゆる価値を凌駕する価値とすること以上に、受け入れ易く、また、一般的な教訓はない。犠牲者の直接の経験が遠のき、ぼやけてゆくにしたがって、ホロコーストの記憶もまた薄められ、生き残りの教訓に凝縮される。人生とは生き残ることであり、人生の成功者は他の人間より長く生きた者であるという教訓に凝縮されるのである。生き残った者が勝者となる。

ホロコーストからの教訓のこの種の解釈は、世界中で絶賛され、巨大な収益をあげ、今ではホロコーストのほとんど古典的ともいえるイメージとなったスピルバーグの映画のなかにもみいだすことができる。『シンドラーのリスト』が描くホロコースト体験によれば、この悲劇で唯一賭けられているのは生き続けることであった——他方、生きることとの質、とりわけ、尊厳と倫理的価値は、よくても二次的で、通常は、とるにたらないものにすぎなかった。それらが第一の目標を妨害するようなことはけっしてあってはならない。生きつづけるという目標は道徳的懸念を人が抱かないよう、片づけ、視野から消し去る。最後の手段として重要だったのは他の人間より長く生きることであった——死から逃れるためには、特権的人間の名簿に自分の名前が載らなくてはならなかったとしても（ビルクナウの司令官がシンドラーにあずけた「シンドラーのユダヤ人女性たち」の返却を求めたとき、彼はそれを拒絶した。重要なのは命を救うことではなく、特別な選ばれた命を救うことだったのだ）。生きつづけることの価値は他の運のなかった者が殲滅のための収容所へ旅立ったという事実があったとしても、減少するようなことはない。『シンドラーのリスト』

の観客は、トレブリンカ行きの汽車が出発するときに、シンドラーがひとりで行なった見事な行動に感動する。タルムードの教えを勝手にこじつけて、スピルバーグの映画は人類の救済の問題を、誰が生き、誰が死ぬかの決定に置き換えてしまっている(9)。

生き残りを最高位に位置する唯一の価値にしたのは、スピルバーグが初めてではない。また、それはホロコーストの体験の芸術的表象に限定される現象でもない。戦後すぐに精神科医たちは「サヴァイヴァーズ・ギルト《生存者の罪悪感》」という概念をたちあげた——近しい、大切な人が多く亡くなったのに、なぜ、自分だけ生き残ったのかという疑念に帰せられる複雑な心理的病。こうした解釈に従えば、死をくぐり抜けた喜びは、地獄の海から生還したことが正しかったのかどうかという不確かさに毒されている——それは救出後の生活を生き抜き、成功しようとする生還者の意志に破滅的な結果をもたらす害毒であった。多くの精神科医は「サヴァイヴァーズ《サヴァイバー》・シンドローム《症候群》」と解釈される病を治療して名声や富を獲得した。病的現象が正しく見分けられたか、精神療法がよく狙い定められたものであったかどうかにかんしては、疑問の余地がないわけではない。しかし、比較的明らかなのは、最初の診断で特に注目されていた「罪悪感」の側面が、時とともに「サヴァイヴァル・コンプレックス《生存者コンプレックス》」の典型から払拭され、後には自己保存のための自己保存という側面が純粋で真の、そして、曖昧さも争いの余地もないかたちで認知されたことである。「症状」が消えないのは、いまや、生還できたことに伴う苦悩が長く残した痛みのせいだとされたのである。

こうした変化はわれわれにエリアス・カネッティが描いたような生存者の、背筋が寒くなるようなイメージを思い起こさせる――「成功のもっとも基本的で明瞭な形は生き続けること」であると考える人間としての生存者のことを。カネッティの生存者にとって、生存はたんなる自己保存とは異なり、自分でなく他者に目標をおく。「彼らは同時代の人間より長く生きたいと思っている。彼らは多くの人が早く死ぬことを知る一方、自分たちには違う運命を望む」。この強迫観念の行き着く果てで、カネッティの生存者は

他人より長く生きるために人を殺そうと思い、他人を自分より長く生きさせないために、自分が長く生き残ることを望む……生存者の最高の勝利はわれらが時代に、人類という考えを非常に重視する人々のあいだで起こった……生存者は人類最悪の悪であり、人類の呪いであり、おそらく、人類の破滅的運命である。[10]

生き残りを盲目に崇拝することがもたらすさらに広範な影響には、巨大な潜在的危険性が含まれている。繰り返し、また、あちこちで、ホロコーストの教訓は大衆消費を狙って、「誰が最初に立ち上がり、生き残った」かの単純な公式に、あるいは、もっと単純な「より強い者が生き残る」という公式に矮小化される。ホロコーストの驚くばかりの遺産には

二面的傾向がある。一方で、生き残ることを唯一、あるいは、少なくとも生きることの最高の価値、目的として扱い、他方、生き残るという問題を乏しい物資をめぐる戦いと、そして、生き残ることそれ自体を利害の対立——生き残り競争のなかで、ある人々の成功は他の人々の敗北を前提とするといった類いの対立——と仮定する。

気づかないうちに、また、恐ろしいことに、ホロコーストの教訓のこうした解釈は新たに繰り返されるジェノサイドの正当化を目的として、世界中で広く展開されるに至った誤った主張と一致するだけでなく、それを間接的に擁護している。過去の残酷行為に復讐し、過去の迫害の犠牲者を苦しみの繰り返しから守るために必要とされる新たな犠牲者意識は、ホロコーストの教訓の解釈と共鳴し、それを支えてもいるのだ。「懐古的保守勢力」が頼っている新しいジェノサイドの正当化論理の背景について、最近、リュック・ボルタンスキーは次のように述べた。「過去の被害者の受難、災難、犠牲の記憶によりかかりながら、［彼らは］民族、階級、国家アイデンティティ樹立の訴えを正当化する」[11]。ボルタンスキーの言葉によれば、そうした「歴史からの学び」は多くの場合、「現在の苦しみを無視して未来を獲得するために、過去の犠牲者を悪用しようとする権力者たち」の武器になるという。

「犠牲者の代理」が主張する特質にはもう一つある——それは〈独特な〉〔sui generis〕「犠牲者の貴族性」（つまり、受難した人々が受けるべき同情と倫理的憐れみを受けつづけられる世襲の権利〉との密接な間柄である。この地位は中世であれば〈贖宥〉〔indulgentsia〕、今であれば金額欄を空白にしてふりだされた小切手であるかのように、また、あらかじめ判がおされた道徳的正義の証明書であるかのように、見せびらかすことができるし、また、しばしば、見せびらかされている。祖先に訪れた運命が繰り返されるのを防ぐためになされたのであれば、犠牲者の遺産相続人がなすことはすべて間違いなく道徳的である（あるいは、少なくとも、倫理的に正しい）。また、受け継いだトラウマに照らして心理学的に理解可能、否、「正常」であるかぎり、道徳性はすでに担保されている。犠牲者意識を受け継いだ人間は新しい受難の脅威にたいしてすこぶる敏感なのである。

　祖先たちが羊のようになされるがまま、畜殺されたことは同情されるが、同時にそのことをもって非難も受ける。したがって、末裔たちが薄気味悪い、暗い通りや建物に、未来の畜殺場の臭いをかぎつけたとして、どうして責めることができるだろうか。さらに、潜在的虐殺者の力を奪う予防処置をとったとしてもどうして責めることができるだろうか。力を奪うべき人物はホロコーストの加害者とはまったく無関係かもしれないし、祖先の破滅にかんして、司法的であれ、倫理的であれ、常識的なやり方では責任を問うことができないかもしれない（結局、被害者・加害者のつながりを作り出し、その因果連鎖を維持しているのは加害者たちの継続性でなく、「世襲犠牲者」の世襲性なのである）。しかし、ホロコーストの記憶にとりつかれた世界においては、そうした人たちは機会があれば、次のジェノサイドの加害者になる可能性があるか、すすんでそうなることもできると考えられるため、あらかじめ罪が背負わされているのである。カフカの『審判』の不気味なメッセージとそっくりに、罪を問われ、あるいは、ただたんに罪を疑われること自体がすでに罪、すなわち、厳しい罰が科せられるべき犯罪者として分類されたという罪なのだ。世襲犠牲者の倫理は法の論理をひっくり返す。罪を問われた者は無実が証明されるまで犯罪者でありつづける。しかも、裁判を行って被告の主張の正当性を決定するのは原告と検察官であるから、どんなことをしようとも、被告の主張が裁判官によって認められる希望は薄く、これから先、長いあいだ罪人でありつづける可能性だけが残るのである。

犠牲者の自己再生産

ゆえに、この世襲犠牲者の立場は——受け継がれた弱みをうち消すという名目で——新たな迫害を起こしたとしても道徳的非難を免れる。暴力は暴力を生むという真実に目新しさはないが、迫害がさらなる迫害を生むという真実はこれよりはいくらかは目新しい。犠牲者が加害者より道徳的に優れているという保証はないし、犠牲者が迫害をとおして道徳的に高貴になることはめったにない。

現実であろうが、仮想現実であろうが、殉教は聖人となれる保証書ではない。受難の記憶といっても、それは非人間性や、残酷さや、加虐性にたいして、それらがどこで起こり、だれが犠牲者であろうとも、人間の一生をかけて立ち向かわせるようなものではない。殉教の結果からは次のような真逆の教訓が引き出されることもまた、傾向としてはありうるのだ。人類は犠牲者と加害者に二分され、あなたが犠牲者であれば（あるいは、そうなることが予想されれば）、あなたの義務は犠牲者と加害者の立場を逆転させることだ。われわれはこの歪んだ論理になんど出くわしたことだろうか。われわれは今、まさにこれをルワンダにおける暴力のシーソー・ゲームのなかに（悪循環を絶つのにほとんど、あるいは、なにもすることなく）見ているわけだ。あるいは、最近までユーゴスラヴィアという名前で知られていたヨーロッパの一地域のあらゆる土地で見ているわけだ。スーダンで、コンゴで、ソマリアで、アンゴラで、スリランカで、アフガニスタンで、その他の無数の場所で。ホロコーストの亡霊が多くの人々の耳元でささやくのがこの逆転の教えである。イスラエルの政治指導者はこの教えを国家の公式政策にまで、そして、外交の最大の主張にまで引き上げている。こうした理由から、ホロコーストの永続的な遺産は多くの人が望み、一部の人々が予測するもののちょうど逆ではないかとわれわれは疑わざるをえない。世界全体の、あるいは、世界の一部の道徳的覚醒、または、倫理的浄化という遺産の逆ではないかと。

今日の迫害者たちが新たな苦痛を強い、新たな犠牲者を生み出すと、その犠牲者たちは自分にされたことと同じことをする機会を待ち望むのだ。そのとき彼らはそれを昨日の苦痛の仕返しだと信じ、また、明日の苦痛を未然に防ぐためだと確信している。換言すれば、彼らは正義が自分の側にあると信じている。これはホロコーストの呪いのなかでも、おそらく、もっとも大きなもので、死後に訪れたヒトラーの勝利でもある。占領地へブロンでゴールドシュタインによるイスラム教礼拝者の殺害に喝采をおくり、彼の葬儀に集まり、そして、その名前を政治的、宗教的横断幕として掲げつづけた群衆は、この呪いの致命的犠牲者であるが、しかし、唯一の犠牲者ではない。彼らには政治指導層からの暗黙の、あるいは時として声高な承認が与えられているのである。そうした層は現実が世襲犠牲者の幻想に一致していることを欲し、そして、一致させるようできるだけのことをする。次のロケット弾、次のインティファーダはこの目的に非常に重宝なのだ。しかし、呪いは毒性の残る形で、薄く広く拡散し、自分たちは包囲された要塞のなかに生きていると教えられて育ったイスラエル人の、かなりの部分に影響を与えている。

第一〇一警察予備大隊に志願し、殺人命令を完遂した普通の人々の熱意について先駆的研究を行ったクリストファー・R・ブラウニングはこう自問する。もし、第一〇一大隊の男たちが殺人者になれるとすれば、他の人間の集団でそうなれない者はいるだろうか。後に彼の博士課程学生となったダニエル・ジョナ・ゴールドハーゲンとは異なり、ブラウニングはわれわれと同じような普通の人間も、条件さえ整えば殺人者になれるという事実に動揺し、恐れおののいている。殺人鬼の権化は反ユダヤ主義者だけであるから、反ユダヤ主義者でないことがユダヤ人殺しに加わらないための特許薬になるという考え方に、ブラウニングは救いなど求めようとしない。

ホロコースト後の毒のある歴史をつきつめた二人のユダヤ人学者、アリエラ・アズレーとアディ・オフィールは最近のイスラエルの政治言語における「われわれ」とはなにを意味するだろうかと問うている。

ナチスの過去から利益を得ているヨーロッパで最後の場所はわれわれのところである。その国はヨーロッパ系ユダヤ人の破壊を国有財産、象徴的資本としたからである……われわれのところは悪が普遍化できるかどうか試すための実験場である――普遍化できるという原理はヨーロッパの遺産であり、悪の生産実践は今はなきヨーロッパからの輸入である。立証されるべき仮説（あるいは、未だ論駁されていない仮説）とは「それは誰にでも起こりうる」というものである。昨日の被害者は今日の加害者となるかもしれない。誰でも「他者」を憎み、屈辱を味わわせ、抑圧する行為に、そして、人種差別や近隣や町の民族浄化にも加わりうる。誰でも悪を組織的に作りだし、まき散らす政治体制に協力しうるのだ。(12)

「世襲犠牲者」は悪の組織的生産と拡散に貢献する社会＝心理的装置である。われわれは世襲犠牲者という現象と、遺伝的親族関係や親が教育環境に及ぼす影響をつうじて維持される家族的伝統とを混同しないよう注意しなければならない。この場合の世襲とは主に想像されたものであり、記憶の集団的生産をとおして、また、自己同定や自主的参加といった個人的な行為をとおして機能している。ゆえに、「ホロコースト・チルドレン」、つまり、世襲犠牲者という肩書きは、彼ら、あるいは、彼女らの両親が「戦争中なにをしていた」としても、あの戦争中になにをされたとしても、あらゆるユダヤ人にむけて開かれているのだ。

　精神科医たちは強制収容所の収容者やゲットー住人と、直接、血のつながりのある子孫（および／または、彼らの教育）について多くの研究を行ってきている。しかし、収容所もゲットーも経験したことのない人たちの「ホロコーストの息子や娘」にかんしては、その数がすさまじく増えているのにもかかわらず、いまだ包括的研究がなされていない。そうした研究が明らかにするかもしれないことを知る手がかりは、しかし、けっして少なくはない。こうした「想像された子孫たち」、自らが自らに役割を割り当てた子孫たち（そして、同じ意味で「〈なり損ないの〉〔manqués〕子孫たち」）の精神的コンプレックスはこれまで精神科医たちが描いてきたよりも重く、厄介で、より酷い結果を伴っていることが明白になるかもしれないのだ。これは理にかなった（ホロコーストの記憶にとらわれた世界において、「理」がなにを意味しようとも〉ことだ、と言われるかもしれない。〈なり損ないの〉子孫たちにとって、彼らが陣取り、そこから世界を見まわし、また、世界から見られることを望んでいる場所は殉教の場所なのである。しかしながら、彼ら自身が誰かの怒りや誤りの対象であるわけではないし、あったわけでもない。世界が彼らを傷つけ、苦しませようとしているとは思えず、それでもこの状況下でそうした世界ができすぎであるように思えるのは――無害な世界の現実とは、すでに被った被害、あるいは、これから被るかもしれない被害がその存在意義となる、非現実とも思える生活を意味するからだ。

　敵意のない無害な世界に住むこと、いわんや、寛容で、快適な世界に住むことは、ものごとに意味を付与してきた祖先への裏切りである。完璧の域に到達し、運命を全うし、今の欠陥を除き、子孫から〈なり損ないの〉の形容詞を除去するためには、想像されたにすぎない犠牲を、実際、犠牲を出している「そこにある世界」の現実に作りかえる必要がある。彼らがいる場所があたかも本当に犠牲が出る場所だとふるまう以外には、また、実際に犠牲者を出している世界においてのみ合理的である戦略に従う以外には、その達成の道はないのである。自分たちの生きる世界が自分たちにたいして敵意をもちながら陰謀を企んでいて、しかも、次のホロコーストの可能性を有していると証明されないかぎり、〈なり損ないの〉子孫たちは〈なり損ないの〉子孫としてなりたちえない。

　畏しい真実は彼らが語り、彼らが望んでいると思っているのとは逆に、〈なり損ないの〉子孫たち、あるいは、「欠陥のある子孫たち」は陰謀もホロコーストも起こりえない世界に住むには不適格であり、また、そこに住んだとしても快適には思うことがないということである。ユダヤ人を憎む殺人者たち、また、手を血に染めた者同士として結託して、ユダヤ人を血祭りにあげることまでやりかねない殺人者が生きている、別世界にみえる世界に住む方が彼らにとってはより快適なのだ。彼らは彼らにたいする敵意の兆候から意味のある安心感を得て、彼らを囲む人たちの一挙手一投足をそうした敵意の公然たる、あるいは、隠然たる現れとして解釈したいと強く願っている(アメリカ合衆国における反ユダヤ主義の消滅を報告した最近のある研究が、『ティクン』というアメリカ系ユダヤ人の隔月雑誌で取りあげられたさい、論評には「ユダヤ人はこれを受け入れられるか」という題名がつけられたが、それはすべてを物語っている)。世襲犠牲者であることの空恐ろしい逆説は、世界の敵意、その助長、そして、その継続が、彼らの既得権益になっていることだ。犠牲者が我慢の限界に達してテロリストとなり、新たな爆弾をしかけるたびに、国の指導者たち、そして、彼らに投票した何千人もの男女は安堵のため息をもらしているではないか。

殉教者たちの欠陥のある子孫たちは家には住まず、要塞に暮らしている。家を要塞に変えるには、彼らが包囲され、攻撃にさらされていなければならない。貧しく腹を空かした、絶望して自暴自棄となった、そして、ののしりの声をあげながら投石するパレスチナ人のあいだ以外のどこで、自分の夢により近づくことができようか……こちらの快適で広々とした、最新設備の完備した家は、〈なり損ないの〉子孫たちがむこうで棄ててきた快適で広々とした、最新設備の完備した家、すなわち、新鮮味がなく退屈で、居心地が悪いほど安全な、〈なり損ないの〉子孫たちでいなくてはならないアメリカの町に位置する家とは違うのである。こちらでは家々に有刺鉄線をめぐらし、曲り角ごとに見張り塔を建て、他の家に行くのに人は肩に銃を担いで歩く。昔、ユダヤ人を苦しめた敵意むき出しの世界は彼らをゲットーに押し込めた。今、家をゲットー（しかし、今度は重武装したゲットー）にすることによって、世界はより敵意むきだしの、ユダヤ人を苦しめるものになることができる。こうした本当に欠陥だらけの世界で、彼らはなり損ないの子孫たちではなくなることができる。世代が逃した殉教者になるチャンスは、代弁者となることを望んだ、選ばれた代表によって取り戻せるに違いないと考えられたのだ。

どこからみても、ホロコーストの亡霊は自己永続的、自己再生産的にみえる。亡霊はあまりにも多くのユダヤ人にとって欠かせないものとなった結果、簡単にはとり除きえないのである。幽霊屋敷は付加価値を獲得し、多くの者にとって、亡霊にとりつかれることは価値と意味のある生活様式となった。これは〈最終的解決〉を計画した者たちにとっても、彼らの死後におとずれたもっとも大きな勝利であった。ヒトラーと彼の忠実な部下たちが生きているあいだに達成できなかったことが、死後になって完成される希望が出てきたということだろう。彼らには世界をユダヤ人に敵対させることはできなかったが、彼らは今でも墓のなかからユダヤ人を世界に敵対させることを願い、また、なんとかして、ユダヤ人と世界の和解、ユダヤ人と世界の共存を決定的に不可能ではないにしろ、非常に困難なものにすることを夢みている。ホロコーストが残した予言はかならずしも自己達成的なものではない。しかし、有害で悲惨な心理的、文化的、政治的結果を生みだすようなホロコーストがまた起こるという予言がなくならない世界が存在しつづけるという予言は的中しているし――現実的にもみえる。

一元的世界に住む

ジャン・ポール・サルトルはユダヤ人とは他人によってユダヤ人と定義された人間のことだと述べた。サルトルが言わんとしたのは、そうした定義は還元的で、選択的な行為だということであるに違いない。それは多面的人間の多数の特性のうちの一つだけを目立たせ、他のすべての特質を二次的、派生的、非本質的としてしまう行為だと。亡霊にとりつかれた者の行為においては、サルトル的処置がふたたび行われるが、ただし、それは立場を逆転して行われる。他者、すなわち、非ユダヤ人たちはユダヤ人嫌いの人間の目からみられたときのユダヤ人と同じように、どこからみても一元的な人間に仕立てあげられる。

他者はたんに柔軟な〈家父長〉〔patri familiae〕、あるいは、たんに非情な〈家父長〉として、一元的にくくれるものではない。また、たんに思いやりのある、あるいは、利己的な夫として、たんに優しい、あるいは、腹黒い上役として、たんに善良な、あるいは、邪悪な市民として、たんにおとなしい、あるいは、攻撃的な隣人として、たんなる抑圧者、あるいは、被抑圧者として、たんなる不正の被害者、あるいは、犯人として、たんに痛めつけられた者、あるいは、痛めつける者として、たんなる特権階級、あるいは、非特権階級として、たんに威嚇する者、あるいは、威嚇される者として一元的にくくれるものでもない。より正確に言えば、他者はこれらすべてであるかもしれないし、これらすべて以上であるかもしれないという事実には、二次的な軽い意味や価値しか認められていないのである。重要なのは、また、おそらく唯一重要なのは彼らのユダヤ人にたいする態度である。たまたまユダヤ人でもある各人にたいしてとられる態度は、ユダヤ人全般にたいしてとられる態度の現れ、また、由来物だと解釈される。世襲犠牲者と同じく、一元的世界観には自己永続的傾向があるのだ。

　ヒトラーのユダヤ人にたいする戦争の最中、反ユダヤ主義者を自認する多くの人たちはホロコーストの犯人たちに協力するのをかたくなに拒んだという事実と、一元的世界観は相容れないだろう。他方、死の執行者たちの多くは遵法精神の強い市民、規律ある役人であって、ユダヤ人全般にたいして特別な憎しみもなく、また、彼らが銃殺し、あるいは、ガス室で殺害したそれぞれのユダヤ人にたいしては、いかなる恨みももっていなかったという事実とそれが両立するのははなはだ難しいだろう（非人間的状況に投げこまれた「普通の人間」について、洞察力ある研究を飽くことなくつづけてきたネハマ・テクは、大量処刑のある目撃者の話として、一三人の警官のうち一人のみがすさまじく残虐で、三人はこのユダヤ人の出来事にまったく加わらず、他はこの行動を「汚い」とみて、それについて語るのを拒んだと述べている）。「ユダヤ人の強制移送」は（ヨーロッパ系ユダヤ人の殲滅の表向きの定義にしたがえば）ナチスの考えた大〈移転〉〔Umsiedlung〕、すなわち、ヨーロッパ大陸のほとんどすべての人間が現在、偶然にいる場所から理性の赴くままに移動するという、大規模で大胆な計画に由来しているという事実を受け入れるのもまた難しい(13)（しかし、ホロコーストが進むにつれ、ユダヤ人の墓場さえ足りなくなり、煙突から立ち上る煙にとってかわられたから、結局、大移転はなにも残さなかった）。また、十分力が強く、あらゆる敵からしかるべく守られ、対立も免れ、全体計画に取り組む余裕があって、それを効果的反対もなく執行できる国家による全面的「衛生計画」という政策的枠組みから、ユダヤ人の殲滅が発想されたという事実を受け入れることも難しいだろう（衛生計画には精神疾患者、身体障害者、思想的逸脱者、性的倒錯者が含まれていた）。最後に、ホロコーストの背後にいるナチスは、ある局面ではまったく別の生きものになりえたとしても、同時に〈市民〉〔Bürgers〕であり、当時と今の〈市民〉、ここにもそこにもいるすべての〈市民〉と同じく、「解決」を心から望む「問題」を抱えていたという事実を受け入れることも難しいだろう[14]。

これまでこうやって述べてきたのは、つぎのホロコーストが起こる可能性にたいして発せられた警告にはまったく根拠がないことを示すためでも、ホロコースト時代の世界とはある程度異なる今、われわれが住んでいる現代の世界では、ホロコーストは絶対に起こりえないことを示すためでもない。これから起こるかもしれないホロコーストの脅威があまりに頻繁に嗅ぎ分けられているうえ、誤った場所が捜索されていることを示すためである。精査は本当の脅威が根付いている場所からそれて行われていたのである。一元的世界観の暗い特性は注目を一方向だけに集めながら、本当の危険性のさまざまな性質には目を閉ざすことにある。

ホロコーストは主としてユダヤ人を憎み、ヒトラーを自発的に支援した者たちをめぐる物語だと解釈したダニエル・ゴールドハーゲンに与えられた賞賛は、そうした危険性の一つである。ゴールドハーゲンの主張と、それに各界が隠しおおせずに示した満足感はこの章でこれまで描写してきた文脈をとおすことによって初めて完全に理解できるだろう。つまり、一元的世界観とからみあった世襲犠牲者（〈なり損ないの〉犠牲者）という現象をその主な素材として含む文脈をとおすことによって。

この一元的世界観は、実際、ゴールドハーゲン自身をはじめ彼の賞賛者や擁護者においてもみられる。ルース・ベッティナ・バーンとノーマン・フィンケルスタインがゴールドハーゲンの用いた資料の偏りにたいして厳しい批判を加えたところ、[15]批判された著者は誤りを認めるでも、事実を争うでもなく、批判者の政治的意図を非難し、〈人身攻撃〉〔ad hominem〕という手段にさえ訴え、彼らを反シオニズムの急先鋒だと切り捨てた。その上、この論争――表面的には彼のホロコースト解釈をめぐるゴールドハーゲンは遠回しに認めている。政治的主義・主張の擁護をめぐる問題だったとゴールドハーゲンは遠回しに認めている。ゴールドハーゲン擁護にまわった他の人々は、しかし、もっと明け透けだった。エイブラハム・フォックスは名誉毀損防止同盟のカナダ支部を代表して、問題なのはゴールドハーゲンの主張が正しいかどうかなのではなく、それに加えられた批判が「正当」か、それとも、許容される一線を越えているかだとはっきり述べている。[16]

ゴールドハーゲンの主張からそうした受容が生まれるのは当然といえば当然である。彼の『ヒトラーの自発的死刑執行人たち』（一九九六年）のメーセージは、結局、この本のなかのゴールドハーゲン自身の言葉を引用すれば単純明快に示せるだろう。「ホロコーストの動機・原因がどこに由来するかにかんしては、大多数の加害者にみてとれる単一の素因から説明するだけで十分であり」、すなわち、「悪魔的反ユダヤ主義」だけで十分なのだ。ゴールドハーゲンはホロコーストのメカニズムのなかにより複雑な側面を認めようと望んでいる歴史家たちは間違いを犯していると考える。また、彼はドイツ人が（少なくともヒトラー時代の）「程度の差はあれ、われわれと同じであった」という意見や、「彼らの感性はいくらかわれわれわれに近かった」という意見を歴史家は棄てるべきだと考える。[17]ゴールドハーゲンの読者たちはホロコーストが起こったのは、ドイツ人が「程度の差はあれ、われわれと同じ」ではけっしてなかったからだ、とすぐ結論してしまうだろう。「……と同じではない」は左右対称の関係を含んでいる。したがって、われわれの誰も「程度の差はあれドイツ人とは同じではない」とすれば、読者はホロコースト式のジェノサイドに「少しでも近い」ものはドイツ人以外の誰によっても、また、ドイツ以外のいかなる地においても起こりえない、と結論するだろう。ホロコーストはドイツの問題であったし、あるし、ありつづけるだろうから、残る世界には恐れるに足るものはなにもない。もはや、魂をすり減らす必要もなく、良心を休ませることもできるのだ。別の言い方をすれば、「ホロコースト」と呼ばれる出来事から学びうるものはドイツ人の犯した罪だけで、われわれ自分自身についても、われわれが生きる世界についてもまったく教えてくれないのである。〈証明修了〉〔Quod erat demonstrandum〕。

イスラエルの新聞『ハーレッツ』のトム・セゲフは現在進行形の論争の要点を次のような言葉でまとめているが、それは非常に的を射たものである。「ユダヤ人の保守勢力はゴールドハーゲンをまるで生きたミスター・ホロコーストであるかのように担ぎ上げている。ゴールドハーゲンにむけられた批判には十分な根拠があるのだから、彼をミスター・ホロコーストにするのはいかにも馬鹿馬鹿しい」[18]。ゴールドハーゲンの主張が「シオニズム的動機」にもとづいていると考えれば、保守勢力の反応も理解しやすくなるとセゲフは解説する。本当に問題なのは、結局、次のような立場だという。

ドイツ人だけでなく、すべてのキリスト教徒がユダヤ人を憎んでいる。ゆえにユダヤ人の結束と団結が必要なのだ。ゆえに、反ユダヤ的憎悪にかんするもっとたくさんの本が必要で、それらは単純であればあるほど、浅薄であればあるほど、良いのだ。

クリストファー・R・ブラウニングの目から鱗がおちるような発見をゴールドハーゲンは借用し、自分の判断の正しさを証明するためにそれを歪曲し、さらに、限界を超えて拡大解釈しているが、ブラウニングはゴールドハーゲンを次のように批判している。

道徳的判断（主として、信条と価値にかんしたものであるが、ゴールドハーゲンはこれらを反ユダヤ主義的、あるいは、人種主義的信念にだけ限定している）を可能にするいわゆる「内的」要因に動機づけられた行動と、ゴールドハーゲンが言うところの「外的」要因に強いられた行動、つまり、強制されるがゆえに選択を含む道徳的次元を欠いた行動とのあいだに人工的な二分法がでっちあげられている。現実にはもちろん人種主義以外にも、権威、義務、正義、戦時下における部隊や国家にたいする忠誠といった、人を動機づける「価値や信条」が存在する。さらに、野心、欲、共感の欠如といった人間の行いの動機となり、個人的責任を発生させる性質も存在する。[19]

まさにここが重要なのだ。殺人やその他の残酷な行為を道徳的判断の対象から除外し、犯人にはその行為が「道徳的中立」の立場からなされたようにみせ、殺人に広い範囲の「価値や信条」を動員するには、かなり多くの強力な近代的発明、なかんずく、「合理的官僚制度」が必要だった。しかし、ゴールドハーゲンの本をいくら探してみても、著者がこの事実に気づき、非常に粗雑な二分法をのりこえて、道徳的人間の近代的苦悩の複雑さに目をむけている証拠はまったく発見できない。

大量殺人にかかわった者たちにはサディスト的性癖があったから、あるいは、強烈なユダヤ人憎悪があったから、また、その両方があったから、犯罪にかかわることに悦びをみいだしたとするのは、もちろん、ゴールドハーゲンだけの空想ではない。また、彼の発見でもない。しかし、この事実をホロコーストの説明として、また、その中心点、あるいは、もっとも深遠な意味として捉えること自体、ホロコーストの記憶が現代においていかに政治的に利用されているかを物語っている。そのようにしてジェノサイドの暗黒の真実からは目がそらされる。そして、ホロコーストを代表的な出来事とする現代史から、亡霊にとりつかれたわれわれの世界が得ることのできる、得なければならない、また、得るべき有益な教訓には背がむけられるのである。

殺人者の社会的生産

覚えておくべき点はゴールドハーゲンの本で言及されている犠牲者を快楽と熱意をもって殺害した悪党、ドイツ人、非ドイツ人の背後には、何十人、何百人というドイツ人、非ドイツ人がいて、犠牲者や殺害の性質についてなにも感じることなく、大量殺害に効果的に貢献していたことである。さらに重要な点は偏見が人間性を脅かすことをわれわれはかなりよく承知し、また、偏見に毒されている人々の悪意との闘い方、その封じ込め方を少しは承知している一方、普通の社会のルーチン的、事務的作業と装われた殺人の脅威を食い止める術についてはほとんどなにも知らないことである。同時に、殺人本能をもたない人々を「正当な殺人」にいかにかりだすか、そして、その実行に欠かせない技量と技術をどう利用するかという知識は、心理学者、技術者、また、科学的管理の専門家たちの共同の努力によって、ますます大きくなりつづけているのである。

ロバート・ジョンソンは死刑存続に非常に積極的なアメリカの刑事制度にみられる死刑囚監房《デス・ロー》の平凡な日常的ルーチンについて、念入りに、綿密に、深く研究している。また、彼は息もつまるような雰囲気や処刑日の祭祀的手順を、そして、死刑囚監房の主要な人々の思考や感情を細かく研究している。ジョンソンが引き出し、そして、集めた膨大なデータはノルウェーの偉大な犯罪学者、ニルス・クリスティが『産業としての犯罪管理』[20]で行なった先駆的研究のなかで、経験的証拠として使われたことがうかがえる。クリスティの主な洞察――殺害手順のルーチン化、官僚制度的分業、共同作業に従事したすべての個人の「代理人化」、すべてのプロセスにおける「感情移入の破壊」、倫理的懸念と道徳的ためらいの中和、犠牲者の非人間化――はジョンソンのレポートによって実証的に裏づけられている。ノルベルト・エリアスの示唆した「文明化のプロセス」によって、われわれ（少なくともわれわれのほとんど）は暴力を嫌い、避けるようになった。しかし、暴力を嫌悪し忌避する態度が暴力行為の実行にまきこまれたときのために――とりわけ、暴力行為が文明的価値の名においてなされるときのために――近代文明はそうした態度をとりはずす仕掛けをあらかじめ準備していたのだ。

「はっきり処刑目的で囚人を収監している死刑囚監房の刑務官たちが死の共謀者であることは明らかである」とジョンソンは記している。ジョンソンが面談した刑務官はこれに気づき、ゆえに、彼らには罪悪感があるという。「最後の家族の面会のときは、本当に気の毒です……そこに立ち会うと、ほんとうに気が滅入ります」と、刑務官の一人は認めている（死刑囚監房の守衛にはホロコーストの処刑人に許されていた贅沢が与えられていないことに、どうか注意していただきたい――守衛には受刑者と個人的な関係を結ぶのに十分な時間があり、処刑待ちの印がつけられた人間には顔があるのだ）。しかし、その刑務官は結果論として、つぎのようなこともつけ加えている。「医者と同じように、それも私の仕事の一部です。患者が亡くなる、それと一緒です。でも、実際は、そんなに簡単ではありません。こういったことはぜったい忘れられません。ただ、過去におしやるしかできません」。こういったことを、あるいは、そのほとんどを、ほとんどの場合、彼は、そして、彼の仲間は「過去」においてゆく。どうやったらこうした技を使うことができるのだろうか。

第一に、道徳的配慮をはねのけること、倫理的手段を感情の伴わない、また、道徳的信念とは無関係の技術的手段と入れ替えること、そして、責任者が教え、まわりの全員が責任者にならって繰り返す、つぎのようなことばを繰り返すことによって。「それは好き嫌いとは無関係の仕事です。私はプロ意識をもってなんでも行っているつもりです。死刑が廃止になったとしても、私にはどうでもいいことですし、また、明日、一〇回処刑があっても私にはどうでもいいことです」と、ある獄吏は言う。「専門的に行われるのであって、遊びで行うわけではありません。すべて書類をとおして行われます。時間どおりに。また、規則どおりに」と、別の獄吏が言う。

第二に、すべての人が殺人行為にかかわるが、誰も殺人者にならない（あるいは、そう感じる必要がなくなる）ことによって。本当は一本の引き金、引き金を引く一本の指以外なにもない。しかし、ジョンソンが言うように、「処刑チームの構成員は自らを……たんに「チーム」としか名乗らない」。殺すのはチームであって、チームの構成員の誰も殺人者にはなりえないのだから、「チーム」として仕事をすることは有益なのである。ジョンソンはある獄吏の言葉を引用する。「私たちはそれをしなかったと正直に言うことができます」。責任はふらふらと宙を舞っているとハンナ・アーレントはみる。宙を舞う責任はだれの責任でもない。

第三に、処刑チームの構成員がこうした仕事をするのは、殺しが好きだからでも、死刑制度に熱心に賛同するからでもないという事実を示すことによって。動機、または、動機の欠如と行われていることとは無関係だ。「処刑チームのわずかな人しか死刑制度を全面的に、そして、無条件に支持していない」と、ジョンソンはみている。欠員を埋めるのに、刑務所長はサディストや法と秩序の狂信的信奉者や過激派や自警団員を求めて募集広告をだすわけではない。いかなる種類のものであっても、強すぎる感情は官僚的手順のスムーズな実行を、どちらかと言えば、阻害する。感情は横においていた方がより安全であり、なによりも、効率的である。感情が取り除かれないかぎり、あまりにも多くの事柄が官僚機構には制御不可能な「気分の変化」次第になってしまう。すべて「規則に則って」なされた方が、圧倒的に効果的なのだ。他の官僚機構がそうであるように、殺人産業の官僚制度的組織においても、個人の同情心や反感は始業前に更衣室で脱ぎ捨てられた方がよいのである。

管理職側の思慮深い人たちはさらに一歩すすんでいる。彼らは良い仕事そのものをするためでなく、仕事の内容からこの特殊な職業を選んだ人間が採用されることに強く反対する。「この仕事をしたいという人間はいらない……与えられた任務にスリルを感じる者がチームにいると疑われれば、私はその人間をチームから外すことにしている……チーム全員が職務としてこの仕事をしていると思いたい」。この監督の考え方は近代的精神に忠実なものである。ソヴィエト連邦領内の占領地でボルシェヴィキやユダヤ人を逮捕し、即、銃殺刑に処すよう命令された〈特殊任務部隊〉に兵士が募集されたさい、猛烈な反ユダヤ主義者やサディスト的性癖をもった人物を除外する予防処置がとられた。近代的手段と方法の力はまさに献身の精神の在・不在とは無関係に、事業を成功させることにある。

もし、近代が人間の感情という不安定で、気まぐれで、完全に非近代的なものに依存していたとしたら、それは今到着している地点にまではこられなかったであろう。近代は感情ではなく、分業、科学、技術、科学的管理、そして、コストと効果を合理的に計算する力――完全に非感情的なもの――に頼ってきた。スティーヴン・トロンブレイ[21]は「処刑産業」の研究で、ゲッツ・アリーとスザンネ・ハイムがナチスの殺人事業の研究で残したのと同じようなすばらしい成果を残した。近代社会において大量殺人、あるいは、普通の殺人を可能にしている状況と、大量生産と止まらない技術的合理化を可能にしている状況とはまったく見分けがつかないことを、この研究は疑問の余地がなくなるまで徹底的に明らかにした。アリーとハイムは技師、建築家、建設業者、医師、心理学者、その他無数の高度専門家が、未曾有の規模の殲滅を実行可能にするのにあたって演じた役割を克明に記録している。[22]トロンブレイが書いた電気椅子の歴史からわれわれは、最初の電気処刑（オーバーンのニューヨーク州刑務所で一八九〇年八月六日に執行されたウィリアム・ケムラーの処刑）が大きな「医学的関心をよび、ケムラーが感電死させられるのをみた二五人の目撃者のうち、一四人が医者であった」ことを知るのである。われわれはまた、電気椅子の発明がきっかけとなり、交流・直流それぞれの長所にかんする論争が起こり、トマス・エディソンやジョージ・ウェスティングハウスといった近代工学最高の著名人たちのあいだにも熱い公開論争が起こったことを知るのである。加えて、ヒル・ニューヨーク州知事から適切な処刑方法の発見を託された委員会の偉い委員たちが、科学と進歩の権威をまとった主張の虜になっていたことも知るのである。彼らは適切な方法が電気であることを確信させられる。「目には見えない、未知の部分が残るこのエネルギーは典型的に近代的である」。電気はきれいで、将来、安価になることも約束されていた。こうやって、委員会のメンバーは予想どおり電気に感銘したのだった。

ジョンソンとトロンブレイの研究は両方とも非常に貴重である。その価値はそれらが提供する情報にあり、おそらくそれ以上に近代人の行動と近代社会の動き方にかんするそれらの理解にある。近代社会は倫理的配慮と道徳的衝動をほぼ完全なる余剰としているが、彼らの研究はこれらが余剰となる様子を記録し、そして、その余剰がどのように生まれ、そして、連日、まさにルーチン的に再生産されているのかを明らかにしている。彼らはまた、道徳が余剰となったことから生じる利益についても取りあげている。利潤や資源の有効な活用という意味での利益だけでなく、もし、人間的動機や衝動に頼っているかぎり思いもつかない試みに説得力と実現可能性を与えるという意味での利益も取りあげている。殺人作業に参加した者や、彼らに武器を提供し、効率的行動の手順を練りあげた大勢の科学者やエンジニアは邪悪な人間ではない。邪悪な人間は邪悪なことを常に行っている。しかし、そうした人間は数少なく、常軌を逸していて、理性の近代的標準からすれば「狂って」いるとしか言いようがない。普通の人々や「ただの良き働き手」が殺人に荷担できるようにしたこと——そして、殺人をより包括的に、徹底的に、清潔に、効率的にしたこと——は近代文明のおそらくユニークな成果であった。

近代対ホモ・サケル

エンツォ・トラヴェルソがフランスに言及しながら語っているように、ホロコースト全体の原因、そして、フランス系ユダヤ人の大量殺戮をとり囲む「沈黙の壁」の理由は、ジャン・ポール・サルトルが言うような「ユダヤ人問題」のなかでなく、ましてや、ジェノサイドそれ自体の状況のなかでさえなく、ヴィシー政権以前のフランス社会に求める必要がある。(23) 望まれないよそ者はどの社会にも存在し、どの社会にもそうしたよそ者にはいて欲しくないと思っている人たちがいる。しかし、望まれないよそ者を対象とするジェノサイドはどの社会でも起こるわけではない。ユダヤ人嫌いが大量にいることは、ジェノサイドが可能となるのに必要な唯一の条件でもなければ、いわんや、必要条件でも十分条件でもない。

大分昔、ハンナ・アーレントはホロコーストという現象において、反ユダヤ主義から説明できるのはせいぜい犠牲者となった対象だけであり、それは犯罪の性質についてなにも明らかにしないと語った。それ以来、アーレントの下した判断を覆すようなことはまったく起こらず、他方、二、三例だけあげるとすれば、プリーモ・レーヴィの記念碑的回想が、ラウル・ヒルバーグの記念碑的歴史研究が、クロード・ランズマンの記念碑的ドキュメンタリー映画があらわれて、アーレントの正しさを十分に裏づけ、そして、補強することになった。

少し前、ジェノサイドの秘密を明かそうとするわれわれの試みに、また一つ別の声が付け加わることになった。イタリアの哲学者ジョルジョ・アガンベンである。アガンベンは

〈ホモ・サケル〉〔Homo Sacer〕という古代ローマ法で用いられた司法概念を現代に呼びもどした[24]。〈ホモ・サケル〉とは刑罰をうけていなくても殺されうる人間であると同時に、儀式的、宗教的生け贄として用いることのできない存在——完全なる他者、異邦人、非人間——のことをいう。〈ホモ・サケル〉の殺害には宗教的生け贄の意味はない。他の人間にある人間性が〈ホモ・サケル〉には欠けていたため、彼らはまったくなんの「役にもたた」ず、人間社会から完全に外れ、あらゆる義務やその他の配慮からも外されていた。〈ホモ・サケル〉は「裸」だった——つまり、あらゆる社会的特性と政治的権利をはぎとられ、ゆえに、無防備となり、不満の溜まったあらゆるサディスト、あるいは、殺人者の動かない獲物にされただけでなく、市民としての義務に従い、その義務を果たそうとするすべての人にとっての格好の標的にもされた。

〈ホモ・サケル〉は法的構築物であった。法的構築物としてそれは法を遵守する主体の信念や感情でなく、法や規律への忠誠心に訴えかける。すべての法的構築物がそうであるように、道徳的感情だけでなく、情緒や個人的信念を迂回するか、棚上げし、さらに、行動としてそうしたものを無意味なものにすることがそれには求められた。法の要点は、法を遵守する人間の好き嫌い、関心無関心を超越していることにある。〈ホモ・サケル〉という法的構築物は古代ローマの司法においては例外的、周辺的、そして、ほとんど空のカテゴリーであった。アガンベンが指摘するように、それは近代国家においては別物に変わったのである。

〈ホモ・サケル〉の概念が近代の法体系には存在せず、ほとんど忘れさられているのは事実である。しかし、強制と暴力の手段、生殺与奪の技術と権利、拷問を含めて国民の体を支配する資格を独占した国家は、かつて例外的でしかなかったカテゴリーを国民という存在すべてに共通する潜在要素となるまで拡大していったのだ。ゆえに、今やありふれた特権となったものを維持するために、特別で例外的なカテゴリーに頼る必要はなくなっている。近代世界のぞっとするような発明物である強制収容所もまた、国家領域の別の場所では潜在的でしかなかったものが、標準、そして、実用的ルールとなった空間であった。

近代国家の可能性――すなわち、「条件がそろえば」現実となりうる可能性――としての〈ホモ・サケル〉の目にみえない存在は、もう一度、「ホロコーストの経験」におけるもっとも恐ろしい、そして、今でもまったく色あせていない要素を際立たせることになった。道徳的に堕落しているわけでも、偏見の持ち主でもない人々が近代社会において、標的とされた民族の破壊に積極的、献身的に参画することを。そして、彼らの参画は彼らの道徳的、あるいは、他の信念の動員を求めないどころか、反対にその中断と抹消を要求することを。

これがわれわれの学び、記憶に残すべきもっとも重要なホロコーストの教訓である。過去をコントロールする者が未来をコントロールすると言ったオーウェルが正しいとするならば、現在をコントロールする者が未来を人類にとって住みがたい、また、住めない場所にしてしまうことがないよう、彼らに過去の操作を許さないことが至上命令なのだ。

訳者あとがき

五〇冊にのぼるバウマンの著作のなかでも、本書は著者の代表作とされる。それだけでなく、無数の近代論、ホロコースト論のなかでももっとも注目されるべき、また、歓迎されるべき一冊に数えられている。発表から一五年以上を過ぎて、いまや、近代論、ホロコースト論の「古典」となったと言ってもさしつかえなかろう。

歴史研究者、社会学者、そして、一般読者は本書をホロコースト論とすることが多いが、近代論としてもこれは、歴史学、社会学、現代思想のなかで非常に重要な位置を占めている。表題にも表われた「近代」と「ホロコースト」。両概念はあくまで並列であって、主客関係にはない。本書のなかで幾度となく強調されているように、「近代はホロコーストの十分条件ではないが、必要条件」であり、逆に、ホロコーストは近代の負の部分を明らかにするある種、不可避の契機であった。また、「ホロコーストを想像可能にしたのは近代文明の合理的世界」であったが、同時に、ホロコーストは近代文明の合理性の恐怖を明確にした。本書では近代とホロコーストはつながりの深い二軸として設定されている。

近代論は社会学者、バウマンのもっとも早い時期からの関心事であり、いまや、ポストモダン論に軸足を移しているものの、近代論抜きのポストモダン論は考えられないがゆえに、近代はバウマン社会学の中心でありつづけている。しかし、近代の社会学的分析はともかく、その評価はバウマンのなかで一度ならず大展開を経ている。ポーランド軍の将校であったころ、そして、ワルシャワ大学で社会学を修めていたころから、バウマンは「近代主義者」であり、社会主義の枠組みのなかで、近代の合理性はかならずや解放の力になりうると信じていたようだ。また、近代の合理主義こそよりよき社会主義社会建設の条件だと確信していたようだ。この近代の評価は一九七〇年代に、反転する。その最初のはっきりした兆候は *Socialism: The Active Utopia*（1976）という皮肉なタイトルを掲げた著作にみられる。近代は民主的透明性と平等、それに、合理性を組み合わせることによって人間解放をもたらすと認めつつも、バウマンは合理性は中央集権化された政治権力とより強く結合しやすく、こうした融合は抑圧だけでなく個人的自律性の破壊を生むと結論する。社会主義も資本主義もともに「合理的に組織された社会建設の欲求」につき動かされ、それが「全体主義の原因《レシピ》」となる、と。

こうした評価の転換はいかにして起こったか。近代の評価の反転は社会主義の評価の反転とほぼ平行しているように思われる。一九七一年まで、バウマンは東ヨーロッパ政治体制の西洋資本主義体制にたいする道徳的優位性、先進性を間違いなく説いていた（'Social Dissent in the East European Political System', *European Journal of Sociology*）。近代の評価と社会主義の評価はしばしば淵源を共有する。バウマンはまだワルシャワ大学の教員であった一九六〇年代からすでに、ポーランド政府にたいしては批判的であったという。そして、一九六八年、反ユダヤ主義パージの犠牲となり、大学を離れることとなった。第二次世界大戦の英雄が体制の反ユダヤ主義の犠牲になるのは二度目であった（一度目は父親がイスラエルへの移民申請の問い合わせをしたことが原因で、バウマンは除隊を命じられている）。社会主義への幻滅が、ポーランド社会主義体制の根強い反ユダヤ主義と関連していたかどうかは不明で、本人もそれをかたくなに明かそうとしない。バウマンが当時、好んで読んでいたグラムシやジンメルの影響を指摘する意見もある。そうであるかもしれないが、これとて決定的証拠とはならない。いずれにせよ、バウマンの近代の評価はここで一度、逆転したという事実だけは明白である。

『近代とホロコースト』はそうした近代論のなかでも、もっとも近代に批判的な近代論だといえる。近代を特徴づける科学的・官僚的合理主義、効率主義、社会工学、分業は個人的責任と道徳の周辺化、消滅を生み、そして、それが差別、民族的・国家的ヴィジョン、独裁的中央集権国家と結びついたときホロコーストのような悲劇が生まれる。ホロコーストのような大虐殺は前近代的な、したがって、非理性的・非合理的野蛮への退化が原因で起こるのではなく、理性的・合理的近代の論理的帰結として起こる。こうした見方は必ずしもバウマンの独創ではない（ラウル・ヒルバーグの『ヨーロッパ・ユダヤ人の絶滅』はホロコーストが近代官僚制度の産物であるとはっきりと指摘し、そして、シュロイネスはユダヤ人の物理的殲滅の選択は官僚制度の合理的プロセスによる選択だったと指摘しており、このような見方がバウマンに強い影響を与えている）。本書と前後して書かれたヒルバーグやシュロイネスの解釈に近い近代論、ホロコースト論については、Ronald Aronson, 'The Holocaust and Human Progress'（Alan Rosenberg and Gerald E. Myers, eds., *Echoes from the Holocaust*, 1988）や George Kren and Leon Rappoport, 'The Holocaust and the Human Condition'（Roger S. Gottlieb, ed., *Thinking the Unthinkable*, 1990）などがある。

近代、近代文明、文明化プロセスはつねに負の要素を含む。『近代とホロコースト』ではそうした近代の負の遺産への警戒と、近代の桎梏からの解放の希望が語られるが（近代は前近代からの解放でなく、新たに課せられた桎梏であったという皮肉）、その超克の明確な道筋は示されない。それは次の書、*Modernity and Ambivalence*（1991）で、ポストモダン的見通しを近代的見通しに対峙させることによって、後者の檻からの解放、後者からの覚醒を促すという形で行われる。しかし、そのポストモダン的見通しもまた、『リキッド・モダニティ』などで批判されることになる。これがバウマンのポストモダンの解説者であって、ポストモダニストではないゆえんである。これはまた、バウマンによる近代の評価の再転換であった。

『近代とホロコースト』のもう一つの基軸、ホロコースト、そして、その犠牲者であるユダヤ人は、バウマンにとって、近代論より新しい関心であった。緒言でも述べられているとおり、ホロコースト終焉から時の経つことほぼ半世紀、妻のヤニーナ・バウマンの手記『冬の朝』を読み、感銘を受けるまで、バウマンの関心を強くひくところではなかった。ヤニーナは両親とワルシャワのゲットーで飢餓を生き延びたあと、強制収容所移送の危険が迫るとゲットーを脱出し、戦争が終わるまで各地を転々とした。(ヤニーナはそうしてホロコーストを生き延びた極端に幸運な少数のユダヤ人であった。ほかには、たとえば、映画監督のロマン・ポランスキーや『戦場のピアニスト』のモデルであるウワディスワフ・シュピルマンがいる。)ヤニーナの父親はあのカティンの虐殺のとき、ソヴィエト兵によって射殺されている。バウマンもまたユダヤ人一家の生まれであった。一九三九年ナチス・ドイツ軍がポーランドに侵攻すると、一家はソヴィエト領ポーランドに疎開する。したがって、彼も東ヨーロッパにおけるユダヤ人の迫害と無縁ではなかった。しかし、ソヴィエトが指揮権をもつポーランド第一陸軍に従軍してドイツ軍と戦い、ワルシャワの共産党付属の社会科学アカデミーで社会学を学び、ワルシャワ大学で社会学を教えたバウマンにとって、民族・人種的差異は強い関心とはならなかった。社会主義ユートピアにおいてそれは重要でなかったからだ。『冬の朝』はホロコーストという悲劇について、また、自らもその一人であるユダヤ人という民族についての思いをバウマンに蘇らせただけでなく、さらに大切なこととして、ユダヤ人の経験と人類全体の経験のあいだの接点にまで思いを馳せさせたのである。ホロコーストはユダヤ人だけの特異な経験にかかわるだけでなく、人類全体、とりわけ、近代人全体の経験にもかかわることであるということに。

バウマンは以後、数年をかけて図書館を渡り歩き、ホロコーストに関連する歴史家、神学者、そして、哲学者の書いた書籍を耽読し、社会学者によるホロコースト研究への貢献が、量よりむしろ質において、圧倒的に劣っていることを発見する。ホロコースト関係の書籍――研究書、資料、手記、回想記、ノンフィクション、小説――の出版数が天文学的数字にのぼることは周知の事実である。これにおびただしい数のホロコースト被害者にたいする賠償、資産返還にかかわった法律事務所、ロビー団体を加え、ノーマン・フィンケルシュタインはホロコースト産業とよんだ(『ホロコースト産業――同胞の苦しみを「売り物」にするユダヤ人エリートたち』)。ホロコーストの共同的記憶とその表象にかかわるこうした現象の特異性は、ホロコースト直後には起こらず、二〇年も経った一九六〇年代に始まったことと(とりわけ、第三次中東戦争のあと)、ホロコーストからの生還者の多いヨーロッパでなくアメリカで起こったことであった。この事情はPeter Novick, *The Holocaust in American Life*(1999)に詳しい。逆にみれば、アウシュヴィッツが解放された一九四五年五月から一九六七年過ぎまで、ホロコーストについては、とりわけ、アメリカにおいて沈黙されていたことになる。

しかし、この間に出版された研究書は数は少ないものの貴重であり、そして、質が高い。

ホロコースト研究はいくつかのグループに分かれる。まず、Gerald Reitlinger, *The Final Solution*（1953）, Joseph Tenenbaum, *Race and Reich*（1956）, Raul Hilbergのいわば古典*The Destruction of European Jews*（1961 邦題『ヨーロッパ・ユダヤ人の絶滅』）, Karl A. Schleunes, *The Twisted Road to Auschwitz*（英訳 1990）, Uwe Dietrich Adam, *Die Judenpolitik im Dritten Reich*（1972）など。これらはことごとく、ナチス・ドイツによるユダヤ人の殺害、大虐殺を起こしたナチスの首謀者、犯罪者にかんする研究であった。そして、第二のグループ。Philip Friedman, *Their Brothers' Keepers*（英訳 1978）と、本書でも引用されたIsaiah Trunkの*Judenrat*（1972）。これらは加害者であるナチスでなく、被害者であるユダヤ人たちの研究である。また、Arthur Morseの*While Six Million Died*（1967）, David S. Wyman, *Paper Walls*（1968）はヨーロッパ系ユダヤ人殺戮にたいするアメリカ、および、アメリカ系ユダヤ人の冷淡さ、無関心にかんする研究であった。

こうした『近代とホロコースト』に至るホロコーストの、主として、歴史研究に比して、バウマンの著作がひときわ異彩を放つのは、社会学者によるホロコースト論だということだ。またバウマンが述べるように、本書はホロコーストの歴史記述、また、歴史的記憶にあらたな資料を加える努力でも、あらたな解釈を加える試みでさえない。事実、彼の考察はヒルバーグを筆頭とする歴史家に負うところが大きい。彼の本当の目的はホロコーストの経験をユダヤ人に固有のものとするのでなく、近代に生きる人間すべてが共有するものとして、あらゆる近代社会の潜在性として社会学的に経験化することであった。ホロコーストを近代人全員が追体験することに、近代の社会学的本性をみる。

本書のさらにもう一つの特徴はホロコーストが反ユダヤ主義の直接の産物だとする一種の神話を強く否定したことにある。ホロコーストの犠牲者はユダヤ人であり、ユダヤ人にたいする嫌悪と憎悪がホロコーストを生じせしめたというのは循環的議論にすぎない。反ユダヤ主義はバビロンの時代までさかのぼり、歴史的に途絶えることがなかった。しかし、ホロコーストは起きてから百年も経たない、近代に起こった新しい事件である。近代以前にホロコーストはなく、それは近代にしか起こりえない。とするならば、反ユダヤ主義はホロコーストの十分条件にはなりえない。一見、単純であるが、ホロコースト論で盲点となっていた理論をバウマンは、これもうずたかく積み上げられた反ユダヤ主義研究、ユダヤ人研究、キリスト教・ユダヤ教研究を利用するかたちで展開する。

最後に『近代とホロコースト』の評価はどうか。出版後ほぼただちにアマルフィ社会学・社会科学賞を受賞していることからも分かるとおり、全体としてインパクトの強い本であった。しかし、本書は社会学者のホロコーストにたいする意識の覚醒を意図として書かれたのにかかわらず、反響は社会学の分野より、歴史学の分野で大きかったし、今も大きい。また、近代研究よりホロコースト研究の必読書ともなっている。本書にたいする体系的な批判は歴史家イェフダ・バウアーによってなされているが（Yehuda Bauer,

Rethinking the Holocaust, 2001)、その他は寡聞にして知らない。バウアーはバウマンによる歴史的反ユダヤ主義の扱い、〈ユダヤ人協会〉やユダヤ人のナチス協力等をこと細かく歴史家として批判する。おそらく、そのなかでもっとも深甚なものは『近代とホロコースト』のまさに中核をなす、ホロコーストが近代の産物であったという点である。ホロコーストが近代の合理的科学主義、官僚制度なしではありえなかったとするならば、なぜ、それはドイツで起こり、合理主義、効率主義、官僚主義のより発達したイギリス、フランスでは起こらなかったのか。体制の思想がドイツのそれに近く、発展した産業と厳格な官僚制度をもっていたイタリアや日本ではジェノサイドがなぜ起こらなかったのか。イタリアはエチオピアで、日本は中国、韓国で多数を殺害したが、前者はユダヤ人の殲滅どころか強制移送にも消極的で、後者は上海在住の二万人にも及ぼうかというユダヤ人殺害のゲシュタポによる間接的要請にも応じなかったという。

さらに一般的疑問としてわれわれが気づくことには、次のようなものがある。バウマンはジェノサイドを近代特有のものとし、その例としてホロコーストとグーラグ（ときとしてヒロシマ）をあげる。しかし、二〇世紀に起きたほかのジェノサイド、中国文化大革命にともなう殺戮と餓死、カンボジア、東チモール、ルワンダにおける大量殺戮はどうか。これらの国、地域の社会は西洋以外にあり、また、近代的とはとうていいいがたい。ここでも大虐殺は近代西洋の産物なのか。

日本ではホロコーストにかんする書籍はあまり読まれないという。また、日本人はユダヤ人問題に冷淡であり、反ユダヤ主義について鈍感だという。かつてのベストセラー『日本人とユダヤ人』にはじまり、誤解と偏見と悪意にみちた国際ユダヤ人の陰謀にかかわるビジネス書まであるなかで、いくつかの重要な疑問点を含みながらも、ユダヤ人、ホロコースト、近代を洞察力にたけた視線で論じた本書を翻訳できたのは光栄であった。日本における近代論、ホロコースト論にも小さな一石を投じたことになればと願っている。

本書に数多く登場するポーランド、ロシアの人名、地名の表記は同僚である早稲田大学国際教養学術院の諸星和夫さんにいつもながらご教授いただいた。感謝を申し上げたい。翻訳はいつものように大学の休暇と土日祭日を使って行った。大学の授業と研究と雑用の他、翻訳をかかえた私をかげで支えてくれた妻にも感謝を広げたいと思う。

二〇〇六年七月、東京

訳　者

文庫版への訳者あとがき

記憶する義務　しかし、どのように？

一九八九年にポリティ・プレスから出版されたジグムント・バウマンの*Modernity and the Holocaust*の拙訳は原著の初版からのものであったが、この度、ちくま学芸文庫の一冊として再版されるにあたっては、初訳に大幅な改訳や修正を加えることとなった。また、原著の新版が二〇〇〇年に出版されるにあたり、バウマン自身のあとがきとして「記憶する義務　しかし何を？」がつけ加えられたが、本文庫版の出版にあたりこの一章分以上にあたる分量の文章を新たに訳出し、増補として加えることとした。「記憶する義務　しかし何を？」は新版への著者バウマンの書き下ろしである。そこでこの文庫版へのあとがきにおいては、主として、この章について振り返ることにした。

アメリカで行われた最近の世論調査によれば、ユダヤ系アメリカ人に自らのアイデンティティをもっとも良く表すものを尋ねたところ、ローシュ・ハシャーナー（ユダヤ暦新年祭）やヨム・キプル（贖罪の日）をおさえてホロコーストと答えた人が一番多く、三番目が反ユダヤ主義という回答だった。[1] イスラエルでは強制収容所やゲットーで直接迫害をうけた、いわゆる、ホロコースト・サヴァイヴァーズ、離散から戻ったディアスポラのユダヤ人たち、そして彼らの子孫たちの大多数が、同じように、ホロコーストや反ユダヤ主義を自らのアイデンティティの大黒柱としている。こうした状況のなかで、アメリカ合衆国とイスラエルにおけるホロコーストにかんする社会的言説は、二つのドグマが支えていると考えられる。まず、ホロコーストは規模と、残虐さと、深刻さにおいて唯一無二のユニークな歴史的出来事であったというドグマ。そして、ホロコーストは長きに亘る非ユダヤ人のユダヤ人にたいする憎悪が上りつめた頂点であったとするドグマである。[2]

こうしたドグマは歴史家を中心としたホロコーストの研究者の大部分が強く否定するところであり、バウマンもまたしかりである。ホロコーストが歴史上唯一無二の出来事であったとする認識には次のような問題がある。英語の〈holocaust〉が「多数の人間の完全な破壊」という意味で使われた例として、オックスフォード英語辞典はリーチ・リチーという人の紀行文からの一節「ルイ七世は教会で一三〇〇人の命を奪うホロコーストを起こした」（一八三三）をあげているが、とするならば、ホロコーストには黒人奴隷貿易、インディアンの虐殺、アルメニア人のジェノサイド、ウクライナの大飢饉ホロドモール、中国文化大革命、ポル・ポト派によるカンボジア人虐殺、ルワンダにおけるツチ族の虐殺、ボスニア・ヘルツェゴビナにおける虐殺も当然含まれるはずである。今や、ナチスによるホロコーストだけが大文字のホロコーストになり、ホロコーストといえばナチスによるホロコーストだけをさすようになっているが、それでは上で挙げたような他のホロコーストの犠牲者の死や苦難や苦痛は矮小化されてしまいはしないだろうか。また、ナチスによるホロコーストを他に類のないホロコーストにすることは、その被害者や家族、子孫の被害者意識を特権化し、同時に、世界の同情や憐れみを独占することになるのではないだろうか。ホロコーストの死者数や苦難の規模や苦痛の性質を比較し、ナチスによるホロコーストだけをユニークなものとすることには、おそらく、意味がないだろう[3]。

ホロコーストが非ユダヤ人のユダヤ人への憎悪である反ユダヤ主義が沸点にたっしたときに起こったという第二のドグマは、「記憶する義務」が徹底的に否定していることでもある。他方で『近代とホロコースト』の初版とその新版の出版のあいだに起こったホロコースト研究をめぐるもっとも大きな学問的、政治的論争は一九九六年に出版されたダニエル・ゴールドハーゲンのベストセラー『普通のドイツ人とホロコースト――ヒトラーの自発的死刑執行人たち』に端を発するものであった[4]。ゴールドハーゲンの主張はバウマンのそれの真逆で、ホロコーストの原因、しかも、唯一の原因は一般のドイツ人のあいだに広まっていたマーチン・ルター以来の非常に過激な反ユダヤ主義、彼が言うところの「殺人者的反ユダヤ主義」〈eliminationist anti-Semitism〉にあるとした。ゴールドハーゲンはクリストファー・ブラウニングが『普通の人びと――ホロコーストと第一〇一警察予備大隊』で実証した結果、すなわち、第一〇一警察予備大隊に駆りだされた熱心なナチ党員でもない一般のドイツ人は、派遣されたポーランドで大勢のユダヤ人の処刑を任されたが、殺害を拒んだ予備隊員はとりわけ少数であったという結論を借用しつつ、こうした普通のドイツ人の行為や態度にブラウニングとはまったく異なる解釈を加えたのだった。ブラウニングによれば普通のドイツ人は反ユダヤ主義的信念や憎悪とは関係なく、また、上官の命令とはまったく無関係に、同僚隊員たちのあいだで生じた任務遂行の相互監視やプレッシャーから処刑を実行したと推定されるという。他方、ゴールドハーゲンによればドイツ人にはドイツ人だけがもつ凶暴な「殺人者的反ユダヤ主義」があり、これにより第一〇一警察予備大隊の隊員は冷徹、冷酷な殺害に向かったのだという。[5] 出版後の数週間『普通のドイツ人とホロコースト』は大手の新聞、雑誌の書評で取りあげられ、絶賛されたあと、五〇万部を売り上げ、数々の出版賞にも輝いたが、時を経るにしたがいホロコースト研究の専門家からは時間をかけた詳細な批判が加えられるようになり、そうした批判にはゴールドハーゲンや彼の支持者から感情的批判が返され、ゴールドハーゲンによる名誉毀損の訴訟にまで発展したものもあった。たとえば、ゴールドハーゲンは彼の著書の誤認、誤解、歪曲を徹底的に批判したモノグラフの著者の一人でもあるノーマン・フィンケルスタインにたいして「悪名高き反シオニズム信奉者」[6] と言い放ち、また、「パレスチナの過激派組織ハマースの支持者である」[7] と言ってバウマンのいうところの「人身攻撃」をしかけている。バウマンはゴールドハーゲンがホロコーストの起源を悪魔的反ユダヤ主義だけに還元してしまっている学問的過ちとともに、彼の学説が否定されると、否定する者を反ユダヤ主義者として糾弾してしまうという過剰で短絡的な犠牲者意識、被害妄想を批判しているのである。

バウマンはまた、「記憶する義務」のなかで「あなたが犠牲者であれば……あなたの義務は犠牲者と加害者の立場を逆転させることだ」（四二五頁）と述べているが、これはホロコーストの犠牲者には復讐をとげることが許されるという歪んだ思考回路への非難につなげられている。「［ホロコーストの］すべての犠牲者がユダヤ人であるわけではないが、すべてのユダヤ人は犠牲者である」と言ったのはアウシュヴィッツからの生還者でノーベル平和賞を受賞した作家エリ・ヴィーゼルであったが、一九四四年ナチス・ドイツの敗北とナチスによるユダヤ人迫害の終結から半世紀以上たった今、すべてのユダヤ人にはバウマンのいう「世襲犠牲者」になる可能性があり、大勢のユダヤ人は「なり損ないの「ユダヤ人犠牲者の」子孫」となっている。なり損ないでない子孫になるのには、なにを記憶するかが重要だとバウマンは考える。

第一次インティファーダの初期、一九八八年にテル・アヴィヴ大学コーン科学・思想史研究所の所長であり、著名な歴史・科学哲学者であったイェフダ・エルカナが左派系の新聞『ハアレツ』に発表した論文は、当時、支配的であったホロコーストの記憶へのこだわりを正面から批判するものであった。エルカナはこのなかでイスラエル人は耐えきれないほど重いホロコーストの記憶を背負い込んでいると述べ、重荷から解放されるためには記憶装置を捨て去るべきだと考え、たとえば、ヤド・ヴァシェム（ホロコースト記念館）への学校生徒の度重なる見学は止めるべきだと主張した。そして、「世界全体がホロコーストを記憶することは重要だ」が、「われわれ［ユダヤ人］としてはそれを忘れなければならない」と書いた。[8] また、イスラエルの未来にとって本当に危険なのはこの国をとり囲むパレスチナ人、イスラム教徒といった敵対勢力でも、ホロコーストがふたたび起こるかもしれないという可能性でもなく、過去の記憶の永続化だと断言したが、それはインティファーダの原因にもなったイスラエル兵士のパレスチナ人への「異様な」残虐行為が、イスラエル社会にとりついて離れないホロコーストの記憶への精神的執着が否定的に作用し、若者の道徳心を歪めていることに起因すると考えたからだった。エルカナによればイスラエル人のパレスチナ人にたいする態度はホロコーストからの教訓を曲解し、世界のすべての人民が自分たちに敵対していると、いとも簡単に信じてしまうことから生じた実存的不安を反映したものだという。世界中がユダヤ人に敵対しているとユダヤ人に確信させ、世界で孤立させることはヒトラーの生前の望みであり、皮肉なことにこの望みは彼の死後、イスラエル国のユダヤ人自らのなかでも、合衆国のユダヤ人のなかでも実現したのだった。エルカナの論文の結論は「ヒトラーの悲劇的、逆説的勝利」であったが、バウマンも同じことを「記憶する義務」で述べているのである。[9]

ホロコーストという悲劇、災禍は右派、左派を問わずイスラエルの政権や政治家によって政治的に利用されていると、早い時期から指摘してきたのは、ジャーナリストのボアズ・エヴロンだった。エヴロンによればホロコーストによる膨大な被害と塗炭の苦しみをなめるような精神的苦悩は長年にわたり、イスラエルの政治家や政党や政権が正式な政治スローガン、政治的洗脳の道具として利用し、また、イスラエル政府の内政、外交、軍事政策を正当化する手段として活用してきたという。[10] たとえば、パレスチナ人にたいする虐待、暴力、人権侵害、パレスチナやシリアの領土の占領・統治、そして、そこへの入植、レバノンへの軍事侵攻等の政策は、ホロコーストの犠牲者だという意識によって正当化されてきたという。一九六七年六月の第三次中東戦争、いわゆる、六日戦争における勝利によりシナイ半島、ガザ地区、ヨルダン川西岸地区、東エルサレム、ゴラン高原を占領して以降、すなわち、自らの軍事的強さをアラブ世界のみならず世界中にみせつけて以降、イスラエル人たちのあいだでは、逆説的に、自らがホロコーストの犠牲者であることの意識が芽生え、そして、それを外部に示し始め、他方、アメリカの有力なユダヤ人のあいだでは「同胞」への共感と支援の必要性が強く意識され始めたのだった。[11] ホロコーストはパレスチナにおけるユダヤ人国家建設の根拠であるとともに、正当性の証明として利用されることになったのだ。ユダヤ人国家はいわば「トラウマ共同体」、あるいは、「犠牲者共同体」であり、そうした共同体のなかでは、迫害の犠牲になったという経験が犠牲者に一種の犯すべからざる神聖さと力を与えるがゆえに、犠牲者は犠牲者であると同時に加害者や勝者ともなれたのである。このようにしてイスラエルはいかなる行動も批判を免除されているといった意識を行動の指針とし、周囲の世界からのいかなる合理的要求や主張にも屈しない自信をえたのである。[12] たとえば、一九六七年以来二〇一七年まで九回にわたり、パレスチナ占領地域へのユダヤ人の入植の停止と、そこからの退去を求める国連総会決議が可決されているにもかかわらず[13]、また、パレスチナ人にたいする人権侵害、ジュネーヴ協定違反の決議も無数に出ているにもかかわらず、決議はことごとく無視されてきた。イスラエル国の政策にたいする国際的批判はたんに内政干渉だけでなく、永遠の犠牲者であるユダヤ人にたいする反ユダヤ主義的態度だとはねつけられるからである。これはバウマンのいう殉教者に与えられた特権でもある。

集団的記憶という用語を初めて用いたのはフランスの社会学者モーリス・アルヴァックス（一八七七―一九四五）であったが、彼の研究で特徴的なのは過去が現在に語りかけてくる様子ではなく、現在の関心が過去のなにをどのように記憶するか決定するありさまを探究したことであった。歴史家とは記憶することを職業とする人たちのことであり、アルヴァックスはものごとを歴史的に理解するとはものごとの複雑さに気づき、さまざまな視点から検討することによってそれらから十分な距離をとり、みずからの動機と行動の曖昧性・多義性を認識しておくことだと述べている。これにたいして集団的記憶はものごとを単純化することによってえられるものである。それはまた、ものごとを単一の、しかも、偏りのある立場からしか考えず、複雑さや曖昧さや多義性に不寛容であることの結果でもある。[14] 集団的記憶は映画のフラッシュバックのように、現在の関心とかかわりのある過去だけを切りとって、現在に結びつける。このようにしてできた集団的記憶には記憶のゆらぎへの不安も、記憶にたいする疑念も、その正確さ、正当性への疑問も投げかけられない。集団的記憶は永遠の真実であり、集団の永遠のアイデンティティである。多くのユダヤ人にとってホロコーストの集団的記憶もまた永遠の真実であり、冒頭の世論調査でも紹介したように、永遠のアイデンティティになったのである。歴史家のピーター・ノヴィックによれば、死者を追悼し記憶することはユダヤ教の伝統的義務であったが、他方でユダヤ教は行き過ぎた、過剰に長い哀惜については、それを認めなかったという。ユダヤ教が火葬を禁じるのは死者の体があまりにも早く処分されてしまうからであり、遺体防腐処理を禁じたのは死者があまりに長くこの世に残ってしまうからであるという。「最近のユダヤ人によるホロコースト記念事業をみていて私がもっとも驚くのは、それらがいかに反ユダヤ教的であり、いかにキリスト教的か、ということである」と、ノヴィックは言っている。[15]

社会主義者であったアルヴァックスは一九四四年、ドイツ占領下のパリでユダヤ人である義理の父の逮捕に抗議してゲシュタポに拘束され、ブーヘンバルト強制収容所に送られたあと、フランス解放直前の一九四五年三月に赤痢のために死亡した。[16] 同じ頃、ジョージ・オーウェルはイギリスで『オブザーヴァー』紙の戦争特派員となっていた。「記憶する義務」の冒頭で引用されている「過去を支配する者は未来を支配する、現在を支配する者は過去を支配する」はオーウェルが『オブザーヴァー』紙の記者として働きながら書いた『一九八四年』からの引用である。これはそのまま記憶の支配にも置き換えられるだろう。過去の記憶を支配する者は未来を支配する、現在を支配する者は過去の記憶を支配する。オーウェルの観察は正しかった。現在を支配する者には、未来のために、過去の記憶を操作させてはならないのである。

二〇二一年二月一六日

注

（1） Robert S. Wistrich, "Israel and the Holocaust Trauma," *Jewish History*, vol. 11, no. 2, Fall, 1997.

（2） Norman G. Finkelstein, *The Holocaust Industry: Reflections on the Exploitation of Jewish Suffering*, London: Verso, 2000.〔邦訳『ホロコースト産業――同胞の苦しみを「売り物」にす

るユダヤ人エリートたち』三交社、二〇〇四〕

（3）Steven T. Katz, *The Holocaust in Historical Context*, Oxford University Press, 1994. このなかでカッツはホロコースト以前の大量殺戮――アメリカ先住民の虐殺、ウクライナの大飢饉、アルメニアの大虐殺――を詳細に検証し、ホロコーストはこれらに比べはるかに恐ろしいと主張している。また、ホロコーストがユニークかどうかの論争は、たとえば、次のアンソロジーで展開されている。Alan Rosenbaum ed., *Is the Holocaust Unique? Perspectives on Comparative Genocide*, London and New York: Routledge, 2018.

（4）Daniel Jonah Goldhagen, *Hitler's Willing Executioners: Ordinary Germans and the Holocaust*, New York: Alfred A. Knopf, 1996.〔邦訳『普通のドイツ人とホロコースト――ヒトラーの自発的死刑執行人たち』ミネルヴァ書房、二〇〇七〕

（5）Christopher Browning, *Ordinary Men: Reserve Police Battalion 101 and the Final Solution in Poland*, New York: Harper Perennial, 2017.〔邦訳『増補　普通の人びと――ホロコーストと第一〇一警察予備大隊』ちくま学芸文庫、二〇一九〕

（6）Daniel Jonah Goldhagen, "Daniel Jonah Goldhagen Comments on Birn," *German Politics and Society*, vol. 16, no. 2 (47), 1998, p. 89.

（7）Simon Taylor and Tom Stammers, *An Analysis of Daniel Jonah Goldhagen's Hitler's Willing Executioners*, London and New York: Routledge, 2017.

（8）Tom Segev, *The Seventh Million: The Israelis and the Holocaust*, New York: Hill and Wang, 1993, pp. 503-4.〔邦訳『七番目の百万人――イスラエル人とホロコースト』ミネルヴァ書房、二〇一三〕

(9) エルカナやノーマン・フィンケルスタインによるホロコーストの記憶にたいする批判的主張への反批判は少なくないが、その一例としては Alvin H. Rosenfeld, "The Assault on Holocaust Memory" *The American Jewish Year Book*, vol. 101 (2001), pp. 3-20 を参照。

(10) Boas Evron, "Holocaust: the Uses of Disaster," *Radical America*, July-August, 1983, p. 15. イスラエルにおいてイスラエル建国の歴史やホロコーストとイスラエルの関係は本論文で詳しく論じられている。

(11) Peter Novick, *The Holocaust in American Life*, Boston: Houghton Mifflin, 1999.

(12) Idith Zertal, *Israel's Holocaust and the Politics of Nationhood*, Cambridge: Cambridge University Press, 2011.

(13) "Resolution adopted by the General Assembly on 7 December 2017: Israeli settlements in the Occupied Palestinian Territory, including East Jerusalem, and the Occupied Syrian Golan" https://www.un.org/unispal/document/ga-resolution-on-israeli-settlements-in-the-occupied-palestinian-territory-including-east-jerusalem-and-the-occupied-syrian-golan/

(14) Peter Novick, *op. cit.*, p. 3.

(15) *Ibid.*, pp. 10-11.

(16) Georges Friedman and John H. Mueller, "Maurice Halbwachs, 1877-1945," *American Journal of Sociology*, vol. 51 (6), 1946, pp. 509-517.

(21) Stephen Trombley, *The Execution Protocol: Inside America's Capital Punishment Industry* (New York: Anchor, 1993)〔邦訳，スティーヴン・トロンブレイ『死刑産業——アメリカ死刑執行マニュアル』作品社〕.

(22) Götz Aly & Susanne Heim, *Vordenker der Vernichtung: Auschwitz und die deutsche Pläne für eine neue europaischer Ordnung* (Hamburg: Hoffmann & Campe, 1991).

(23) Enzo Traverso, *L'Histoire Déchirée* (Paris: Cerf, 1996)〔エンツォ・トラヴェルソ『アウシュヴィッツと知識人——歴史の断絶を考える』岩波書店〕.

(24) Giorgio Agamben, *Homo Sacer. Le Pouvoir souverain et la vie nue* (Paris: Seuil, 1997)〔邦訳，ジョルジョ・アガンベン『ホモ・サケル——主権権力と剥き出しの生』以文社〕.

の行為が冷酷で非道徳的なものだと明示している」のにたいし、スピルバーグの映画『シンドラーのリスト』は「それを讃えている」とコメントしている。*Modernity, Culture and the Jew* (Cambridge: Polity Press, 1998).

(10) Elias Canetti, *Crowds and Power*, trans. Carol Stewart (Harmondsworth: Penguin, 1973) pp. 290–3, 544〔邦訳, エリアス・カネッティ『群衆と権力』上・下, 法政大学出版局〕.

(11) Luc Boltanski, *Distant Suffering* (Cambridge: Cambridge University Press, 1999). p. 192.

(12) Ariella Azoulay & Adi Ofir, '100 Years of Zionism; 50 Years of Jewish State', *Tikkun*, 2 (1998), pp. 68–71.

(13) Nechama Tec, *When Light Pierced the Darkness* (Oxford: Oxford University Press, 1986).

(14) Frank Chalk & Kurt Jonassohn, *The History of Sociology of Genocide: Analyses and Case Studies* (New Haven: Yale University Press, 1990), p. 23.

(15) Norman Finkelstein & Ruth Bettina Birn, *A Nation on Trial: The Goldhagen Thesis and Historical Truth* (New York: Henry Holt, 1998).

(16) *New York Times*, 10 Jan. 1998.

(17) Daniel Goldhagen, *Hitler's Willing Executioners* (New York: Knoph, 1996) pp. 416, 289, 269〔邦訳, ダニエル・ゴールドハーゲン『普通のドイツ人とホロコースト――ヒトラーの自発的死刑執行人たち』ミネルヴァ書房〕.

(18) *Haaretz*, 15 May 1998. Dominique Vidal, 'Nouvelles polémiques autour d'un livre sur la Shoah', *Le Monde Diplomatique*, Aug. 1998, p. 58 参照。

(19) Christopher R. Browning, 'Victims' Testimony', *Tikkun* (Jan-Feb, 1999).

(20) Robert Johnson, *Death Work: A Study of the Modern Execution Process* (Belmont, CA: Wadsworth, 1998); Nils Christie, *Crime Control as Industry* (London: Routledge, 1993).

記憶する義務　しかし何を？

（1）Albert Camus, *The Rebel,* trans. Anthony Bower (Harmondsworth: Penguin Books, 1971), pp. 11–12（原書は1951年に出版された *L'Homme révolté*）〔邦訳，アルベール・カミュ『反抗的人間』新潮社〕.

（2）Friedrich Nietzsche, *Basic Writings,* ed. Walter Kaufmann (New York: Modern Library, 1968), p. 476〔邦訳，フリードリッヒ・ニーチェ『道徳の系譜』岩波書店他〕.

（3）Roberto Toscano, 'The Face of the Other: Ethics and Intergroup Conflict', in *The Handbook of Interethnic Coexistence*, ed. Eugene Weiner (New York: Continuum, 1998), pp. 63–81.

（4）前掲書 p. 187.

（5）'Essentialising the Other: Demonisation and the Creation of Monstrosity', in Jock Young, *The Exclusive Society: Social Exclusion, Crime and Difference in Late Modernity* (London: Sage, 1999)〔邦訳，ジョック・ヤング『排除型社会――後期近代における犯罪・雇用・差異』洛北出版〕．ここでの引用は原稿から.

（6）Ziegmunt Bauman, *Legislators and Interpreters* (Cambridge: Polity Press, 1987)〔邦訳，ジグムント・バウマン『立法者と解釈者――モダニティ・ポストモダニティ・知識人』昭和堂〕.

（7）たとえば、以下の章を参照。'What Comes after Postmodernity? The Conflict of Two Modernities', in Ulrich Beck, *Democracy without Enemies* (Cambridge: Polity, 1998), pp. 19–31.

（8）E. M. Cioran, *A Short History of Decay*, trans. Richard Howard (London: Quartet Books, 1990), p. 71.

（9）至高の哲学者でユダヤ教の研究者であった故ジリアン・ローズは彼女の最後の公開講義でつぎのように指摘している。「タルムードは皮肉である。世界文学のなかでももっとも皮肉な宗教的記録である。世界を救済できる人間は存在しないと言っているのだから。」ローズは一人を救うか千人を救うかの無慈悲について語り、キニーリーの原作『シンドラーの箱船』は「この文脈におけるシンドラー

(19) Cf. Helen Fein, *Accounting for Genocide: National Response and Jewish Victimization during the Holocaust* (New York: Free Press, 1979).

(20) Mommsen, 'Anti-Jewish Politics', p. 136.

(21) Mommsen, 'Anti-Jewish Politics', p. 140.

(22) Philip Caputo, *A Rumor of War* (New York: Holt, Rinehart & Wisdom, 1977), p. 229.

(23) John Lachs, *Responsibility and the Individual in Modern Society* (Brighton: Harvester, 1981), pp. 12, 13, 57–58.

(24) Christopher R. Browning, *Fateful Months: Essays on the Emergence of the Final Solution* (New York: Holmes & Meier, 1985), pp. 66–67.

(25) Christopher R. Browning, 'The Government Experts', in *The Holocaust: Ideology, Bureaucracy, and Genocide*, ed. Harry Friedlander & Sybil Milton (Millwood, NY: Kraus International Publications, 1980), p. 190.

(26) Browning, *Fateful Months*, pp. 64–65.

(27) チャルボニエとの対談でクロード・レヴィ＝ストロースは近代文明を〈人間吐き出し〉〔anthropoemic〕として，(〈人食い〉〔anthropophagic〕的である「原始的」文化と比較しながら) 定義している．原始人は敵を「食べて飲みこんでしまう」のにたいして，われわれは敵を「体内から吐き出す」(すなわち，分離し，隔離し，追放し，人間的義務の宇宙からしめだす)．

(28) 西洋文明の自己正当化神話があらゆる自然の (いわゆる，前社会的) 欲動を，「動物的本能」の範疇に押し込めてしまったこと，また，官僚的知性が非合理的諸力の範疇に帰したことは，近代国家の足固めと，その普遍的・絶対的野心の促進にともなう文化運動の時期におこった．地域や共同体の伝統にたいする中傷を必然的に思い起こさせる．Cf. Zygmunt Bauman, *Legislators and Interpreters* (Oxford: Polity Press, 1987), ch. 4.

(29) Raul Hilberg, 'The Significance of the Holocaust', in *The Holocaust: Ideology, Bureaucracy, and Genocide*, pp. 98, 99.

するに彼らは裁かれることなく「粛清」されたのだ」(ポーランド語の報告 'Strzelano w ty glowy', *Konfrontacje*, November 1988, p. 19から引用). これまで知られていることから判断して, これら二人の気鋭のジャーナリストの発見は氷山の一角にすぎないだろう.

(6) Alfred Schutz, 'Sartre's Theory of the Alter Ego', in *Collected Papers*, vol, I (The Haag: Martinus Nijhoff, 1967), p. 189.

(7) Emmanuel Levinas, *Ethics and Infinity: Conversations with Philippe Nemo*, trans. Richard A. Cohen (Pittsburgh: Duquesne University Press, 1982), pp. 95–101〔邦訳, エマニュエル・レヴィナス『倫理と無限——フィリップ・ネモとの対話』ちくま学芸文庫〕.

(8) Hans Mommsen, 'Anti-Jewish Politics and the Interpretation of the Holocaust', in *The Challenge of the Third Reich: The Adam von Trott Memorial Lectures*, ed. Hedley Bull (Oxford: Clarendon Press, 1986), p. 117.

(9) Arendt, *Eichmann in Jerusalem*, p. 106.

(10) Martin Broszat, 'The Third Reich and the German People', in *The Challenge of the Third Reich*, p. 90.

(11) Cf. Karl A. Schleunes, *The Twisted Road to Auschwitz: Nazi Policy Toward German Jews 1933–39* (Champaign, IL: University of Illinois Press, 1970), pp. 80–88.

(12) Cf. Ian Kershaw, *Popular Opinion and Political Dissent in the Third Reich* (Oxford: Clarendon Press, 1983).

(13) Dennis E. Showalter, *Little Man, What Now?* (New York: Archon Books, 1982), p. 85.

(14) Joachim C. Fest, *The Face of the Third Reich* (Harmondsworth: Penguin Books, 1985), p. 177から引用.

(15) Kershaw, *Popular Opinion and Political Dissent*, pp. 275, 371–372.

(16) Kershaw, *Popular Opinion and Political Dissent*, p. 370.

(17) Mommsen, 'Anti-Jewish Politics', p. 128.

(18) Raul Hilberg, *The Destruction of the European Jews*, vol. III (New York: Holmes & Meier, 1987), p. 999.

Harper, 1978), p. 91.

（4）Richard L. Rubenstein & John Roth, *Approaches to Auschwitz* (San Francisco: SCM Press, 1987), p. 324.

（5）Hannah Arendt, *Eichmann in Jerusalem: A Report on the Banality of Evil* (New York: Viking Press, 1964), pp. 294–295. ドイツは戦争に敗北したがゆえに，ドイツの指令のもとに犯された殺人は犯罪と，また，国家権力の権威を超越した道徳律の侵害と認定された．ソヴィエト連邦は勝者であるがゆえに，その指導者が許可した殺人は，ドイツ人の行った殺人に劣らず凄惨なものであったにもかかわらず，同様の扱いは受けていない．グラスノスチ時代に，より徹底的な調査が行われるようになってからもそうである．スターリン時代に行われた大虐殺の恐るべき神秘は，ほんの一部しか解明されていないが，ソヴィエト連邦の大量殺戮がドイツによりのちに実行されたそれと比べても，体系性と組織性において遜色なかったこと，〈特別任務部隊〉によって使用された技術は〈内務人民委員部〉〔NKVD〕の強権をもった官僚により，すでに広範囲で実験済みであったことはよく知られている．たとえば，1988年にベラルーシの週刊誌 *Literatura i Mastactva* に掲載されたZ・ポズニャクとJ・シュムィガリエフの記事（のちに「Kuropaty——死への道」と題されて *Sovietskaya Estonia* と *Moskovskiye Novosti* に再録された）は，ベラルーシのあらゆる都市の周辺にみられる集団埋葬地は，1937年から1940年にかけて死体処理のために作られたもので，埋められた数万人の死体すべての首や頭蓋骨に銃痕が認められると伝える．各地の「人民の敵」にまじって，新たに併合されたポーランド東部地区から追放されてきたポーランド市民も埋められていた．「墓穴番号5で発見されたもののほとんどはインテリゲンチャの持ち物であったに違いない．洗面道具，眼鏡，単眼鏡，薬品が大量に掘りだされたほか，高級靴，注文靴，女性用流行靴，高級手袋などがみつかった．発見物の一覧と，それらが丁寧に荷造りされている事実（さらに食糧やスーツケースの存在のような他の証拠）から判断すると，被害者たちは自宅を出たあとほとんど時を経ず殺害され，牢獄にとどめおかれることもなかったと断定せざるをえない．想像

(9) Milgram, *Obedience to Authority*, p. 104.

(10) Milgram, *Obedience to Authority*, p. 133.

(11) Milgram, *Obedience to Authority*, p. 107.

(12) Milgram, *The Individual in a Social World*, pp. 96–97.

(13) Cf. Craig Haney, Curtis Banks & Philip Zimbardo, 'Interpersonal Dynamics in a Simulated Prison', *International Journal of Criminology and Penology*, vol, I (1973), pp. 69–97.

(14) Cf. Amitai A. Etzioni, 'A Model of Significant Research', *International Journal of Psychiatry*, vol. VI (1968), pp. 279–280.

(15) John M. Steiner, 'The SS Yesterday and Today: A Sociopsychological View', in *Survivors, Victims, and Perpetrators*, p. 431.

7　道徳の社会学的理論に向けて

(1) Cf. Zygmunt Bauman, *Legislators and Interpreters* (Oxford: Polity Press, 1987) ch. 3, 4.

(2) デュルケムのさまざまな受容，また，デュルケムの論題の発展・展開においては，「道徳の社会的起源」のパラダイムは大文字で始まる大きな社会，たとえば，国家的要件をすべてそなえた国民国家にはあてはまらないと広く認識されている．そうした「巨大な社会」の内側には複数の権威ある道徳体系が認められる．一部の道徳体系が「巨大な社会」の制度が奨励する道徳体系と衝突することさえありうる．しかし，われわれが追求する問題に関係ある点は道徳律が単一か複数かということでも，「巨大な社会」かどうかということでもなく，デュルケムがその見方において，道徳的に拘束力のある規範はすべて，社会的起源をもち，社会的抑圧命令によって支えられているとみていた事実である．この見方からすれば，当然のことながら，不道徳はすべて反社会的なものとなる（また，逆にいえば，非社会性は，当然のことながら，非道徳性となる）．事実，デュルケム的言語は道徳行為社会起源説以外を認めない．社会によって管理されない行為はすべて，非人間的・動物的欲望によって惹起されるものなのだ．

(3) Richard L. Rubenstein, *The Cunning of History* (New York:

す」とジョシュア師は返答する．それにたいしてエリヤは「その律法は聖者にはあてはまらない」と戒めた」（*Trumot* 8: 10）．

（23）Trunk, *Judenrat*, p. 423から引用．

（24）Trunk, *Judenrat*, p. XXXii から引用．

（25）Trunk, *Jewish Responses to Nazi Persecution: Collective and Individual Behaviour in Extremis* (New York: Stein & Day, 1979), pp. 75–76 から引用．

（26）Marek Edelman, *Ghetto walczy* (Warszaw: C. K. Bundu, 1945), pp. 12–14.

（27）Hilberg, *The Destruction of the European Jews*, vol. III, p. 1036.

（28）Władysław Szlengel, *Co czytałem umarłym* (Warszaw: PIW, 1979), pp. 46, 49, 44.

（29）Trunk, *Judenrat*, pp. 447–449 から引用．

6　服従の倫理

（1）Stanley Milgram, *The Individual in a Social World* (Reading, Mass.: Addison & Wesley, 1971), p. 98.

（2）Richard Christie, 'Authoritarianism Re-examined', in *Studies in the Scope and Method of 'The Authoritarian Personality'*, ed. Richard Christie & Marie Jahöda (Glencoe, Ill.: Free Press, 1954), p. 194.

（3）Stanley Milgram, *Obedience to Authority: An Experimental View* (London: Tavistock, 1974), p. xi〔邦訳，スタンレー・ミルグラム『服従の心理』河出書房新社〕．

（4）Milgram, *Obedience to Authority*, p. 121.

（5）Milgram, *Obedience to Authority*, p. 39.

（6）John P. Sabini & Maury Silver, 'Destroying the Innocent with a Clear Conscience: A Sociopsychology of the Holocaust', in *Survivors, Victims and Perpetrators: Essays on the Nazi Holocaust*, ed. Joel E. Dinsdale (Washington: Hemisphere Publishing Corporation, 1980), p. 342.

（7）Milgram, *Obedience to Authority*, pp. 142, 146.

（8）Milgram, *Obedience to Authority*, p. 11.

(18) Helen Fein, *Accounting for Genocide* (New York: Free Press, 1979), p. 319.

(19) Isaiah Trunk, *Judenrat: The Jewish Councils in Eastern Europe under German Occupation* (London: Macmillan, 1972), p. 401.

(20) Trunk, *Judenrat*, p. 407から引用.

(21) Trunk, *Judenrat*, pp. 418, 419.

(22) ゆえに，マイモニデスは次のように述べる.「異教徒が「誰か一人差し出せば，われわれはそいつだけ殺すが，もし，誰も差し出さなければ，全員殺す」と言ったとしても，結局，彼らは全員殺されるだろうし，救われるユダヤ人は一人としていないだろう」(*The Fundamentals of Torah*, 5/5). また，『ピルケイ・アボット』では次のように述べられている.「ある男がレーバの前に現われ，次のように言った.「私はわが町の長からある男を殺せ，さもなくばお前の命はないぞと脅されました」. レーバは「殺されても，殺してはならない. お前の血はその男の血より赤いのか. おそらく，その男の血の方がお前のより赤いかもしれぬのだ」と彼に答えた (Pes. 25b).『イェルサレム・タルムード』は次のように教える.「ユダヤ人の一団が旅していると，キリスト教徒が来て次のように言った.「お前らのなかから一人差し出せ. 俺たちはそいつを殺す. 誰も差し出さなければ，お前ら全員を殺す」. たとえ全員殺されようと，イスラエルの民は一人として渡してはならない」. 敵が処刑の対象として特定の人物の名を挙げてきた場合，権威の意見は分かれるようだ. この場合でも，『タルムード』は以下のような逸話から判断するよう求める.「ウラ・バール・コシェフは政府から追われていた. 彼はロドのラビ，ジョシュア・ベン・レーヴィに庇護を求めた. やがて，政府軍が襲来し，町を包囲した.「コシェフを引き渡さねば，この町を破壊する」と彼らは告げた. ジョシュア師はウラ・バール・コシェフのもとに行き，政府軍に捕らわれるよう説得した. それまでジョシュア師を訪れていたエリヤは，これをきっかけに，ぷっつりと来なくなってしまった. ジョシュア師が断食を続けると，ついにエリヤが姿を現わした.「私が密告者のところに現われるとでも思っているのか」とエリヤはいう.「私は律法に従ったまでで

(9) Joachim C. Fest, *The Face of the Third Reich*, trans. Michael Bullock (Hermondsworth: Penguin Books, 1985), p. 394.

(10) Richard Grünberger, *A Social History of the Third Reich*, p. 313.

(11) Norman Cohn, *Warrant for Genocide* (London: Eyre & Spottiswoode, 1967), p. 268.

(12) Raul Hilberg, *The Destruction of the European Jews* (New York: Holmes & Meier, 1985), vol. I, pp. 78–79, 76.

(13) Hannah Arendt, *Eichmann in Jerusalem* (New York: Viking Press, 1964), p. 132.

(14) Arendt, *Eichmann in Jerusalem*, p. 118. こうした判断といえども気まぐれなものとはいえない．それはヒトラーやヒムラーだけが覆すことのできる，ホストたるエリートの見解と行動の伝統を反映している．1941年12月16日の段階に至ってもなお，経験豊富で，悪辣な，ナチスの信頼できる重要人物であるヴィルヘルム・クーベは，彼が〈特別待遇〉を与えたドイツ系ユダヤ人になりかわって，ナチス幹部に次のように訴えていた．「われわれの文化圏出身の人間は土着の粗野な群衆とは違うのです」(Weinreich, *Hitler's Professors*, p. 155から引用)．1940年3月1日付けのベルリンの〈秘密公安局〉〔Geheime Sicherheitsamt〕の書類には奇妙な記載が含まれ，そこではアルトゥール・シュピアー博士がハンブルク・タルムード・トーラー学校の校長に任命されたとある．彼の使命は「ポーランドの［ニスコ近郊に計画されていた］ユダヤ人特別保留地に帝国の制度に似たユダヤ人教育制度を構築する」ことであった．後者はドイツ文化に縁のない劣等なユダヤ人が作りだすあらゆるものより，代理とはいえ，優れたものであった．Solomon Colodner, *Jewish Education in Germany under the Nazis* (Jewish Education Committee Press, 1964), pp. 33–34.

(15) Lucjan Dobroszycki, 'Jewish Elites under German Rule', in *The Holocaust: Ideology, Bureaucracy, and Genocide*, p. 223から引用.

(16) Jacques Adler, *The Jews of Paris and the Final Solution* (Oxford: Oxford University Press, 1987), pp. 223–224.

(17) Hilberg, *The Destruction of the European Jews*, vol. III, p. 1042.

Eher, 1940), p. 82. Max Weinreich, *Hitler's Professors: The Part of Scholarship in Germany's Crimes against the Jewish People* (New York: Yiddish Scientific Institute, 1946), p. 91 から引用.「ユダヤ人問題」解決の長期計画の実行において，エリートユダヤ人に重要な役割を担わせようとしたことと，占領されたスラヴ諸国の殲滅されるのでなく奴隷化される予定であったエリートたちの取り扱いの相違はあまりにも顕著であった．たとえば，ポーランド人のなかでも高い教育を受けたユダヤ人の階層は，ポーランド系ユダヤ人の殲滅が開始されるはるか前，ドイツ占領の第一日目から処刑と殲滅の対象であった．この事実によって，ポーランド亡命政府やポーランド世論全般は，ポーランド人に比べユダヤ人には特権的地位が付与されていると誤解するにいたった．Cf. David Engel, *In the Shadow of Auschwitz* (Chapel Hill, NC: University of North Carolina Press, 1987).

（2）Leo Kuper, *Genocide: Its Political Use in the Twentieth Century* (New Haven: Yale University Press, 1981), p. 127 から引用.

（3）Richard Grünberger, *A Social History of the Third Reich* (London: Weidenfeld & Nicholson, 1971), p. 466.

（4）Cf. Hans Mommsen, 'Anti-Jewish Politics and the Implications of the Holocaust', in *The Challenge of the Third Reich: The Adam von Trotta Memorial Lectures*, ed. Hedley Bull (Oxford: Clarendon Press, 1986), pp. 122–128.

（5）Ian Kershaw, *Popular Opinion and Political Dissent in the Third Reich* (Oxford: Clarendon Press, 1983), pp. 359, 364, 372.

（6）Franklin H. Littell, 'The Credibility Crisis of the Modern University', in *The Holocaust: Ideology, Bureaucracy, and Genocide*, ed. Henry Friedlander & Lythel Milton (Millwood, NY: Kraus International Publications, 1980), pp. 274, 277, 272.

（7）Alan Beyerchen, 'The Physical Sciences', in *The Holocaust: Ideology, Bureaucracy, and Genocide*, pp. 158–159.

（8）Leon Poliakoff, *The History of Antisemitism* (Oxford: Oxford University Press, 1985), vol. IV.

vors, Victims, and Perpetrators: Essays on the Nazi Holocaust, ed. Joel E. Dinsdale (Washington: Hemisphere Publishing Corporation, 1980), pp. 329–330.

(8) Sarah Gordon, *Hitler, Germans, and the 'Jewish Question'* (Princeton: Princeton University Press, 1984), pp. 48–49.

(9) Kren & Rappoport, *The Holocaust and The Crisis*, p. 140.

(10) Joseph Weizenbaum, *Computer Power and Human Reason: From Judgment to Calculation* (San Francisco: W. H. Freeman, 1976), p. 252〔邦訳，ジョセフ・ワイゼンバウム『コンピュータ・パワー——人工知能と人間の理性』サイマル出版会〕.

(11) Kren & Rappoport, *The Holocaust and the Crisis*, p. 141.

(12) Peter Marsh, *Aggro: The Illusion of Violence* (London: J. M. Dent & Sons, 1978), p. 120.

(13) Norbert Elias, *The Civilising Process: State Formation and Civilization*, trans. Edmund Jephcott (Oxford: Basil Blackwell, 1982), pp. 238–239〔邦訳，ノルベルト・エリアス『文明化の過程』上下，法政大学出版局〕.

(14) Robert Proctor, *Racial Hygiene: Medicine under the Nazis* (Cambridge, Mass.: Harvard University Press, 1988), pp. 4, 6.

(15) Proctor, *Racial Hygiene*, pp. 315–324.

(16) R. W. Darré, 'Marriage Laws and the Principles of Breeding' (1930), in *Nazi Ideology Before 1933: A Documentation*, trans. Barbara Hiller & Leila J. Gupp (Manchester: Manchester University Press, 1978), p. 115.

(17) Weizenbaum, *Computer Power*, p. 256.

(18) Weizenbaum, *Computer Power*, p. 275.

(19) Weizenbaum, *Computer Power*, p. 253.

(20) Jacques Ellul, *Technological System*, trans. Joachim Neugroschel (New York: Continuum, 1980), pp. 272, 273.

5　犠牲者の協力を請うて

(1) Hermann Erich Seifert, *Der Jude an der Ostgrenze* (Berlin:

45 (London: Routledge, 1988), pp. 10–28.

(30) Cf. Bernd Martin, 'Antisemitism Before and After the Holocaust', in *Jews, Antisemitism and Culture in Vienna*, ed. Ivor Oxaal (London: Michael Pollak & Gerhard Botz, 1987).

(31) *Jewish Chronicle*, 15 July 1988, p. 2.

(32) Cf. Gérard Fuchs, *Ils resteront: le défi de l'immigration* (Paris: Syros, 1987); Pierre Jouve & Ali Magoudi, *Les dits et les non-dits de Jean-Marie Le Pen: enquéte et psychanalyse* (Paris: Éditions la Découverte, 1988).

4　ホロコーストのユニークさと通常性

（1）Raul Hilberg, 'Significance of the Holocaust', in *The Holocaust: Ideology, Bureaucracy, and Genocide,* ed, Henry Friedlander & Sybil Milton (Millwood, NY: Kraus International Publications, 1980), pp. 101–102.

（2）Cf. Colin Legum in *The Observer*, 12 October 1966.

（3）Henty L. Feingold, 'How Unique is the Holocaust?', in *Genocide: Critical Issues of the Holocaust*, ed. Alex Grobman & David Landes (Los Angeles: Simon Wiesenthal Center, 1983). p. 397.

（4）Feingold, 'How Unique is the Holocaust?', p. 401.

（5）Leo Kuper, *Genocide: Its Political Use in the Twentieth Century* (New Haven: Yale University Press, 1981), pp. 137, 161. クーパーの不吉な予感はロンドンのイラク駐英大使の発言のなかで最悪な形で実現した．1988年9月2日，チャンネル4でイラクのクルド人が継続的に大量虐殺されていることを聞かれた大使は非難に憤慨し，外国人は何人といえども，主権国家内で起きている問題に干渉する権利はないと抗議した．

（6）George M. Kren & Leon Rappoport, *The Holocaust and the Crisis of Human Behavior* (New York: Holmes & Meier, 1980), pp. 130, 143.

（7）John P. Sabini & Mary Silver, 'Destroying the Innocent with a Clear Conscience: A Sociopsychology of the Holocaust', in *Survi-*

(20) Diary of Joseph Goebbels, in *Survivors, Victims, and Perpetrators: Essays on the Nazi Holocaust*, ed. Joel E. Dinsdale (Washington: Hemisphere Publishing Company, 1980), p. 311.

(21) John R. Sabini & Maury Silver, 'Destroying the Innocent with a Clear Conscience: A Sociopsychology of the Holocaust', in *Survivors, Victims, and the Perpetrators*, p. 329.

(22) Richard Grünberger, *A Social History of the Third Reich* (London: Weidenfeld & Nicholson, 1971), p. 460〔邦訳，リヒァルト・グルンベルガー『第三帝国の社会史』彩流社〕.

(23) Lawrence Stokes, 'The German People and the Destruction of the European Jewry', in *Central European History*, no. 2 (1973), pp. 167–191.

(24) Sarah Gordon, *Hitler, Germans, and the 'Jewish Question'* (Princeton: Princeton University Press, 1984), pp. 159–160 から引用.

(25) Cf. Gordon, *Hitler, Germans*, p. 171.

(26) Christopher R. Browning, *Fateful Months* (New York: Holmes & Meier, 1985), p. 106.

(27) *Le dossier Eichmann et la solution finale de la question juive* (Paris: Centre de documentation juive contemporaine, 1960), pp. 52–53.

(28) Gordon, *Hitler, Germans*, p. 316.

(29) Klaus von Beyme, *Right-Wing Extremism in Western Europe* (London: Frank Cass, 1988), p. 5. マイケル・バルフールの最近の研究は，ナチスの政権奪取の動きにたいしてヴァイマール時代のドイツのさまざまな社会階層がみせた熱烈，穏健，不熱心な支持，また，積極的抵抗の自制について概観している．各階層特有なものとともに，一般的な支持の理由がここでは言及されている．ナチスの反ユダヤ主義の直接支持は唯一の階層（ユダヤ人の「圧倒的競争力」を脅威と感じた〈中上流階級〉〔obere Mittelstand〕の高い教育を受けた人々）にみられたにすぎず，ここでさえ，反ユダヤ主義はナチスの魅力の一要因，ナチスの社会革命計画の試みに値する一要素にすぎなかった．Cf. *Withstanding Hitler in Germany 1933–*

ヒトラーのユダヤ人憎悪がどれほど健康や衛生にかかわる問題への彼の潔癖な性格から派生し，また，共鳴しているかは，彼の友人，ヨーゼフ・ヘルの「完全に権力を掌握したときユダヤ人をどうするのか」という問いにたいする1922年の彼の答えをみれば容易に理解できるだろう．ミュンヘンのユダヤ人全員をマリエン広場に建てた絞首台に吊るしてみせると約束したヒトラーは，縛り首になったユダヤ人は「悪臭を放ちはじめ，衛生上の問題になるまでそこに吊るしておく」と強調するのも忘れなかった（Fleming, *Hitler and the Final Solution*, p. 17 から引用）．この発言は自制心を失い，激昂したヒトラーから発作的に出たものだが，そんなときでも，あるいは，そんなときだからこそ，彼の衛生と健康への執着ぶりがはっきりと示されると付け加えておきたい．

（15）Marlis G. Steinert, *Hitler's War and the Germans: Public Mood and Attitude during the Second World War*, trans. Thomas E. J. de Witt (Athens, Ohio: Ohio University Press, 1977), p. 137.

（16）Raul Hilberg, *The Destruction of the European Jews* (New York: Holmes & Meier, 1983), vol. III, p. 1023.

（17）Weinreich, *Hitler's Professors*, pp. 31–33, 34. 畜産業やほかの生物学的操作の伝統は，国民社会主義の科学により「ユダヤ人問題」解決に使われただけではなかった．それらはナチスの社会政策全般の創造力となった．ハンブルクの社会学教授であり，ナチス・ドイツの都市社会学の第一人者であったアンドレアス・ヴァルターは次のように解説している．「教育や環境的影響では人間性を変えることはできない……国民社会主義は都市改良政策を住宅建設や衛生改善に限定してしまった過去の過ちを繰り返さない．社会学的研究によって救われるべき人物は決定される……望みのない無用な者は〈抹殺〉〔ausmerzen〕される」．*Neue Wege zur Großstadtsanierung* (Stuttgart, 1936), p. 4. Stanisław Tyrowicz, *Światło wiedzy zdeprawowanej* (Poznań: Instytut Zachodni, 1970), p. 53 から引用．

（18）Mosse, *Toward the Final Solution*, p. 134.

（19）Hannah Arendt, *Origins of Totalitarianism* (London: Allen & Unwin, 1962), p. 87.

なものを危険なものだとするようになった，種としての人間の歴史に由来する（p. 208）．ゆえに，人種主義の普遍性は種全体の学習の産物だと考えられる．前文化的基盤を獲得したがゆえに，人種主義は個人的教育の影響をこうむらないとされる．

（3）Taguieff, *La force du préjugé*, p. 91.

（4）Alfred Rosenberg, *Selected Writings* (London: Jonathan Cape, 1970), p. 196.

（5）Arthur Gütt, 'Population Policy', in *Germany Speaks* (London: Thornton Butterworth, 1938), pp. 35, 52.

（6）Walter Gross, 'National Socialist Racial Thought', in *Germany Speaks*, p. 68.

（7）Cf. Gerald Fleming, *Hitler and the Final Solution* (Oxford: Oxford University Press, 1986), pp. 23–25.

（8）Alfred Rosenberg (ed.), *Dietrich Eckart: Ein Vermächtnis* (Munich: Frz. Eher, 1928). George L. Mosse, *Nazi Culture: A Documentary History* (New York: Schocken Books, 1981), p. 77 から引用．

（9）George. L. Mosse, *Toward the Final Solution: A History of European Racism* (London: J. M. Dent & Son, 1978), p. 2.

（10）Mosse, *Toward the Final Solution*, p. 20.

（11）Cf. Mosse, *Toward the Final Solution*, p. 53.

（12）Max Weinreich, *Hitler's Professors: The Part of Scholarship in Germany's Crimes against the Jewish People* (New York: Yiddish Scientific Institute, 1946), pp. 33, 56.

（13）H. R. Trevor-Roper, *Hitler's Table Talk* (London, 1953), p. 332〔邦訳，アドルフ・ヒトラー（ヒュー・トレヴァー＝ローパー解説）『ヒトラーのテーブル・トーク――1941–1944』上下，三交社〕．

（14）Norman Cohn, *Warrant for Genocide* (London: Eyre & Spottiswoode, 1967), p. 87.「ユダヤ人問題」を述べるときにヒトラーの使った言語がプロパガンダ目的のたんなるレトリックでなかったことを示す証拠は少なくない．ユダヤ人にたいするヒトラーの態度は脳みそでなく，はらわたに訴える．彼にとって，「ユダヤ人問題」は自らも強い関心を抱き，たえず心配していた衛生問題でもあった．

(24) Geoff Dench, *Minorities in the Open Society: Prisoners of Ambivalence* (London: Routledge & Kegan Paul, 1986), p. 259.

(25) Katz, *From Prejudice to Destruction*, p. 3.

(26) Patrick Girard, 'Historical Foundations of Auti-Semitism', in *Survivors, Victims, and Perpetrators: Essays on the Nazi Holocaust*, ed. Joel E. Dinsdale (Washington: Hemisphere Publishing Company, 1980), pp. 70–71. 人種差別，ならびに，それに関連する現象の包括的研究の成果を最近発表したピエール゠アンドレ・タギエフは，〈混血〉〔métissage〕にたいする嫌悪を差別の重要な要素としている．混血は「境界の不鮮明化」という現象の同種の例とは根本的に異なるものである．社会的のけ者，社会的地位をもたない個人が，いわば，非カテゴリー化された存在であるとするならば，国外からの移民は無カテゴリー化された存在であり（彼らは支配的分類の外側にあるから，その権威を吸収しつくしてしまう），混血は過剰にカテゴリー化された存在だということができる．彼らは支配的分類が権威を保ちつづけているあいだは，注意深く分離，区分けされていなければならない意味論的領域を重ねあわせてしまう（Cf. *La force du préjugé: essai sur le racisme et ses doubles* (Paris: Éditions la Découverte, 1988), p. 343）.

(27) Arendt, *Origins of Totalitarianism*, p. 87.

(28) J. S. McClelland (ed.), *The French Right* (London: Jonathan Cape, 1970), pp. 88, 32, 178.

3　近代，人種差別，殲滅　II

(1) Cf. Pierre-André Taguieff, *La force du préjugé: essai sur le racisme et ses doubles* (Paris: Éditions la Découverte, 1988).

(2) Taguieff, *La force du préjugé*, pp. 69–70. Albert Memmi, *Le racisme* (Paris: Gallimard, 1982) は，反人種主義でなく人種主義こそ真に普遍的な現象であると主張し（p. 157），その普遍性の神秘を別の神秘に言及することによって説明しようとしている．人は理解できない差異を不可知なものとし，不可知は恐怖の源泉となる．メンミの見方によると，不可知なものにたいする恐怖感は，不可知

(21) Arendt, *Origins of Totalitarianism*, p. 22.

(22) Jacob Katz, *From Prejudice to Destruction: Anti-Semitism 1700–1933* (Cambridge, Mass.: Harvard University Press, 1980), pp. 161, 187.

(23) Pulzer, *Rise of Political Antisemitism*, pp. 138–139. こうしたユダヤ人の苦悩は次の例からもみることができるだろう.「トランシルバニア, ボヘミア, モラヴィア, スロヴァキアといった異なる民族が住む地域同様, ユダヤ人が異なる民族的主張の板挟みとなっていた東ガリツィアや, リトアニアとベラルーシの国境地帯では, 状況はひときわ複雑で危険であった. 東ガリツィアのユダヤ人はポーランド文化に同化し, 戦前には, ポーランド人の政治権力に依存していた. ほとんどのユダヤ人はウクライナ語を知らないだけでなく, おそらく, 軽蔑しており, ウクライナの民族的野心に無関心であった. 一方, 短命に終わった西ウクライナ共和国は1918年にルヴーフで建国が宣言され, ユダヤ人に市民的平等と自治権を約束したが, 地域のポーランド人は反ユダヤ主義的傾向を隠す努力さえしなかった. 最終的勝利者が誰になるか不確実で, ポーランド人ともウクライナ人とも親密な関係を続けることを望んだがために, 地元のユダヤ人民族会議は中立を選択した. ……一部のポーランド人はこれを親ウクライナ感情とみなし, 1918年11月にルヴーフを陥落させたさい, その町のユダヤ人にたいして復讐に出た. ウクライナ人もまた中立をユダヤ人の伝統的親ポーランド姿勢の表われと解釈した」(Ezra Mendelsohn, *The Jews of East-Central Europe Between the World Wars* (Bloomington: Indiana University Press, 1983), pp. 51–52).

第二次大戦中のこうした話は文字どおり枚挙にいとまがない. 東ポーランドのユダヤ人は1939年の赤軍の侵攻を, 過激な反ユダヤ主義を露骨にしてはばからないナチスへの防波堤として歓迎した. ナチス占領後もわずかに残っていたポーランド系ユダヤ人は, 侵攻してくるソヴィエトの部隊をはっきり解放軍とみなした. 多くのポーランド人にとって, ドイツ人やロシア人はなによりもまず外国の占領勢力にすぎなかった.

ロッパ，とりわけ，合衆国に典型的な現在の様相の相似性はたいへん興味深い．ドイツ系ユダヤ人の四分の三は貿易業，商業，銀行業，法律家，医師などの資格職にたずさわって生活していた（ユダヤ人以外でこれらの職業についていたのは四分の一にすぎなかった）．とくにユダヤ人を目立たせたのは，彼らが出版業，文化産業，報道を独占していたからだった（「リベラルから左翼までの新聞のどれにおいてもユダヤ人ジャーナリストは目立った存在だった」．Donald L. Niewyk, *The Jews in Weimar Germany* (Manchester: Manchester University Press, 1980), p. 15）．中・上流階級のドイツ系ユダヤ人は政治的尺度でいえば，他の中産階級にならって保守主義に流れる傾向にあった．こうした傾向にもかかわらずユダヤ人がリベラルな政策や政党に肩入れしたのは，主としてドイツの右派が率直な反ユダヤ主義者で，ユダヤ人の社会進出をかたくなに嫌悪していたからであった．

(13) Anna Żuk, 'A mobile class. The subjective element in the social perception of Jews: the example of eighteenth century Poland', in *Polin*, vol. 2 (Oxford: Basil Blackwell, 1987), pp. 163–178.

(14) Cf. Zygmunt Bauman, *Legislators and Interpreters* (Oxford: Polity Press, 1987)〔邦訳，ジグムント・バウマン『立法者と解釈者——モダニティ・ポストモダニティ・知識人』昭和堂〕．

(15) George L. Mosse, *Toward the Final Solution: A History of European Racism* (London: J. M. Dent & Son, 1978), p. 154 から引用．

(16) Joseph Marcus, *Social and Political History of the Jews in Poland 1919–1939* (Berlin: Mouton, 1983), pp. 97–98.

(17) David Biale, *Power and Powerlessness in Jewish History* (New York: Schocken, 1986), p. 132.

(18) Hannah Arendt, *Origins of Totalitarianism* (London: Allen & Unwin, 1962), p. 14〔邦訳，ハンナ・アーレント『全体主義の起原』1・2・3，みすず書房〕．

(19) P. G. J. Pulzer, *The Rise of Political Antisemitism in Germany and Austria* (New York: John Wiley & Sons, 1964), p. 311.

(20) Arendt, *Origins of Totalitarianism*, p. 20.

Scientific Institute, 1946), p. 28.

(12) W. D. Rubinstein, *The Left, the Right, and the Jews* (London: Croom Helm, 1982), pp. 78-79. 私はこの観察を次のように書きかえたいと思う．それは異なる反ユダヤ主義の合成から帰結した特別な暴力でなく，異なる展望の合成から生じた反ユダヤ主義という現象であった．

第二次世界大戦まで存在しつづけた相互矛盾するユダヤ人のさまざまな位置づけは，西洋の富裕な国のほとんどにおいて急速に消滅しつつあり，その影響の判定や計算は現段階では難しいことを強調しておかねばならない．ルービンステインは大量のユダヤ人が社会階層の上部に移動しつつある様子を説得力ある統計を用いて示している．経済的成功と政治的制約の解除はユダヤ人の政治的傾向にも反映されている．「ユダヤ人は概して保守的である」(p. 118)，また，「すべての新保守主義者がユダヤ人であるわけではないが，主要な保守主義者はユダヤ人である」(p. 124)．かつては進歩的リベラルとされていた『コメンタリー』はアメリカ右派陣営の戦闘的機関誌となり，原理主義的右翼とユダヤ人上層部の関係は親密なものになりつつある．「ユダヤ人と社会主義の美しい関係の終焉」と題されたシンポジウムで（*The Jewish Quarterly*, no. 2 (1988) 参照），メラニー・フィリップスはこう述べている．「社会主義者の友人，知人に「私は少数民族なのよ」と言い，みんながワーワー言いだすのをみて，私はほくそ笑んだものです．「いったいどうしてあんたが少数民族なの？」．「あんたには力があるじゃない」．ユダヤ人は権力の座にあるというのが社会主義者たちの理解です．ユダヤ人は政府にいるじゃないですか．ユダヤ人はものごとを仕切り，産業を動かし，地主じゃないですか」．ジョージ・フリードマンは修辞疑問的にこうたずねる．「不人気な政策といえば，政府のユダヤ人政治家によるものと連想されてきた．いまのバブルがはじけたら……いったいなにが起こるだろう．バブルの崩壊とわが国の労働者階級の欲求不満との関係からすると，ユダヤ人共同体の立場やわれわれの立場はどうなってしまうだろうか」．

ナチス時代到来直前のドイツ系ユダヤ人の社会的地位と，西ヨー

(34) Philip Caputo, *A Rumor of War* (New York: Holt, Rinehart & Winston, 1977), p. 229.
(35) Fein, *Accounting for Genocide*, p. 4.
(36) Hilberg, *The Destruction of the European Jews*, p. 1044.
(37) Franklin M. Littell, 'Fundamentals in Holocaust Studies', *Annals of AAPSS*, no. 450 (July 1980), p. 213.
(38) Colin Gray, *The Soviet-American Arms Race* (Lexington: Saxon House, 1976), pp. 39, 40.

2 近代，人種差別，殲滅 I

(1) Henry L. Feingold, *Menorah*, Judaic Studies Programme of Virginia Commonwealth University, no. 4 (Summer 1985), p. 2.
(2) Norman Cohn, *Warrant for Genocide* (London: Eyre & Spottiswoode, 1967), pp. 267–268〔邦訳，ノーマン・コーン『シオン賢者の議定書——ユダヤ人世界征服陰謀の神話』ダイナミックセラーズ〕.
(3) Feingold, *Menorah*, p. 5.
(4) Walter Laqueur, *Terrible Secret* (Harmondsworth; Penguin Books, 1980).
(5) Cohn, *Warrant for Genocide*, pp. 266–267.
(6) この話題については'Exit Visas and Entry Tickets', *Telos*, Winter 1988のなかで詳しく論じたつもりである.
(7) Eberhard Jäckel, *Hitler in History* (Boston: University Press of New England, 1964).
(8) Cf. *Hitler's Secret Book* (London: Grove Press, 1964)〔邦訳，アドルフ・ヒトラー『ヒトラー第二の書——自身が刊行を禁じた「続・わが闘争」』成甲書房〕.
(9) Cohn, *Warrant for Genocide*, p. 252.
(10) Walter Laqueur, *A History of Zionism* (New York, 1972), p. 188〔邦訳，ウォルター・ラカー『ユダヤ人問題とシオニズムの歴史』第三書館〕から引用.
(11) Max Weinreich, *Hitler's Professors: The Part of Scholarship in Germany's Crimes against the Jewish People* (New York: Yiddish

った．

（20） Cf. Karl A. Schleunes, *The Twisted Road to Auschwitz* (Champaign, IL: University of Illinois Press, 1970).

（21） Michael R. Marrus, *The Holocaust in History* (London: University Press of New England, 1987), p. 41〔邦訳，マイケル・R・マラス『ホロコースト――歴史的考察』時事通信社〕.

（22） Gerth & Mills, *From Max Weber*, p. 232.

（23） Browning, 'The German Bureaucracy', p. 147.

（24） Kren & Rappoport, *The Holocaust and the Crisis*, p. 70.

（25） Hannah Arendt, *Eichmann in Jerusalem: a Report on the Banality of Evil* (New York: Viking Press, 1964), p. 106〔邦訳，ハンナ・アーレント『エルサレムのアイヒマン――悪の陳腐さについての報告』みすず書房〕.

（26） Arendt, *Eichmann in Jerusalem*, p. 69.

（27） Hilberg, *The Destruction of the European Jews*, p. 1011.

（28） Cf. Herbert C. Kelman, 'Violence without Moral Restraint', *Journal of Social Issues*, vol. 29 (1973), pp. 29–61.

（29） Gerth & Mills, *From Max Weber*, p. 95. 裁判中，アイヒマンは命令だけでなく，法に従ったと主張しつづけた．（必ずしも彼だけではないが）アイヒマンは個人的自律性でなく，官僚的従属を擁護するためにカントの「定言的命令」を歪めたとアーレントは論評している．「個人の行動原理と国の法，あるいは，立法者の行動原理がまるで同じであるかのようにふるまう」（Arendt, *Eichmann in Jerusalem*, p. 136）．

（30） Robert Wolfe, 'Putative Threat to National Security at a Nuremberg Defence for Genocide', *Annals of AAPSS*, no. 450 (July 1980), p. 64 から引用.

（31） Hilberg, *The Destruction of the European Jews*, pp. 1036–1038, 1042.

（32） Hilberg, *The Destruction of the European Jews*, p. 1024.

（33） John Lachs, *Responsibility of the Individual in Modern Society* (Brighton: Harvester, 1981), pp. 12–13, 58.

(14) 元イスラエル外相，アバ・エバンの発言によれば，「ベギン氏や彼の側近にとって，敵は「ナチス」以外になく，「アウシュヴィッツ」以外は被害でない」．エバンは続ける．「いまはもう600万人の死者に頼るのでなく，われわれは自分の足で立つべきなのだ」(Michael R. Marrus, 'Is There a New Antisemitism?', in Curtis, *Antisemitism in the Contemporary World*, pp. 177–178 から引用)．ベギン流の発言は同種の発言となって返ってくる．『ロスアンジェルス・タイムズ』はベギンの発言を「ヒトラーの言語」になぞらえる一方，あるアメリカ人ジャーナリストは自分の方をみつめるアラブ系パレスティナ人の目に，ガス室に向かって行進するユダヤ人の子どもたちの写真を重ねあわせる．Cf. Edward Alexander in *Antisemitism in the Modern World*.

(15) Kren & Rappoport, *The Holocaust and the Crisis*, pp. 126, 143.

(16) Leo Kuper, *Genocide: Its Political Use in the Twentieth Century* (New Haven: Yale University Press, 1981), p. 161〔邦訳，レオ・クーパー『ジェノサイド——20世紀におけるその現実』法政大学出版局〕．

(17) Christopher R. Browning, 'The German Bureaucracy and the Holocaust', in Grobman & Landes, *Genocide*, p. 148.

(18) Kuper, *Genocide*, p. 121.

(19) H. H. Gerth & C. Wright Mills (eds.), *From Max Weber* (London: Routledge & Kegan Paul, 1970), pp. 214, 215. *The Holocaust and the Historians* (Cambridge, Mass.: Harvard University Press, 1981) で，歴史家によるホロコーストの取り扱いを包括的に考察し，党派性の強い評価をおこなったルーシー・S・ダヴィドヴィッチは，ヒロシマやナガサキなどの大量殺戮とホロコーストとの同一視を批判している．「原爆投下はアメリカの軍事力の優位性を誇示するためのもの」であり，それは「日本人壊滅の望みを動機としたものではなかった」(pp. 17–18)．こうした観察が真実なのは証明されたが，彼女は一つだけ重要な点をみのがしていた．20万人の日本人の殺害は既存の目的の効率的遂行の手段として考案された（使用された）．それは問題を合理的に処理するという精神的傾向の産物であ説明しようとしている（p. 240）．偏見が破壊的結果をもたらすのを防ぐには，社会は「（ほかの利己主義同様）自らを厳正に監視し，抑制しなければならない」とフロリーは主張する（p. 249）．

（2）たとえば，「アンジェラ・デイヴィスはダッハウに向かう途上でユダヤ人主婦に変身する」「配給券制度は大虐殺につながる行為」「ヴィエトナムのボートピープルは1930年代のユダヤ人と同じだ」など．Henry L. Feingold, 'How Unique is the Holocaust?', in *Genocide: Critical Issues of the Holocaust*, ed. Alex Grobman & Daniel Landes (Los Angeles: The Simon Wiesenthal Center, 1983), p. 398.

（3）George M. Kren & Leon Rappoport, *The Holocaust and the Crisis of Human Behavior* (New York: Holmes & Meier, 1980), p. 2.

（4）Everett C. Hughes, 'Good People and Dirty Work', *Social Problems*, Summer 1962, pp. 3–10.

（5）Cf. Helen Fein, *Accounting for Genocide: National Response and Jewish Victimization during the Holocaust* (New York: Free Press, 1979).

（6）Fein, *Accounting for Genocide*, p. 34.

（7）Nechama Tec, *When Light Pierced the Darkness* (Oxford: Oxford University Press, 1986), p. 193.

（8）John K. Roth, 'Holocaust Business', *Annals of AAPSS*, no. 450 (July 1980), p. 70.

（9）Feingold, 'How Unique is the Holocaust?', pp. 399–400.

（10）Edmund Stillman & William Pfaff, *The Politics of Hysteria* (New York: Harper & Row, 1964), pp. 30–31.

（11）Raul Hilberg, *The Destruction of the European Jews* (New York: Holmes & Meier, 1983), vol. III, p. 994〔邦訳，ラウル・ヒルバーグ『ヨーロッパ・ユダヤ人の絶滅』上下，柏書房〕．

（12）Richard L. Rubenstein, *The Cunning of History* (New York: Harper, 1978), pp. 91, 195〔邦訳，R・L・ルーベンシュタイン『大量殺戮と人類の未来——墓地化する現代都市』創林社〕．

（13）Cf. Lyman H. Legters (ed.), *Western Society after the Holocaust* (Boulder: Westview Press, 1983).

原注

緒言

（1）David G. Roskies, *Against the Apocalypse, Response to Catastrophe in Modern Jewish Culture* (Cambridge, Mass.: Harvard University Press, 1984), p. 252.
（2）Cynthia Ozick, *Art and Ardour* (New York: Dutton, 1984), p. 236.
（3）Steven Beller, 'Shading Light on the Nazi Darkness', *Jewish Quarterly*, Winter 1988–1989, p. 36 を見よ．
（4）Janina Bauman, *Winter in the Morning* (London: Virago Press, 1986), p. 1〔邦訳，ヤニナ・バウマン『冬の朝』ブックコム〕．

1 序章

（1）Cf. Konrad Lorenz, *On Aggression* (New York: Harcourt, Brace & World, 1977)〔邦訳，コンラート・ローレンツ『攻撃——悪の自然誌』みすず書房〕; Arthur Koestler, *Janus: A Summing Up* (London: Hutchinson, 1978)〔邦訳，アーサー・ケストラー『ホロン革命』工作舎〕．ホロコーストの原因を人間性の内在的欠陥に求めた多くの著作のなかでも Israel W. Charny, *How Can We Commit the Unthinkable?* (Boulder: Westview Press, 1982) は，特筆すべき地位を占めている．本書では人間性の理論が包括的に展開されているほか，「人間は本質的に悪である」「権力に酔う傾向」「自分が救われるために他者を殺すこと」といったようなテーマが検証されている．Wendy Stellar Flory, 'The Psychology of Antisemitism', in *Antisemitism in the Contemporary World*, ed. Michael Curtis (Boulder: Westview Press, 1986) はホロコーストを反ユダヤ主義の執拗さ，強さの観点から，また，反ユダヤ主義を遍在的偏見の観点から，そして，偏見を利己主義や，自らの非をけっして認めようとしない高慢などのもっとも根源的で，直感的で，人間的な性質の観点から

本書は、二〇〇六年九月二十日、大月書店より刊行された。

文庫化に際して、訳文を見直し、新たに「記憶する義務　しかし何を？――二〇〇〇年版へのあとがき」を追加した。

コンヴィヴィアリティのための道具
イヴァン・イリイチ
渡辺京二／渡辺梨佐訳

破滅に向かう現代文明の大転換はまだ可能だ！ 人間本来の自由と創造性が最大限活かされる社会をどう作るか。イリイチが遺した不朽のマニフェスト。

重力と恩寵
シモーヌ・ヴェイユ
田辺保訳

「重力」に似たものから、どのようにして免れればよいのか……ただ「恩寵」によって。苛烈な自己無化への意志に貫れた、独自の思索の断想集。ティボン編。

工場日記
シモーヌ・ヴェイユ
田辺保訳

人間のありのままの姿を知り、愛し、そこで生きたい——女工となった哲学者が、極限の状況で自己犠牲と献身について考え抜き、克明に綴った、魂の記録。

青色本
L・ウィトゲンシュタイン
大森荘蔵訳

「語の意味とは何か」。端的な問いかけで始まるこのコンパクトな書は、初めて読むウィトゲンシュタインとして最適な一冊。（野矢茂樹）

法の概念〔第3版〕
H・L・A・ハート
長谷部恭男訳

法とは何か。ルールの秩序という観念でこの難問に立ち向かい、法哲学の新たな地平を拓いた名著。批判に応える「後記」を含め、平明な新訳でおくる。

解釈としての社会批判
マイケル・ウォルツァー
大川正彦／川本隆史訳

社会の不正を糺すのに、普遍的な道徳を振りかざすだけでは有効でない。暮らしに根ざしながら同時にラディカルな批判が必要だ。その可能性を探究する。

生き方について哲学は何が言えるか
バーナド・ウィリアムズ
森際康友／下川潔訳

倫理学の中心的な諸問題を深い学識と鋭い眼差しで再検討した現代における古典的名著。倫理学はいかに変貌すべきか、新たな方向づけを試みる。

思考の技法
グレアム・ウォーラス
松本剛史訳

知的創造を四段階に分け、危機の時代を打破する真の思考のあり方を究明する。『アイデアのつくり方』の源となった先駆的名著、本邦初訳。（平石耕）

ポパーとウィトゲンシュタインとのあいだで交わされた世上名高い10分間の大激論の謎
デヴィッド・エドモンズ／ジョン・エーディナウ
二木麻里訳

このすれ違いは避けられない運命だった？ 二人の思想の歩み、そして大激論の真相に、ウィーン学団の人間模様やヨーロッパの歴史的背景から迫る。

大衆の反逆
オルテガ・イ・ガセット
神吉敬三訳
二〇世紀の初頭、《大衆》という現象の出現とその功罪を論じながら、自ら進んで困難に立ち向かう《真の貴族》という概念を対置した警世の書。

死にいたる病
S・キルケゴール
桝田啓三郎訳
死にいたる病とは絶望であり、絶望を深く自覚し神の前に自己をすてる。実存的な思索の深まりをデンマーク語原著から訳出し、詳細な注を付す。

ニーチェと悪循環
ピエール・クロソウスキー
兼子正勝訳
永劫回帰の啓示がニーチェに与えたものは、同一性の下に潜在する無数の強度の解放である。二十一世紀にあざやかに蘇る、逸脱のニーチェ論。

世界制作の方法
ネルソン・グッドマン
菅野盾樹訳
世界は「ある」のではなく、「制作」されるのだ。芸術・科学・日常経験・知覚など、幅広い分野で徹底した思索を行ったアメリカ現代哲学の重要著作。

新編 現代の君主
アントニオ・グラムシ
上村忠男編訳
労働運動を組織しイタリア共産党を指導したグラムシ。獄中で綴られたそのテキストから、いま読み直されるべき重要な29篇を選りすぐり注解する。

孤島
ジャン・グルニエ
井上究一郎訳
「島」とは孤独な人間の謂。透徹した精神のもと、話者の綴る思念と経験が啓示を放つ。カミュが本書との出会いを回想した序文を付す。（松浦寿輝）

ハイデッガー『存在と時間』註解
マイケル・ゲルヴェン
長谷川西涯訳
難解をもって知られる『存在と時間』全八三節の思考を、初学者にも一歩一歩追体験させ、高度な内容を読者に確信させ納得させる唯一の註解書。

色彩論
ゲーテ
木村直司訳
数学的・機械論的近代自然科学と一線を画し、自然の中に「精神」を読みとろうとする特異で巨大な自然観を示した思想家・ゲーテの不朽の業績。

倫理問題101問
マーティン・コーエン
榑沼範久訳
何が正しいことなのか。医療・法律・環境問題等、私たちの周りに溢れる倫理的なジレンマから101の題材を取り上げて、ユーモアも交えて考える。

哲学101問
マーティン・コーエン
矢橋明郎訳
全てのカラスが黒いことを証明するには？ コンピュータと人間の違いは？ 哲学者たちが頭を捻った101問を、譬話で考える楽しい哲学読み物。

解放されたゴーレム
ハリー・コリンズ／トレヴァー・ピンチ
村上陽一郎／平川秀幸訳
科学技術は強力だが不確実性に満ちた「ゴーレム」である。チェルノブイリ原発事故、エイズなど7つの事例をもとに、その本質を科学社会的に繙く。

存在と無（全3巻）
ジャン＝ポール・サルトル
松浪信三郎訳
人間の意識の在り方（実存）をきわめて詳細に分析し、存在と無の弁証法を問い究め、実存主義を確立した不朽の名著。現代思想の原点。

存在と無 Ⅰ
ジャン＝ポール・サルトル
松浪信三郎訳
Ⅰ巻は、「即自」と「対自」が峻別される緒論「存在の探求」から、「対自」としての意識の基本的在り方が論じられる第二部「対自存在」まで収録。

存在と無 Ⅱ
ジャン＝ポール・サルトル
松浪信三郎訳
Ⅱ巻は、第三部「対他存在」を収録。私と他者との相剋関係を論じた「まなざし」論をはじめ、愛、憎悪、マゾヒズム、サディズムなど具体的な他者論を展開。

存在と無 Ⅲ
ジャン＝ポール・サルトル
松浪信三郎訳
Ⅲ巻は、第四部「持つ」「為す」「ある」を収録。この三つの基本的カテゴリーとの関連で人間の行動を分析し、絶対的自由を提唱。（北村晋）

公共哲学
マイケル・サンデル
鬼澤忍訳
経済格差、安楽死の幇助、市場の役割など、私達が現代の問題を考えるのに必要な思想とは？ ハーバード大講義で話題のサンデル教授の主著、初邦訳。

パルチザンの理論
カール・シュミット
新田邦夫訳
二〇世紀の戦争を特徴づける「絶対的な敵」殲滅の思想の端緒を、レーニン・毛沢東らの《パルチザン》戦争という形態のなかに見出した画期的論考。

政治思想論集
カール・シュミット
服部平治／宮本盛太郎訳
現代新たな角度で脚光をあびる政治哲学の巨人が、その思想の核を明かしたテクストを精選して収録。権力の源泉や限界といった基礎もわかる名論文集。

方法序説
ルネ・デカルト
山田弘明訳
「私は考える、ゆえに私はある」。近代以降すべての哲学は、この言葉で始まった。世界中で最も読まれている哲学書の完訳。平明な徹底解説付。

社会分業論
エミール・デュルケーム
田原音和訳
人類はなぜ社会を必要としたか。社会はいかにして発展するか。近代社会学の嚆矢をなすデュルケーム畢生の大著を定評ある名訳で送る。（菊谷和宏）

公衆とその諸問題
ジョン・デューイ
阿部齊訳
大衆社会の到来とともに公共性の成立基盤は衰退した。民主主義は再建可能か？ プラグマティズムの代表的思想家がこの難問を考究する。（宇野重規）

旧体制と大革命
A・ド・トクヴィル
小山勉訳
中央集権の確立、パリ一極集中、そして平等を自由に優先させる精神構造——フランス革命の成果は、実は旧体制の時代にすでに用意されていた。

ニーチェ
ジル・ドゥルーズ
湯浅博雄訳
〈力〉とは差異にこそその本質を有している——ニーチェのテキストを再解釈し、尖鋭なポスト構造主義的イメージを提出した、入門的な小論考。

カントの批判哲学
ジル・ドゥルーズ
國分功一郎訳
近代哲学を再構築してきたドゥルーズが、三批判書を追いつつカントの読み直しを図る。ドゥルーズ哲学が形成される契機となった一冊。新訳。

基礎づけるとは何か
ジル・ドゥルーズ
國分功一郎／長門裕介／西川耕平編訳
より幅広い問題に取り組んでいた、初期の未邦訳論考集。思想家ドゥルーズの「企画の種子」群を紹介し、彼の思想の全体像をいま一度描きなおす。

スペクタクルの社会
ギー・ドゥボール
木下誠訳
状況主義——「五月革命」の起爆剤のひとつとなった芸術＝思想運動——の理論的支柱で、最も急進的かつトータルな現代消費社会批判の書。

論理哲学入門
E・トゥーゲントハット／U・ヴォルフ
鈴木崇夫／石川求訳
論理学とは何か。またそれは言語や現実世界とどんな関係にあるのか。哲学史への確かな目配りと強靭な思索をもって解説するドイツの定評ある入門書。

精選 シーニュ
モーリス・メルロ=ポンティ 廣瀬浩司編訳
メルロ=ポンティの代表的論集『シーニュ』より重要論考のみを厳選し、新訳。精確かつ平明な訳文と懇切な注釈により、その真価が明らかとなる。

われわれの戦争責任について
カール・ヤスパース 橋本文夫訳
時の政権に抗いながらも「侵略国の国民」となってしまった人間は、いったいにどう戦争の罪と向き合えばよいのか。戦争責任論不朽の名著。（加藤典洋）

哲学入門
バートランド・ラッセル 髙村夏輝訳
誰にも疑えない確かな知識など、この世にあるのだろうか。近代哲学が問い続けてきた諸問題を、これ以上なく明確に説く哲学入門書の最高傑作。

論理的原子論の哲学
バートランド・ラッセル 髙村夏輝訳
世界は原子的事実で構成され論理的分析で解明しうる――急速な科学進歩の中で展開する分析哲学。現代哲学史上あまりに名高い講演録、本邦初訳。

現代哲学
バートランド・ラッセル 髙村夏輝訳
世界の究極的あり方とは？ そこで人間はどう描けるのか？ 現代哲学の始祖が、哲学と最新科学の知見を総動員。統一的な世界像を提示する。本邦初訳。

存在の大いなる連鎖
アーサー・O・ラヴジョイ 内藤健二訳
西洋人が無意識裡に抱き続けてきた「存在の大いなる連鎖」という観念。その痕跡をあらゆる学問分野に探り「観念史」研究を確立した名著。（高山宏）

自発的隷従論
エティエンヌ・ド・ラ・ボエシ 山上浩嗣訳 西谷修監修
圧制は、支配される側の自発的な隷従によって永続する――支配・被支配構造の本質を喝破した古典的名著。20世紀の代表的な関連論考を併録。（西谷修）

自己言及性について
ニクラス・ルーマン 土方透／大澤善信訳
国家、宗教、芸術、愛……。私たちの社会を形づくるすべてを動態的・統一的に扱う理論は可能か？ 20世紀社会学の頂点をなすルーマン理論への招待。

中世の覚醒
リチャード・E・ルーベンスタイン 小沢千重子訳
中世ヨーロッパ、一人の哲学者の著作が人々の思考様式と生活を根底から変えた――。「アリストテレス革命」の衝撃に迫る傑作精神史。（山本芳久）

レヴィナス・コレクション
エマニュエル・レヴィナス
合田正人編訳
人間存在と暴力について、独創的な倫理にもとづく存在論哲学を展開し、現代思想に大きな影響を与えているレヴィナス思想の歩みを集大成。

実存から実存者へ
エマニュエル・レヴィナス
西谷修訳
世界の内に生きて「ある」とはどういうことか。存在は「悪」なのか。初期の主著にしてアウシュヴィッツ以後の哲学的思索の極北を示す記念碑的著作。

倫理と無限
エマニュエル・レヴィナス
西山雄二訳
自らの思想の形成と発展を、代表的著作にふれながら語ったインタビュー。平易な語り口で、自身によるレヴィナス思想の解説とも言える魅力的な一冊。

仮面の道
C・レヴィ＝ストロース
山口昌男／渡辺守章／渡辺公三訳
北太平洋西岸の原住民が伝承する仮面。そこに反映された神話世界を、構造人類学のラディカルな理論で切りひらいて見せる。増補版を元にした完全版。

黙示録論
D・H・ロレンス
福田恆存訳
抑圧が生んだ歪んだ自尊と復讐の書「黙示録」を読みとき、現代人が他者を愛することの困難とその克服を切実に問うた20世紀の名著。（高橋英夫）

考える力をつける哲学問題集
スティーブン・ロー
中山元訳
宇宙はどうなっているのか？　心とは何か？　遺伝子操作は許されるのか？　多彩な問いを通し、「哲学する」技術と魅力を堪能できる対話集。

プラグマティズムの帰結
リチャード・ローティ
室井尚ほか訳
真理への到達という認識論的欲求と、その呪縛からの脱却を模索したプラグマティズムの系譜。その戦いを経て、哲学に何ができるのか？　鋭く迫る！

知性の正しい導き方
ジョン・ロック
下川潔訳
自分の頭で考えることはなぜ難しく、どうすればその困難を克服できるのか。近代を代表する思想家が、誰にでも実践可能な道筋を具体的に伝授する。

ニーチェを知る事典
渡邊二郎
西尾幹二編
50人以上の錚々たる執筆者による「読むニーチェ事典」。彼の思想の深淵と多面的世界を様々な角度から描き出す。巻末に読書案内（清水真木）を増補。

明の太祖 朱元璋　檀上寛

貧農から皇帝に上り詰め、巨大な専制国家の樹立に成功した朱元璋。十四世紀の中国の社会状況を読み解きながら、元璋を皇帝に導いたカギを探る。

歴史（上・下）　トゥキュディデス　小西晴雄訳

野望、虚栄、裏切り——古代ギリシアを殺戮の嵐に陥れたペロポネソス戦争とは何だったのか。その全貌を克明に記した、人類最古の本格的「歴史書」。

日本陸軍と中国　戸部良一

中国スペシャリストとして活躍し、日中提携を夢見た男たち。なぜ彼らが、泥沼の戦争へと日本を導くことになったのか。真相を追う。（五百旗頭真）

カニバリズム論　中野美代子

根源的タブーの人肉嗜食や纏足、宦官……。目を背けたくなるものを冷静に論ずることで逆説的に人間の真実に迫る血の滴る異色の人間史。（山田仁史）

帝国の陰謀　蓮實重彥

一組の義兄弟による陰謀から生まれたフランス第二帝政。「私生児」の義弟が遺した二つのテクストを読解し、近代的現象の本質に迫る。（入江哲朗）

交易の世界史（上）　ウィリアム・バーンスタイン　鬼澤忍訳

絹、スパイス、砂糖……。新奇なもの、希少なものへの欲望が世界を動かし、文明の興亡を左右してきた。数千年にもわたる交易の歴史を一望する試み。

交易の世界史（下）　ウィリアム・バーンスタイン　鬼澤忍訳

交易は人類そのものを映し出す鏡である。圧倒的な繁栄をもたらし、同時に数多の軋轢と衝突を引き起こしてきたその歴史を圧巻のスケールで描き出す。

フランス革命の政治文化　リン・ハント　松浦義弘訳

フランス革命固有の成果は、レトリックやシンボルによる政治言語と文化の創造であった。政治文化とそれを生み出した人々の社会的出自を考察する。

戦争の起源　アーサー・フェリル　鈴木主税／石原正毅訳

人類誕生とともに戦争は始まった。先史時代からアレクサンドロス大王までの壮大なるその歴史をダイナミックに描く。地図・図版多数。（森谷公俊）

近代ヨーロッパ史　福井憲彦

ヨーロッパの近代は、その後の世界を決定づけた。現代をさまざまな面で規定しているヨーロッパ近代の歴史と意味を、平明かつ総合的に考える。

イタリア・ルネサンスの文化（上）　ヤーコプ・ブルクハルト　新井靖一訳

中央集権化がすすみ緻密に構成されていく国家あってこそ、イタリア・ルネサンスは可能となった。ブルクハルト若き日の着想に発した畢生の大著。

イタリア・ルネサンスの文化（下）　ヤーコプ・ブルクハルト　新井靖一訳

緊張の続く国家間情勢の下にあって、類稀な文化と個性的な人物達は生みだされた。近代的な社会に向かう時代の、人間の生活文化様式を描ききる。

はじめてわかる ルネサンス　ジェリー・ブロトン　高山芳樹訳

ルネサンスは芸術だけじゃない！　東洋との出会い、科学と哲学、宗教改革など、さまざまな角度から光をあてて真のルネサンス像に迫る入門書。

増補 普通の人びと　クリストファー・R・ブラウニング　谷喬夫訳

ごく平凡な市民が無抵抗なユダヤ人を並べ立たせ、ひたすら銃殺する——なぜ彼らは八万人もの大虐殺に荷担したのか。その実態と心理に迫る戦慄の書。

叙任権闘争　オーギュスタン・フリシュ　野口洋二訳

十一世紀から十二世紀にかけ、西欧では聖職者の任命をめぐり教俗両権の間に巨大な争いが起きた。この出来事を広い視野から捉えた中世史の基本文献。

大航海時代　ボイス・ペンローズ　荒尾克己訳

人類がはじめて世界の全体像を識っていく大航海時代。その二百年の膨大な史料を、一般読者むけに俯瞰図としてまとめ上げた決定版通史。（伊高浩昭）

20世紀の歴史（上）　エリック・ホブズボーム　大井由紀訳

第一次世界大戦の勃発が20世紀の始まりとなった。この「短い世紀」の諸相を英国を代表する歴史家が渾身の力で描く。全二巻、文庫オリジナル新訳。

20世紀の歴史（下）　エリック・ホブズボーム　大井由紀訳

一九七〇年代を過ぎ、世界に再び危機が訪れる。不確実性がいやますなか、ソ連崩壊が20世紀の終焉を印した。歴史家の考察は我々に何を伝えるのか。

ちくま学芸文庫

近代《きんだい》とホロコースト〔完全版《かんぜんばん》〕

二〇二一年四月十日　第一刷発行
二〇二一年五月二十日　第二刷発行

著者　ジグムント・バウマン
訳者　森田典正（もりた・のりまさ）
発行者　喜入冬子
発行所　株式会社　筑摩書房
東京都台東区蔵前二―五―三　〒一一一―八七五五
電話番号　〇三―五六八七―二六〇一（代表）
装幀者　安野光雅
印刷所　中央精版印刷株式会社
製本所　中央精版印刷株式会社

乱丁・落丁本の場合は、送料小社負担でお取り替えいたします。

本書をコピー、スキャニング等の方法により無許諾で複製することは、法令に規定された場合を除いて禁止されています。請負業者等の第三者によるデジタル化は一切認められていませんので、ご注意ください。

© NORIMASA MORITA 2021 Printed in Japan

ISBN978-4-480-51021-1 C0120